ZHIYE JINENG PEIXUN JIANDING JIAOCAI

■ 职业技能培训鉴定教材 ■

机修钳工
JIXIU QIANGONG

（技师　高级技师）

主　编　徐洪义　孟宪纲
编　者　范　志　武春江
　　　　杨全利
主　审　刘介臣

中国劳动社会保障出版社

图书在版编目(CIP)数据

机修钳工:技师 高级技师/劳动和社会保障部教材办公室组织编写. —北京:中国劳动社会保障出版社,2008

职业技能培训鉴定教材

ISBN 978-7-5045-6655-3

Ⅰ.机… Ⅱ.劳… Ⅲ.机修钳工-职业技能鉴定-教材 Ⅳ.TG947

中国版本图书馆CIP数据核字(2008)第028712号

中国劳动社会保障出版社出版发行

(北京市惠新东街1号 邮政编码:100029)

出 版 人:张梦欣

*

北京市科星印刷有限责任公司印刷装订 新华书店经销

787毫米×1092毫米 16开本 25.75印张 551千字

2008年3月第1版 2023年7月第17次印刷

定价:44.00元

营销中心电话:400-606-6496

出版社网址:http://www.class.com.cn

版权专有 侵权必究

如有印装差错,请与本社联系调换:(010)81211666

我社将与版权执法机关配合,大力打击盗印、销售和使用盗版图书活动,敬请广大读者协助举报,经查实将给予举报者奖励。

举报电话:(010)64954652

内容简介

本教材由劳动和社会保障部教材办公室依据《国家职业标准——机修钳工》组织编写。本教材从职业能力培养的角度出发，力求体现职业培训的规律，满足职业技能培训与鉴定考核的需要。

本教材在编写中贯穿"以职业标准为依据，以企业需求为导向，以职业能力为核心"的理念，采用模块化的编写方式。全书分为机修钳工技师和机修钳工高级技师两个部分，主要内容包括作业前准备、作业项目实施、作业后检查、培训与指导、管理等。每一单元内容在涵盖职业技能鉴定考核基本要求的基础上，详细介绍了本职业岗位工作中要求掌握的最新实用知识和技术。

为便于读者迅速抓住重点、提高学习效率，教材中还精心设置了"培训目标""考核要点"等栏目。每一单元后附有单元测试题及答案，全书最后附有理论知识和操作技能考核试卷，供读者巩固、检验学习效果时参考使用。

本教材可作为机修钳工技师和高级技师职业技能培训与鉴定考核教材，也可供中、高等职业院校相关专业师生参考，或供相关从业人员参加在职培训、岗位培训使用。

前 言

1994年以来，劳动和社会保障部职业技能鉴定中心、教材办公室和中国劳动社会保障出版社组织有关方面专家，依据《中华人民共和国职业技能鉴定规范》，编写出版了职业技能鉴定教材及其配套的职业技能鉴定指导200余种，作为考前培训的权威性教材，受到全国各级培训、鉴定机构的欢迎，有力地推动了职业技能鉴定工作的开展。

劳动保障部从2000年开始陆续制定并颁布了国家职业标准。同时，社会经济、技术不断发展，企业对劳动力素质提出了更高的要求。为了适应新形势，为各级培训、鉴定部门和广大受培训者提供优质服务，教材办公室组织有关专家、技术人员和职业培训教学管理人员、教师，依据国家职业标准和企业对各类技能人才的需求，研发了职业技能培训鉴定教材。

新编写的教材具有以下主要特点：

在编写原则上，突出以职业能力为核心。教材编写贯穿"以职业标准为依据，以企业需求为导向，以职业能力为核心"的理念，依据国家职业标准，结合企业实际，反映岗位需求，突出新知识、新技术、新工艺、新方法，注重职业能力培养。凡是职业岗位工作中要求掌握的知识和技能，均作详细介绍。

在使用功能上，注重服务于培训和鉴定。根据职业发展的实际情况和培训需求，教材力求体现职业培训的规律，反映职业技能鉴定考核的基本要求，满足培训对象参加各级各类鉴定考试的需要。

在编写模式上，采用分级模块化编写。纵向上，教材按照国家职业资格等级单独成册，各等级合理衔接、步步提升，为技能人才培养搭建科学的阶梯型培训架构。横向上，教材按照职业功能分模块展开，安排足量、适用的内容，贴近生产实际，贴近培训对象需要，贴近市场需求。

在内容安排上，增强教材的可读性。为便于培训、鉴定部门在有限的时间内把最重要的知识和技能传授给培训对象，同时也便于培训对象迅速抓住重点，提高学习效率，在教材中精心设置了"培训目标""考核要点"等栏目，以提示应该达到的目标，需要掌握的重点、难点、鉴定点和有关的扩展知识。另外，每个学习单元后安排了单元测试题，每个级别的教材都提供了理论知识和操作技能考核试卷，方便培训对象及时巩固、检验学习效果，并对本职业鉴定考核形式有初步的了解。

　　本书在编写过程中得到天津市职业技能培训研究室的大力支持和热情帮助，在此一并致以诚挚的谢意。恳切希望各使用单位和个人对教材提出宝贵意见，以便修订时加以完善。

劳动和社会保障部教材办公室

目 录

第一部分 机修钳工技师

第1单元 作业前准备/1—54

第一节 劳动保护与作业环境准备/5
　　一、生产现场要求
　　二、安全事故分析

第二节 技术准备/11
　　一、编制工艺规程
　　二、设备故障诊断技术的应用
　　三、机床夹具的设计与制造
　　四、数控机床
　　五、制定主轴、蜗轮、丝杠的修复工艺

第三节 物料、工具准备/46
　　一、精密、大型、复杂设备安装和修理前的物料、
　　　　工具准备
　　二、高温、水下作业环境下设备的安装和修理
　　　　前的物料、工具准备

单元考核要点/50
单元测试题/51
单元测试题答案/54

第2单元 作业项目实施/55—121

第一节 大型机床设备的安装/57
　　一、电工基本技能
　　二、机床设备的吊运技术
　　三、龙门刨床搬迁、安装和调试中的技术难题及
　　　　解决方法

第二节 设备的维修和保养/64
　　一、CK1436型数控车床的维修和保养
　　二、特殊作业环境下的设备修理

三、桥式起重机的维修
　　　四、T68型卧式镗床的调试
　第三节　设备修理/93
　　　一、精密、大型、高速机床设备的修理
　　　二、项目性修理
　　　三、普通机床设备的数字化改造
单元考核要点/114
单元测试题/114
单元测试题答案/120

第3单元　作业后检查/123—160

第一节　大型数控机床检查/125
　　　一、大型数控机床整机检查要求
　　　二、主要结构要求
　　　三、整体检验要求
　　　四、机床坐标零点的调整
　　　五、试车
第二节　精密、复杂设备的精度检验/132
　　　一、坐标镗床的精度检验
　　　二、内圆磨床的精度检验
　　　三、万能工具磨床的精度检验
　　　四、滚齿机的精度检验
　　　五、螺纹磨床的精度检验
　　　六、数控机床检测装置的要求
第三节　试车验收工作/146
　　　一、B220型龙门刨床空运转试验
　　　二、B220型龙门刨床负荷试验
　　　三、B220型龙门刨床工作精度试验
　　　四、B220型龙门刨床几何精度试验
单元考核要点/156
单元测试题/156
单元测试题答案/160

第4单元　培训与指导/161—169

第一节　操作指导/163
　　　一、操作技能培训与指导的任务
　　　二、操作技能培训与指导的要求

第二节　理论指导/164
　　一、理论培训的目的
　　二、理论培训的要求
　　三、理论培训的方法
单元考核要点/166
单元测试题/166
单元测试题答案/168

第5单元　管理/171—204

第一节　质量管理/173
　　一、车间质量管理
　　二、工序质量控制
　　三、设备修理的质量管理
第二节　生产管理/186
　　一、车间管理知识
　　二、车间设备管理
单元考核要点/196
单元测试题/196
单元测试题答案/198

理论知识考核试卷/199
理论知识考核试卷答案/201
操作技能考核试卷（一）/203
操作技能考核试卷（二）/204

第二部分　机修钳工高级技师

第6单元　作业前准备/207—259

第一节　劳动保护与作业环境准备/209
　　一、劳动保护的意义和任务
　　二、安全文明生产检查制度
第二节　技术准备/211
　　一、作业前准备工作的检查和指导
　　二、金属切削机床的安装程序和通用规则
　　三、精密、大型、复杂设备安装和修理前的
　　　　技术准备
　　四、数控机床修理、安装的技术准备

五、新型的设备修理管理

第三节　物料、工具准备/245
　　一、大型精密设备安装、修理前的物料、工具准备
　　二、数控机床安装的调试程序
　　三、特殊环境下设备安装、修理的现场准备

单元考核要点/254

单元测试题/254

单元测试题答案/258

第7单元　作业项目实施/261—329

第一节　设备维修/263
　　一、设备修理的组织模式与规范
　　二、设备质量问题分析

第二节　设备可维修系统的可靠度和有效度/291
　　一、可维修系统的可靠度
　　二、维修性理论

第三节　设备大修及设备精化/296
　　一、管道安装
　　二、桥式起重机的大修
　　三、X52K型铣床的数字化改造
　　四、设备修理工作中新技术、新工艺、新材料
　　　　的应用
　　五、设备的节能技术改造实例

单元考核要点/324

单元测试题/325

单元测试题答案/328

第8单元　作业后检查/331—379

第一节　设备运行检查/333
　　一、设备生产线的试验
　　二、精密、大型、复杂设备的运行试验
　　三、机床运行试验实例

第二节　企业技术改造项目验收/373
　　一、企业基本建设项目竣工预验收鉴定书
　　二、新产品开发或技术改造验收报告书

单元考核要点/374

单元测试题/375

单元测试题答案/378

第9单元 培训与指导/381—390

第一节 指导操作/383
一、技能指导的特点和方法
二、指导课题的选择和编写

第二节 理论培训/385
一、培训讲义编写的基本要求
二、编写讲义的方法

单元考核要点/386

单元测试题/387

单元测试题答案/389

理论知识考核试卷/391

理论知识考核试卷答案/393

操作技能考核试卷（一）/395

操作技能考核试卷（二）/396

附录 常用标牌规范英汉对照/397

第一部分

机修钳工技师

第 1 单元

作业前准备

- 第一节　劳动保护与作业环境准备/5
- 第二节　技术准备/11
- 第三节　物料、工具准备/46

在机械设备维修工作中，生产现场和生产安全技术是十分重要的。它主要包括生产现场的空间要求，设备起吊、搬运的安全要求，以及维修过程中主要相关工种的安全技术要求。

本单元第一节详述了上述内容的有关规定、操作规范，是机修钳工技师在作业和指导工作中必须牢记和遵守的。由于维修工作范围很广，有些特殊设备或特殊修理方式本节没有全面叙述，在作业时，自己尚不熟悉安全技术要求的，应了解后再进行作业，避免因盲目操作或粗心大意而造成安全事故。

第二节的重点是工艺规程的编制和数控机床主要零部件的修复工艺等技术准备的知识，这是维修作业常用的技术资料。

第三节重点介绍了精密、大型、复杂设备安装和修理前的物料、工具准备知识。这一节介绍的内容仅限于一般的、通用性强的准备要求，对一些大、稀、少的特殊设备应按其特殊需要做好充分的准备工作。

第一节　劳动保护与作业环境准备

→ 了解作业全过程的环境及生产要求
→ 能够进行安全事故分析

一、生产现场要求

1. 生产环境的安全文明生产要求

（1）生产现场安全要求。安全生产就是指在从事生产作业活动的过程中，要保护好工人的安全和健康。即采取各种措施消除危害工人安全、健康和损坏生产设备、影响生产正常进行的各种因素，使工人和设备有一个既安全又卫生的工作环境。搞好安全生产的重要性主要表现在以下几个方面：

1）安全生产既保护劳动者又保护生产力。在当前新的生产关系下保护和发展生产力，其决定因素是人，不是物，离开了劳动者，生产就无法进行。

2）随着生产发展，不安全、不卫生的因素也会随之增多，但安全事故的多少，并不是生产规模的大小所决定的，它与员工的安全意识和企业的安全措施有直接的关系。一旦发生较严重的人身、设备事故，不仅给个人和设备造成损失，还会打乱正常的生产秩序，造成的直接损失和间接损失，都会影响企业增产节约的要求。

3）安全生产是建设有中国特色社会主义的需要。我国是目前经济发展速度最快的国家之一，但同时工业生产技术相对落后，设备比较陈旧，我们要努力将现代科技成果应用于生产，在提高生产水平的同时，改善安全生产和劳动保护措施。

4）"安全促进生产，生产必须安全。"这是我们党和政府的一贯方针，为此各行业、各工种都制定了相应的规章制度，各企业又根据自身的生产特点，制定了更具体的安全生产规章制度，作为全体员工的行为准绳。

（2）文明生产要求。文明生产就是指企业具有科学的作业现场布置和生产组织形式，合理的生产工艺和秩序井然的物流系统，它还包括了产品质量的保证体系、废物的处理和综合利用等。文明生产的概念是广义的，它体现在生产的各个环节，不同行业、不同车间在文明生产上各有不同的特点和侧重点，但基本内容和标准都应包括以下几个方面：

1）坚持质量第一，认真执行工艺规程，不经有关部门批准不得擅自更改工艺路线和操作规程，严格按图样、工艺和相关标准进行生产。

2）所有员工必须遵守劳动纪律，认真执行岗位责任制。

3）加强物料管理，从备料、零部件加工到产品装配各个环节，都必须按工艺规定要求做好。工艺没有注明的一些细小工作，如擦净油污、切屑、尘砂、去除毛刺等，也应为下一道工序着想去做好，尽量给后续工序提供方便。

4）零部件必须按规定的要求搬运和摆放，严禁乱堆乱放，造成零部件损坏。

5）作业场地的布置要合理、整洁，设备、工位器具、零部件和工、量、夹具要安放有序，既要保证安全，又要便于取放。

6）科学制订作业计划，消除前松后紧、人为造成的突击加班现象，实现均衡生产。

7）搞好作业环境保护工作，要求通道无杂物、无垃圾，空气清新、无粉尘、异味；工作场地严禁乱拉电线和绳索，不乱丢废料、废物，努力做好美化作业环境工作。

8）爱护设备、工具，按要求做好维护保养工作。

2. 生产环境的卫生要求

生产环境卫生除一般指作业环境干净、整齐外，主要是指各种作业环境中，清除或减少各种危害人体健康的因素，如噪声、振动、气压、电磁波、有毒气体等，这是保证生产环境卫生的主要任务。

（1）有毒气体及粉尘的防治。工业生产中有害气体很多，像甲醛、铅蒸气、汞蒸气，以及电镀、清洗剂、热处理、塑胶加工中产生的气体等。一些挥发性很强的有毒化学物质能够污染整个作业环境；还有一些生产性粉尘，如磨削加工、铸造业、石棉加工等产生的微小的有害颗粒弥散在空气中，也对人体造成很大危害。治理这类危害最有效的办法，是将污染源完全封闭起来，将有害气体和粉尘通过管道排到专门设施内处理，而不是直接排放到空气中。不便完全封闭的作业（如有些磨削加工），也必须有排尘装置，其吸尘口应尽量靠近污染源，以最大限度防止污染扩散，同时要加强个人防护（如戴防护面具、口罩，穿工作服等）。有害作业环境必须保持空气流通，有良好的换气设备。

（2）噪声与振动的防治

1）噪声在接近 60 dB 时，会使人烦躁不安，不仅会损伤听觉器官，而且影响人的大脑，令人精神紧张，易于疲劳，甚至引发多种疾病。防治噪声的方法一般从三个方面入手：控制声源，消除或尽量减少发声体的振动和噪声，通过改进工艺、改进设备结构等方法，最大限度地降低设备本身的噪声；控制噪声的传播途径，利用隔音、吸声、减振等方法阻断和减弱声波的传播；最后是对接受者做好噪声防护，利用防声耳塞、耳罩等防护用品做好个人防护。

2）设备运转时，力的大小产生周期性的变化，从而引起机体振动。一般微小的变化，引起的振动也很小，但当运转体平衡很差时，力的变化就大，造成机体的振动也就大。振动不仅产生噪声，而且通过人体表皮组织直接危害人的身体健康。防止振动的措施主要是消除、减少振动源，阻断和控制振动的传播途径，并做好个人的防护工作。

二、安全事故分析

1. 电工安全事故分析

电工安全事故一般是指人身触电、设备烧毁、电器造成的火灾和爆炸等。其中人身触电事故是较为常见的事故之一。

（1）电对人身的危害。电对人身的危害有电击和电伤两种。电击是电流通过人体造成人体内部的伤害,使人窒息、痉挛、心颤、心跳骤停,甚至造成死亡。电伤一般指电弧对人体表面造成的局部烧伤。电对人身的危害程度与以下因素有关:

1) 通过人体电流的大小。一般通过人体的电流越大,人体的生理反应也越大。而通过人体的电流的大小,主要取决于施加于人体的电压和人体电阻。人体的电阻又与皮肤干燥程度、完整程度和接触电极的面积有关。

2) 电流通过人体的时间长短。通电时间越长,电击危害程度越严重。

3) 通电途径。通电途径以胸—左手的通路为最危险,电流纵向通过人体时,心脏上的电场最强,比电流横向通过人体的危害性更大些。

4) 通过人体电流的种类。对人体最危险的是 50~60 Hz 的工频电流,20~400 Hz 交流电流相对危险性也较大,低于或高于这个频段时,危险性相对减小。直流电相对交流电的危险性要小。高频电流比工频电流更容易造成皮肤灼伤。

5) 人体状况。电对人体的危险程度与人体状况有着密切关系,除了人体电阻的差异,一般对电的敏感程度,女性高于男性,儿童高于成年人。

(2) 常见的电气事故种类和事故原因分析。分析电气事故要首先按事故种类找出事故原因,这其中以违反安全操作规程为最多,也包括电气绝缘、安全距离、设备和导体载流量不符合安全要求,带电作业现场没有明显和准确的标志,设备和导体老化、年久失修又没有定期检查等。各种电气事故的种类及产生原因如图1—1所示。

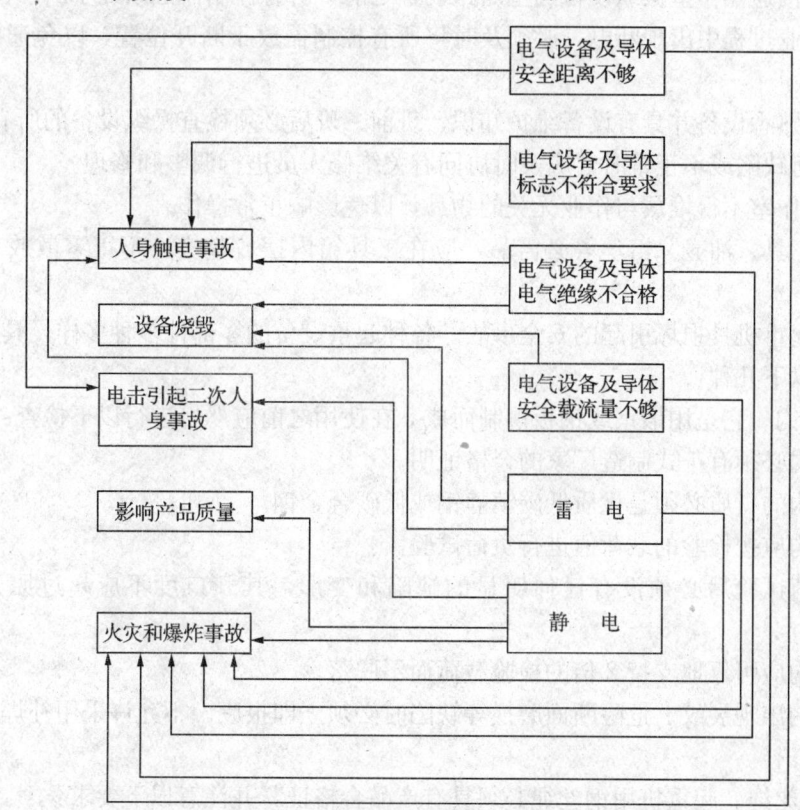

图1—1 电气事故种类及产生原因

2. 起重工安全事故分析

起重作业常见的安全事故一般分为违反安全操作规程造成的事故和起重机具损坏引起的事故。由于起重作业的物料对象广泛，作业环境多样，为了安全进行起重作业，必须合理地选用和正确地操作与维护起重设备。

(1) 违反安全操作规程造成的事故。起重设备的主要参数是根据起重物料对象选择起重设备的依据，当起重作业对象超出了起重机主要参数范围便会引起事故，因此合理选用起重设备是安全作业的首要条件。起重安全事故多发生在违反安全操作规程的情况中，对起重设备操作者必须经过专业培训，合格后才能上岗。同时作业中必须遵守以下安全操作规程：

1) 作业过程中必须精神集中，不准进行任何分散注意力的活动。

2) 身体健康状况不适宜时，不准进行起重作业。

3) 必须服从指挥调运人员或信号人员的信号指挥。无需指挥人员时，操作者应对调运作业负责。如对安全有疑问时，应立即与有关人员联系。

4) 离开操作室时，必须先将悬吊的载荷放下并将控制器放在断开的位置，断开起重机或小车的主断路装置。

5) 在没有确定起重机、小车或其附近无人时，不准关闭主断路装置。若电源装置有警告装置或有锁，在没征得放标志或加锁人员的同意之前，不得接通电源。

6) 在接通操作室操纵设备的主断路装置之前，所有控制器必须处于断开位置。

7) 作业过程中出现断电，必须及时将所有控制器放于断开位置，以免通电后设备自行运转。

8) 应熟悉设备并具有设备维护知识，班前、班后必须检查操纵设备的所有控制器，如发现任何缺陷或不正常时，应及时协同有关维修人员进行调整和修理。

9) 操作室不得堆放与作业无关的物品，以免影响正常操作。

10) 工具、油壶、熔丝等必需品，应在工具箱内摆放整齐，不得零散放在操作室内。

(2) 起重机具损坏引起的安全事故。各种起重设备的零部件多种多样，具有共性的零部件有以下几种：

1) 吊钩。它是用锻钢或钢板铆制而成，在使用之前应严格进行以下检查：

①吊钩必须有正式制造厂家的合格证明。

②吊钩的材质必须是优质低碳镇静钢或低碳合金钢。

③吊钩应按检验的载荷值进行负荷试验。

④负荷试验后必须没有任何明显的缺陷和变形，其开口度不应超过原开口度的0.25%。

⑤吊钩应可靠地支持2倍的检验载荷而不脱落。

⑥吊钩出现裂纹、危险断面磨损等缺陷时必须立即报废。不允许采用补焊的方法对吊钩进行修补。

2) 钢丝绳。起重机用钢丝绳必须具有产品合格证，并注意以下要求：

①新更换的起升钢丝绳应满足规定的安全系数要求，见表1—1。

表 1—1　　　　　　　　　　　起升钢丝绳安全系数

机构工作级别[①]	M_1	M_2	M_3	M_4	M_5	M_6	M_7	M_8
钢丝绳安全系数[②]	4			4.5	5	6	7	9

注：①$M_1 \sim M_8$为机构工作级别，由机构的利用等级及机构的载荷状态（由载荷谱系数表征）来提供。

②对于吊运危险物品的起升用钢丝绳，一般应采用比设计工作级别高一级工作级别的安全系数。

②吊运赤热金属的钢丝绳，应采用石棉芯钢丝绳；在腐蚀介质中作业的起重机，应选用镀锌钢丝绳。

③载荷由多根钢丝绳支承时，若没有钢丝绳受力的均衡装置，应注意调整各钢丝绳的张力，以免受力不均。

④钢丝绳在卷筒上应排列整齐，否则会影响钢丝绳的使用寿命。发现钢丝绳缠绕混乱时，应立即停止使用并进行修复和调整。

⑤起升高度较大的起重机，宜采用不旋转、无松散现象的钢丝绳，避免重物打转，出现危险。

⑥起重机的起升、变幅机构用钢丝绳，不得使用编结接长的钢丝绳，使用其他方法接长时，必须保证接头强度不小于钢丝绳破断拉力的90%。

⑦当吊钩处于工作位置最低点时，钢丝绳在卷筒上的缠绕，除绳尾固定的圈数外，不得少于两圈。

⑧钢丝绳端部固定连接要按设计要求进行，不得任意改变。若无原始设计资料，可按绳端固定连接的各项安全规定进行。

⑨要防止钢丝绳在拆卷时发生打结或扭曲，防止擦伤或过度弯曲，防止钢丝绳在加快磨损的物料上拉拽，防止钢丝绳绕过有尖棱边角的物体。

⑩做好钢丝绳的维护和润滑，一般情况下，钢丝绳每半个月全面检查一次，危险部位（如钢丝绳固定端、平衡轮附近等）应每天随时检查，出现问题及时解决。

⑪钢丝绳对起重作业安全性关系极大，在钢丝绳接近使用寿命或报废标准时，应随时检查，及时更换。

3）制动器及制动轮。制动器是起重设备中保证安全使用至关重要的部件，也是故障较多的部件之一。应用在各种起重设备上的制动器种类不同，为了使起重机安全地进行工作，在制动器配备上应注意以下几点：

①对于机动起重机，其起升、变幅、运行及旋转机构都应设制动器。

②人力驱动的起重机，其起升、变幅机构必须设置制动器或停止器。

③起升及变幅机构的制动器应是常闭式的（即切断动力时，制动器处于闭合状态），吊运赤热金属或易燃、易爆物品，以及如发生事故会造成重大危险或损失的起升机构，其每套驱动装置都应设两套制动器。

④起升、变幅机构的制动器每班应检查一次，大、小车运行机构的制动器2~3天应检查一次。

⑤制动器各转动环节一般每周润滑一次，其传动系统的动作应灵活，无卡住现象。

⑥制动架的销轴间隙所产生的空行程不应超过额定有效制动行程的10%。

⑦制动器松开时，制动瓦应均匀地离开制动轮，闸瓦与制动轮的间隙应均匀。

⑧制动力矩不能太小或太大，应按设计要求予以调整。制动力矩过大，制动时会导致机构冲击，是不安全的。在起升机构中，制动行程一般调整在50～200 mm范围（速度值的1%）为宜；在运行机构中，制动行程以1 min额定行程的2%为宜。

⑨松闸时的闸瓦与制动轮的平行度，不应超过制动轮宽度的0.1%，否则会引起闸带与制动轮接触不均。

⑩制动轮的表面温度不应超过200℃，若发现制动轮有产生高温的倾向，必须立即进行调整，否则易出现制动器打不开的情况。

⑪制动器易损零件达到报废标准应及时更换。

4) 滑轮和套筒。滑轮和套筒对起重机工作的安全性有很大影响，必须按起重机设计规范的要求制作，随意更改滑轮尺寸、构造形式和材料，不仅会造成钢丝绳提前损坏、零件破碎，甚至会发生更大的安全事故。在实际使用中应注意以下几点：

①对滑轮、卷筒轴承要定期加油润滑。

②绳槽表面也应注意润滑，以降低与钢丝绳的磨损。

③绳槽在使用一定时间后，形状会发生变化，通常当滑轮、套筒出现裂纹，套筒壁磨损量达初始厚度的20%，滑轮的轮槽磨损量达原始壁厚的10%时，滑轮、套筒应予以报废。

5) 起重设备的安全装置。为了保证起重设备的安全工作，操作者除了应严格按照安全操作规程操作外，还应对起重机安全装置进行正确的维护和调整。常用的安全装置有超载限制器、力矩限制器、限位器、幅度指示器、缓冲器、偏斜调整和显示装置、联锁保护装置、夹轨钳和锚定装置、风级风速报警器等。这些安全装置对起重作业的安全工作起着至关重要的作用。

3. 焊工安全事故分析

焊接的方法有几十种之多，常见的焊工安全事故，多指发生在气焊、电弧焊、电渣焊等操作中的安全事故。从安全方面讲：一般气焊时要注意回火、防爆炸、防烧伤、防自燃现象等，电焊时要注意防弧光、防烟尘、防触电、防短路损坏设备等。焊接作业必须严格按其安全操作规程进行，同时应了解引起安全事故的原因。

(1) 气焊常见事故原因。气焊是利用可燃气体（乙炔）以合适的比例在纯氧中燃烧，产生3 000℃以上的高温熔化金属的焊接方法。高压氧气和可燃气体是导致气焊发生安全事故的两种危险气体，也是气焊安全技术中必须严加注意的重点。一般气焊安全作业应注意以下几点：

1) 氧气瓶、电石、乙炔发生器、焊炬和割炬的使用必须严格按照安全操作要求进行，否则会引起燃烧和爆炸事故。

2) 焊工作业现场必须有防火设备。

3) 气焊位置5 m以内不得有可燃物品。

4) 露天作业必须采取挡风装置，以防火星飞溅，风势较大时不宜露天气焊。

5) 气焊作业结束后，应将乙炔发生器的电石篮取出，剩余的电石要安全妥善保管，并将发生器冲洗干净，仔细检查现场，确定无起火危险以后才能离开现场。

(2) 电弧焊常见事故原因。电弧焊安全操作内容主要包括：用电检查、电源选用要求、电焊机的使用、交流和直流电焊机的常见故障排除等，每项内容都有具体的安全使用要求，这些是操作者必须熟悉和遵守的。下面是使用电焊机应注意的安全事项：

1) 焊机应安置在干燥、通风的场地，露天作业时要做好防雨、雪措施。

2) 硅整流焊要特别注意保护和冷却，禁止在不通风环境中使用。

3) 做好用前检查，焊机接入电网时，两者电压必须相符。

4) 启动焊机时，焊钳和焊件不得接触，以防短路。

5) 调节电流或更换极性接法时，应在空载情况下进行，同时应按焊机的额定焊接电流和负载持续率来使用，严禁过载。

6) 焊接中若有短路现象，不允许时间过长，否则容易烧坏焊机。

7) 直流焊机的电刷和整流片应保持接触良好，接线柱与电缆应接触良好，不可松动。焊机外壳应接地良好，以保证安全。

8) 要保持焊机清洁，在检修或停止作业时，应切断电源。

9) 没有安全防护罩的焊机不能使用。

10) 焊机初、次级的绝缘电阻，应分别在 0.5 MΩ、0.2 MΩ 以上，低于此值，应予以干燥处理，损坏处应修复。

11) 应尽量减少电焊烟尘对操作者的危害，尽量采用带有过滤介质的口罩或采用带有供给新鲜空气装置的头盔等防护用具。

第二节　技术准备

→ 掌握机械加工工艺规程的编制
→ 掌握设备故障诊断技术
→ 掌握数控机床的基础知识
→ 熟悉常用标牌规范英汉对照表（见附录）
→ 能够制定主轴、蜗轮、丝杠等精密机械零件修复工艺

一、编制工艺规程

1. 机械加工工艺过程的概念

按一定顺序逐步地改变毛坯或原材料的形状、尺寸和性能，使之成为成品或半成品的过程，称为机械加工工艺过程。机械加工工艺过程由一系列工序组成，每一道工序又可分为若干个安装、工位、工步或走刀。工艺规程是反映比较合理的工艺过程的技术文件。它一般包括工件加工工艺路线，各工序的内容、切削用量、工时定额、使用的机床和工艺装备，工件的检验项目、检验手段等。

(1) 编制工艺规程的原则。编制工艺规程的原则是在一定的生产条件下，在保证加工质量的前提下，选择最经济、合理的加工方案。即：

1) 技术上的先进性。

2) 经济上的合理性。

3) 有良好而安全的劳动条件。

(2) 工艺规程的作用。工艺规程是指导施工的技术文件，具有以下三个作用：

1) 工艺规程是指导生产的主要技术文件。合理的工艺规程是在广大工人和技术人员的实践经验基础上总结出来的，它体现一个企业或部门的工艺水平。按照工艺规程进行生产，可以保证产品的高质量、高水平和最佳的经济效益。

2) 工艺规程是生产组织和管理工作的基本依据。工艺规程所涉及的内容，如产品投产前材料和毛坯的准备、通用工艺装备的准备、机床负荷的安排、专用工艺装备的设计和制造、生产计划和成本核算、劳动力的组织等，都与生产管理密切相关，是生产组织和管理工作的基本依据。

3) 工艺规程是新建或扩建工厂、车间的技术文件之一。在新建或改造厂房时，只有根据工艺规程和生产纲领才能正确地确定生产所需设备的规格、数量，以及厂房的面积、结构，生产工人的工种、技术等级和人数等。

(3) 编写工艺规程的方法。首先必须认真研究原始资料，如产品图样、生产纲领（生产规模）、毛坯资料以及现有的机床设备和工艺装备情况等。然后要广泛了解、参照同行业工艺技术的发展情况，结合本单位的生产经验，在深入调查研究、集思广益的基础上制定出最佳的工艺方案，将工艺规程的内容填写在一定格式的卡片上，即成为生产依据的工艺文件。工艺文件的格式各企业都根据自己产品的特点自行确定，尚无统一的格式。较常见的工艺文件有以下几种：

1) 工艺过程综合卡片。它是制定其他工艺文件的基础，主要列出了整个零件加工所经过的路线。但各工序的说明不具体，不能直接指导工人使用，仅作为生产技术准备、编制生产计划和组织生产的依据。

2) 机械加工工艺卡片。它是以工序为单位详细说明整个工艺过程，用来指导工人生产和帮助管理人员掌握整个加工过程的一种主要技术文件。

3) 机械加工工序卡片。它是依据工艺卡片为每个工序制定的。工序卡片详细说明了该工序所需的资料，包括设备、夹具、定位基准、工具安装、刀具、量具、工序尺寸、切削用量、工时定额等。

(4) 编写工艺规程的步骤。编写工艺规程一般要通过以下几个步骤：

1) 分析零件图样。主要是零件的结构和技术要求两方面的分析。

2) 确定毛坯的类型和尺寸。毛坯常见的有铸件、锻件、型材和组合毛坯等。根据零件的材质、结构和技术要求，选择毛坯的类型应尽量与零件的尺寸、形状接近，即所谓的精毛坯，这是毛坯制造专业化的发展方向。

3) 选择定位基准和主要表面的加工方法。定位基准选择得好坏，不仅影响零件的加工精度，对各表面的加工顺序也有很大影响。基准按其功用不同，分为设计基准和工艺基准两大类。工艺基准按用途不同又可分为定位基准、工序基准、装配基准和测量基准。

①工件定位的方法。加工前，工件在机床或夹具中占据某一正确位置的过程称为定位。工件定位时应使加工表面与设计基准间保持一定的相对位置精度，同时相对刀具也

必须有一正确位置，以保证加工表面与其设计基准间的尺寸精度。工件在机床上常用的定位方法有直接找正法、划线找正法和夹具定位法三种。

②定位基准的选择。首先根据工件定位要限制的自由度来确定定位基面的个数，然后再按基准选择的规律选择每个定位基面。

一般起始工序中，工件定位只能选择未加工毛坯表面，这种定位表面称为粗基准。选择粗基准有以下几个原则：一是有不加工表面的工件，为了保证加工表面与不加工表面的相对位置要求（如平行、对称等），一般以不加工表面为粗基准；二是具有较多加工表面的工件，选择粗基准时要合理分配各加工表面的加工余量；三是作为粗基准的表面应尽量平整，以便使工件定位可靠，夹紧方便；四是同一尺寸上的粗基准，一般情况下只能使用一次，因为粗基准重复定位的误差很大。

在中间工序和最终工序中，采用已加工表面定位，这种定位基面称为精基准。选择精基准的原则有四个方面的要求：一是应选择加工表面的设计基准为定位基准，即"基准重合"的原则；二是定位基准的选择应便于工件的安装与加工，并使夹具结构尽量简单；三是当工件以某一精基准定位，可以比较方便地加工其他各表面时，应尽可能在多工序中采用同一精基准定位，即"基准统一"原则；四是某些要求加工余量小而均匀的精加工工序，可选加工表面本身作为定位基准，加工表面的位置精度必须由上一工序保证（如浮动铰刀铰孔等）。

4）拟定工艺路线。工艺路线的拟定是制定工艺过程的总体布局，主要内容是确定各个表面的加工方法和加工方案，确定各个表面的加工顺序和整个工艺过程工序的数目等。

5）确定工序尺寸及其公差。工序尺寸的确定与加工余量的大小、工序尺寸的标注以及定位基准的选择和变换有密切的关系，不同情况有不同的确定方法，常见的情况有以下几种：一是工序基准与设计基准重合时工序尺寸及公差的确定。经多次加工才能完成的加工表面，各次加工的工序尺寸及公差，取决于各工序的加工余量和加工方法上的经济加工精度，其尺寸与公差的顺序应由最后工序向前依次推算。二是工艺基准与设计基准不重合时的工序尺寸及公差的确定。为了便于工件定位或测量，当工艺基准与设计基准不重合时，应通过换算改注有关工序的尺寸公差。三是以尚需继续加工表面标注工序尺寸的计算。有些加工表面的测量基面或定位基面是一些还需要继续加工的表面，当加工这类基面时不仅要保证本工序对该加工基面的一些精度要求，同时还要保证对原加工表面的要求。如需淬火的内孔键槽尺寸，淬火前内孔留有磨削余量，而键槽深度尺寸应通过工艺计算确定，以保证淬火后内孔磨削达到要求的同时，键槽的深度尺寸也同时符合要求。四是有渗氮、渗碳要求的工艺计算，此时工序尺寸必须保证热处理后零件在精加工完成后的渗氮或渗碳层的深度。五是有些零件同一方向的尺寸较多，工序也多，而且又需多次变换定位基准时，各工序尺寸关系比较复杂，此时可采用工序尺寸图解法确定各个工序的尺寸和公差。

6）选择机床、工艺装备、切削用量和工时定额

①机床的选择。机床的规格尺寸应与加工零件的尺寸相适应；机床的精度应与工序加工精度要求相适应；机床的生产效率应与零件生产加工的类型相适应；机床选择还应

结合现场实际，如设备的类型、规格和精度状况等。应充分发挥劳动者的智慧，若缺乏大型设备，可以以小干大；缺乏精密设备，通过技术改造可以以粗干精。

②工艺装备的选择。单件小批量生产应尽量选择通用夹具和量具及标准刀具，大批量生产应采用高效率的专用夹具和量具，必要时也可采用高效率的复合刀具及其他专用刀具。

③切削用量与工时定额的确定。多品种、小批量生产时，许多工艺因素变化较大，一般工艺文件上不规定切削用量，而由操作者按实际情况确定。大批量生产或自动线、流水线上必须合理地确定每个工序的切削用量。工时定额的确定应考虑最有效地利用生产工具，同时充分调查研究，在结合操作者实践经验的基础上，实事求是地确定。

7) 填写工艺文件。按本单位工艺文件的格式，将上述内容填写清楚，经有关人员校对、审核、批准，工艺规程的编写即告完成。

2. 机修工艺规程的编制

机修工艺规程的内容不仅包括机加工工艺（如机床配件加工）和装配工艺的内容，同时还包括机械设备修理前的检查，零部件修复工艺，机床设备的拆卸工艺和各个机构、系统的修理工艺与检测、验收标准等。

(1) 修理工艺规程的编制原则及原始资料准备

1) 编制修理工艺规程的原则

①保证机床修理后达到原始精度和性能，并力求提高其质量。

②合理安排修理工序，尽量缩短停机修理时间。

③磨损的零部件是修复还是更换，应从经济、质量和修理停歇时间上全盘考虑。

2) 原始资料准备

①机床设备的总装图样、产品说明书或使用说明书应清楚地表示出机床设备所有零件的相互连接情况，主要零部件的联系尺寸，配合零件间的配合性能和精度，装配的技术要求，零件的明细表，各零件的材质、热处理要求和质量，验收的技术条件，主要技术性能的检验，试验工作的内容和方法等。

②修理前的检测资料，主要包括操作者提供的损坏情况及其对相关部位进行检测的数据。对于大修的机床设备，应对机床主要技术性能全面检查。

(2) 编写修理工艺的方法和步骤。根据上述原则和原始资料，一般可按下列步骤编写修理工艺规程：

1) 按需要修理的部位，仔细研究相关图样及技术要求。

2) 根据设备所需修理内容，确定机床的拆卸工艺方法。

3) 根据零部件损坏程度，确定更换或修复的工艺方法。

4) 按修理项目确定修理的工艺过程及各修理单元的技术要求、检测方法、工时定额或验收日期等。

5) 确定修理的组织形式。

将上述内容填入修理工艺规程表格内，编写工作基本完成。目前，很多通用机床都有规范的修理工艺规程，可以直接使用。确需重新编写的，应在仔细研究图样和原始资料的基础上，制定出既保证修理质量而又最经济的修理工艺方案。

二、设备故障诊断技术的应用

1. 振动法诊断

机床设备在运转中,不管转动部分平衡有多好,都会出现振动量和振动波形的变化。当机床设备发生异常时其振动量和振动波形也会发生异常变化,用测试仪器对振动和振动源进行检测和分析,是振动法诊断的主要内容。

(1) 振动的三个基本参数和基本量的应用。振幅、频率和相位是振动的三个基本参数,振动的三个基本量是频率、振动值和相位差。它们的应用如下:

1) 频率。它是单位时间内完成振动(或振荡)的次数或周数,用于判断某个零件引起振动的原因。

2) 振动值。它是振动精度标准,用于判断设备的劣化程度。

3) 相位差。它是由振动频率或振动值的变化来判定的振动基本量。

(2) 振动信号的分类。见表1—2。

表 1—2　　　　　　　　振动信号分类

信号种类	信号特征	信号图形
周期信号	按一定的时间周期重复出现的信号	a) 正弦波形图 b) 三角波形图
瞬时信号	在突加载荷下产生的信号	瞬时衰减波形图

续表

信号种类	信号特征	信号图形
随机信号	其幅值、形状、峰值都是杂乱的	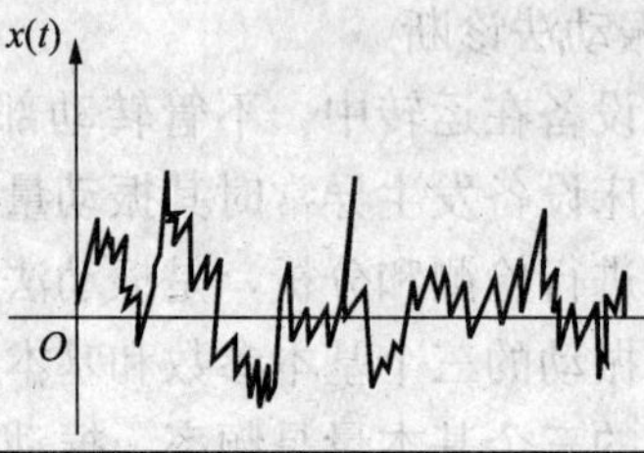 $x(t)$ 曲线图

(3) 振动的简易诊断与精密诊断。见表1—3。

表1—3 振动的简易诊断与精密诊断

诊断类型 特　征	简 易 诊 断	精 密 诊 断
诊断目的	1. 对设备的劣化进程进行监视 2. 早期指出设备出现故障的事实	1. 了解故障产生的部位及严重程度 2. 指出故障产生的原因，预测发展 3. 作为预知维修的依据
对信号检测与处理的程度	在设备的适当部位测量总（合成）的振动参数，一般在时域中进行	将在时域中测得的总振动参数在频域中进行谱分析，求出各峰值所对应的频率
常用的测试仪器	应用便携式简易测振仪，或由传感器、放大器、测振仪（记录装置）等通用仪器组成的测振系统	传感器、放大器、记录装置、分析仪器，或在放大器后直接连分析仪器进行在线分析
评价与判断的方式	可采用下列三种判断方式之一： 1. 绝对判断 2. 相对判断 3. 类比判断	将谱分析后所获得的结果与典型故障的振动特征（首先是频率特征）进行对比，经分析得出结论，或采用其他时域或频域分析方法
执行者与场地	1. 熟练检修工人 2. 在现场进行	1. 专门工程技术人员 2. 在现场进行，有时需在实验室中进行分析

(4) 振动诊断的方法。通常先使用便携式测振仪进行简易诊断，若判断出现异常，再进行精密诊断，以找出其故障原因。诊断的过程如图1—2所示。

精密诊断需要以多方面对异常现象进行分析，对收集的振动数据也需进行多项（频率、相位、振幅、时间等）分析，最大限度地测定振动的异常性质。按图1—2实施的振动分析内容和典型实例见表1—4。

2. 润滑油样分析法

由于润滑油在机床设备中流动循环，机床设备运行状态的很多信息，可以从润滑油样中分析出来，从而判断出零部件的磨损状况。一般油样分析分为以下几个步骤：

(1) 油样光谱分析法。它是利用原子吸收或发射光谱，分析油样中所含金属磨屑的成分和含量，从而判断磨损的零件和磨损的程度的分析方法，此法对有色金属分析较为适宜。

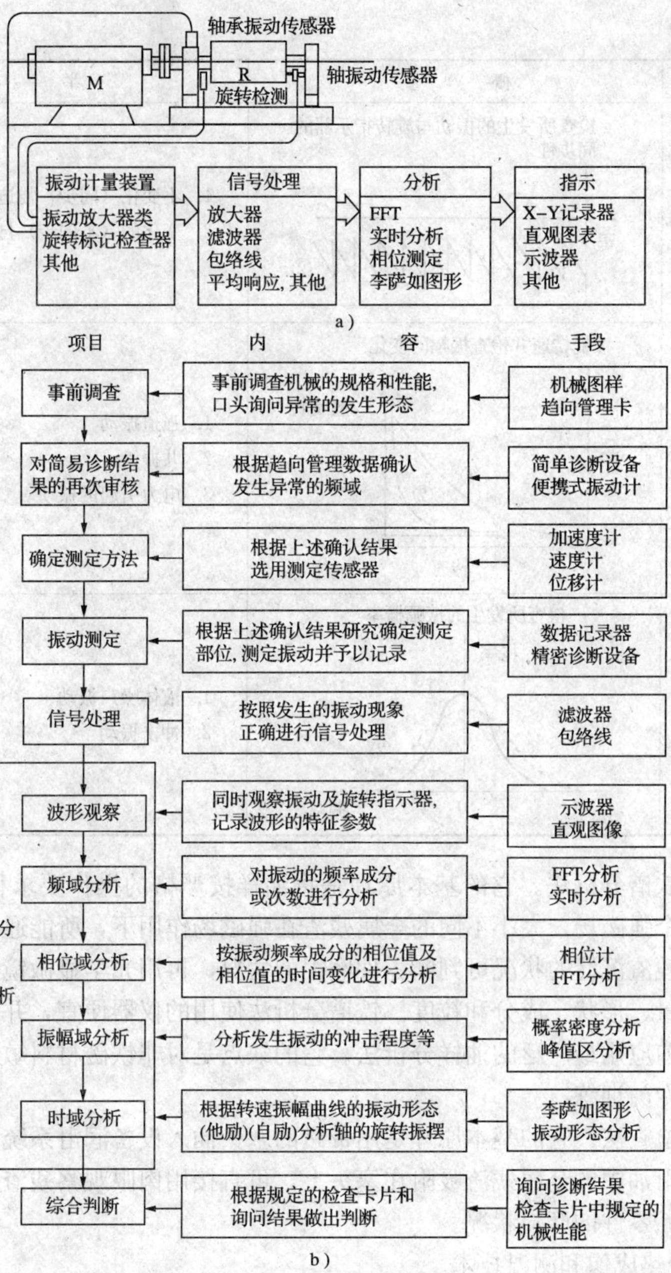

作业前准备

a)

振动计量装置（振动放大器类 旋转标记检查器 其他）→ 信号处理（放大器 滤波器 包络线 平均响应,其他）→ 分析（FFT 实时分析 相位测定 李萨如图形）→ 指示（X-Y记录器 直观图表 示波器 其他）

轴承振动传感器、轴振动传感器、R 旋转检测、M

b)

项目	内容	手段
事前调查	事前调查机械的规格和性能,口头询问异常的发生形态	机械图样 趋向管理卡
对简易诊断结果的再次审核	根据趋向管理数据确认发生异常的频域	简单诊断设备 便携式振动计
确定测定方法	根据上述确认结果选用测定传感器	加速度计 速度计 位移计
振动测定	根据上述确认结果研究确定测定部位,测定振动并予以记录	数据记录器 精密诊断设备
信号处理	按照发生的振动现象正确进行信号处理	滤波器 包络线
波形观察（分析）	同时观察振动及旋转指示器,记录波形的特征参数	示波器 直观图像
频域分析	对振动的频率成分或次数进行分析	FFT分析 实时分析
相位域分析	按振动频率成分的相位值及相位值的时间变化进行分析	相位计 FFT分析
振幅域分析	分析发生振动的冲击程度等	概率密度分析 峰值区分析
时域分析	根据转速振幅曲线的振动形态(他励)(自励)分析轴的旋转振摆	李萨如图形 振动形态分析
综合判断	根据规定的检查卡片和询问结果做出判断	询问诊断结果 检查卡片中规定的机械性能

图 1—2 振动诊断流程图

表 1—4　　　　　　　振 动 分 析

主要分析方法	概　要	举　例
频率分析（次数比分析）	检查发生振动的频率（振幅 - 次数（频率），标注 ①②③ 和 1 2 3 … z） 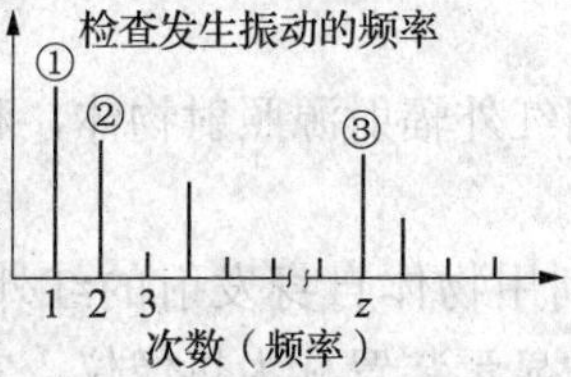	1. 不平衡成分 2. 不同轴成分 3. 压力脉动成分

续表

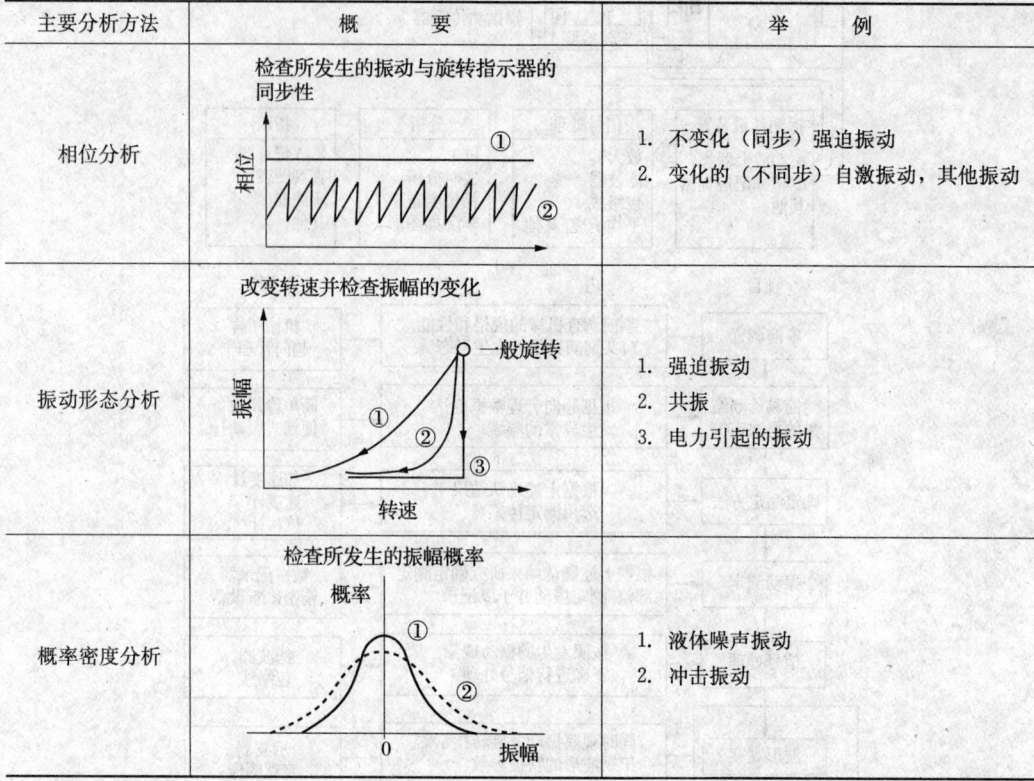

主要分析方法	概　要	举　例
相位分析	检查所发生的振动与旋转指示器的同步性	1. 不变化（同步）强迫振动 2. 变化的（不同步）自激振动，其他振动
振动形态分析	改变转速并检查振幅的变化	1. 强迫振动 2. 共振 3. 电力引起的振动
概率密度分析	检查所发生的振幅概率	1. 液体噪声振动 2. 冲击振动

　　(2) 油样铁谱分析法。它的基本原理是将油样按严格的操作要求稀释在玻璃试管中，再通过一个强磁场，大小不同的金属残渣在强磁场作用下，所能通过的距离各不相同，这样根据残渣沉淀的状况可判断零件磨损的情况，再用光学显微镜等仪器，可观察判断残渣的数量、形状、成分和粒度。铁谱分析法使用的仪器便宜，并能提供较多的分析信息，是当前应用最广泛的油样分析法。它的缺点是对非铁磁材料敏感性差，同时分析人员要经过专门训练。

　　(3) 炭塞检查法。它的基本原理是用带磁的塞头插入设备润滑系统的管道中，塞头的磁性可将润滑油中的金属残渣吸附在塞头上，可直接用肉眼观察残渣的多少、形状和大小，以此判断零件的磨损状况。

　　3. 红外线热成像和测温技术

　　红外线热成像技术是在红外线测温技术基础上发展起来的。红外线测温工作原理是：被测物体发出红外线，经过透镜聚集后入射到红外探测器上，在红外线辐射作用下产生与辐射能量成正比的电信号，再经处理和变换，在显示器上显示出温度值。红外线热成像仪分为主动式和被动式两种。

　　(1) 主动式红外线热成像仪。它是用红外辐射源照射物体，利用被反射的红外辐射线摄取物体的图像。

　　(2) 被动式红外线热成像仪。它是利用物体自身发射的红外辐射线摄取物体的图像。被动式红外线成像称为热像，热像的显示装置称为热像仪。它不需要外部红外光源的照射，使用方便。红外线热成像仪的光学系统将辐射线收集起来，经过滤波处理，将景物热图形聚集在位于光学系统焦平面的探测器上。光学机械扫描器包括垂直扫描和水平扫描两个扫描镜组，位于光学系统和探测器之间。扫描器通过摆动可达到对物体进行逐点扫描的目的，从而收集物体温度的空间分布情况。当镜子摆动时，从物体到达探测器的光束也随之移动，形成物点一一对应，再由探测器将光学系统逐点扫描所收集的物体温度空间分布的信息变成按时序排列的电信号，信号处理后，便可在内显示器上显示可见图像，如图 1—3 所示。

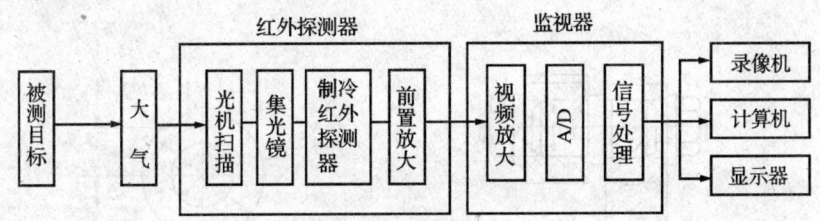

图 1—3 红外线热成像仪工作原理图

红外线热成像仪的温度测定范围在 $-30℃\sim3\,000℃$，显示器图像上每一光点的亮度都表示物体对应点的温度，温度越高，亮度越强。若被测物体有问题，其表面温差显示在屏幕上便是辉度和色差的差别。

三、机床夹具的设计与制造

1. 工件的定位

工件在加工前必须使它相对于刀具和机床占有正确的位置，包括工件在夹具中的定位、夹具在机床上的安装以及夹具对刀具和整个工艺系统的调整等工作。有关工件定位的基本原理在中级工部分已有叙述，本节所讨论的工件定位，主要是定位误差的分析。

2. 定位误差的分析

(1) 定位误差的初步确定。能否保证工件的加工精度，取决于工件与刀具间的相互位置，引起这种位置误差的因素有以下三个方面：

1) 定位误差。它是由工件在夹具中因位置不一致而引起的误差，以 Δ_D 表示。

2) 安装、调整误差。安装误差是指夹具在机床上安装时，定位元件与机床上安装夹具的装夹面之间位置不准确所引起的误差，以 Δ_A 表示。调整误差是指定位元件与对刀或导向元件之间的位置不准确引起的误差，以 Δ_T 表示。这两项误差与夹具在机床上的安装和对刀调整有关，统称为调整安装误差，以 Δ_{T-A} 表示。

3) 加工方法误差。它是由机床运动精度及工艺系统的变形等因素引起的误差，以 Δ_C 表示。

为了保证工件加工精度的要求，上述三个方面误差之和应小于或等于工件公差 δ_K，即：

$$\Delta_A + \Delta_{T-A} + \Delta_C = \delta_K$$

在初步确定工件的定位方案时，可假设上述三项误差各占工件公差的 1/3，以后可根据实际情况再进行调整。

(2) 定位误差及其产生原因。图 1—4 所示工件以圆孔在心轴上定位铣键槽。要求保证尺寸 $b_0^{+\delta_b}$ 及 $a_{-\delta_a}^0$。其中尺寸 $b_0^{+\delta_b}$ 是由铣刀决定的，而尺寸 $a_{-\delta_a}^0$ 则是由工件相对于刀具的位置决定的。

图 1—4b 中，孔中心线是工序基准，内孔表面是定位基准。从理论上分析，当内孔与心轴的直径完全相同时（无间隙配合），内孔表面与轴外圆重合，两者的中心线也重合。因此，可以看做以内孔中心线作为基准。由此，凡工件以圆柱表面作定位基准时，都以其中心线作为定位基准。

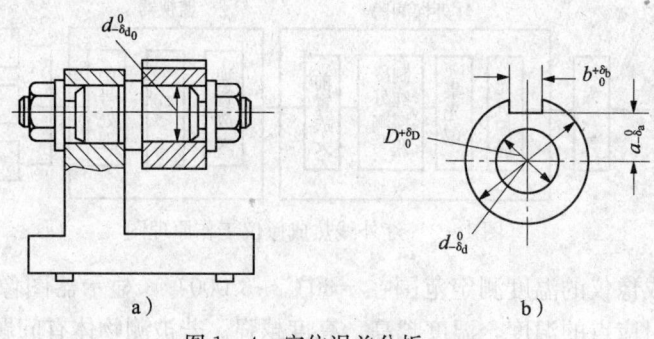

图 1—4 定位误差分析一

欲保证工件加工要求 $a_{-\delta_a}^0$，需要分析铣刀外圆和工序基准位置变化的大小。刀具经一次调整后，相对于心轴的位置保持不变（不考虑刀具正常磨损、工艺系统的弹性变形等）。如果定位副没有制造误差，也不留安装间隙，则工序基准和心轴中心线重合（见图 1—5a），故尺寸 a 保持不变，即不存在因定位引起的误差。实际上，定位副不可能无制造误差，故圆孔中心和心轴中心不可能同轴，如图 1—5b 所示。若心轴水平安置，工件圆孔将因重力等影响单边搁置在心轴的上母线上。此时，刀具位置未变，而同批工件的定位基准却在 O_1 和 O_2 之间变动，从而导致工序基准的位置也发生变化，使一批工件中所测得的尺寸 a 有了误差。这种由于定位副有制造误差而引起的定位基准在加工尺寸方向上的最大位置变动范围称为基准位移误差，以 Δ_Y 表示。

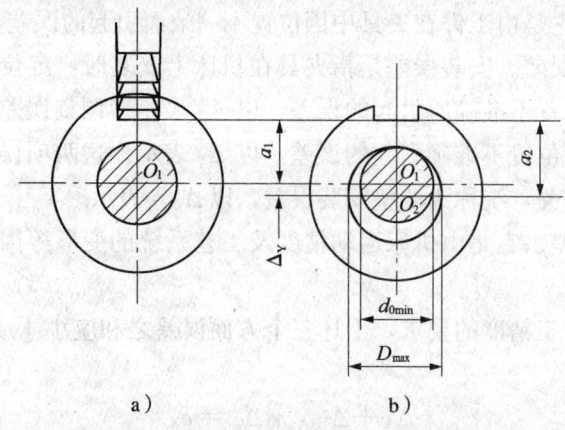

图 1—5 定位误差分析二

如图 1—6a 所示，加工尺寸从下母线标起为 $C_{-\delta_c}^{0}$，假设工件孔与心轴为无间隙配合，即定位基准没有位移（如图 1—6b 中 O），不产生基准位移误差。但由于工件外圆有制造误差，当外圆直径在 $d_{\min}$ 和 $d_{\max}$ 范围内变化时，工序基准在 B_1 和 B_2 范围内变动，引起加工尺寸在 C_1 和 C_2 之间变动。造成加工尺寸这一变动的原因是工序基准（工件外圆下母线）和定位基准（工件孔中心）不重合。这种因工序基准和定位基准不重合而引起的工序基准相对于定位基准在加工尺寸方向上的最大位置变动范围，称为基准不符误差，以 Δ_B 表示。本例中：

$$\Delta_B = B_1 B_2 = 1/2(d_{\max} - d_{\min}) = 1/2\delta_d$$

当工件以孔与心轴采用间隙配合时，同时存在 Δ_Y 和 Δ_B 两项误差，使同批工件加工后的加工尺寸在 C_1 和 C_3 之间变动（见图 1—6c）。

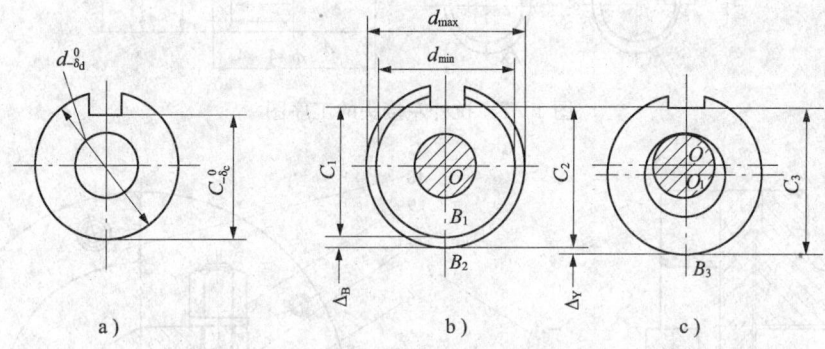

图 1—6 定位误差分析三

上述两项误差皆是由于定位引起的。这种因基准不符合、基准位移而引起的加工尺寸的最大变动范围，称为定位误差，以 Δ_D 表示。它是基准位移误差和基准不符误差的综合结果。本例中，$\Delta_D = C_3 - C_1$。

(3) 夹具设计实例。机床夹具一般是由定位装置、夹紧装置、夹具体及其他装置或元件组成的。各类机床的加工工艺特点、夹具与机床的连接方式等不尽相同，对夹具的设计提出了不同的要求，因此每一类机床夹具在其元件的结构、夹具的总体结构和技术要求等方面都有其各自的特点。以下是在各种装置和元件的基础上，对几类典型的机床夹具进行深入剖析，以便进一步了解和掌握各类机床夹具的设计特点。

1) 车床角铁式专用夹具。图 1—7 所示为拉杆左接头的工序图。工件孔 $\phi 34_{0}^{+0.05}$ mm、M36×1.5—6H 及两端面已经过加工，本工序的加工要求是钻螺纹底孔，车出左旋螺纹 M24×1.5—6H；对于其轴线与孔 $\phi 34$ mm 轴线的垂直度及至端面 A 的相距尺寸（27 mm），孔壁厚的均匀性等都没有提出较高的精度要求。若夹具的定位和夹紧装置设计合理，以上要求并不难保证。

图 1—8 所示为加工上述工件的车床夹具，由角铁式的专用夹具和过渡盘两部分组成，专用夹具以夹具体 2 上的定位止口和过渡盘 1 的凸缘相配合并加以紧固，形成一个夹具整体。在装配时应使夹具体止口的轴线（代表专用夹具的回转轴线）和过渡盘 1 的定位圆孔同轴。夹具上的定位销 7，其轴线和专用夹具的轴线正交，其台肩平面与该轴线相距为 27 mm。遵守基准重合原则，工件以 $\phi 34_{0}^{+0.05}$ mm 孔和端面 A 在此定位销上定位，

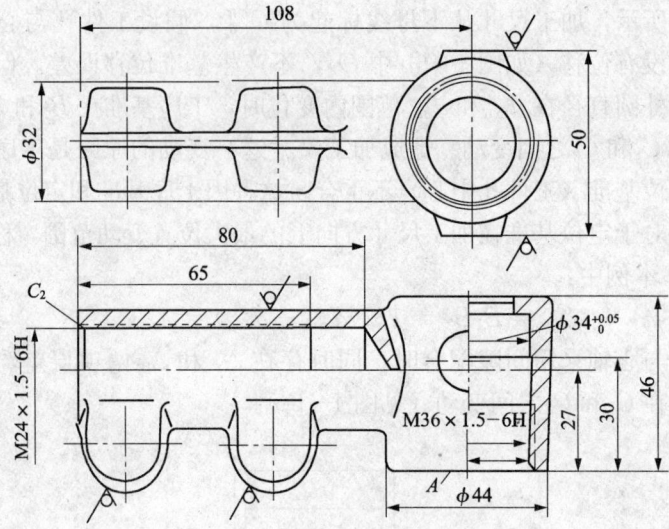

图 1—7　拉杆左接头的工序图

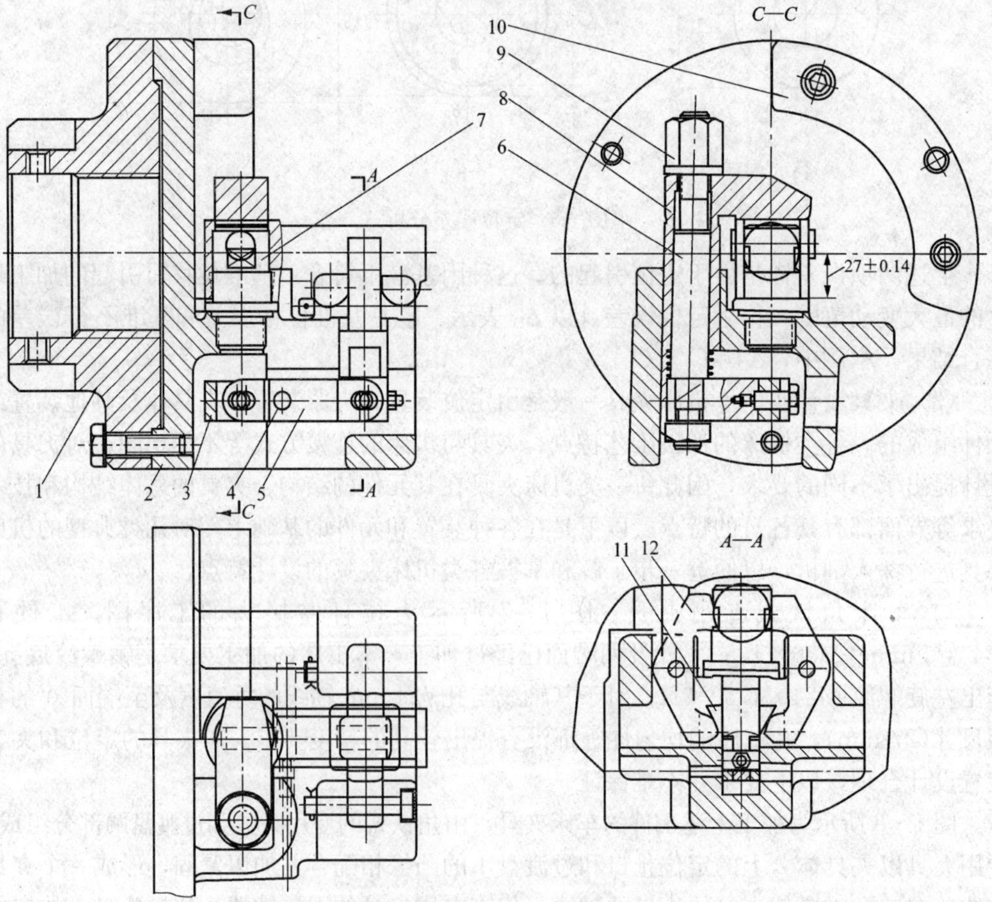

图 1—8　角铁式车床夹具

1—过渡盘　2—夹具体　3—连接块　4—销钉　5—杠杆　6—拉杆
7—定位销　8—钩形压板　9—带肩螺母　10—配重块　11—楔块　12—摆动压板

限制了工件的 5 个自由度,至于工件的另一个回转自由度,由对中夹紧机构予以约束。当拧紧带肩螺母 9 时,钩形压板 8 将工件压紧在定位销 7 的台肩上,同时拉杆 6 向上做轴向移动,并通过连接块 3 带动杠杆 5 绕销钉 4 做顺时针转动,于是将楔块 11 拉下,通过两个摆动压板 12 同时将工件对中并夹紧,从而使工件待加工孔的轴线与专用夹具的轴线一致,完成了正确安装工件的任务。

为保持夹具回转运动时平衡,在角铁的另一端设置了配重块 10。

2) 车齿轮泵壳体两孔的专用夹具。图 1—9 所示为齿轮泵壳体的工序图,工件外圆 $\phi 70_{-0.02}^{0}$ mm 及端面 A 已经过加工,待加工表面为两孔 $\phi 35_{0}^{+0.027}$ mm、端面 T 和孔的底面 B,并要求保证下列技术要求:

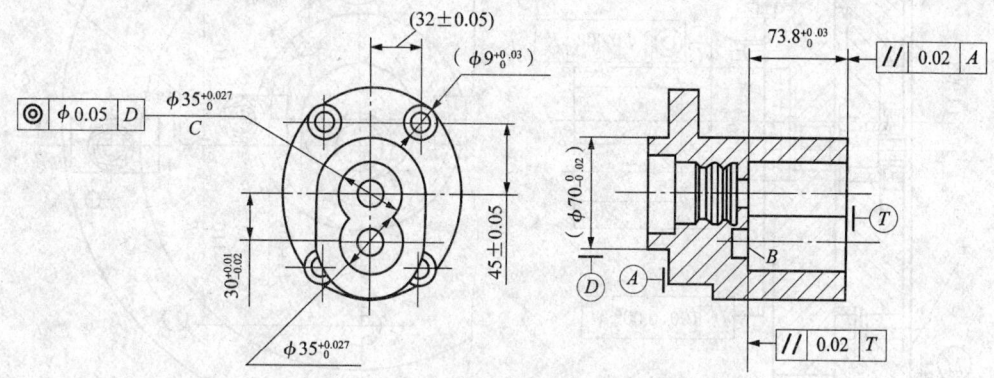

图 1—9 齿轮泵壳体工序图

①孔 C 对 $\phi 70_{-0.02}^{0}$ mm 的同轴度公差值为 $\phi 0.05$ mm。

②两孔的中心距为 $30_{-0.02}^{+0.01}$ mm(如改用对称偏差表示即为 29.995 mm±0.015 mm)。

③T 面对 A 面、B 面对 T 面的平行度公差值为 0.02 mm。

两孔 $\phi 35_{0}^{+0.027}$ mm 的直径尺寸精度主要取决于加工方法的正确性,而上述的技术条件则由夹具保证。图 1—10 所示为所使用的专用夹具。工件以端面 A、外圆 $\phi 70_{-0.02}^{0}$ mm 及小孔 $\phi 9_{0}^{+0.03}$ mm 为定位基准,在转盘 2 的 N 面、圆孔 $\phi 70_{+0.003}^{+0.012}$ mm 和削边销 4 上定位,用两副螺旋压板 5 夹紧。转盘 2 则由两副螺旋压板 6 压紧在夹具体 1 上。当加工好其中的一个 $\phi 35_{0}^{+0.027}$ mm 孔后,拔出对定销 3 并松开两副螺旋压板 6,将转盘连同工件一起回转 180°,对定销 3 即在弹簧力作用下插入夹具体 1 上另一分度孔中,再夹紧转盘后即可加工第二孔。专用夹具利用本体上的止口 E 通过过渡盘与车床主轴连接,安装夹具时按找正圆 K(代表夹具的回转轴线)校正夹具与机床主轴的同轴度。

为了保证工件提出的技术条件,除遵守基准重合原则安装工件外,在本夹具设计中采取了如下的措施:

a. 控制定位时的配合间隙和转盘上定位圆孔 $\phi 70_{+0.003}^{+0.012}$ mm 与找正圆 K 的同轴度,以保证工件上孔 C 对 $\phi 70_{-0.02}^{0}$ mm 外圆的同轴度要求。

b. 控制转盘上端面 N 对找正圆 K 轴线的垂直度,以保证工件上 T 面和 B 面对 A 面的平行度要求。

c. 控制转盘回转轴处的配合间隙及其轴线与找正圆 K 轴线的中心距 14.998 mm 的尺寸精度和分度精度,以保证工件上两个 $\phi 35_{0}^{+0.027}$ mm 孔的中心距要求。

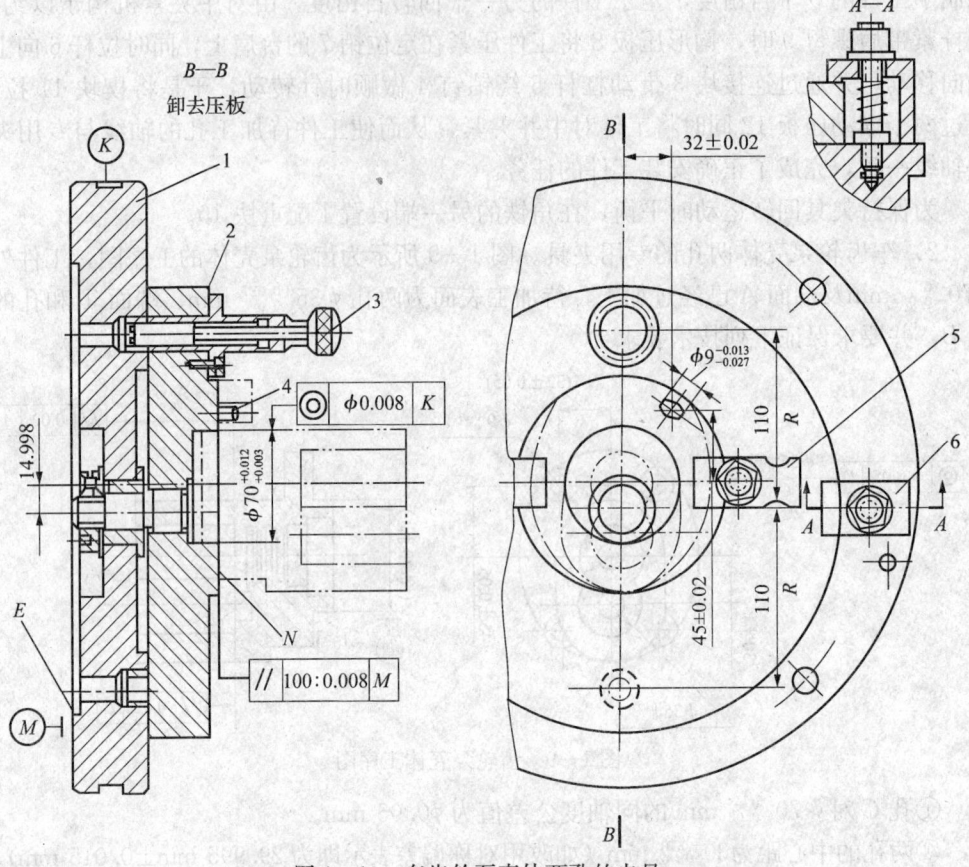

图1—10 车齿轮泵壳体两孔的夹具
1—夹具体 2—转盘 3—对定销 4—削边销 5、6—螺旋压板

3) 直线送进的专用铣床夹具。在铣床夹具中,这类夹具用得很多,按照在夹具上安装工件的数目,可分为单件夹具和多件夹具。

单件夹具多在单件小批量生产中使用,或者用于加工尺寸较大的工件以及定位夹紧方式较特殊的中小零件。多件夹具广泛用于成批生产或大量生产的中小零件加工。根据工件的结构特点和对生产率的不同要求,可按先后加工、平行加工、平行—先后加工等方式设计夹具。

为了进一步提高夹具的工作效率,在设计单件或多件夹具时,还要注意采取措施节省装卸工件的辅助时间,如采用联动夹紧机构,采用气压、液压等传动装置,使加工的机动时间和装卸工件的时间重合等。

采用双工位转台可以使加工的机动时间和装卸工件的辅助时间重合。图1—11表示在双工位转台3上安装两个工作夹具1和2,一个夹具在工作时,即可在另一个夹具上装

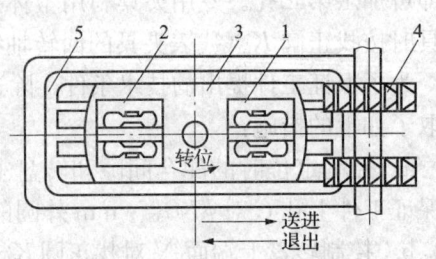

图1—11 双工位转台工作原理
1、2—工作夹具 3—双工位转台
4—铣刀 5—工作台

卸工件。第一个工作夹具上的工件加工完毕后，退出刀具将双工位转台3回转180°，即可对第二个工作夹具上的工件进行加工。

在设计这类机动时间和辅助时间重合的夹具时，应特别注意工作安全和操作者的劳动强度要适当。

4) 圆周送进的专用铣床夹具。圆周铣削法的送进运动是连续不断的，能在不停车的情况下装卸工件，因此是一种生产效率很高的加工方法，适用于较大批量的生产。

图1—12所示为在立式铣床上连续铣削拨叉的夹具，通过电动机、蜗轮蜗杆机构带动转台6回转。夹具上能同时装夹12个工件，工件以圆孔及端面、外侧面在定位销2及挡销4上定位，由液压油缸5驱动拉杆1通过开口垫圈3将工件夹紧。AB是工件的切削区域，CD为装卸工件区域。

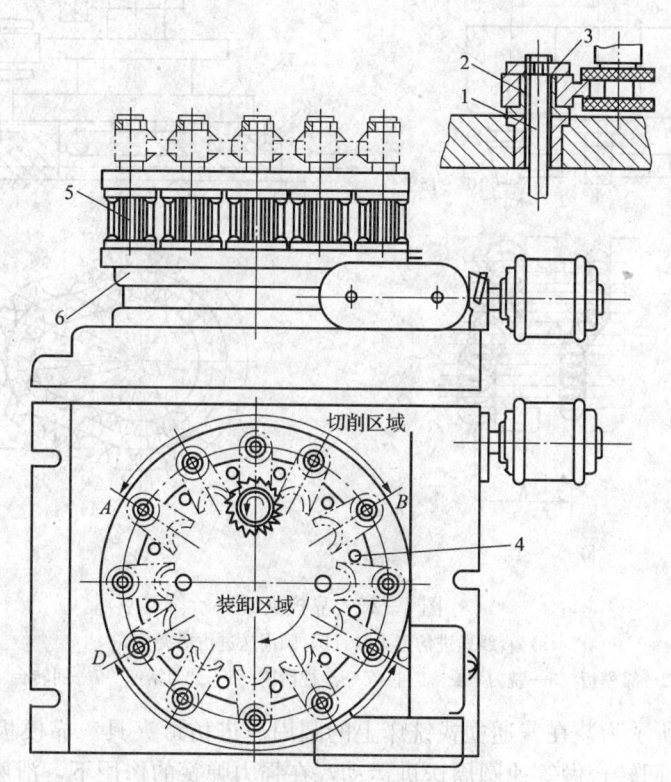

图1—12 圆周进给的铣床夹具
1—拉杆 2—定位销 3—开口垫圈 4—挡销 5—液压油缸 6—转台

设计圆周送进夹具时应注意下列问题：
① 沿圆周排列的工件应尽量紧凑，以减少铣刀的空程，减小夹具的尺寸和质量。
② 尺寸很大的夹具，最好不要制成整体的。
③ 夹紧工件的手柄沿转台的四周分布，以便于操作。
④ 应尽量减轻工人的劳动强度和保证操作安全。

5) 机械仿形送进的靠模夹具。零件上的各种直线成形面或立体成形面，可以在专用的靠模铣床上进行加工，也可设计靠模夹具在一般万能铣床上加工。靠模夹具的作用是使主送进运动和由靠模获得的辅助运动形成加工所需要的仿形运动。因此按照送进运动的方式，把夹具分为直线送进和圆周送进两种，它们的工作原理如图1—13所示。

图1—13a所示为直线送进仿形夹具的主要部分。靠模板2和工件4分别装在机床工作台的夹具中，滚柱滑座5和铣刀滑座6连成一组合体，它们的轴线距离K保持不变。滑座组合体在强力弹簧或重锤拉力的作用下，使滚柱1始终压在靠模板2上。因此，当工作台做纵向直线进给时，滑座组合体即获得一横向辅助运动，从而使铣刀按靠模曲线轨迹在工件上铣出所需要的曲面轮廓。

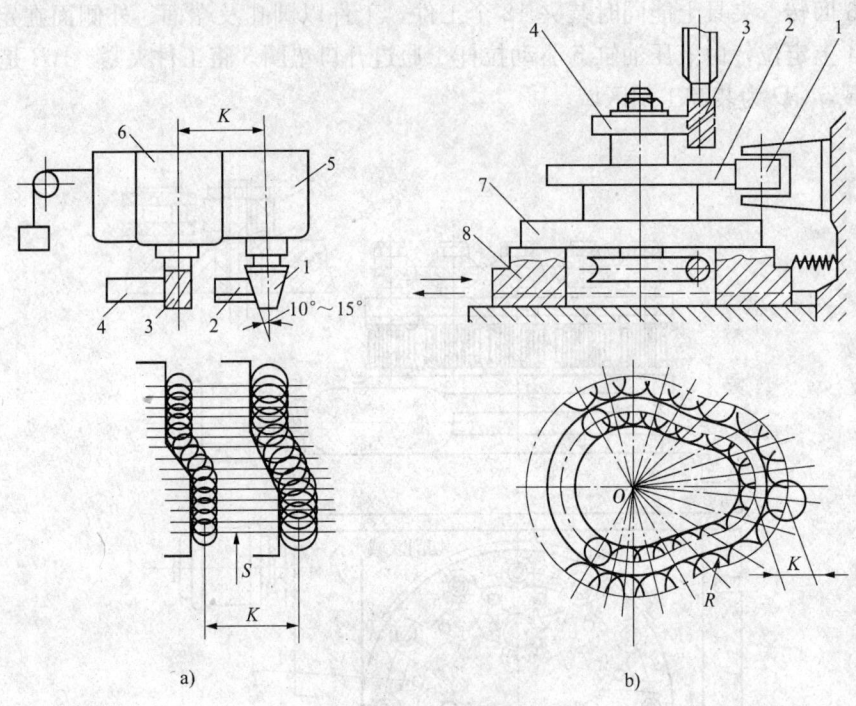

图1—13 靠模夹具
a) 直线送进仿形夹具 b) 圆周送进仿形夹具
1—滚柱 2—靠模板 3—铣刀 4—工件 5—滚柱滑座 6—铣刀滑座 7—回转台 8—滑座

图1—13b所示为装在普通立式铣床上的圆周送进仿形夹具。靠模板2和工件4装在回转台7上，回转台做等速圆周送进运动，在强力弹簧的作用下，滑座8便带动工件相对于刀具做所需的仿形运动，从而加工出与靠模相仿的成形面。

图1—13a和图1—13b中俯视图反映了滚柱和铣刀的运动轨迹，即反映了工件成形表面的轮廓和靠模板轮廓的关系。因此，可以得出靠模板轮廓曲线的绘制方法如下：

①画出工件成形表面的准确外形。
②从工件的加工轮廓面或回转中心做均分的平行线或辐射线。
③在平行线或辐射线上以铣刀半径r做和工件曲线轮廓相切的圆，得到铣刀中心的运动轨迹。
④从铣刀中心沿各平行线或辐射线截取长度为K的线段，得出滚柱中心的运动轨迹，然后以滚柱半径R做圆弧，再做这些圆弧的包络线，即得到靠模的轮廓曲线。

选择铣刀时,注意使铣刀的半径等于或小于工件曲线轮廓中的最小曲率半径。由于铣刀刃磨以后直径会变小,为保持滚柱直径和铣刀直径相同(或保持一定的比值),通常将靠模和滚柱做成 $10°\sim15°$ 的斜角,便于必要的调整。

靠模和滚柱间的接触压力很大,需要有很高的耐磨性能。因此,常用 T8A、T10A 钢或 20 钢、20Cr 钢制造,渗碳淬硬至 $58\sim62$HRC。

6)单工位铣斜面专用夹具。图1—14 所示为在杠杆零件上铣两斜面的工序图,工件形状较特殊,刚度较差。图1—15 所示为成批生产中加工该工件的单件铣床夹具。工件已经过精加工的孔 $\phi22$H7 和端面在台肩定位销 9 上定位,限制工件的 5 个自由度。为了保证被加工的斜面与圆柱体上削边平面的相互位置要求,以可调支承 6 限制工件的回转自由度,如果工件的毛坯是同批铸造的,这种支承只需每批调整一次。

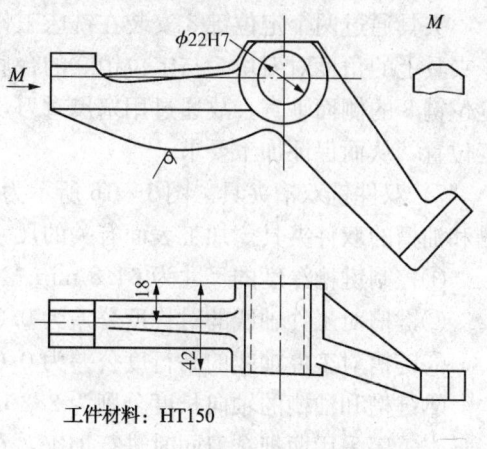

图1—14 杠杆加工工序图

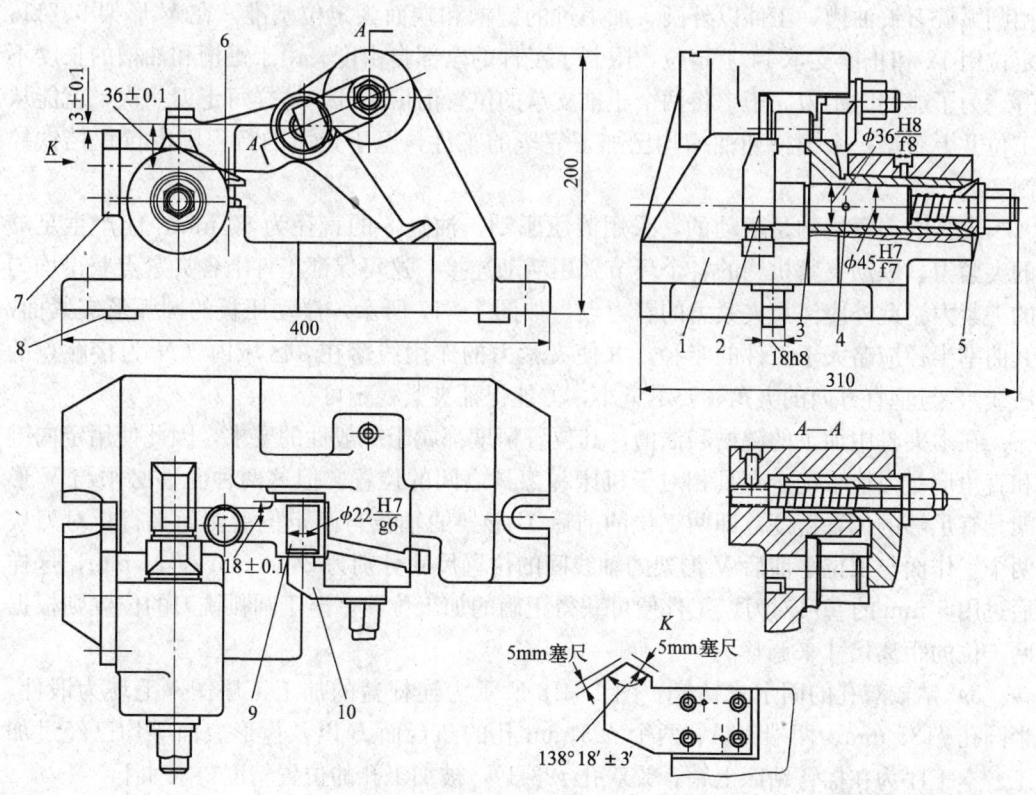

图1—15 单件铣斜面夹具

1—夹具体 2、3—卡爪 4—连续杆 5—锥套
6—可调支承 7—角度对刀块 8—定位键 9—定位销 10—钩形压板

工件的夹紧以钩形压板 10 为主，其结构见 A—A 剖面图，另外在接近加工表面处采用浮动的辅助夹紧机构，当拧紧该机构的螺母时，卡爪 2 和 3 相向移动同时把工件夹紧。在卡爪 3 的末端开有三条轴向槽，形成三片簧瓣，继续拧紧螺母，锥套 5 即迫使簧瓣胀开，使其锁紧在夹具体中，从而增强夹紧刚度，以免铣削时产生振动。

夹具通过两个定位键 8 安装在铣床工作台上，采用两把角度铣刀同时进行加工，由于夹具上的角度对刀块 7 与定位销 9 的台肩面有一定的尺寸联系，而定位销 9 的轴线与定位键 8 的侧面垂直，故通过用塞尺对刀，即可使夹具相对于机床和刀具获得正确的加工位置，从而保证加工要求。

7) 双件铣双槽夹具。图 1—16 所示为成批生产中用于铣削车床尾座顶尖套筒上键槽和油槽的双件夹具。加工表面有关的尺寸精度、位置精度要求如下：

①控制键槽深度的尺寸为 64.8 mm。
②键槽对工件轴线的对称度公差为 0.02 mm。
③键槽对工件轴线的平行度公差为 0.03 mm/100 mm。
④键槽和油槽的轴向长度分别为 282 mm 及 170 mm。

本工序采用两把铣刀同时进行加工，在工位 I 上用三面刃盘铣刀铣键槽，工件以外圆和端面在 V 形架 8、10 和止推支承 13 上定位，限制工件 5 个自由度。在工位 II 上，用圆弧铣刀铣油槽，工件以外圆、加工过的键槽和端面为定位基准，在 V 形架 9、11，定位销 12 和止推支承 14 上定位，限制了工件的全部自由度。由于键槽和油槽的长度不等，为了能同时走刀完毕，将两个止推支承的位置前后错开。这样每走刀一次，就能从工位 II 上获得一个键槽和油槽均已加工完毕的工件，至于走刀的行程则由行程挡铁控制。

夹具的夹紧机构是联动的，采用液压驱动，油缸 5 的直径为 80 mm，能产生足够的夹紧力。联动夹紧机构的各个环节采用活动连接，这可保证工件上各夹紧点获得均匀的夹紧力。此外应注意夹紧力的着力点。如图 1—17 所示，浮动压板的圆弧形夹紧面，其曲率半径应略大于工件的半径，并使夹紧力的作用线落在 β 区域内（N' 为接触点的法线），与垂直方向的夹角 α 要尽量小，方能保证夹紧稳定可靠。

在本夹具中加工的键槽和油槽，其位置精度都属于一般性的要求，因此使用定向键和直角形对刀块来确定夹具相对于机床和刀具之间的位置。但这两种元件必须与 V 形架具有足够的位置精度，即两工位的前后 V 形架的轴线与两定位键侧面平行；对刀块两个工作面与工位 I 前后 V 形架的轴线间的位置尺寸分别为 24.4 mm 和 11 mm，这样通过用 5 mm 的塞尺对刀，工件便可获得正确的加工位置。至于圆弧铣刀的位置则根据两工位的距离尺寸来调整。

8) 钻铰双孔的固定式钻模。图 1—18 所示为连杆盖的加工工序图，毛坯为锻件，半圆孔 ϕ135 mm、两端面 A、两个 ϕ23 mm 孔的凸台面 B 以及齿形表面等均已经过加工。本工序为在摇臂钻床上钻、铰双孔 ϕ23H9，被加工孔的位置精度要求如下：

①孔 I 与 ϕ135 mm 的轴线距离为 82 mm±0.25 mm，孔 II 与孔 I 中心距为 164 mm±0.25 mm。

②ϕ23H9 孔与两边 A 面对称，其轴线应与齿形节径面垂直。

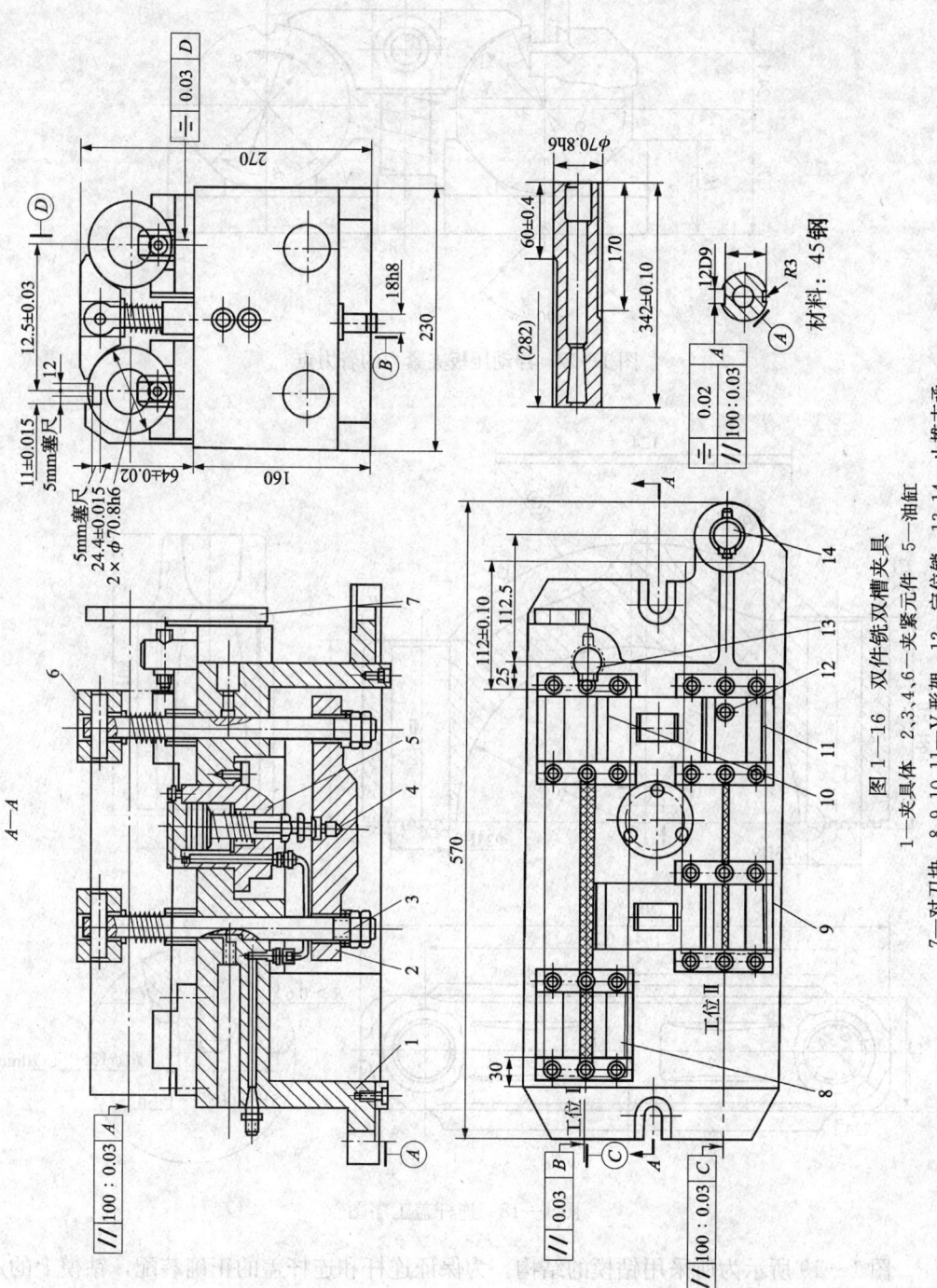

图 1—16 双件铣双槽夹具
1—夹具体 2,3,4,6—夹紧元件 5—油缸
7—对刀块 8,9,10,11—V形架 12—定位销 13,14—止推支承

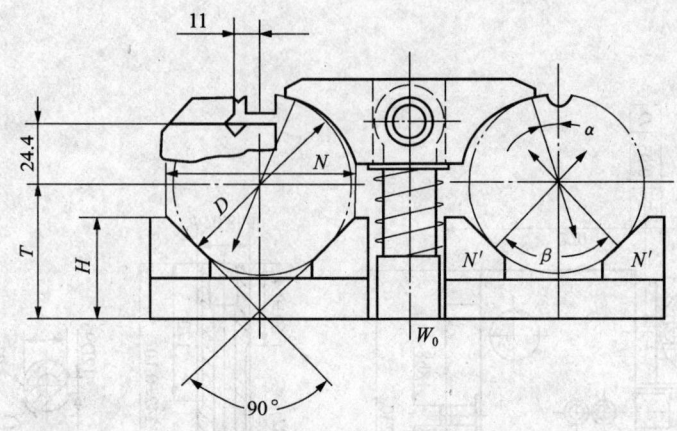

图 1—17 浮动压板夹紧力的着力点

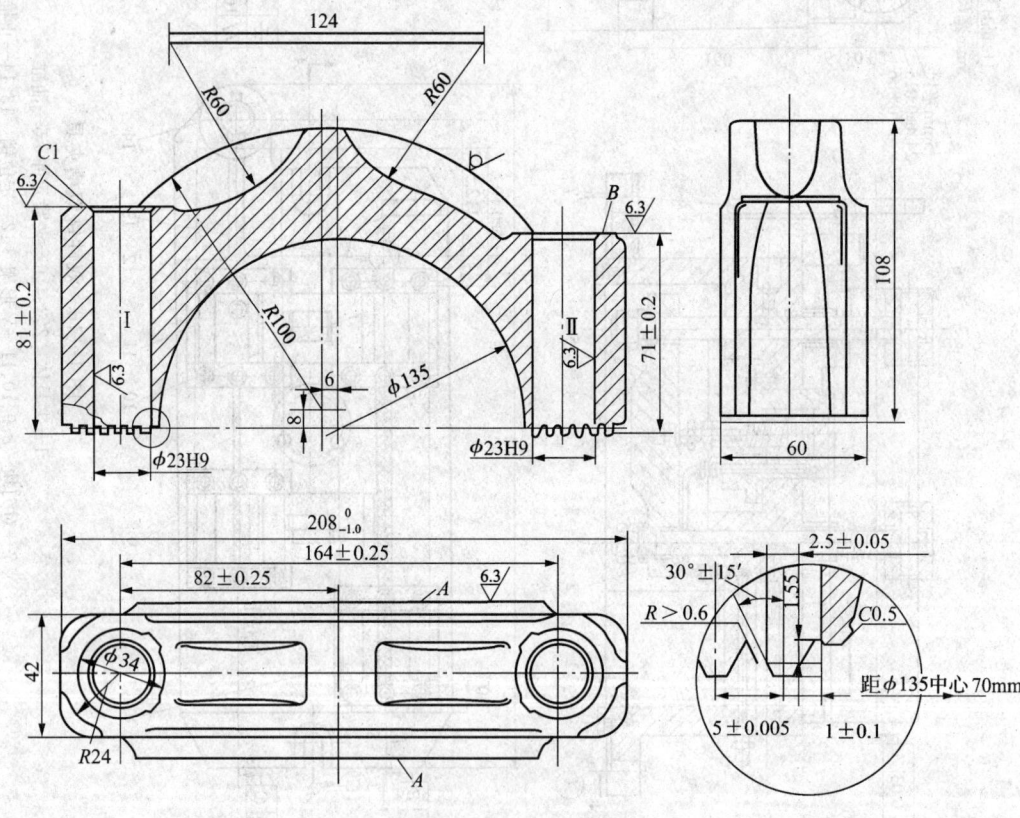

图 1—18 连杆盖工序图

图 1—19 所示为所采用钻模的结构。为保证连杆和连杆盖的正确装配，钻模上的定位元件模拟连杆的齿形面制成齿形定位板 2。工件以齿形的节径面、齿侧面及其后端面为定位基准，在齿形定位板 2 和支承钉 7 上定位。圆柱销 6 起预定位作用，使同批工件在定位时与预定板的齿形接触不错位，因而确定了工件在该方向上的位置。

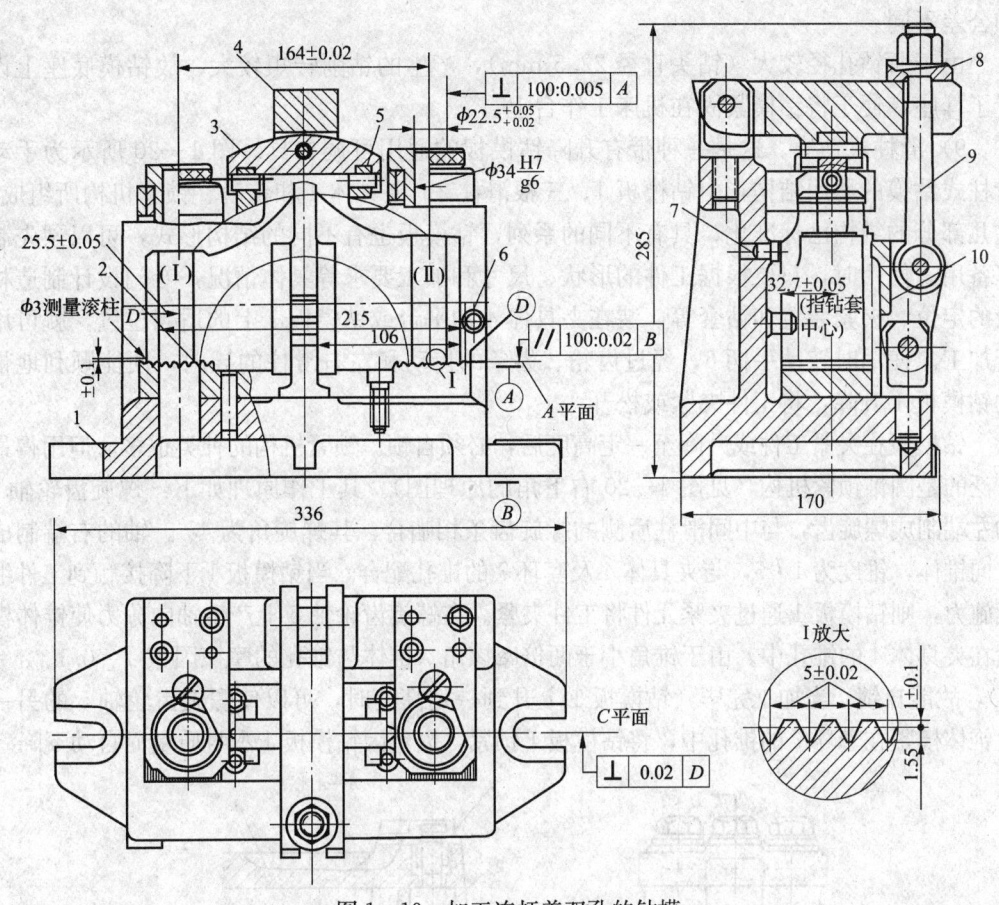

图1—19 加工连杆盖双孔的钻模
1—夹具体 2—齿形定位板 3、5—浮动压块 4—铰链压板
6—圆柱销 7—支承钉 8、9—垫圈和螺杆 10—摆块

该钻模所采用的夹紧机构是联动的,从两个相互垂直的方向夹紧工件,铰链压板4起增力的作用,浮动压块3和5能在两个不同的方向浮动,以适应被加压的毛坯表面对于半圆孔 $\phi 135$ mm 的中心不对称的情况,保证各夹紧点力的大小均匀,整个夹紧机构性能良好,夹紧迅速可靠。

为保证被加工孔的位置尺寸及其精度要求,在设计制造钻模时,以定位元件左端的 $\phi 3$ mm 滚柱为基准,保证钻套Ⅰ与该滚柱的轴线相距 25.5 mm;两钻套中心距为 164 mm;圆柱销6按 215 mm 确定其位置;两钻套轴线所在平面与滚柱轴线垂直并与支承钉端面相距 32.7 mm。对这些尺寸,规定了较严的公差值。此外,对钻套轴线与定位板的齿形节径面的垂直度、齿形节径面与夹具底座的平行度等也提出一定的精度要求,并标注在总装图上,可用 $\phi 3$ mm 滚柱检验。

工件以齿形面在齿形定位板上定位,是一种过定位的方式,因此,工件和定位板上的齿形应采用同一把齿形铣刀加工,并控制齿形节距误差、齿向误差在一定范围内,以减小过定位对加工精度的影响。

为便于钻孔和铰孔,钻套是可以快速更换的,两种钻套的外径相同,而孔径的尺寸和公差不同。

由于所钻孔径较大（钻头直径 22.5 mm），产生的钻削转矩较大，故钻模底座上设置了耳座，便于将钻模紧固在机床工作台上。

9）滑柱式钻模。这是一种带有升降钻模板的通用可调夹具。图 1—20 所示为手动滑柱式钻模的通用结构，由钻模板 1、三根滑柱 2、夹具体 4 和传动、锁紧机构所组成。这几部分的结构已标准化，具有不同的系列，钻模板也有不同的结构形式，可以预先制好备用。使用时，只要根据工件的形状、尺寸和加工要求等具体情况，专门设计制造相应的定位、夹紧装置和钻套等，装在夹具体 4 的平台或钻模板 1 上的适当位置，就可用于加工。使用时转动手柄 6，经过齿轮、齿条的传动和左右滑柱的导向，便能顺利地带动钻模板 1 升降，将工件夹紧或松开。

钻模板在夹紧工件或升降至一定高度后，必须自锁。锁紧机构的种类很多，但用得最广泛的是圆锥锁紧机构（见图 1—20 右下角的原理图）。其工作原理如下：螺旋齿轮轴 5 的左端制成螺旋齿，与中间滑柱后侧的螺旋齿条相啮合，其螺旋角为 45°。轴的右端制成双向锥体，锥度为 1∶5，与夹具体 4 及套环 7 的锥孔配合。当钻模板 1 下降接触到工件继续施力，则钻模板 1 通过夹紧元件将工件夹紧。在螺旋齿轮轴 5 上产生轴向分力使锥体楔紧在夹具体 4 的锥孔中。由于锥角小于两倍摩擦角（锥体与锥孔的摩擦因数 $f=0.1$、$\omega=6°$），故能自锁。当加工完毕，钻模板 1 上升到一定高度时，可以使螺旋齿轮轴 5 的另一段锥体楔紧在套环 7 的锥孔中，将钻模板 1 锁紧，以免因钻模板 1 本身质量而自动下降。

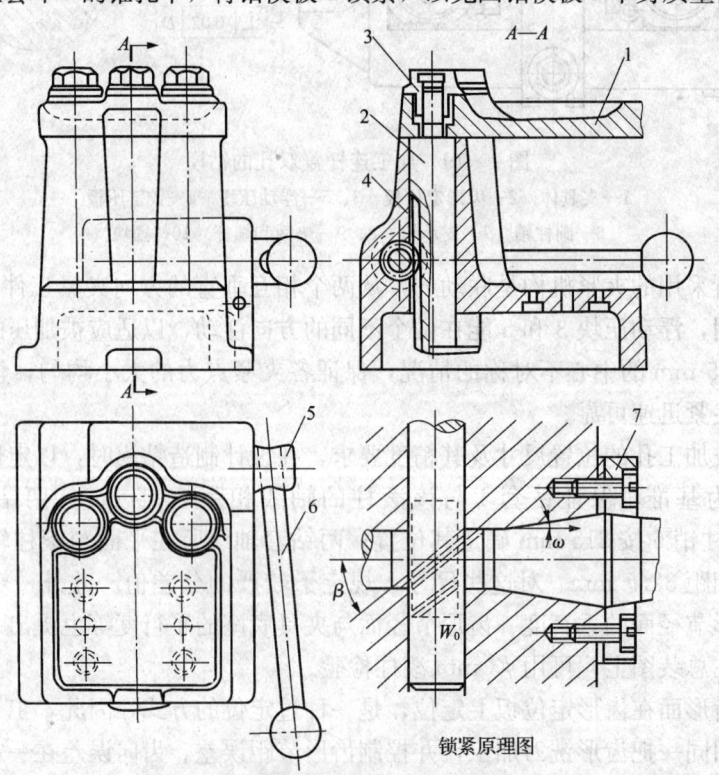

图 1—20　手动滑柱式钻模的通用结构

1—钻模板　2—滑柱（三根）　3—锁紧螺母　4—夹具体　5—螺旋齿轮轴　6—手柄　7—套环

这种手动滑柱式钻模的机械效率较低,夹紧力不大,此外,由于滑柱和导孔为间隙配合,因此被加工孔的垂直度和孔的位置尺寸难以达到较高的精度。但是其自锁性能可靠、结构简单、操作迅速,具有通用可调的优越性,所以不仅广泛使用于大批量的生产,而且也已推广到小批量生产中。其加工精度和所产生的夹紧力,适用于一般中小件加工。

图1—21所示为气动滑柱钻模的通用结构。利用夹具体内安装的气缸,使滑柱带动钻模板上升或下降。由于气压始终作用,故不用锁紧机构。这种钻模也已标准化、系列化。

图1—22所示为应用手动滑柱钻模的实例,用来钻、扩、铰拨叉上的 $\phi 20H7$ 孔。工件以圆柱端面、底面及后侧面放在定位锥套9的圆锥孔、两个可调支承2及圆柱销3上定位。这些定位元件都安装在底座1上。转动手柄通过齿轮、齿条传动机构使滑柱带动钻模板下降,两个压柱4通过液性塑料对工件均匀夹紧。刀具依次由快换钻套7引导,进行钻、扩、铰加工。

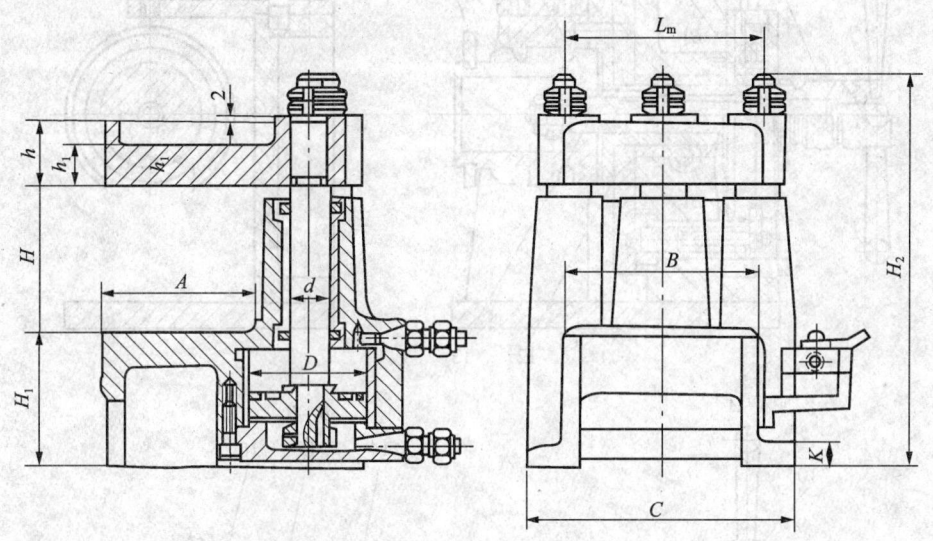

图1—21 气动滑柱钻模的通用结构

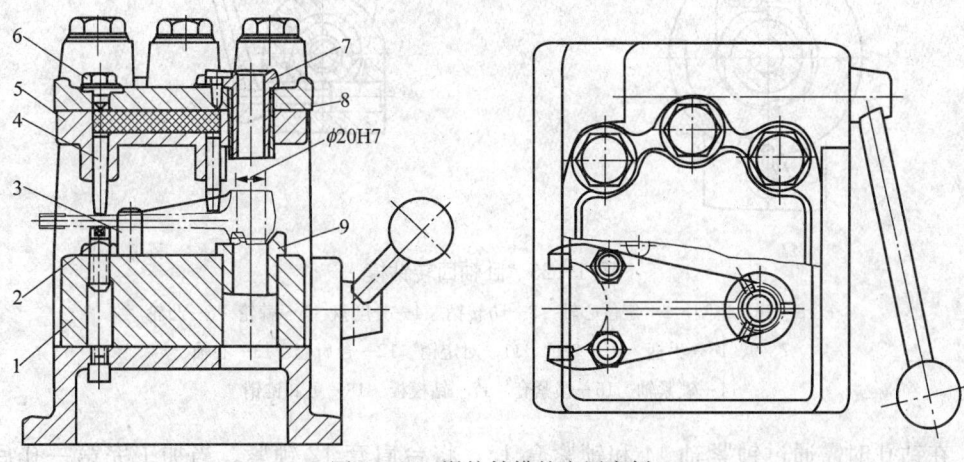

图1—22 滑柱钻模的应用实例
1—底座 2—可调支承 3—圆柱销 4—压柱 5—压柱体
6—螺塞 7—快换钻套 8—衬套 9—定位锥套

当加工小孔时，可采用双滑柱的形式。只用一根滑柱导向，另一根带齿条的滑柱用于传动，以简化钻模的结构。

10）回转式钻模。图1—23所示为一卧轴回转式钻模的结构，用于加工套类工件圆周上的径向孔。工件以加工过的孔装入定位心轴2，并以防转销3确定其角度方向位置。转动手柄9通过开口垫圈1，即可使工件紧靠分度盘4的端面而被夹紧。钻模板17上的钻套，其轴线与定位心轴2的轴线正交，与分度盘4端面的距离尺寸符合工件的加工要求。

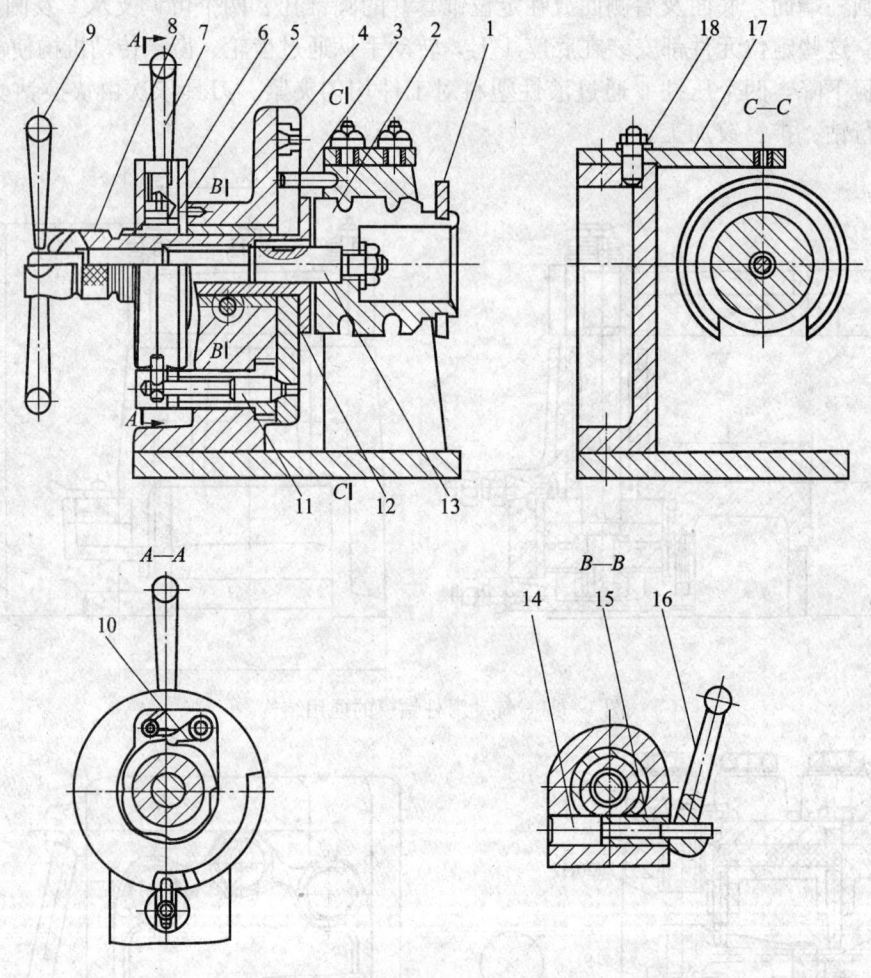

图1—23 卧轴回转钻模

1、8—开口垫圈 2—定位心轴 3—防转销 4—分度盘 5—棘轮 6—凸轮
7、9、16—手柄 10—棘爪 11—对定销 12—台肩套 13—心轴
14—锁紧轴 15—锁紧套 17—钻模板 18—可卸锥销

在钻孔时需通过锁紧轴14和锁紧套15，将台肩套12锁紧。当加工完第一孔后，松开锁紧机构，即可通过分度机构依次完成以后各组径向孔的加工。该钻模分度机构的特点是操纵一个手柄，就能实现拔销、分度、对定等工作程序。如A—A剖面图所示，

顺时针转动手柄 7，凸轮 6 的斜面将对定销 11 拔离分度孔，棘爪 10 带动棘轮 5 并通过键带动台肩套 12、心轴 13 和分度盘 4 连同工件一起转动，至对定销 11 在弹簧力的作用下弹入分度锥孔中而完成一次分度。然后再将台肩套 12 锁紧，即可进行另一组径向孔的加工。

工件加工完毕，松开手柄 9，取出开口垫圈 8，向前推动心轴 13，即可取下开口垫圈 1 和工件。

此回转式钻模在使用上具有通用性，分度盘上加工出 12 个分度孔，可作 2、3、4、6、12 五种分度。更换定位心轴 2，拔出可卸锥销 18 以调整或更换钻模板，便可加工类似的零件。

四、数控机床

1. 数控机床的特点及组成

（1）数控机床的特点。数控机床与普通机床相比具有以下几个特点：

1）柔性加工能力强。数控机床对零件加工是按照编制的加工程序来进行的。数控机床的几个轴可以联动，通过编程可以加工形状复杂的零件。普通机床加工复杂的型面通常要制造凸轮及靠模进行仿形加工，加工零件改变时又需重新制造凸轮及靠模，而数控机床只需改变加工程序即可。所以数控机床具有更灵活的柔性加工能力。

2）精度高。数控机床加工由计算机控制，在加工过程中可以避免人为误差。由于数控机床的传动系统和结构具有较高的精度和刚度，所以具有较高的重复精度，可获得稳定的加工质量和较高的加工精度。

3）效率高。由于数控机床刚度及功率大，并且是自动加工，每个工序都能选择合理的切削用量，所以能有效地节省机动时间。同时数控机床具有自动接刀、不停车变速和快速空行程等功能，可使辅助时间减少。

4）劳动强度低。数控机床是按编制的加工程序自动完成零件加工的，操作者一般只需操作键盘、装卸零件、抽检零件及观察机床运行情况，劳动强度大为降低。

（2）数控机床的组成。数控机床一般由以下四个部分组成：

1）主机。主要由各种机械部分组成，包括底座床身、主轴箱、进给机构等，它是数控机床的本体。

2）数控装置。数控装置是数控机床的控制核心，一般由一台专用计算机构成。

3）驱动装置。驱动装置是数控机床执行机构的驱动部件，包括主轴电动机、进给伺服电动机等。

4）辅助装置。辅助装置是数控机床的一些配套部件，如自动对刀部件、自动排屑部件等。

2. 数控机床的基本工作原理

数控机床利用电子计算机数字化指令控制机床运动部件的动作，从而使机床加工过程实现自动化。其基本工作原理框图如图 1—24 所示。

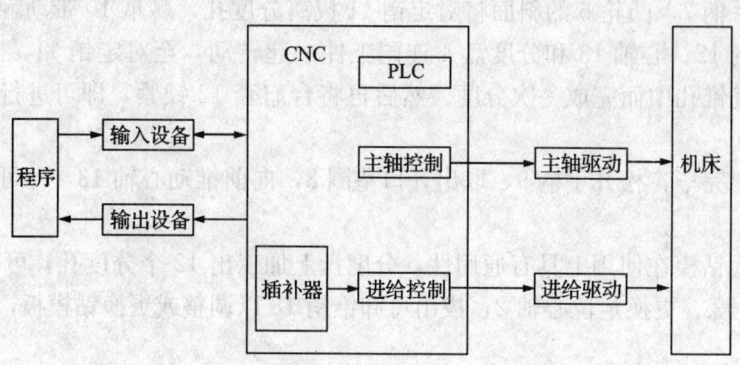

图1—24 数控机床基本工作原理

加工程序通过输入设备存储于数控装置内的存储器中，在需要时也可将存储器内的加工程序通过输出设备存储在外部的存储介质上，可以长期保存。

数控装置采集和控制着机床所有的运动状态和运动量，它是由中央处理单元（CPU）、只读存储器（ROM）、随机存储器（RAM）、相应的总线和各种接口电路所构成的专用计算机。

驱动装置在接受数控装置输出的进给指令后会严格按指令驱动电动机转动，经滚珠丝杠驱动车床的滑板运动，加工出符合要求的工件，因此驱动装置的精度和动态响应是影响数控机床加工质量与效率的主要因素之一。驱动装置的电动机，目前常用的有步进电动机、直流伺服电动机、交流伺服电动机等。

数控机床的运动量是由数控系统直接控制，运动的状态则由数控系统内的可编程序控制器（PLC）控制，各运动状态由动作的检测开关检测送至数控系统的接口，经过PLC逻辑处理后输出控制信号，再经放大后控制动作执行器件，完成程序规定的动作。

（1）数控系统的分类

1）按加工路线不同，数控系统可分为以下几种，如图1—25所示。

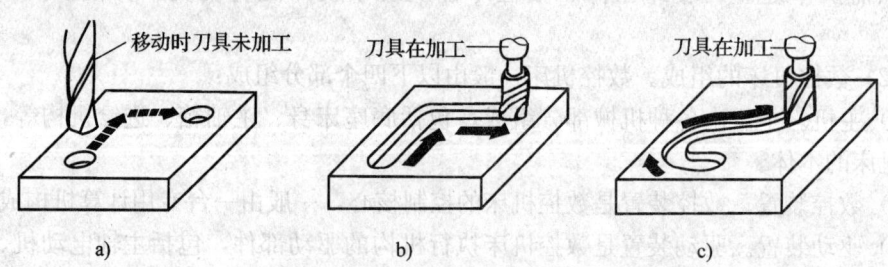

图1—25 控制系统加工示意图
a）点位控制系统 b）点位直线控制系统 c）轮廓控制系统

①点位控制系统。该系统控制刀具相对于工件的定位，从某一定位点到另一定位点运动时不进行切削。相关定位点之间移动时，先是快速移动，至接近另一定位点后开始降速，缓慢移至定位点以保证其定位精度。该系统多用于数控钻床。

②点位直线控制系统。该系统在控制刀具从一点准确地移动到另一点的同时，还需保证两点之间的运动轨迹是一条直线，移动过程中可进行切削。这类系统多用于数控铣床。

③轮廓控制系统。该系统是对刀具相对工件运动的运动轨迹进行控制的系统，其运动轨迹可以是任意的直线或曲线，可以加工形状复杂的工件。这类系统应用于数控车床、数控铣床和加工中心等。

2) 按是否有测量装置，数控系统又可分为以下三种，如图1—26所示。

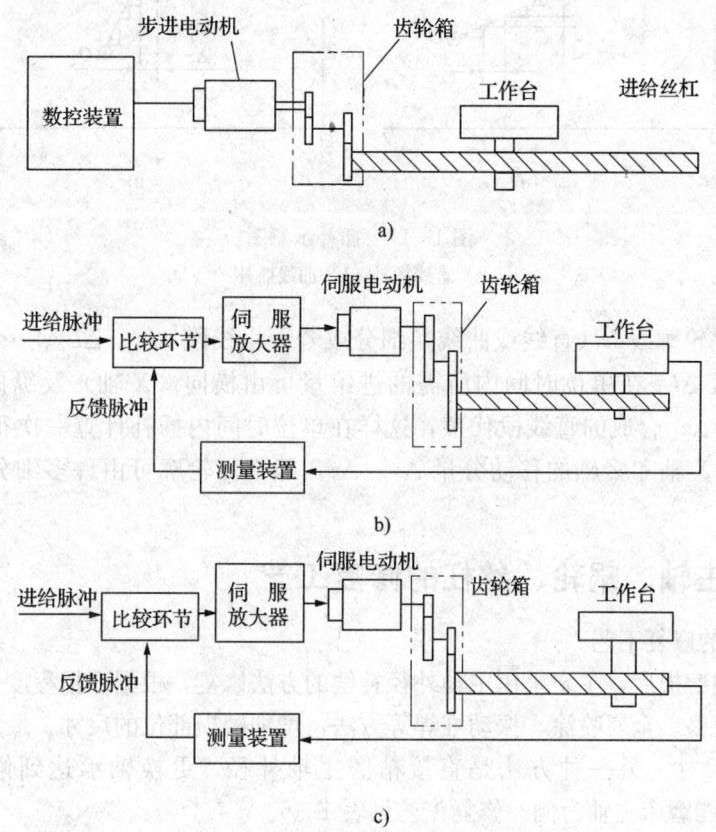

图1—26 开环、全闭环、半闭环系统示意图
a) 开环系统 b) 全闭环系统 c) 半闭环系统

①开环系统。该系统的结构简单，容易调试，造价低，但精度不高。

②全闭环系统。该系统利用测量元件检测出溜板的实际移动量并反馈给数控系统，可以得到较高的精度。测量装置一般为光栅、磁尺等，其造价较高，安装和调试较复杂，维护费用也较高。

③半闭环系统。该系统是利用装在电动机或丝杠上测量旋转角度的测量元件获得反馈量，其测量元件比直线位移测量元件简单，测量装置一般为光电脉冲圆编码器等，成本较为适中，安装和调试也不困难，也可得到较高的精度。

(2) 插补的基本原理。在轮廓控制系统中，坐标轴的运动轨迹是靠插补计算出来的。插补计算就是对加工程序段输入的工件轮廓上的某起始点至终点之间坐标数据进行计算和数据密化,并将密化的数据送给各坐标轴位置控制器。插补可分为直线插补和曲线插补等,如图1—27所示。

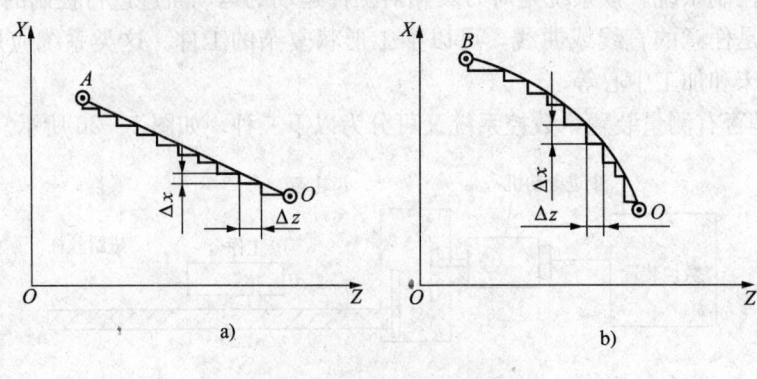

图1—27 插补示意图
a) 直线插补 b) 曲线插补

如将工件轮廓线 L(直线或曲线)细分成若干小线段 ΔL_1、ΔL_2、…、ΔL_n,那么细分的小线段 ΔL_1 在单位时间内所需的进给量可由横向(X 轴)及纵向(Z 轴)移动分量 Δx_1、Δz_1 合成的直线段代替,这样在单位时间内插补计算一次得出的细小线段 ΔL,是在 X 轴和 Z 轴的移动分量 Δx、Δz。即工件轮廓可由许多细分的小线段所组成。

五、制定主轴、蜗轮、丝杠的修复工艺

1. 主轴的修复工艺

机床主轴磨损后,主要采用主轴外径补偿的方法修复,根据磨损程度和磨损形式不同,可采用镀铬、金属喷涂、振动堆焊等方法,增加磨损部位的尺寸,最后精磨修补部位至要求的尺寸。另一种方法是直接精磨主轴外径,更换轴承达到修复要求。以M120W型万能磨床主轴为例,修复工艺见表1—5。

2. 蜗轮的修复工艺

蜗轮副在良好的润滑条件下,能有较长的使用寿命。但对长期运转工作中产生的局部磨损或精度超差,如果磨损没有达到严重的程度,大多数蜗轮副可以采用修复的方法恢复精度。现以Y225型弧齿锥齿轮铣齿机为例,介绍其蜗轮副的修复工艺。

(1) 蜗轮副磨损与加工精度的关系。摇台蜗轮副与分度蜗轮副是影响Y225型铣齿机加工精度的关键零件之一。蜗轮副磨损后,分度蜗轮副产生的误差主要影响被加工齿轮的相邻周节误差,摇台蜗轮副产生的滚切误差主要影响被加工齿轮的齿形误差和相邻周节误差。

(2) 蜗轮副的修复工艺。蜗轮副的修复工艺方法很多,现仅将摇台蜗轮副修复(见表1—6)和分度蜗轮副修复(见表1—7)的一般工艺要求简要进行介绍。

表 1—5　　头架主轴修复工艺

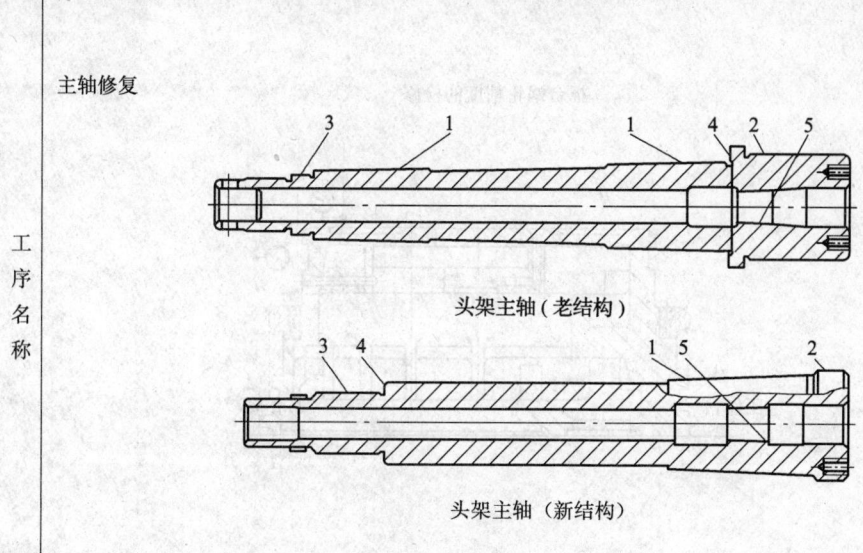

头架主轴（老结构）

头架主轴（新结构）

工序名称	技术要求		需用工具、检具名称及规格	工艺说明
	项　目	允　差		
主轴修复	1. 两轴颈表面 1 的同轴度： 径向跳动 2. 表面 1 对表面 2、3 的同轴度： 径向跳动 3. 接触率 4. 表面 1 对表面 4 的垂直度 5. 表面 1 对锥孔 5 的径向跳动： 　近主轴端 　离主轴 150 mm 处 用塞规检查三条母线的接触率	0.005 mm 0.01 mm 环规检查三条母线不少于 60% 0.005 mm 0.005 mm 0.01 mm ≥60%	1. 百分表或千分尺及磁性表架 2. 分别用 1：30 和 1：10 锥度环规 3. 莫氏 3 号锥度检验棒 4. 莫氏 3 号锥度环规	1. 在主轴两端镶上空心闷头（避免引起主轴表面的胀大）。在车床上用中心架托住表面 2，校圆表面 2、3 至 0.005 mm 以内，钻中心孔 2. 在磨床上上顶住主轴中心孔，用百分表或千分表分别测量表面 1 的同轴度以及与表面 2、3 的同轴度。测量表面 1 对表面 4 的垂直度，上述各项如果超差，可精磨表面 1 时同时修整至要求 3. 拆去锥孔端闷头，在磨床上用卡盘夹住另一端闷头，中心架托住表面 2，校圆轴颈表面 1 至 0.005～0.008 mm，然后将检验棒插入锥孔 5 中，用百分表或千分表测量锥孔中心线对表面 1 的径向跳动，如果超差，可在万能磨床上或内圆磨床上精磨修整至要求 4. 锥孔 5 的接触率，用锥度塞规着色检查

表1—6　　　摇台蜗轮副的修复工艺

工序名称1	摇台蜗轮精度的检修 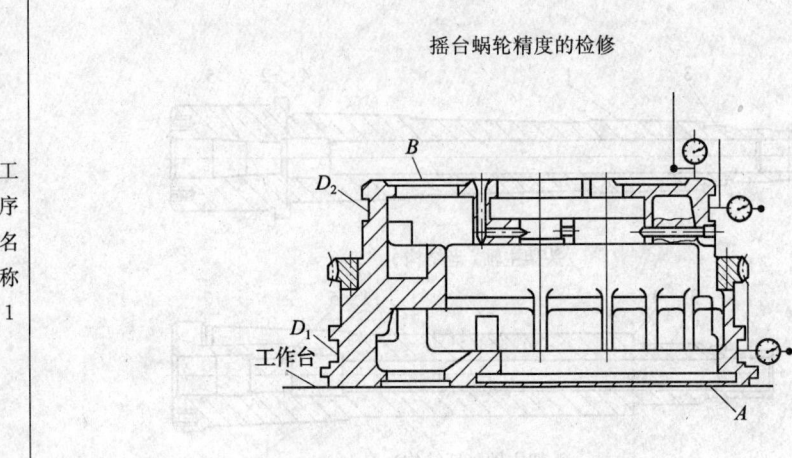		

技术要求		需用工具、检具名称及规格	工艺说明
项目	允差		
1. 相邻周节误差	0.014 mm	专用测齿工具	1. 摇台蜗轮的检修，必须在摇台鼓轮两条滚动导轨和各相应表面修复至要求后，才能进行 2. 摇台蜗轮的修复，目前国内一般采用精滚方法 3. 按图所示，将摇台鼓轮以大端面 A 作为安装基准，安放到滚齿机工作台上，以滚动导轨和端面 B 作为测量基准，要求找正在 0.01 mm 以内，紧固后，进行精滚修复至要求精度 4. 摇台蜗轮精滚修复以后，一般多用装在滚齿机工作台旁边的机械式测量装置，采用齿距比较测量方法进行检验或将修复后的蜗轮，连同摇台鼓轮一起装到摇台部件上以后，采用电磁分度方法进行检验
2. 周节累积误差	0.036 mm		
3. 齿面粗糙度	$R_a 0.8\ \mu m$		
4. 接触面	在齿长方向：75% 在齿高方向：60%		

续表

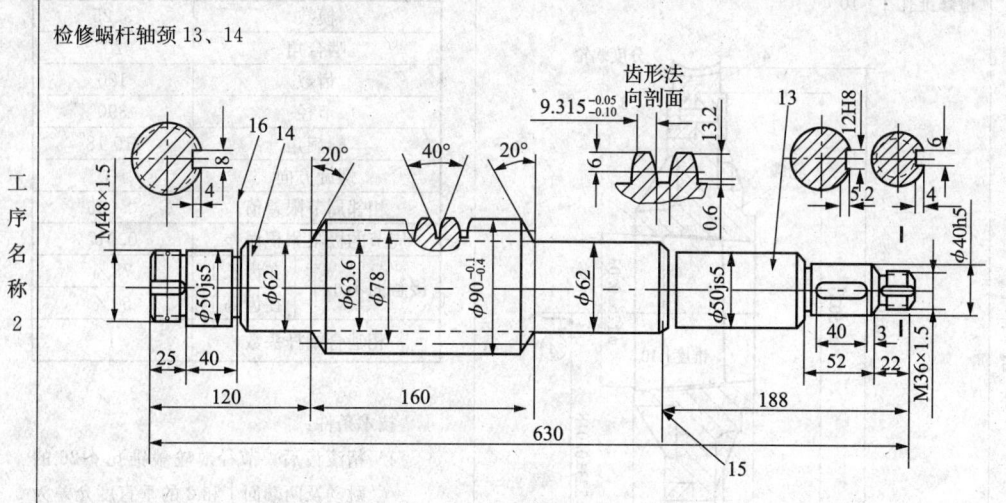

工序名称 2 检修蜗杆轴颈 13、14

技 术 要 求		需用工具、检具名称及规格	工 艺 说 明
项 目	允 差		
1. 锥度	0.004 mm	1. 等高 V 形架（两块）	参照分度蜗轮的修复工艺（表 1—7 工序 6）
2. 圆度	0.004 mm	2. 千分表架	
3. 两轴颈 13 和 14 的径向跳动	0.005 mm	3. 千分表	
4. 表面粗糙度	$R_a 0.4\ \mu m$		

工序名称 3 检修两端面 15、16

技 术 要 求		需用工具、检具名称及规格	工 艺 说 明
项 目	允 差		
1. 端面 15 的跳动	0.005 mm	同上工序	同上工序
2. 端面 16 的跳动	0.005 mm		
3. 齿面粗糙度	$R_a 0.8\ \mu m$		

工序名称 4 摇台蜗杆精度的测量（图见工序名称 2）

技 术 要 求		需用工具、检具名称及规格	工 艺 说 明
项 目	允 差		
1. 齿形误差	0.006 mm	万能工具显微镜	1. 检查方法见分度蜗轮副的修复工艺
2. 节距极限误差	±0.003 mm		2. 在万能工具显微镜上检查摇台蜗杆时，应以两轴颈 13、14 作为测量找正基准
3. 累积误差	±0.005 mm		
4. 螺旋线的径向跳动允差	0.005 mm		
5. 蜗杆截形与滚刀的同一性允差	0.003 mm		
6. 齿面粗糙度	$R_a 0.1\ \mu m$		

表 1—7　　　　　　　　　　分度蜗轮副的修复工艺

模数	3.25
啮合角	20°
齿数	120
节径	390
螺旋角	3°19′18″
螺旋方向	右
相邻周节限差值	0.006
周节的极限累积误差	0.017
接触面不小于　在齿长上	75%
接触面不小于　在齿高上	60%
相啮合蜗杆头数	1

工序名称 1：检修锥孔 1:10

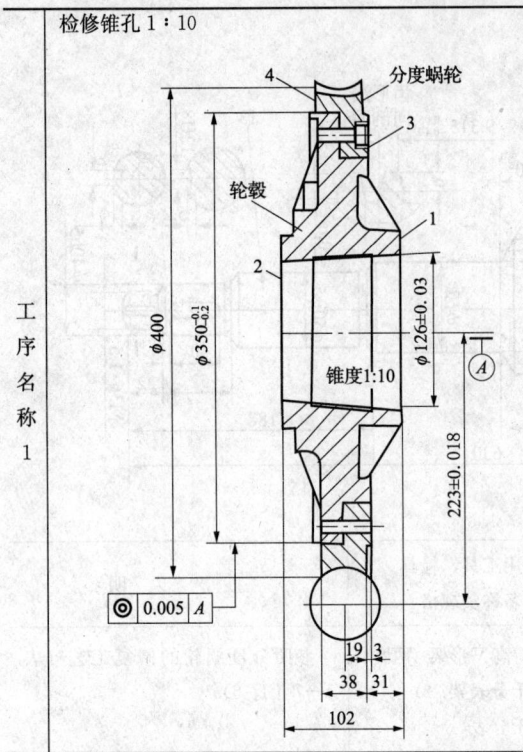

技术条件：
1. 精滚齿后，节径对轮毂锥孔 $\phi 126$ 的跳动及两端面 1 和 2 的垂直度允差为 0.01 mm
2. 加工时蜗轮中心平面的极限位移允差为 ±0.10 mm
3. 与蜗杆装配后，工作面的接触面不应小于 70%，非工作面的接触面不应小于 50%

技术要求		需用工具、检具名称及规格	工艺说明
项目	允差		
1. 表面粗糙度	$R_a 0.4\ \mu m$		在已修复后的工件主轴配合锥颈上涂一长条很薄的红印油，然后套上分度蜗轮，轻轻旋转一个角度，检查配合锥面上的接触情况，如有硬点或接触不均匀时，可用内孔刮刀修刮至要求
2. 接触面	>80%		

工序名称 2：检修端面 1 和 2

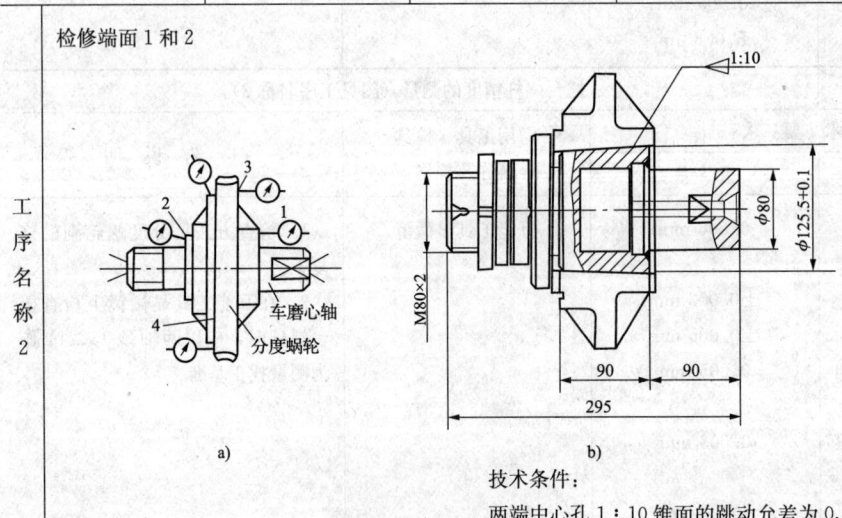

a)　　　　　　　　b)

技术条件：
两端中心孔 1:10 锥面的跳动允差为 0.003 mm

续表

技术要求		需用工具、检具名称及规格	工艺说明
项目	允差		
1. 端面1对锥孔轴线的垂直度（见图a）	<0.005 mm	1. 车磨心轴（见图b）	将装在车磨心轴上的蜗轮装到精密车床或外圆磨床上，慢慢旋转蜗轮，用千分表进行检查，如精度超差，应车修至要求
2. 端面2对锥孔轴线的垂直度	<0.005 mm	2. 千分表架	
3. 表面粗糙度	$R_a 0.8\ \mu m$	3. 千分表	

工序名称3		检修端面3和4（图见工序2a）	

技术要求		需用工具、检具名称及规格	工艺说明
项目	允差		
1. 端面3的跳动	<0.005 mm	1. 车磨心轴	用千分表进行测量，如超差，应车修至要求
2. 端面4的跳动	<0.005 mm	2. 千分表架	
3. 表面粗糙度	$R_a 0.8\ \mu m$	3. 千分表	

工序名称4		检修凸台外圆 $\phi 350$ mm（图见工序2a）	

技术要求		需用工具、检具名称及规格	工艺说明
项目	允差		
1. 外圆 $\phi 350$ mm的径向跳动	<0.005 mm	1. 车磨心轴	用千分表进行测量，如超差，应车修至要求
2. 表面粗糙度	$R_a 0.8\ \mu m$	2. 千分表架	
		3. 千分表	

工序名称5

分度蜗轮精度的测量

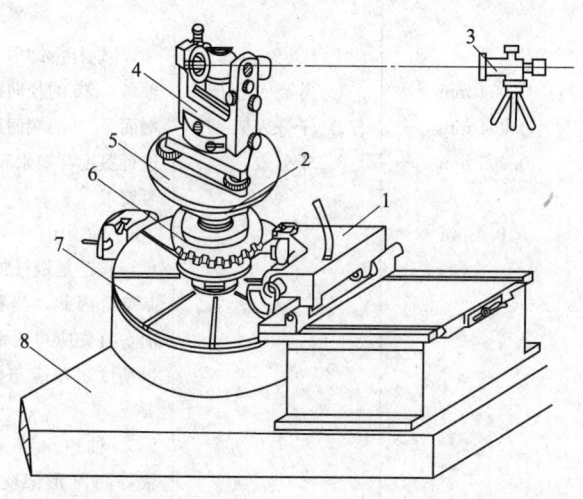

1—扭簧比较仪摆动装置　2—专用检验心棒　3—带有分划板的平行光管
5—圆盘　6—分度蜗轮　7—圆分度台　8—检验平板

续表

技术要求		需用工具、检具名称及规格	工艺说明
项目	允差		
1. 相邻周节差 2. 周节累积差 3. 齿面粗糙度 4. 接触区	0.006 mm 0.017 mm $R_a 0.4\ \mu m$ 在齿长方向：75% 在齿高方向：60% 非工作面：50%	大型万能测齿仪	蜗轮经修复以后，可直接在滚齿机上采用机械式齿距比较测量方法进行测量，或利用经纬仪平行光管在圆分度台上测量

工序名称 6

检修蜗杆轴颈 5、6

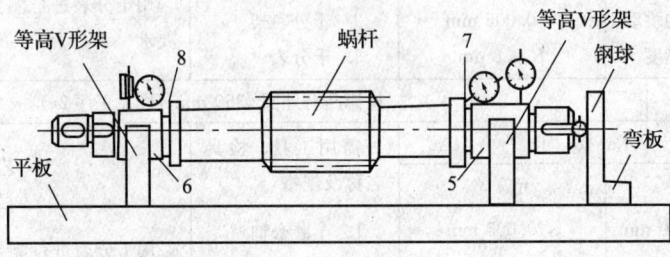

技术要求		需用工具、检具名称及规格	工艺说明
项目	允差		
1. 锥度 2. 圆度 3. 两轴颈 5 和 6 的径向跳动 4. 表面粗糙度	0.004 mm 0.004 mm 0.005 mm $R_a 0.4\ \mu m$	1. 等高V形架 2. 千分表架 3. 千分表	1. 蜗杆拆卸后，应送往计量室，对支承轴颈 5、6 的径向跳动，精密轴承轴向支承端面 7、8 的端面跳动及蜗杆各项精度指标进行鉴定，如果精度超差时就应重新修磨至要求 2. 轴颈 5、6 不仅是蜗杆装配时的支承，它还是蜗杆加工和精度测量时的找正基准，因此，当机床拆卸后鉴定蜗杆之前，首先应对两个支承轴颈进行检查，如果精度超差应与两端面 7、8 一起修磨至要求 3. 轴颈 5、6 径向跳动的检查，用两块等高 V 形架支承后放在平板上用千分表进行测量。测量时，蜗杆轴向可用一块 90°弯板和一个适当直径的钢球加以定位

续表

工序名称 7		检修两端面 7、8（图见工序 6）	
技 术 要 求		需用工具、检具名称及规格	工 艺 说 明
项目	允差		
1. 端面 7 的跳动 2. 端面 8 的跳动 3. 表面粗糙度	0.003 mm 0.003 mm $R_a 0.8\ \mu m$	1. 等高 V 形架 2. 千分表架 3. 千分表	按上边工序的方法进行检查，如精度超差应与轴颈 5、6 一起修磨至要求

工序名称 8		分度蜗杆精度的测量	
技 术 要 求		需用工具、检具名称及规格	工 艺 说 明
项目	允差		
1. 齿形误差 2. 节距极限偏差 3. 三个螺距的累积误差 4. 螺旋线的径向跳动允差 5. 蜗杆截形与滚刀的同一性允差 6. 齿面粗糙度	0.006 mm ±0.003 mm ±0.005 mm 0.004 mm 0.003 mm $R_a 0.2\ \mu m$	万能工具显微镜	1. 蜗杆配磨后，除应检查与蜗轮啮合时齿面接触区之外，还应在万能工具显微镜上测量技术要求（1）、（2）、（3）、（4）、（5）五项精度要求 2. 在万能工具显微镜上检查分度蜗杆时，应以两轴颈 5、6 作为测量找正基准

3. 丝杠的修复工艺

机床丝杠常见的损坏形式有螺纹磨损、轴颈磨损和丝杠弯曲等。对这类损坏的修复工艺方法见表 1—8。

表 1—8　　　　　　　　　丝杠副的损坏形式及修复工艺方法

损坏形式	修 复 工 艺 方 法
丝杠螺纹磨损	1. 当梯形螺纹丝杠的磨损不超过齿厚的 10% 时，可用车深螺纹的方法进行消除，再配换螺母 2. 调头使用，并采用配车、加套等方法恢复其尺寸与配合关系 3. 对于磨损量大的精密丝杠与矩形螺纹丝杠磨损后应换新件
丝杠轴颈磨损	与其他轴颈修复的方法相同。但在车削轴颈时，应与车削螺纹同时进行，以保证轴颈与螺纹部分的同轴度要求
丝杠弯曲	当丝杠弯曲度大于 0.1 mm/1 000 mm 时，可用锤击或压力矫直两方法消除 1. 锤击法矫直：将弯曲的丝杠放在两等高 V 形架上，用百分表测出其最高点及弯曲值，然后锤击弯曲最大的凸处进行矫直 2. 压力矫直：将丝杠弯曲的凸点朝上放置，用压力机的冲锤轻轻冲击丝杠凸处进行矫直

注：1. 精密丝杠弯曲不允许矫直，但微小弯曲可用修磨方法修正。
　　2. 丝杠的弯曲度小于 0.1 mm/1 000 mm，可采用修磨丝杠的方法修复，但丝杠大径的减少量不得大于原大径的 5%。
　　3. 若丝杠使用寿命低，应重新选用优质材料，提高丝杠硬度，或更换新丝杠。

第三节 物料、工具准备

→ 能够进行精密、大型设备安装和修理前的准备
→ 能够进行特殊环境下的设备安装、修理准备

一、精密、大型、复杂设备安装和修理前的物料、工具准备

精密、大型、复杂设备在安装和修理前，一般都需按随机合格证或使用说明书的要求对设备进行性能、试切和精度检查，然后根据检查情况确定具体修理项目。这类设备的安装要求，如吊运要求、安装基础要求、安装环境要求，在设备说明书中都有明确规定，应严格按规定要求进行准备和验收。

精密、大型、复杂设备安装和修理前的物料、工具准备，按其修理、安装作业的特点不同，又各有不同的特殊要求。

1. 精密机床修理和安装前的物料、工具准备

（1）检测机床修理的特殊要求。精密机床的特点是对机床直接影响精密加工的零部件本身要求有很高的制造和装配精度（如主轴、导轨、工作台和传动件等），因此需要一些精密的测量仪器和设备，以保证检测的准确性。常用的仪器有三坐标测量机、电子水平仪、圆度仪、激光测长仪等。

（2）零部件修复方法的特殊要求。精密机床零部件有些精度要求很高、工艺复杂、造价昂贵，所以一般尽可能采用修复的修理方式恢复其精度。

（3）物料、工具准备。精密、大型、复杂设备是企业设备管理中的重点，应具有完整的设备技术资料，其中也包括设备修理的工艺规程，规程中规定了准备工作的内容和工具准备要求。以 M120W 型万能磨床的修理为例，常用工具及仪器准备见表1—9。

表1—9　　　　　M120W 型万能磨床的工具及仪器准备

序号	名称	规格（mm）	数量	用途
1	V形水平仪座	200～250	1	测量垂直平面内的直线度
2	V形表座	200	1	测量平行度
3	可调式桥形板	170～300	1	测量床身导轨及滑鞍座导轨的平行度
4	检验心轴	圆柱棒，与孔紧配合	各1	检验孔与端面的垂直度及导轨与孔的平行度
5	专用心轴及刮研端面用套	配头架主轴轴承	1	刮削头架主轴轴承端面
6	V形架	等高	2	测量砂轮架主轴轴瓦等
7	垂直检具	$\phi 300 \times \phi 30 \times 600$	1	加工床身导轨的工艺基准工具

续表

序 号	名 称	规 格（mm）	数 量	用 途
8	可调式研磨棒	φ42、φ65、φ52	各1	研磨尾架、液压筒和内圆磨具体壳孔
9	检验套	φ65×110	1	测量平行度和砂轮架与头架等高
10	检验心轴	φ65×110	1	测量头架与砂轮架等高
11	检验心轴	φ65×110	1	测量内圆磨具与头架等高

2. 大型、复杂设备修理和安装前的物料、工具准备

（1）大型设备修理前的物料、工具准备。大型设备的类型不同，准备工作也针对设备特点、修理项目的需要而不同，其共同特点是应有测量范围较大的工、量具。以B220型龙门刨床为例，修理前应准备的工、量具见表1—10。

表1—10　　　　　　B220型龙门刨床修理专用工、量具

序 号	名 称	规 格	数 量	用 途
1	钢丝显微镜	0.01 mm	1	测量床身导轨在水平平面内的直线度误差
2	钢丝	直径≤0.3 mm，长度16 m	1	测量床身导轨在水平平面内的直线度误差
3	光学平直仪	1″	1	测量床身导轨在水平平面内的直线度误差
4	床身导轨样板		1	测量床身导轨
5	角度平尺	110°、1 500 mm	1	拖研床身导轨
6	V形水平仪座	110°、500 mm	1	测量床身导轨
7	垫铁	200 mm 厚度为 $69\pm8^{+0.1}_{-0.1}$ mm	1	测量床身导轨平行度误差
8	圆柱	φ100 mm×500 mm	1	测量床身导轨平行度误差
9	精刨对刀样板	110°	1	精刨床身导轨
10	高速钢宽刃精刨刀		1	精刨床身导轨
11	负刃倾角宽刃精刨刀		1	精刨床身导轨
12	碗形砂轮		1	精磨床身导轨
13	端面磨削磨头		1	精磨床身导轨
14	半角量具	110°	1	测量工作台导轨
15	全角样板	110°	1	测量工作台导轨
16	标准角度规	110°	1	测量工作台导轨
17	角度板	55°、90°	各1	测量导轨表面平行度及垂直度误差
18	平行平尺	3 000 mm	1	测量立柱导轨表面
19	阶梯形心轴		1	测量旋板圆孔与平面的垂直度误差
20	心轴	φ30 mm×300 mm	1	测量旋板圆孔与平面的平行度误差
21	套	孔φ30 mm×外圆φ60 mm	1	测量旋板圆孔与平面的平行度误差

机修钳工（技师 高级技师）

（2）复杂设备的物料、工具准备。以 Y225 型弧齿锥齿轮铣齿机为例，除通用的工、量具外，专用的工具、仪器准备见表 1—11。

表 1—11　　　　　　Y225 型弧齿锥齿轮铣齿机工具、仪器准备

序号	名称	规格（mm）	数量	用途
1	直角刮研板		1	刮研床身侧导轨
2	研磨心轴	φ140	1	研磨床鞍中心孔
3	翻转工具		1	刮研床鞍
4	垂直筒		1	测量床鞍中心孔和立柱导轨垂直度
5	直角刮研板		1	刮研床鞍侧导轨
6	测量支架		1	测量床鞍托架孔
7	检验套		1	检验床鞍托架孔
8	16°V 形槽刮研板		1	刮研回转板 V 形槽
9	V 形槽测量支架		1	测量 V 形槽侧母线
10	检验心轴		1	测量立柱导轨
11	刮研板		1	刮研立柱压板面
12	直角刮研板		1	刮研立柱侧导轨
13	专用测量工具		1	测量立柱导轨
14	16°V 形键刮研板		1	刮研工件箱 V 形键
15	检验套	φ210	1	检修工件箱主轴孔
16	垂直检验套	φ210	1	研磨工件箱主轴孔
17	直角刮研板		1	刮研主轴箱蜗杆箱支承面
18	垂直测量表架		1	测量主轴箱齿轮箱支承面
19	主轴检验棒		1	检查工件主轴精度
20	球形检验棒		1	检查工件主轴与回转板回转中心相交度
21	测量中心表杆		1	同上
22	检验心轴		1	曲臂安装定位用
23	大型内径百分尺	700～900	1	测量摇台滚道孔用
24	标准齿轮		1	组合齿轮安装定位用
25	车磨心轴		1	检查分度蜗轮
26	专用测量工具		1	测量滚动导轨
27	专用千分表架		1	测量工件主轴与摇台同轴度
28	检验轴		1	测量刀盘主轴对床鞍导轨平行度
29	花键轴		1	换向机构伸缩轴定位
30	滚比检验棒		1	测量分度—滚切传动链精度

二、高温、水下作业环境下设备的安装和修理前的物料、工具准备

对于高温、水下特殊作业环境下设备的安装和修理主要应做好以下几方面特殊准备工作。

1. 润滑材料准备

高温环境下应选用耐高温润滑剂，水下环境应选用抗水性较好的润滑剂。常用润滑油见表1—12，润滑脂见表1—13。

表1—12　　　　　　　　　　润滑油品种选择

压力（MPa）	温　度（℃）	地　下　水	高温热源或明火附近
<7	>50	HL	HFAE、HFAS
7～14	>50	HL、HM	HFB、HFC
7～14	58～80	HL、HM	HFDR
>14	80～100	HM	HFDR

表1—13　　　　　　　　　　润滑脂性能对比

产品名称	钙基脂	钠基脂	钙—钠基脂	锂基脂	复合铝基脂	复合锂基脂	复合钙基脂	聚脲脂
耐热性	差	中	中	优	优	优	优	优
耐水性	优	差	差	优	优	优	中	优

2. 密封材料准备

机械设备防水密封材料主要有以下几种：

（1）橡胶。分为天然橡胶和合成橡胶，耐水性强，易于模压成型，是水下设备密封件广泛应用的材料。

（2）密封胶。常用的有液态密封胶、硅酮密封胶和厌氧胶等，具有一定抗水性，使用方便。

（3）塑料。常用的有聚四氟乙烯、聚乙烯和尼龙，有一定的耐水性和强度，便于模压和切削加工，但弹性较橡胶差，与密封部位的零件配合要求较橡胶密封高。

3. 耐热钢材料准备

高温环境下的钢材料应具有在高温下有较高的抗力和不发生氧化的特点。常用的耐火钢见表1—14。

表1—14　　　　　　　　　　耐火钢的选用

类　别	牌　　号	用　　途
抗氧化钢	3Cr18Mn12Si2V	燃气轮机燃烧室、加热炉底板、锅炉吊钩、辊道及炉管等
	2Cr20Mn9Ni2Si2N	
	1Cr25Ni20Si2	

续表

类别	牌号	用途
热强钢	15CrMo	广泛用于动力、石油工业作为锅炉及管道材料
	12CriMoV	
	1Cr11MoV	用于汽轮机、燃气轮机、增压器的叶片
	1Cr12WMoV	
	12MoVWBSiRE	主要用于锅炉钢管
	12Cr2MoWVTiB	
	12Cr3MoVSiTiB	
	1Cr18Ni9Ti	广泛用于汽轮机、燃气轮机、航空、舰船、电炉及石化等行业
	4Cr14Ni14W2Mo	

4. 设备安装的水泥准备

在水下环境中,以选用矿渣硅酸盐水泥为最好,其次是火山灰质硅酸盐水泥和粉煤灰硅酸盐水泥。高温环境下,应选用耐火水泥,其适用范围和使用方法见表1—15。

表1—15　　　　　　　　耐火水泥的选择

水泥标准编号	水泥名称	标号	强度(28天)(MPa)	初凝(不早于)(min)	终凝(不迟于)(h)	适用范围和使用方法
GB/T201—2000	高铝水泥(矾土水泥)(以3天强度为标号)	425	42.5	40	10	用于配制耐火材料、膨胀水泥、自应力水泥。使用时不得与其他水泥混合;不得用于接触碱性液体的工程或大体积混凝土;混凝土硬化后需保湿养护,养护温度不得大于50℃
		525	52.5			
		625	62.5			
		725	72.5			

5. 测温仪器准备

主要是用温度测量仪测量炉温和高温设备周围的环境温度。

单元考核要点

行为领域	鉴定范围	鉴定点	重要程度
理论知识鉴定考核要点	1. 安全事故分析	电工、起重工事故分析	★★
	2. 设备安装、修理工艺	机修工艺规程的编制	★★★
	3. 机床夹具的设计与制造	1. 工件的定位	★★★
		2. 钻、车、铣夹具设计实例	★★
	4. 数控机床基本知识	数控机床的基本工作原理	★★

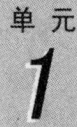

续表

行为领域	鉴定范围	鉴 定 点	重要程度
操作技能鉴定考核要点	1. 编制工艺规程	按修理工作内容编制修理工艺规程	★★
	2. 机床夹具设计	按加工零件图样设计钻、车、铣夹具各一套	★★★

单元测试题

一、单项选择题（下列每题的选项中，只有1个是正确的，请将其代号填在横线空白处）

1. 安全生产既是保护劳动者，又是保护_____。
   A. 生产设备　　B. 生产力　　C. 生产资料　　D. 生产环境
2. 安全生产和劳动保护措施的改善必须同_____水平同步提高。
   A. 生产　　B. 文明　　C. 经济　　D. 效益
3. 噪声在接近_____dB时，会使正常人烦躁不安。
   A. 10　　B. 30　　C. 60　　D. 80
4. 设备运转时，_____的大小会产生周期性变化，从而引起机体振动。
   A. 速度　　B. 力　　C. 质量　　D. 力矩
5. 通过人体的电流，危害最大的是_____Hz的工频电流。
   A. 20～30　　B. 30～40　　C. 50～60　　D. 70～80
6. 检验吊钩的载荷值时，吊钩应可靠地支持_____倍的检验载荷而不脱落。
   A. 1　　B. 2　　C. 3　　D. 4
7. 气焊位置_____m以内不得有可燃物品。
   A. 1　　B. 3　　C. 5　　D. 7
8. 在振动的三个基本量中，由振动频率或振动值的变化来判定的振动基本量称为_____。
   A. 相位差　　B. 振动值　　C. 频率　　D. 振幅
9. 由机床运动精度及工艺系统变形等因素引起误差，属于_____误差。
   A. 定位　　B. 安装、调整　　C. 加工　　D. 测量
10. _____属于抗氧化钢。
    A. 15CrMo　　B. 1CriMoV　　C. 1Cr25Ni20Si2　　D. CrWMn

二、判断题（下列判断正确的请打"√"，错误的打"×"）

1. 当吊钩处于工作位置最低点时，钢丝绳在卷筒上的缠绕除绳尾固定的圈数外，不得少于1圈。　　　　　　　　　　　　　　　　　　　　　　　　　　　（　）
2. 编制工艺规程是在一定的生产条件下，在保证加工质量的前提下，选择最经济、合理的加工方案。　　　　　　　　　　　　　　　　　　　　　　　　（　）
3. 选择毛坯的类型应尽量与零件的尺寸、形状接近，即所谓的精毛坯，这是毛坯

制造专业化的发展方向。( )

4. 当工件以某一精基准定位，可以比较方便地加工其他各表面时，应尽量在多工序中采用同一精基准定位，即"基准重合"原则。( )

5. 数控机床的数控装置是机床的控制中心，一般由一台专用计算机构成。( )

6. 数控机床就是利用驱动装置实现加工过程自动化的。( )

7. 在数控系统中，轮廓控制系统控制坐标轴的运动轨迹，是靠插补计算出来的。( )

8. 铣齿机分度蜗轮副产生的误差主要影响加工齿轮的齿形误差。( )

9. 齿条与蜗杆的啮合面接触不良，是龙门刨床工作台运动不稳定的一个原因。( )

10. 精密机床的零部件精度要求很高，磨损后一般都采用更换的方法恢复其精度。( )

三、简答题

1. 简述文明生产的含义。
2. 简述机械振动原因及主要防止措施。
3. 简述编制工艺规程的原则。
4. 简述数控机床由哪四个部分组成。

四、技能题

第1题 按零件图样设计钻削夹具

(1) 零件图。如图1—28所示。

(2) 考核内容

1) 按零件图样，设计钻削 $\phi 8$ mm 孔夹具。
2) 钻削夹具结构设计。
3) 定位合理，夹紧可靠，零件装卸方便。

(3) 准备工作

1) 考场准备：试卷、教室。
2) 考生准备：铅笔、橡皮、三角板、圆规、擦图片、计算器、B4纸若干。

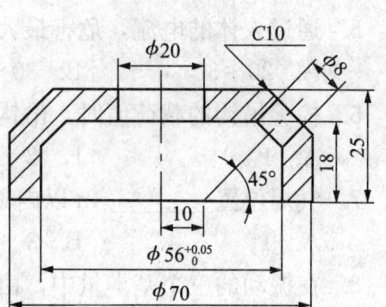

图1—28 零件图

(4) 考核时间：100 min。

(5) 考核评分标准

序号	考核项目	配分	评分标准	得分
1	总体设计	25	结构简单、安装方便	
2	定位合理	25	定位合理、准确	
3	夹紧可靠	25	夹紧便利、可靠	
4	装卸方便	25	零件装卸方便	

第2题 刮削200 mm V形水平仪座

(1) 图样。如图1—29所示。

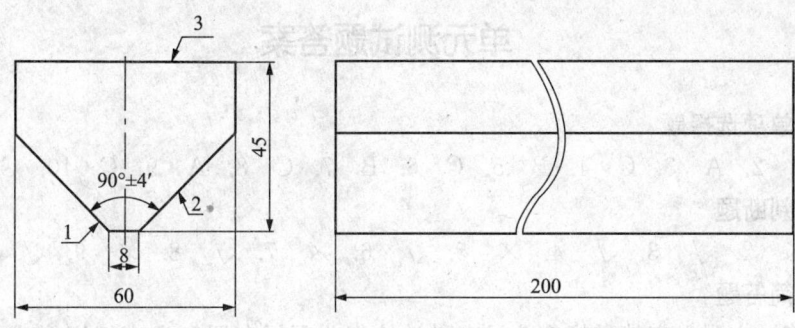

技术要求
1. 刮削面1、2、3。要求 25 mm×25 mm 方框内20点以上。
2. 面3与两V形面90°中心线垂直度误差≤0.01 mm,与V形面平行度误差≤0.01 mm。

图1—29 V形水平仪座

(2) 考核内容
1) 角度面刮削与检测。
2) 组合角度面刮削与检测。
(3) 准备工作
1) 考场准备
①毛坯准备(见图1—29)。材料:QT600—3精刨成型。毛坯精刨技术要求:
a. 面1、2、3表面粗糙度值≤$R_a 3.2\ \mu m$。
b. 面1、2 V形角 $90°±4'$。
c. 面3与V形面中心线垂直度误差≤0.01 mm。
d. 面3与V形面平行度误差≤0.01 mm。
e. 毛坯两侧面磨削(平行度误差0.005 mm)。
②场地及工、量具准备。刮研工作台,0级刮研标准平板≥300 mm×300 mm。
2) 考生准备:平面刮刀、油石、显示剂、棉纱、百分表(带表座)、正弦规、25 mm×25 mm研点检测方框、量块、锉刀、工件刮削用衬垫木块(自定)。
(4) 考核时间:6.5 h。
(5) 考核评分标准

序号	考核项目	配分	评分标准	实测	得分
1	平面度误差0.005 mm	5×3	超差无分		
2	平行度误差0.01 mm	15	超差无分		
3	V形 $90°±4'$	20	超差无分		
4	面3与V形中心线垂直度误差≤0.01 mm	35	超差无分		
5	研点 25 mm×25 mm 20点以上	5×3	超差无分		

单元测试题答案

一、单项选择题
1. B 2. A 3. C 4. B 5. C 6. B 7. C 8. A 9. C 10. C

二、判断题
1. × 2. √ 3. √ 4. × 5. √ 6. × 7. √ 8. × 9. √ 10. ×

三、简答题

1. 答：文明生产就是指企业具有科学的作业现场布置和生产组织形式，合理的生产工艺和秩序井然的物流系统，它还包括产品质量的保证体系、废物的处理和综合利用等。

2. 答：设备运转时，力的大小会产生周期性的变化，从而引起机体振动。一般微小的变化，引起的振动也很小，但当运转体平衡很差时，力的变化就大，造成机体的振动也就大。防止振动的措施主要是消除、减少振动源，阻断和控制振动的传播途径，并做好个人的防护工作。

3. 答：技术上的先进性，经济上的合理性，有良好而安全的劳动条件。

4. 答：（1）主机。主要由各种机械部分组成，包括底座床身、主轴箱、进给机构等，它是数控机床的本体。

（2）数控装置。数控装置是数控机床的控制核心，一般由一台专用计算机构成。

（3）驱动装置。驱动装置是数控机床执行机构的驱动部件，包括主轴电动机、进给伺服电动机等。

（4）辅助装置。辅助装置是数控机床的一些配套部件，如自动对刀部件、自动排屑部件等。

四、技能题（略）

第 2 单元

作业项目实施

☐ 第一节　大型机床设备的安装/57
☐ 第二节　设备的维修和保养/64
☐ 第三节　设备修理/93

机械设备维修工作主要是对设备的故障进行准确的诊断，同时采取最合理、最经济的修理方法，尽快使设备恢复各项性能指标。本单元重点叙述了大型、精密机床设备的安装技术，机床的调整，常见的故障原因及排除故障的方法。特别突出这些设备的大修和数控车床的维修方法以及机床技术改造的实例。同时对特殊作业环境下的设备修理、桥式起重机的修理等也做了详细的介绍。

大型、精密、复杂设备的修理中，典型零部件的修理方法具有一定的通用性，是技师作业中应重点掌握的内容。

第一节 大型机床设备的安装

→ 掌握电工基本技能
→ 能够做好机床搬迁和安装的全过程作业
→ 能够主持实施机床安装后的调试
→ 能够及时解决安装和调试中出现的技术问题

一、电工基本技能

机床电气控制原理可由机床电气控制线路原理图表示。原理图上按规定的图形符号和文字符号代表各种电器、电动机及元件，按照机床的控制要求和各种电器的动作原理，用线条连接起来，表示它们之间的关系。

1. 配板、配线

配板、配线是电工按照电气接线图的要求制作控制板，并按电器元件的位置和配、接线的方式，将它们安装在控制板上，如图2—1所示。

操作步骤：

（1）制作木质控制板（700 mm×600 mm×30 mm）。

（2）按元件细目表检查元件。

（3）按电气接线图的要求在控制板上安装电器元件，并选用符合规格要求的导线。

（4）各元件和连接线两端做好编号标记。

（5）连接电动机的导线应有软管保护，电动机外壳要安装接地线。

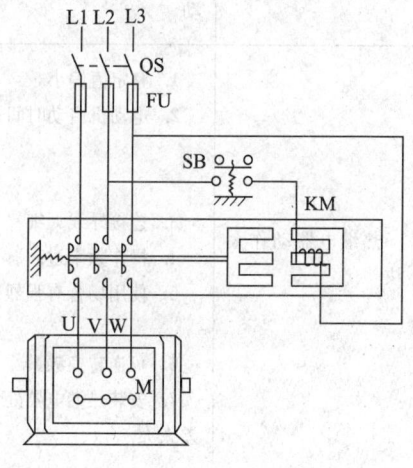

图2—1 电动控制电气线路图

（6）在测试电路的绝缘电阻后再进行通电。

2. 继电器测试与调整

继电器是一种根据输入信号的变化，接通或断开小电流电路，实现自动控制和保护电力驱动装置的电器。继电器类型很多，常用的有以下几种：

（1）热继电器。热继电器有多种形式，应用最多的是双金属片式。热继电器整定电流的大小可通过旋转电流整定旋钮来调整，旋钮上刻注有整定电流值标尺。热继电器的整定电流是指热继电器连续工作而不动作的最大电流，超过整定电流，热继电器将在负载未达到的过载极限之前动作。热继电器的常见故障及处理方法见表2—1。

（2）时间继电器。从得到动作信号开始至触头动作或输出电路产生跳跃式改变有一定延时时间，该时间又符合其准确要求的继电器称为时间继电器。时间继电器用于需要按时间顺序进行控制的电气控制线路中，安装和使用时应注意以下几点：

表 2—1　　　　　　　　　热继电器的常见故障及处理方法

故障现象	故 障 原 因	维 修 方 法
热元件烧断	1. 负载侧短路，电流过大 2. 操作频率过高	1. 排除故障、更换热继电器 2. 更换合适参数的热继电器
热继电器不动作	1. 热继电器的额定电流值选用不合适 2. 整定值偏大 3. 动作触头接触不良 4. 热元件烧断或脱焊 5. 动作机构卡阻 6. 导板脱出	1. 按保护容量合理选用 2. 合理调整整定值 3. 消除触头接触不良因素 4. 更换热继电器 5. 消除卡阻因素 6. 重新放入并调试
热继电器动作不稳定，时快时慢	1. 热继电器内部机构某些部件松动 2. 在检修中弯折了双金属片 3. 通电电流波动太大，或接线螺钉松动	1. 将这些部件加以紧固 2. 用两倍电流预试几次或将双金属片拆下来热处理（一般约240℃），以去除内应力 3. 检验电源电压或拧紧接线螺钉
热继电器动作太快	1. 整定值偏小 2. 电动机启动时间过长 3. 连接导线太细 4. 操作频率过高 5. 使用场合有强烈冲击和振动 6. 可逆转换频繁 7. 安装热继电器处与电动机处环境温差太大	1. 合理调整整定值 2. 按启动时间要求选择具有合适的可返回时间的热继电器或在启动过程中将热继电器短接 3. 选用标准导线 4. 更换合适型号的热继电器 5. 选用带防振动冲击的热继电器或采取防振动措施 6. 改用其他保护方式 7. 按两地温差情况配置适当的热继电器
主电路不通	1. 热元件烧断 2. 接线螺钉松动或脱落	1. 更换热元件或热继电器 2. 紧固接线螺钉
控制电路不通	1. 触头烧坏或动触头簧片弹性消失 2. 可调整式旋钮转到不合适的位置 3. 热继电器动作后未复位	1. 更换触头或簧片 2. 调整旋钮或螺钉 3. 按动复位按钮

1) 继电器断电后衔铁释放时的运动方向应垂直向下，其倾斜度≤5°。
2) 时间继电器的整定值，应不通电先调整好，并在试车时校正。
3) 通电延时型和断电延时型可在整定时间内自行调整。
时间继电器常见故障及处理方法见表 2—2。
（3）热继电器的校验

表 2—2　　　　　　　　　　时间继电器常见故障及处理方法

故障现象	可能的原因	处理方法
延时触头不动作	1. 电磁线圈断线 2. 电源电压过低 3. 传动机构卡住或损坏	1. 更换线圈 2. 调高电源电压 3. 排除故障或更换部件
延时时间缩短	1. 气室装配不严、漏气 2. 橡皮膜损坏	1. 修理或更换气室 2. 更换橡皮膜
延时时间变长	气室内有灰尘,使气道阻塞	清除气室内灰尘,使气道畅通

1) 按图 2—2 所示,连接好校验电路。将调压变压器的输出调至 0 位置,将热继电器置于手动复位状态并将整定值旋钮置于额定值。

2) 将调压变压器输出电压由零升高,使热元件通过的电流升至额定值。1 h 内热继电器应不动作,若 1 h 内热继电器动作,应将调节旋钮向整定值大的方向调整。

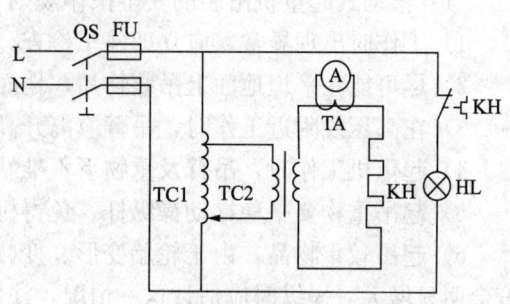

图 2—2　热继电器校验电路图

3) 将电流升至 1.2 倍的额定电流,热继电器应在 20 min 内动作,指示灯 HL 熄灭。20 min 内若不动作,应将调节旋钮向整定值小的方向调整。

4) 将电流降至零,待热继电器冷却手动复位后,再调升电流至 1.5 倍额定值,热继电器应在 2 min 内动作。

5) 再将电流调至零,热继电器冷却并复位后,快速调升电流至 6 倍额定值,断开 QS 后随即合上,其动作时间应>5 s。

6) 复位方式的调整。需要自动复位,将复位调节螺钉顺时针旋进,自动复位时应在动作后 5 min 内自动复位。手动复位可在动作 2 min 后,按下手动复位按钮,热继电器应复位。

二、机床设备的吊运技术

1. 设备吊装

对于没拆箱的整箱设备吊装,应按包装箱外的标记套上钢丝绳,吊运时木箱不允许受到剧烈振动、冲击或过度倾斜。吊运已开箱的机床,绳索应拴在适合承重的位置上,注意保持机床平衡,移动时要保持平稳。

2. 设备水平运输

设备水平运输常用以下三种方法:

(1) 桥式吊车运输。施工条件好,利用桥式吊车水平运输设备安装到位,是既快又安全的方法。

(2) 铲车运输。一般适用于中、小型设备。

(3) 滚杠滑移运输。将滚杠横跨在机床底排下，机床和底排在滚杠上滑移至设备基础旁对正摆好，用撬杠撬起设备一端，在设备与底排之间放入滚杠，再将3～4根滚杠放在基础上，通过滚杠滑移，将机床从底排上滑移到基础面上，最后再撬起机床，将滚杠撤出，垫好垫铁。

3. 起重运输设备的安全技术规则

常用的起重运输设备有桥式起重机、移动式起重机、门座起重机、塔式起重机和各类叉车等。各种起运设备都有安全操作规则，下面仅叙述移动式起重机和叉车的安全操作规则。

(1) 移动式起重机吊装的安全操作规则

1) 工作时出现异常，应立即停车检查。

2) 尽可能在平坦地面上吊装物品，地面不平或松软应处理平整或铺设垫板。

3) 在高压线附近工作时，吊臂应离开高压线 2 m 以上。

4) 起重机工作时，吊臂及重物下不准站人。

5) 起吊重物要平稳推动操纵杆，免得机构遭受冲击而损坏零件。

6) 起吊较重物品，由于轮胎变形、变幅绳伸长、臂架变形等原因，起重机工作幅度会明显增大，操纵时应估计这一情况，注意安全。

7) 起吊重物时，若发现起重机接近倾翻状态，应立即将重物降至地面。

8) 注意防止重物升到使吊钩上的动滑轮碰撞到吊臂或顶头的滑轮，这容易导致滑轮、钢丝绳等零件损坏，造成更大事故。

9) 如钢丝绳在卷筒上缠绕不规则，不能用手直接拨正，应用棒类工具调整。

10) 起重的物体重量不明，估计重物有可能接近该幅度下的临界起重量时，必须先将重物微微升起，同时检查吊车的稳定性，确认无问题后再将重物升起。

11) 起重机做回转动作时，应平稳接合回转离合器，尽量减小物品的摆动，否则会增加倾覆力矩，造成危险。

12) 起吊较重物品时，应缓慢启动及回转，对鹅头式吊臂和长吊臂应特别注意这一点。

13) 对较重物品起吊，应尽可能在起重机后方进行，因为这个方位的稳定性较好。

(2) 叉车的安全操作规则

1) 驾驶叉车必须是经过训练并且考核合格的人员。驾驶时应注意作业环境，随时注意保护行人，禁止任何人站在或通过叉车起升部位的下面，必须严格按叉车用途正常使用叉车。

2) 不能用增加平衡重量或尾部站人的方式来加大叉车的起重量，不能超负荷起升或搬运物品；当采用属具工作时，要特别注意载荷的固定和定位；装有属具的叉车在无载荷时也视为有部分载荷的情况下操作；叉车只能搬运排列整齐、稳定的物品；在搬运较长或重心位置不能确定的物品时要格外小心。

3) 用货叉叉货时，叉距应适合于载荷的宽度；货叉应尽可能深地叉入载荷下面，同时注意叉尖不能碰坏物品；应采用最小的门架后倾来稳定载荷，以免载荷向后滑动；

放下载荷时可使门架少量前倾,以便于安放载荷和抽出货叉。

4) 堆垛时,应采用载荷稳定的最小门架后倾,缓慢地接近货堆;叉车在完成行驶动作并正面靠近货堆后,必须将门架调整到近似铅垂的位置,并把载荷提升至高于货堆的高度,然后叉车前移,放下货叉卸下载荷,抽出货叉;在确认道路无障碍后退车。

5) 拆垛时,叉车应接近货堆,当叉尖与货堆相距 0.3 m 时停下,将叉距调整适当;门架处于铅垂位置,将货叉升至能插入载荷下面的位置;前移叉车,此时应注意要小心而平稳地操纵制动器,使货叉尽可能深地插入到载荷之下而叉尖又不碰到物件,提升货叉,使载荷脱离货堆,同时适当后倾门架以使物品稳定;在确定道路无阻碍后叉车后退,将货物移出货堆,将门架处于最大后倾状态,再运行叉车。

6) 叉车停用时,货叉应降至最低位置,各控制装置应处于中间位置;关闭动力源,扳紧制动器;叉车不得停放在消防设施或通道、楼梯口附近,也不能停放在距铁路 10 m 以内的地方。

7) 驾车前应特别检查燃料系统、警告装置、动力系统、制动器、转向系统、灯光、轮胎气压和提升系统等关键部分,出现问题及时修好再用。

8) 加油前应先关闭发动机,扳紧制动器,驾驶员下车,附近严禁有明火和吸烟;油箱盖盖好之前不能启动发动机。

三、龙门刨床搬迁、安装和调试中的技术难题及解决方法

1. 龙门刨床的搬迁安装

龙门刨床搬迁方法与普通机床一样,只是龙门刨床结构尺寸较大,床身为多段拼接,搬迁时应按拼接顺序迁至安装地,无拼接标记的床身,搬迁时先做好拼接标记,以便保证对接的正确性。

(1) 安装前的检查、修整。由于大型机床结构上的需要,基础均为混凝土或块形结构。其作用是将机床自重和工件重力等载荷传送给地基碎石或地基木柱等部分。符合要求的地基必须具备以下条件:

1) 具有足够的强度和刚度,避免强烈的振动,并保证其他设备的振动不会影响其本身的精度、性能和寿命。

2) 具有稳定性和耐久性,能防止油、水浸蚀,保证机床与基础不会局部下陷。

3) 使机床与周围振动绝缘。

4) 对精密、大型机床的基础,安装前要进行预压处理。预压的重力为自重和最大载荷重量的 1.25 倍,并均匀地压在地基基础上,预压工作应进行到基础不会继续下沉为止。

(2) 龙门刨床的安装

1) 安装床身。按机床说明书的位置要求放置可调垫铁,其底面与基础完全接触。同时用水平尺和检验平尺找正垫铁的上平面,如图 2—3 所示。

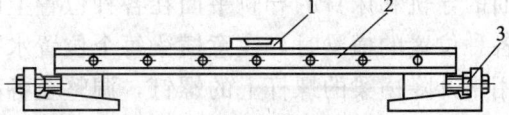

图 2—3 调整垫铁的找正
1—水平尺 2—检验平尺 3—垫铁

床身各段按顺序进行吊装拼接，吊装后结合面会有较大的缝隙，此时不允许用连接螺钉强行拉紧，而应在床身的另一端用千斤顶等工具使其逐渐推动拼合。连接时要检查相接床身导轨的一致性，用百分表对导轨面上相接处进行找正，保证相接处平滑过渡，如图2—4所示。导轨拼接处用螺钉紧固后，结合面不得使0.04 mm塞尺通过。

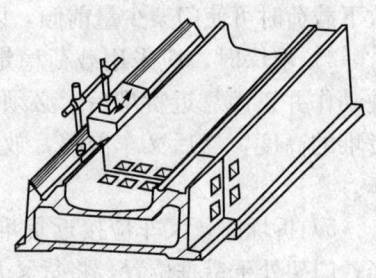

图2—4 导轨相接处的检查

导轨在连接立柱处的水平度误差不应超过0.04 mm/1 000 mm。床身导轨在垂直平面内的直线度和床身导轨的平行度以及床身导轨在水平面的垂直度都应符合说明书或标准的规定。最后配铰销孔，配入销钉。

2) 安装立柱。立柱安在垫层上，侧面靠在床身的相应位置，并先用螺钉预连接，螺钉不要拧紧，检查位置基本妥当后再均匀拧紧螺钉。螺钉拧紧后调整垫座下的垫块，摆好立柱，使其孔对准柱销，再将柱销打入孔内。

3) 安装横梁与天盖。在立柱之间，放下带有衬垫的横梁，并用螺钉固定，天盖安装在立柱的支承面上，由圆锥销钉固定，用螺钉压紧。立柱上所有紧固螺钉紧固在床身和梁上以后，应再检查床身与立柱的位置。

4) 安装主动传动装置。穿过轴柱利用齿轮结合器将传动轴连接在蜗杆轴上，再接第二个齿轮结合器，将传动轴接到主传动的减速器上。主传动的减速器和电动机同装在一个平台上，下面用斜铁垫平。

5) 安装油路。在地基上有一个安放油泵和滤油器的平台，平台的槽内设有沉淀用的油箱，油管应接通下列部分：机身流油管与油箱、油箱的吸油管与油泵、滤油器排油管与沿床身的油管。

6) 安装工作台。工作台放在床身上以前，先取出通往导轨油孔的油塞，试验主传动的润滑是否良好后，再仔细擦拭清理床身导轨，并用机械油润滑。安装工作台时应注意与床身导轨要互相吻合，工作台上的齿条应搭在蜗杆上。

7) 安装横梁和刀架。先从横梁上取下压板和压紧拉杆，再将横梁放在工作台上，并与工作台支承靠在立柱的导轨上，此时用手转动连接电动机和主传动减速器的离合器，床身便可移动，当横梁靠紧在立柱导轨上以后，再安装压板和调整垫条。安装好后，在升降横梁用的减速器内，拧动取出螺杆，把带有蜗轮的丝杠放下，套入横梁的螺母内，此时将减速器和压紧装置装配完毕。用水平仪调整好横梁导轨的水平精度（0.05 mm/1 000 mm）。按图样要求调整电气设备，再调整横梁上面的导轨和床身的导轨平面在各种位置上的平行度达到规定要求。在调整床身平面各种位置的横梁时，注意横梁每个位置水平仪的读数应相同，若读数不同，应拧动用来升降横梁的螺杆上的螺钉，调整至各种位置水平仪读数相同为止。最后拧紧螺母，盖上减速器，机件安装基本结束。

8) 全面检查和试运转。电气设备安装后，做一次全面检查，确认各部分无误即可空车试运转。试运转时，注意先从低速开始，逐渐达到高速。一般试车3 h，其中应注意所有机件轴承的润滑情况及电力设备操作是否正常。

2. 龙门刨床安装试车常见故障及消除方法

（1）工作台运动不稳定

1）产生原因

①龙门刨床工作台导轨的润滑油是由油泵供给，通过油管集中在床身导轨的中间，当润滑油压力超过工作台的重量时，即将台面顶起，使工作台在床身导轨上来回运动时出现起伏不平的情况。

②齿条与蜗杆的啮合面接触不良，或两个齿条的接头处的牙距不符合齿距标准。

2）消除方法

①用钢丝使工作台导轨的回油孔通畅。如工作台导轨没有回油孔，可用电钻在工作台导轨的两端各钻 4 只油孔，与工作台导轨的油槽接通。这样当润滑油压力过大时，润滑油可以从导轨两端的回油孔中流出，不会因压力过大而影响工作台运动的稳定性。

②用红丹粉检查蜗杆与齿条的啮合情况和间隙，如不符合要求应进行修复。

（2）精加工工件表面粗糙度值较高

1）产生原因

①抬刀座与刀夹的配合间隙过大，在切削时容易产生振动，影响工件加工的表面粗糙度。

②抬刀座与刀夹之间的圆销间隙过大，切削时容易使刀具在受到载荷时产生位置变动，影响工件的表面粗糙度。

2）消除方法。检查抬刀座与刀夹的配合间隙和圆销的配合间隙，并根据抬刀座与刀夹修理工艺修复至要求。

（3）横梁分别在上下位置时，平行度超差

1）产生原因

①横梁夹紧装置接触不良，在横梁夹紧时受力分布不均，使横梁走动受影响。

②两根横梁升降丝杠的磨损不一致，或在相同位置上的螺距累计误差方向相反而造成该项目的超差。

2）消除方法

①检查夹紧装置与立柱表面的接触情况，并进行修刮至接触良好。

②检查升降丝杠是否磨损，当丝杠磨损时，调整新丝杠，或将原有丝杠在车床上光一刀。在车丝杠时，应使两根丝杠在同一台车床上加工，并使两根丝杠的同一端固定在机床相同的位置上（即第一根丝杠的一端离开车头多少距离，第二根丝杠的相同一端同样离开车头多少距离）。

（4）拼装的床身在接缝处有严重的漏油现象

1）产生原因。其主要原因是两段床身的结合面接触不良。

2）消除方法

①重新检查结合面，找出造成结合面接触不良的原因。若是安装造成的，可重新按要求拼接安装；若是床身拼接面本身精度差，则要重新刮研结合面，达到 8～10 点/

（25 mm×25 mm），同时要保证两段床身结合面对床身导轨的垂直度要求。

②可以采用在两结合面上改装油封装置的方法。

第二节 设备的维修和保养

→ 能够诊断和排除数控车床常见的机械故障
→ 能够分析数控机床加工质量问题并提出解决方案
→ 能够协调相关人员解决修理工作中的技术问题
→ 能够分析和排除高温、高压和起重设备的疑难故障

一、CK1436型数控车床的维修和保养

1. CK1436型数控车床的结构和传动原理

(1) CK1436型数控车床的外形结构。如图2—5所示，该机床采用日本FANUC-OTD或德国SIEMENS810T系统，由交流伺服电动机和交流主轴系统、机床底座、床身、十字滑板、Z轴、主轴箱、尾座、刀架等部件组成。床身35°斜置布局，床身导轨和床鞍导轨副均采用高频淬硬和注塑，具有良好的摩擦性能和精度稳定性，整体刚度好。

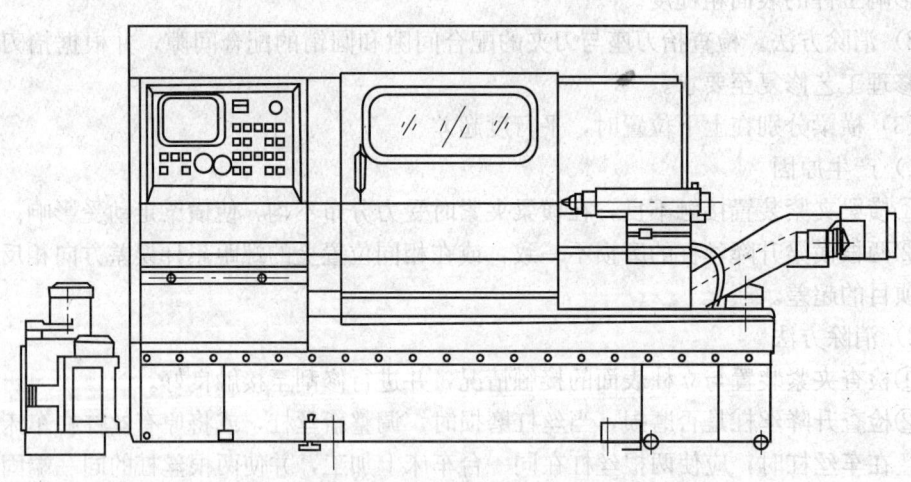

图2—5 CK1436型数控车床的外形图

机床滑板安装8个工位的回转刀架，滑板上还分别安装X轴和Z轴的进给传动装置。机床配置有动力卡盘和动力液压缸，可加工$\phi 360$ mm以下的内、外圆和各种型面，可对零件进行钻、扩、铰、镗孔加工。

(2) CK1436型数控车床传动原理。传动系统主要分为主运动、进给运动（X轴和Z轴进给运动）、刀架换位运动等，如图2—6所示。

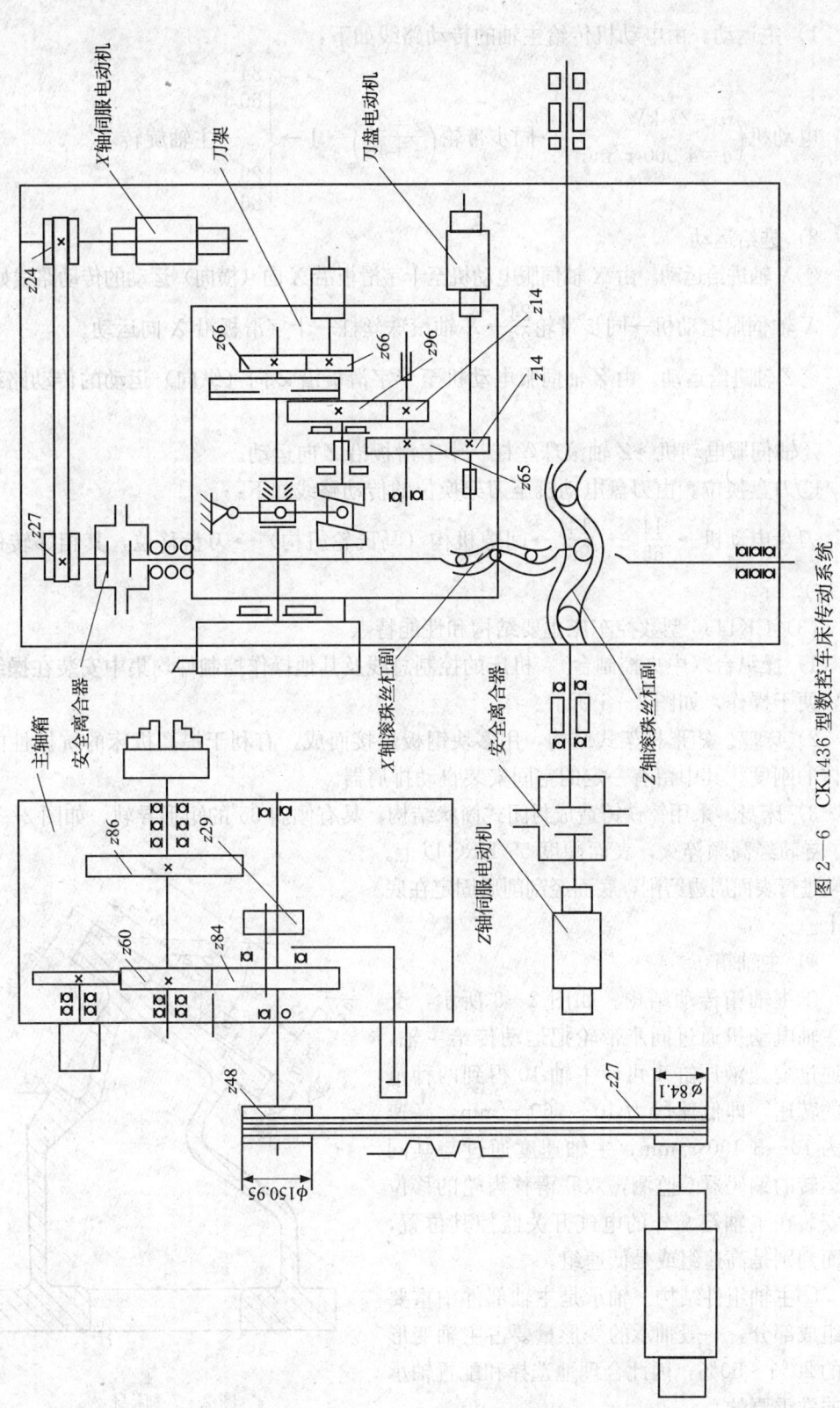

图2—6 CK1436型数控车床传动系统

1) 主运动。由电动机传给主轴的传动路线如下：

$$\text{电动机}\begin{pmatrix} w=27 \text{ kW} \\ n=4\,000 \text{ r/min} \end{pmatrix} \rightarrow \text{同步带轮}\left(\frac{z=27}{z=48}\right) \rightarrow \text{I} \rightarrow \begin{cases} \dfrac{84}{60} \\ \\ \dfrac{29}{86} \end{cases} \rightarrow \text{主轴旋转}$$

2) 进给运动

①X轴进给运动。由X轴伺服电动机至十字滑板沿X向（横向）运动的传动路线如下：

X轴伺服电动机→同步带轮$\dfrac{24}{27}$→X轴滚珠丝杠→十字滑板沿X向运动。

②Z轴进给运动。由Z轴伺服电动机至十字滑板沿Z向（纵向）运动的传动路线如下：

Z轴伺服电动机→Z轴滚珠丝杠→十字滑板沿Z向运动。

③刀盘换位。由刀盘电动机至刀架换位的传动路线如下：

刀盘电动机→$\dfrac{14}{65}$→$\dfrac{14}{96}$→间隙机构（马氏轮机构）→刀盘移位，其相邻转位时间为1.4 s。

(3) CK1436型数控车床主要结构和性能特点

1) 操纵台（中央控制台）。机床的控制总线及其他操作控制件均集中安装在操纵台上，便于操作，如图2—5所示。

2) 床座。矩形框架式结构，用多块钢板焊接而成，有利于提高机床的抗振性能和整体的刚度。其中留有一定的空间安装自动排屑器。

3) 床身。采用铸铁铸造成封闭式筒状结构，具有倾斜35°的矩形导轨，如图2—7所示。导轨经高频淬火，表面硬度55 HRC以上。导轨进行表面周边磨削，底面经刮削后固定在底座上。

4) 主轴箱

①主轴箱传动结构。如图2—8所示，交流主轴电动机通过同步带轮把运动传给主轴，再通过变速液压缸1可使主轴10得到两种范围的转速，即低速段为10～760 r/min，高速段为10～3 150 r/min；主轴速度通过与其同步运转的编码器5监测，双联滑移齿轮的移位由安装在主轴箱9外的电气开关监控其位置，从而判别是高速组或是低速组。

②主轴组件结构。轴承是主轴部件中重要的组成部分，一般轴承的变形量要占主轴变形量的20%～50%，因此合理地选择和配置轴承是非常重要的。

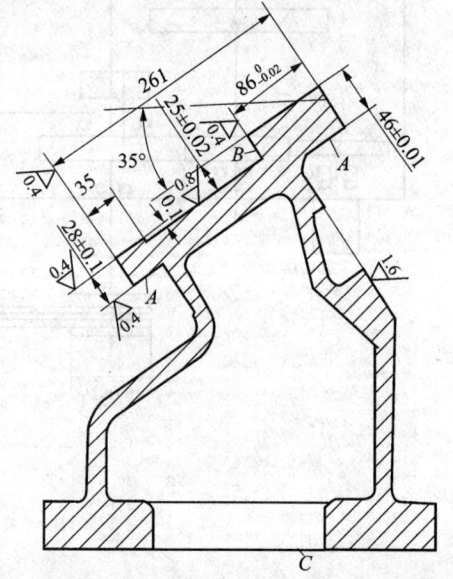

图2—7 床身

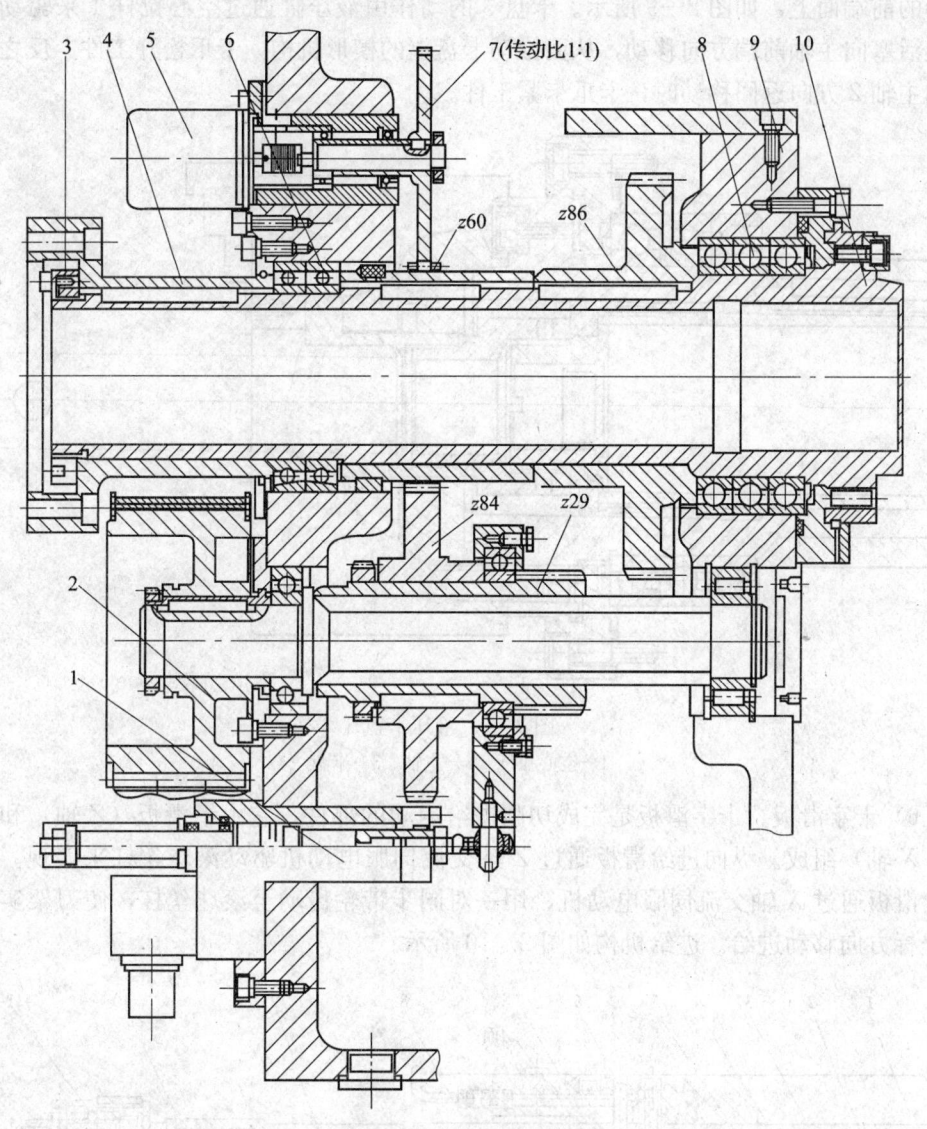

图 2—8 主轴箱结构图
1—变速液压缸 2—带轮 3—螺母 4—法兰套 5—编码器
6—后轴承 7—齿轮 8—前轴承 9—主轴箱 10—主轴

主轴采用两点支承结构适宜高速转速的要求。前支承（固定端）配置了高精度三列组合式角接触主轴轴承，后支承（自由端）采用了两列角接触轴承。这种轴承配置方式避免了高速旋转主轴发热对加工精度的影响。此外，对轴承进行预加载荷（出厂前制造厂已调整好），从而提高了轴承的接触刚度。

主轴轴承采用油脂润滑，依靠非接触式迷宫套密封。润滑脂的填充对主轴轴承寿命和运转时的温升有很大影响。主轴组件经过（G2.5 级）动平衡试验，保证运动平稳、减少振动。

5）液压卡盘。液压卡盘通过螺钉安装在主轴前端，液压缸通过螺钉安装在主轴法兰套的前端面上，如图 2—9 所示。卡盘 3 的动作由液压缸通过空心拉杆 1 来驱动，液压缸活塞向主轴前端方向移动，从而推动卡盘上的楔形机构，卡爪松开工件。反之，活塞向主轴 2 方向返回移动时，卡爪卡紧工件。

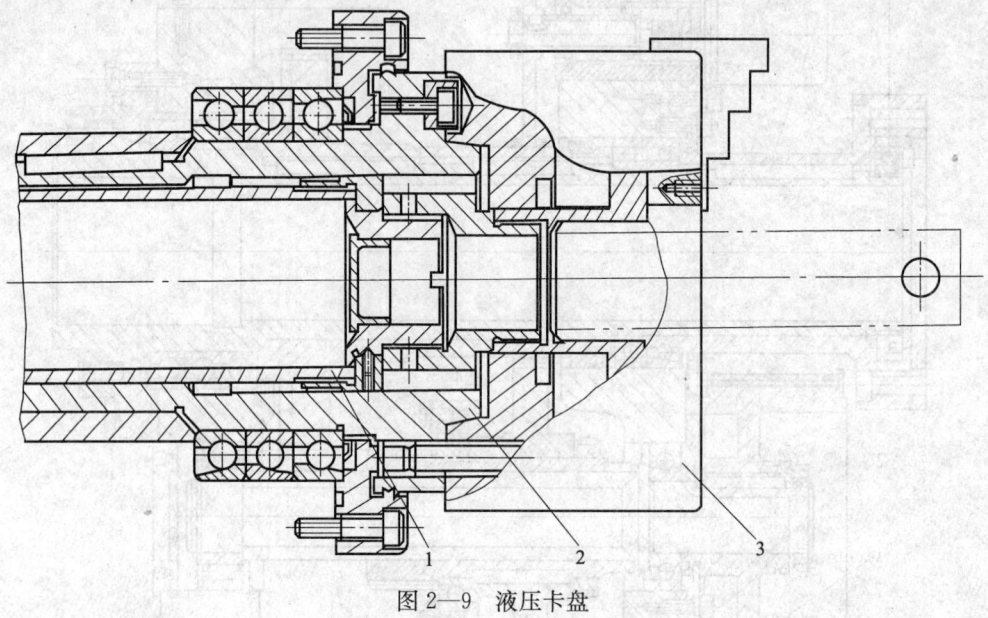

图 2—9 液压卡盘
1—空心拉杆 2—主轴 3—卡盘

6）十字滑板。十字滑板是完成切削进给运动的部件，它由纵滑板（Z 轴）和横滑板（X 轴）组成。纵向进给滑板通过 Z 轴交流伺服电动机驱动滚珠丝杠来实现。横向进给滑板通过 X 轴交流伺服电动机，用一对同步带轮传动至滚珠丝杠，使刀架实现沿 X 坐标方向移动进给。进给机构如图 2—10 所示。

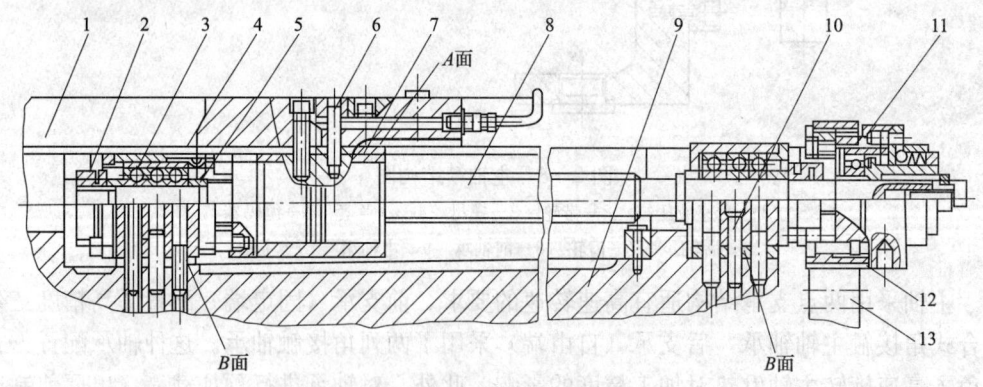

图 2—10 X 轴进给机构图
1—X 轴滑板 2—锁紧螺母 3—轴承座 4—轴承 5—垫圈
6、10—定位销 7—螺母座 8—滚珠丝杠 9—十字滑板
11—过载离合器 12—同步带轮 13—同步带

检测刀架位置的反馈元件脉冲编码器为内置式，安装在进给伺服电动机内部与电动机同轴，同时做速度环和位置环的反馈。

刀架沿床身导轨在 Z 向移动和沿滑板导轨在 X 向移动的位置控制，均采用了增量式反馈元件，数控装置断电后就失去了对机床原点的记忆，因此再次接通电源后，机床开始工作前，必须先进行返回原点的操作。

以机床原点为零点，在实际编程操作中很不方便，因此在实际编程中应该先设定基准程序原点，以便进行刀具调整和检测的操作。

7) 对刀仪。对刀仪用于刀具安装后或更换刀片后，对刀尖位置从基准程序原点移到加工程序原点的偏置数值进行检测。对刀仪的机构如图 2—11 所示。该装置由测量显微镜 3 和支架 2 等组成。显微镜 3 放大倍数为 10，测量时使其固定于主轴箱 1 顶部箱盖的支架 2 上，手动操作时，使刀尖进入显微镜 3 的十字线下，通过数据输入按键即可自动将刀尖实际位置计算后记入控制系统，在测量前必须返回基点。

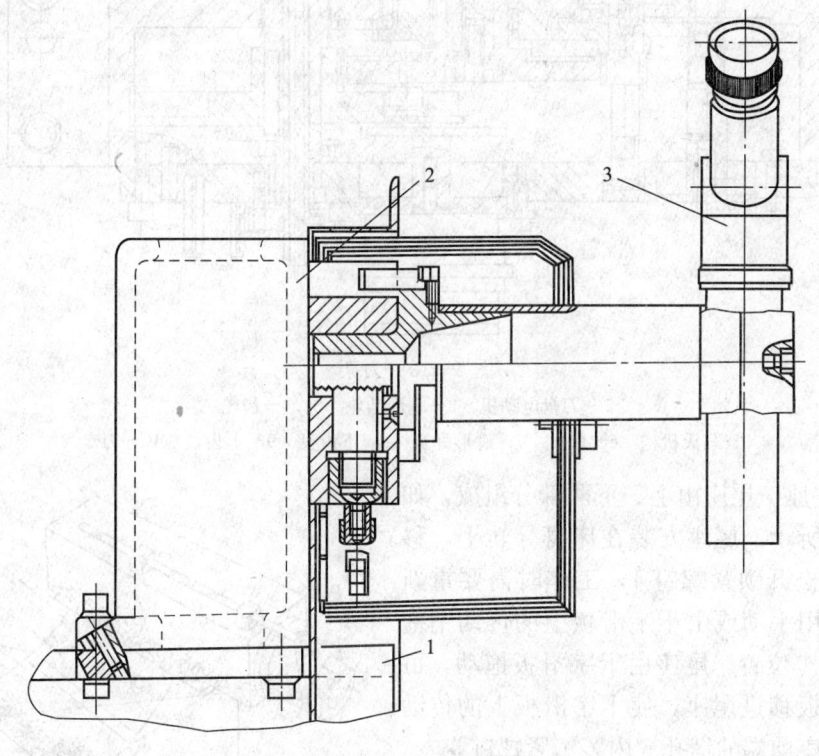

图 2—11 对刀仪
1—主轴箱　2—支架　3—显微镜

8) 刀架。刀架安装在滑板上，如图 2—12 所示。安装刀具的刀盘 10 除抬起、换位外，始终是在碟形弹簧 7 的锁紧力（约为 15 000 N）作用下，通过齿盘压紧在刀架壳体上。

当刀架接收分度指令后，刀盘电动机 1 转动，运动传至齿轮 4、马氏机构 5、端面凸轮 2、杠杆 6，使刀盘 10 抬起并旋转。刀盘 10 运动位置是否符合指令要通过逻辑编码器监视和显示。刀盘 10 到位后，编码器发出信号使刀盘电动机 1 停转，在碟形弹簧 7 的作用下重新锁紧刀盘。

在自动循环中，当接收一个刀号指令后，刀架可以实现就近逻辑转向换刀，手动换位时只允许顺时针旋转。

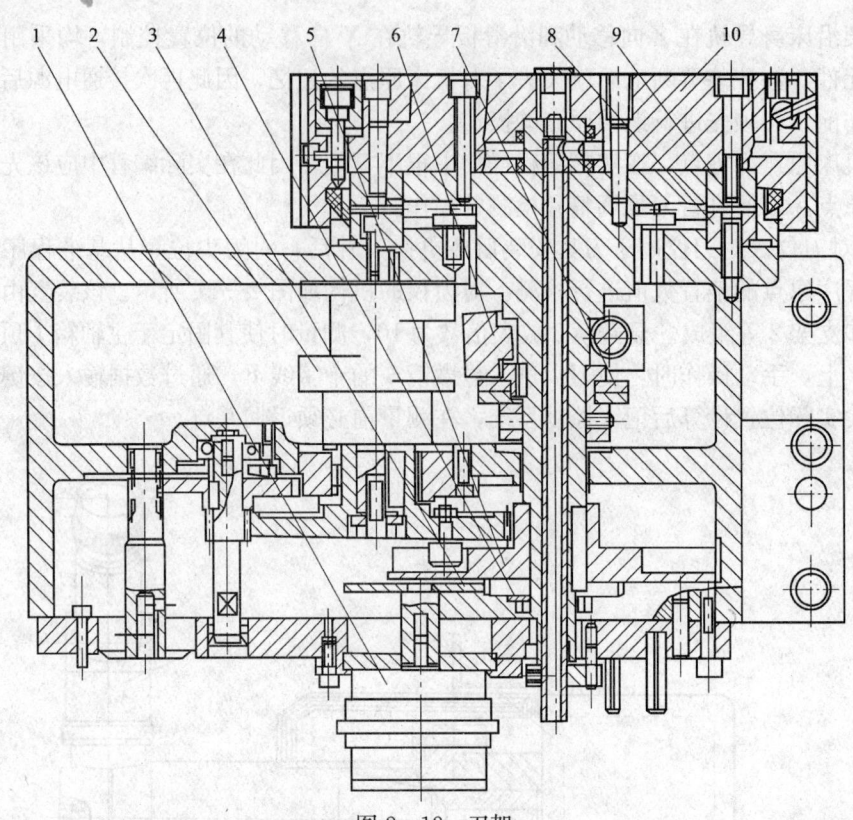

图2—12 刀架
1—刀盘电动机 2—端面凸轮 3、4—齿轮
5—马氏机构 6—杠杆 7—碟形弹簧 8—下齿盘 9—上齿盘 10—刀盘

9) 尾座。尾座由上、下两部分组成,如图2—13所示。尾座安装在床身导轨上,移动尾座需松开锁紧螺钉1,工作时需要重新锁紧。可用手动或由十字滑板上的传动销拖动进入工作位置。尾座由十字滑板拖动,可将十字滑板移进尾座,使十字滑板上的传动销插入尾座前端的销孔6内,锁紧螺钉5。

尾座套筒的移动依靠液压缸的动作。操纵方式可采用脚踏开关或编程自动进行。通过行程开关可调整其套筒位置,套筒最大行程为110 mm。

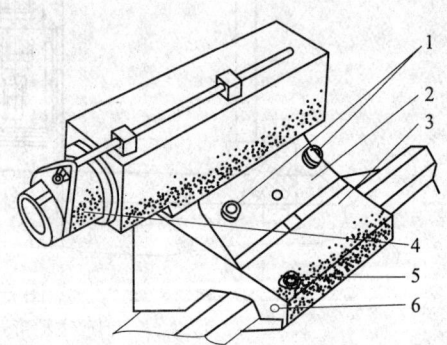

图2—13 尾座
1、5—锁紧螺钉 2—上部
3—下部 4—套筒 6—销孔

10) 液压系统。液压系统由液压装置、卡盘液压回路、尾座液压回路、主轴变速液压回路、中心架液压回路和备用液压回路组成。

11) 润滑系统。X轴、Z轴导轨的滑动面、尾座套筒表面以及滚珠丝杠等部位均由电动润滑泵集中供油润滑,每隔一定时间向各润滑部位自动供油一次。各润滑点的流量由装在配管末端的流量控制阀控制。当由于滤油器堵塞等原因造成润滑系统供油压力明显不足时，压力保护开关动作，使机床操作面板上的报警灯亮，发出润滑异常报警。

2. 数控车床常见故障原因及排除方法

(1) 数控系统故障的判断方法

1) 直观检查分析。先对恶劣环境下工作的元器件和易损部位的元器件进行检查，通过故障中的声响、闪光、异味等异常现象判断可能发生故障的电路板，检查其表面状况，逐步缩小检查的范围，直到检查出故障的具体部位和原因。

2) 利用机床自诊断程序功能分析。维修人员可根据屏幕上显示的报警信号或控制、输入、连接和伺服各单元的报警指示灯提示，准确找到故障源并及时排除。

3) 核对数控系统参数。机床存储器在受到外界干扰时，会引起个别参数的变化，从而使整个系统出现故障，通过对数控系统参数的核对，即可判断出引起故障的原因。

4) 检查短路棒的设定。通过印制电路板上短路棒的设定，保证数控系统与机床配套并处于正确的工作状态。在位置检测系统中，对不同的检测元件，短路棒可进行不同的设定。

5) 测量电路电压波形。通过对印制电路板各检测端子、各电路的电压及波形的检测，判断各电路工作状态是否正常。

6) 检查接口输送信号。根据机床自诊断功能状态显示，检查数控系统与机床接口信号，以判断机床是否接到数控系统的输出信号，判断开始信号是否已输入到数控系统，从而将故障分解为数控系统故障和机床故障。

7) 更换备用电路板。如判断是电路板的故障可更换新的电路板，或将 X 轴和 Z 轴的电路板交换以便找出存在故障的电路板。

(2) 数控系统常见故障及排除方法。见表 2—3。

表 2—3　　　　　　　　数控系统常见故障及排除方法

序号	常见故障	故障分析及排除方法
1	数控系统的电源无法接通	检查电源变压器是否有交流电输入，以及输入单元的熔断器是否烧断。若以红色发光二极管作为输入单元的报警灯亮，还应检查各直流工作电路的负载是否有短路现象。此外，电源开关的按钮接触不良和失灵也会造成系统不能接通电源
2	电源接通后阴极射线管（CRT）无辉度或无显示	1. 连接 CRT 单元的电缆接触不良，应检查相关电缆的连接是否可靠 2. 检查 CRT 单元输入电压是否正常 3. CRT 单元由显示单元、调节单元等组成，任何部分发生问题都会造成 CRT 无辉度或有辉度而无图像等故障 4. 用示波器检查视频（VIDEO）信号输入，如无信号，说明故障出在 CRT 接口印制电路或主控电路板上 5. 主控电路板上发生报警，也会影响 CRT 显示，而此时故障的起因多数不是 CRT 本身，可以按照报警信息进行分析处理
3	CRT 无显示时机床不能动作	原因可能是主印制电路板或控制 ROM 板有问题

续表

序号	常见故障	故障分析及排除方法
4	CRT无显示但机床能够动作	机床能够正常执行手动或自动操作,说明系统控制部分能正常进行插补运算,只是显示部分或其控制部分出现故障
5	机床不能动作	1. 数控系统的复位按钮被接通 2. 数控系统处于紧急停止状态 3. 程序执行时,CRT有位置显示变化而机床不动,应检查机床是否处于锁住状态 4. 进给速度设定错误,检查是否被设定为零值 5. 系统处于报警状态
6	机床返回基准点位置不准	这里以栅格方式返回基准点为例,说明机床停止位置与基准点位置不一致的故障原因 1. 停止位置偏离基准点一个栅格距离。这是由减速挡块安装位置不正确或减速挡块长度太短造成的,可重新调整挡块位置或适当增加挡块长度 2. 机床返回基准点时产生随机偏差,主要由于脉冲发生器的不良工作状态引起。其主要原因包括外界干扰、脉冲编码器的电源电压过低、脉冲编码器本身的问题以及数控系统主印制电路板的问题 3. 微小误差,多数是由于电缆和连接器接触不良,或主印制电路板及速度控制单元存在问题而造成位置偏差过大
7	不能正常返回基准点且有报警信号	其原因一般是脉冲编码器的信号没有输入到主印制电路板,如脉冲编码器的连接电缆抽头或本身断线。机床的开始移动点距基准点太近时,返回基准点也会出现报警
8	突然变成没有准备好状态	返回基准点过程中数控系统突然变成没有准备好(NOTREADY)状态,但又没有出现报警,此时多为返回基准点的减速开关失灵,触头压下后不能复位
9	手摇脉冲发生器不能工作	1. 位置显示发生变化,但机床不动。可通过诊断功能检查系统是否处于机床锁住状态,由诊断功能确定伺服断开信号是否已被输入到数控装置内。如果上述处理无效,则故障多出在伺服系统内 2. 位置显示无变化,机床也不运动。可核查参数是否发生变化,确认是否带有手摇脉冲发生器功能,由诊断功能检查机床锁住信号是否已被输入,确认选择手摇脉冲发生器的方式信号是否已经输入。检查主板上是否有报警灯亮。如果以上均正常,则可能是手摇脉冲发生器或其接口板不良所致,带有两个及以上的手摇脉冲发生器时需配置接口板
10	垂直运动轴突然失控下滑	多数是由主板上的位置控制部分失灵所导致,置换有关位置控制部分的印制电路板即可排除故障

(3) 数控车床机械故障的诊断方法。见表2—4。

表2—4　　　　　　　　　　数控车床机械故障的诊断方法

诊断方法	原理、特征及应用
简易诊断技术	由有丰富经验的现场维修人员使用一般的检查工具或通过感觉器官的看、听、摸、嗅等对机床故障进行诊断。简易诊断技术能快速地确定故障部位，监测恶化趋势，选择有疑难的故障进行精密诊断
精密诊断技术	根据简易诊断中提出的疑难故障，由专职故障精密诊断人员用先进的测试手段进行精确的定量检测和分析，找出故障位置、原因和相关数据，以确定应采取的修理措施。其主要诊断方法有： 1. 温度监测。采用接触式测温仪可进行轴承、电动机、齿轮箱等装置表面温度的测量，用非接触式测温仪可检测不宜接近的物体。这种检测方法具有快速、准确、方便的特点，常用于机床运行中发热异常的监测 2. 振动监测。通过安装在机床某些特征点上的传感器，利用振动计测量总振级的大小，如位移、速度、加速度和幅频特性等，对故障进行预测和监测 3. 噪声监测。用噪声测量仪、声级计对机床齿轮、轴承在运行中的噪声信号频谱变化规律进行深入分析，识别和判断齿轮、轴承磨损失效故障状态 4. 油液分析。通过对进入润滑油或液压油中磨损的各种金属微粒和外来杂质等残余物的形状、大小、成分、浓度的分析，判断磨损状态、机理和磨损程度 5. 裂纹监测。通过磁性探伤法、超声波法等观察零件内部机体的裂纹缺陷 振动和噪声是应用最多的诊断信息。首先是其强度测定，确认有异常时，再做定量分析

(4) 主要机械部件故障的诊断和排除方法。见表2—5。

表2—5　　　　　　　　　　主要机械部件故障的诊断和排除方法

故障现象		故障原因及排除方法
主轴部件	加工精度达不到要求	1. 机床在装箱、运输、开箱、安装过程中受到碰撞和冲击。应检查对机床精度有影响的各部位，特别是导轨副，并按出厂精度的要求重新调整修复 2. 安装不牢固，安装精度低或有变化。应重新安装、调平、紧固
	切削振动大	1. 主轴箱和床身连接螺钉松动。应恢复精度后紧固连接螺钉 2. 轴承预紧力不够，游隙过大。应重新调整轴承游隙，但预紧力不宜过大，以免损坏轴承 3. 轴承预紧螺母松动，使主轴窜动。应紧固螺母，以确保主轴精度合格 4. 轴承拉毛或损坏。应更换轴承 5. 主轴与箱体精度超差。应修理主轴或箱体，使其配合精度、形位精度达到图样上的要求
	主轴箱噪声大	1. 主轴部件动平衡不好。应重做动平衡 2. 齿轮啮合间隙不均匀或齿面严重磨损。应调整间隙或更换新齿轮 3. 轴承损坏或传动轴弯曲。应更换轴承，校直或更换传动轴
	主轴箱噪声大	1. 传动带长度不一致或过松。应调整或更换传动带，但新旧传动带不能混用 2. 齿轮精度差。应更换合格的齿轮 3. 润滑不良。应调整润滑油量，保持主轴箱的清洁度

续表

故障现象	故障原因及排除方法
齿轮和轴承损坏	1. 变挡压力过大，齿轮受冲击产生破裂。应按液压原理图调整液压系统的压力和流量 2. 变挡机构损坏或固定销脱落。应修复或更换损坏件，重新紧固固定销 3. 轴承预紧力过大或无润滑。应重新调整预紧力，并使之润滑充足
主轴无变速	1. 电器变挡信号无输出。应由电器维修人员检查处理 2. 工作压力太低。应检验并调整工作压力 3. 变挡液压缸研损或卡死。应修去毛刺和研伤，清洗后重装 4. 变挡电磁阀卡死。应检修并清洗电磁阀 5. 变挡液压缸拨叉脱落。应修复或更换拨叉 6. 变挡液压油缸活塞内泄漏严重。应更换密封圈 7. 变挡复合开关失灵。应更换新开关
主轴不转动	1. 主轴转动指令未输入。应由电器维修人员检查处理 2. 保护开关没有压合或失灵。应检修或更换保护开关 3. 数控车床卡盘未夹紧工件。应调整或修理卡盘 4. 变挡复合开关损坏。应更换复合开关 5. 变挡电磁阀体内泄漏。应更换电磁阀
主轴发热	1. 主轴轴承预紧力过大。应调整预紧力 2. 轴承研伤或损坏。应更换轴承 3. 润滑油脏或有杂质。应清洗主轴箱，更换新油
液压变速时齿轮推不到位	主轴箱内拨叉磨损。应在每个垂直滑移齿轮下增加辅助平衡装置，减轻对拨叉的压力；调整活塞的行程，使之与滑移齿轮定位相协调；若拨叉磨损严重，予以更换
滚珠丝杠副 — 加工件表面粗糙度值大	1. 导轨的润滑油供油不足，使移动部件爬行。应加润滑油，排除润滑故障 2. 滚珠丝杠有局部拉毛或破损。应更换或修理丝杠 3. 丝杠轴承损坏，运动不平稳。应更换损坏的轴承 4. 伺服电动机未调整好，增益过大。应调整伺服电动机的控制系统
滚珠丝杠副 — 反向误差大、加工精度不稳定	1. 丝杠轴联轴器锥套松动。应重新紧固并用百分表反复测试 2. 丝杠驱动的移动部件的配合压板过紧或过松。应重新调整或修刮压板，要求 0.03 mm 的塞尺塞不进去 3. 丝杠驱动的移动部件的模铁配合过紧或过松。应重新调整或修刮，使接触率达 70% 以上，且 0.03 mm 的塞尺塞不进去 4. 滚珠丝杠预紧力过大或过小。应调整预紧力，检查丝杠轴向窜动值，使其误差不大于 0.015 mm 5. 滚珠丝杠螺母端面与结合面不垂直或结合面松动。应修理、调整结合面或加垫处理 6. 丝杠支座轴承预紧力过大或过小。应重新按要求调整预紧力 7. 滚珠丝杠制造误差大或轴向窜动大。应用控制系统自动补偿功能消除间隙，用仪器测量并调整丝杠的窜动 8. 润滑油供油不足或缺油。应调节各导轨面，使其均有良好的润滑

续表

	故障现象	故障原因及排除方法
滚珠丝杠副	滚珠丝杠在运转中转矩过大	1. 移动部件配合压板过紧或磨损。应重新调整或修刮压板，使 0.03 mm 的塞尺塞不进去 2. 滚珠丝杠螺母反向器损坏，滚珠丝杠卡死或轴端螺母预紧力过大。应修复或更换丝杠，并调整螺母预紧力 3. 丝杠磨损。应更换新丝杠 4. 伺服电动机与滚珠丝杠连接的同轴度精度差。应调整同轴度并紧固连接座 5. 丝杠副缺油。应调整润滑油路 6. 行程开关失灵造成机械故障。应检查故障并排除 7. 伺服电动机过热报警。应检查故障原因并排除
	丝杠螺母润滑不良	1. 分油器不供油。应检查定量分油器，使之供油 2. 油管堵塞。应清除污物，使油管畅通
	滚珠丝杠副有噪声	1. 滚珠丝杠轴承盖压合不良。应调整压盖，使其压紧轴承 2. 滚珠丝杠润滑不良。应检查分油器和油路，使润滑油充足 3. 滚珠破裂。应更换滚珠或丝杠副 4. 电动机与丝杠联轴器松动。应拧紧联轴器预紧螺钉
刀架、刀库及换刀装置	转塔刀架没有抬起动作	1. 控制系统没有 T 指令输出信号。应由电器维修人员检查、排除 2. 抬起电磁铁断线或抬起阀杆卡死。应修理或清除污物，更换电磁阀 3. 液压系统压力低。应检查液压系统及油箱内的油面高度，重新调整压力 4. 抬起液压缸研损或密封圈损坏。应修复研损部分或更换密封圈 5. 与转塔抬起装置连接的机械零件磨损。应修复磨损部分或更换零件
	转塔转位速度缓慢或不转位	1. 没有转位信号输出。应检查转位继电器是否吸合 2. 转位电磁阀断线或阀杆卡死。应修理或更换电磁阀 3. 液压系统压力低。应检查是否出现液压故障，并调整到额定压力 4. 液压泵研损卡死。应检修或更换液压泵 5. 凸轮轴压盖过紧。应调整调节螺钉 6. 抬起液压缸体与转塔平面产生摩擦、磨损。应松开连接盘进行转位试验，取下连接盘配磨推力轴承下的调整垫片，并使之保持间隙 0.04 mm 7. 安装附具不配套。应重新调整附具安装，减少转位冲击
	转塔转位时碰牙	抬起速度快或抬起延时时间短。应调整抬起延时参数，增加延时时间
	转塔转动不到位	1. 转位盘上的撞块与选位开关松动，使转塔到位时传输信号超前或滞后。应拆下护罩，使转塔处于到位状态后，重新调整撞块与选位开关的位置并固定 2. 上、下连接盘与中央轴花键的间隙过大使产生的位移量偏大，落下时易碰齿顶，引起不到位。应重新调整连接盘与中央轴的位置，发现间隙过大时可更换零件 3. 转位凸轮与转位盘间隙大。应在检查其间隙值后，将凸轮调至中间位置，转塔左右窜动保持在两齿中间，确保转塔落下时能顺利咬合，转塔抬起时用手摆动，摆动量不超过两齿的 1/30 4. 凸轮在轴上窜动。应调整并紧固固定转位凸轮的螺母 5. 转位凸轮轴的轴向预紧力过大或有机械干涉，使转塔不到位。应重新调整预紧力，排除干涉

续表

故障现象	故障原因及排除方法
转塔转动不停	1. 两计数开关不同时计数或复置开关损坏。应调整两个撞块位置及两个计数开关的计数延时，修复复置开关 2. 转塔上的 24 V 电源断线。应接好电源线 3. 液压夹紧力不足。应检查压力并调整到规定值 4. 上、下齿盘受冲击，定位松动。应重新调整并固定 5. 两齿盘间有污物或滚针脱落在齿盘中间。应清除污物，保持转塔清洁，检修或更换滚针 6. 转塔落下夹紧时有机械干涉（如混入切屑），应检查并排除机械干涉 7. 夹紧液压缸拉毛或研伤。应检修拉毛研伤处，更换密封圈 8. 转塔安放在两层滑板上，由于压板和模铁配合不牢产生运动偏大。应修理调整压板和模铁，要求 0.04 mm 的塞尺塞不进去
刀具不能夹紧	1. 空气压缩泵的气压不足。应调整气压到额定范围 2. 增压漏气。应关紧增压装置 3. 刀具夹紧液压缸漏油。应更换密封装置，使夹紧液压缸不漏油 4. 刀具夹头上的弹簧压紧螺母松动。应拧紧螺母
刀套不能夹紧刀具	检查刀套上的调节螺母。顺时针旋转刀套两端的调节螺母，压紧弹簧，顶紧夹紧套
刀具从机械手中脱落	刀具超重，机械手夹紧销损坏。应使刀具不超重，并更换机械手夹紧销
机械手换刀速度过快	气压太高或节流阀开口过大。应保证空气压缩泵的压力和流量，旋转节流阀使换刀速度合适

(5) CK1436 型数控车床主要机械部件的故障原因

1) 主轴部件故障。由于主轴采用交流/直流主轴电动机或变频调速系统，可出现故障的地方有自动变挡装置和主轴运动保持状况等。

2) 进给传动故障。数控车床由于采用贴塑、注塑导轨或滚动导轨，进给传动链的故障大多是由于运动质量差造成的。例如机械部件的定位精度下降，传动滚珠丝杠副支承轴承损坏或运转不正确，反向间隙过大等。这类故障多与运动部件预紧量以及补偿环节的调整有关。

3) 各级运作位置检测的限位开关压合故障。由于数控车床大量采用位置检测用限位开关、无触头限位开关等，使机床长期工作中，压合限位开关机械装置的可靠性及限位开关的质量特性都会产生变化而影响整机自动工作的可靠性。

4) 配套附件的可靠性故障。主要是冷却装置、排屑器、刀架、动力液压缸、导轨防护罩等的可靠性故障。

(6) CK1436 型数控车床常见机械故障的检查和排除方法。见表 2—6。

表 2—6　　CK1436 型数控车床常见机械故障的检查和排除方法

序号	故障现象	检查项目	排除方法
1	机床导轨没有润滑或润滑状况不良	检查润滑泵（IM—1）	往润滑泵油箱中加入 G100 号导轨润滑油至油标位置
		检查机床导轨的润滑油管	清除油管内管路堵塞物，更换压扁、破裂的油管，拧紧油管接头
		检查润滑泵的供油量情况	松开润滑泵扳手孔内的紧固螺钉，保证柱塞泵每隔 7.5 min 注出 0.2～1 mL 的油液，也可用手动方式提压泵的手柄数次，疏通润滑管路
2	机床滚珠丝杠副润滑状况不良	检查十字滑板（Z 轴）及 Z 轴滚珠丝杠副	移动十字滑板，取下导轨防护罩，改善润滑条件使其定时润滑
3	十字滑板（进给传动）X 轴、Z 轴移动不畅或不能移动	检查机床各坐标轴与滚珠丝杠副安全离合器是否脱开	取下十字滑板导轨防护罩，将同步带固定不动，再用 8 mm 内六角扳手插入安全离合器外表面孔中，并以与过载前驱动相同方向转动滚珠丝杠，直至离合器重新结合并听到清晰的结合声即可
		检查十字滑板压板是否研伤	拆卸下压板，修磨调整，使压板与导轨间隙在 0.015～0.02 mm
		检查十字滑板镶条	松开镶条调整螺钉，用一字旋具顺时针旋转镶条螺栓，使两个坐标轴能灵活移动，重新调整镶条使其间隙为 0.006～0.01 mm，然后锁紧调整螺钉
		检查十字滑板及床身导轨面是否划伤	用金相砂纸修磨机床导轨的划伤痕
		检查十字滑板导轨刮屑板是否损坏，压入量是否过大	更换所损坏的刮屑板，调整刮屑板与导轨的正常压入量
		检查十字滑板导轨润滑状况	改善润滑条件，使其润滑正常（见序号 1）
4	十字滑板移动时有噪声	检查两个坐标轴滚珠丝杠副支承轴承	如果轴承损坏，更换轴承
		轴承润滑脂耗尽	填充 NBU15 润滑脂，每个轴承填充量约为 2 g
		伺服电动机与滚珠丝杠副连接传动同步带过紧	松开电动机安装板螺钉，适度调整同步带，然后将螺钉锁紧

续表

序号	故障现象	检查项目	排除方法
5	回转刀架在工作时发生干涉（碰撞）	回转刀架在锁紧状态下发生干涉	松开位于刀盘端面紧固齿盘的螺钉，卸下刀盘端面定位销孔保护螺钉，将刀盘转位至正确位置并用8 mm的圆锥销插入锥销孔校准刀盘，重新将螺钉紧固，取出定位销保存，最终装好保护螺钉
		回转刀架在换位时发生干涉	排除故障方法同上，同时在重新工作前还必须进一步用手动换位检查刀盘箱体内换位机构是否损坏
		检查换位机构	用随机供应的金属棒拨动已拆卸下回转刀架驱动电动机罩壳的风叶，直至刀盘无阻碍地完成一次换位。若无法换位，证明换位机构已经损坏，需要拆下换位机构，换上新零件。完成后手动换位，使刀盘进入某一工位，必须检查荧光屏上所显示的刀位号与刀盘处于工作位置的实际刀位号是否一致
6	主轴轴承温升过高	主轴轴承预紧力过大	重新预紧轴承、预紧力矩为150 N·m
		检查主轴前、后轴承是否损伤或轴不清洁	更换损坏轴承，清除脏物
		轴承润滑脂耗尽或润滑脂填充量过多	填充NBU15润滑脂，每个轴承填充量5 g
7	主轴在强力切削时丢转或停转	主传动同步带过松	松开电动机安装螺钉，按规定张紧同步带，然后锁紧电动机安装螺钉
		同步带表面有油	用汽油清洗干净，重新装复
		同步带使用时间太久、性能失效	更换新带
8	主轴箱有噪声	轴承缺少润滑脂	填充NBU15润滑脂，每个轴承填充量5 g
		主轴传动带过紧	适度重新张紧传动带
		传动齿轮损坏	更换齿轮
		传动齿轮花键副松动	更换花键

（7）数控车床液压系统的故障分析及排除方法。见表2—7。

表 2—7　　　　　数控机床液压系统的故障分析及排除方法

序号	故障形式	故障原因	排除方法
1	液压泵不供油或流量不足	压力调节弹簧过松	将压力调节螺钉调紧，提高压力
		流量调节螺钉调节不当，定子偏心方向相反	按逆时针方向逐步转动流量调节螺钉
		液压泵转速太低，叶片不能甩出	调高转速
		液压泵转向接反	调整方向
		液压油黏度过高，使叶片运动不灵活	采用规定牌号的液压油
		油量不足，吸油管露出油面吸入空气	补充油箱油量到规定高度，将滤油器埋入油面以下
		吸油管堵塞	清除堵塞污物
		进油口漏气	修理或更换密封件
		叶片在转子槽中卡死	拆开油泵，清除毛刺后重新装配
2	液压泵有异常噪声或压力下降	油量不足，滤油器露出油面	加油到规定位置
		吸油管吸入空气	找出泄漏部位，修理或更换零件
		空气进入油池，回油管高于油面	保证回油管埋入最低油面下一定深度
		进油口滤油器容量不足	更换滤油器，进油容量应为油泵最大排量的 2 倍以上
		滤油器局部堵塞	清洗滤油器
		液压泵转速过高或液压泵装反	按规定方向安装转子
		液压泵与电动机连接同轴度差	将同轴度调整到 0.05 mm 以内
		定子和叶片磨损，轴承和轴损坏	更换零件
		泵与其他机械共振	更换缓冲胶垫
3	液压泵发热、油温过高	液压泵工作压力超载	调至额定压力
		吸油管系统回油管距离太近	调整油管，使工作后的回油不被直接吸入油泵
		油管油量不足	按规定加油
		摩擦引起机械损失，泄漏引起容积损失	检查更换零件及密封圈
		压力过高，油的黏度过大	按规定黏度更换液压油

单元 2

续表

序号	故障形式	故障原因	排除方法
4	系统工作压力低,运动部件爬行	高压腔向低压腔泄漏	检查泄漏的管件、接头、阀体或部件,进行修理或更换
		供油不稳	检查调整油泵供油
5	尾座顶不紧或不运动	压力不足	用压力表检查并调高压力
		液压缸活塞拉毛或研伤	更换或维修活塞
		密封圈损坏	更换密封圈
		液压阀断线或卡死	清洗、更换阀体或重新接线
		套筒磨损	修复磨损部分
6	导轨润滑不良	分油器堵塞	更换损坏的定量分油器
		油管破裂或渗漏	修理或更换油管
		无气体动力源	检查气动柱塞泵是否堵塞,是否灵活
		油路堵塞	清除污物,使油管畅通
7	滚珠丝杠润滑不良	分油器不分油	检查定量分油器
		油管堵塞	清除油管,使其畅通

3. 数控车床的日常保养

同普通车床一样,应坚持做好数控机床的日常保养工作,保持其良好的运行状态。日常保养的主要内容见表2—8。

表2—8　　　　　数控车床日常保养主要内容

序号	项目	保养工作内容
1	定期检查、清洗自动润滑系统	每班检查油液和润滑脂的油量和油质,及时添加或更换新润滑油脂。特别是主轴、丝杠副和导轨副等运动部位,要求始终保持良好的润滑状态,以减缓机件的机械磨损
2	定期检查机床工作状态	每班开始生产前,先要检查机床的运行状态是否正常,包括换刀系统、工作台交换系统、冷却系统等的工作情况。定期对机床的运动精度和加工精度进行检查,发现超差及时进行调整
3	直流电动机保养	检查、清扫和更换直流电动机的炭刷,检查各插接件有无松动等
4	做好机床擦拭及机床周围环境的清洁工作	如果数控机床的作业环境不好,将直接影响数控系统的正常运行。若纸带阅读机感光元件受到粉尘的污染,则有可能发生读数错误;电路板太脏,可能发生短路;油水过滤器、空气过滤网太脏,会出现压力不足、散热不好并造成故障。所以必须对数控机床进行日常维护保养工作

二、特殊作业环境下的设备修理

1. 高温、高压设备的修理

常见的高温、高压设备有锻造设备、压铸设备、热压力机、注压塑设备和各种空气压缩机等。

(1) 空气锤的常见故障及排除方法。见表2—9。

表2—9　　　　　　　　　空气锤的常见故障及排除方法

序号	常见故障	故障原因	排除方法
1	气锤无法开动或运动无力	滑阀调整螺母松动	将调整螺钉调好后用双螺母锁紧
		排气管曲折过多或排气阀芯脱落，排气不畅	尽可能减少排气管的曲折和转弯
		密封螺栓紧固不良，导致密封法兰歪斜，从而使锤杆的轴心线与砧面不垂直	紧固密封螺栓时要均匀一致，以使锤杆不产生单面阻力大而倾斜的现象
		润滑不良，密封元件增加了锤杆的摩擦力	保持良好的润滑
		活塞和缸之间的间隙过大，上、下腔窜气	按技术要求测量气缸和活塞，采取镗缸加套的修复方法或更换新活塞，以保持正常间隙
		滑阀和滑阀套之间的间隙过大	将滑阀套镀铬后修磨到技术要求，使滑阀和滑阀套之间的间隙保持正常
		活塞和锤杆脱落	重新装配新的活塞，可以将活塞孔和锤杆的锥度连接改为圆柱形连接，也可以将锤杆端部的活塞孔改为倒锥体，然后热套，这样效果更好
		活塞和气缸之间的间隙过小	镗缸时一般保持间隙1~2.2mm
		活塞胀圈开口弹出，卡在气道口	在安装胀圈时，尽可能避免将开口对着气道口
		管道内有残渣或杂物卡住阀口	清除管道残渣和杂物，新安装管道时要清除电焊渣
2	活塞撞出气缸	配气操纵系统调整不当	重新调整配气操纵系统
		月牙板弧度不对，不满足配气要求	校正月牙弧度及重块的距离，或拆除月牙机构，只使用节气阀手柄及滑阀手柄，调整滑阀的调整螺杆，同样可以保证使用
3	操作手柄沉重，不灵活	销套处摩擦力过大	在手柄的旋转点改装滚动轴承，以减小摩擦
		密封元件使用过久或滑阀套表面的加工过于粗糙	更换密封元件，按图样要求修光表面
		润滑不良	改善润滑

续表

序号	常见故障	故障原因	排除方法
4	锤头卡死不运动	由于经常偏心锻造,使气缸套严重磨损,造成胀圈脱落卡在缸内	应严格执行工艺规程,控制偏心打击。气缸套磨损严重时应及时更换。如果锤头卡在中间,应在下砧垫好枕木,放上一定吨位的千斤顶,关闭进气阀,用千斤顶将锤头向上顶一定距离即可
		锤头与导轨之间的间隙小或导轨松动	调整气缸与立柱的垂直度和水平度
		气缸与立柱之间的间隙小或导轨松动	调整气缸与立柱的垂直度和水平度
		胀圈断裂	更换胀圈
		胀圈口卡在气道口处	在活塞的胀圈内增加定位销
		密封法兰偏斜	调整密封法兰的螺栓,纠正其偏斜
5	锤杆与密封件之间漏气	密封元件质量差或损坏	采用高压石棉钢丝布V形密封,效果较好,也可采用F4型密封元件
		密封法兰没有压紧	重新压紧
6	锤头导轨梯形导面拉毛,出现卡死现象	间隙过小	将拉毛部位用油石研光,合理调整间隙
		缺油,润滑不良	在上班开锤前加油
		导板的拉紧螺栓、螺母松动	检查导板的拉紧螺栓是否松动,压缩弹簧是否断裂,发现损坏及时更换
7	锤杆折断	违反工艺规程,锻打低温、超薄的锻件及偏心锻造	严格执行操作规程及工艺纪律,严禁冷锻,控制偏心锻造及超规薄形锻件锻造,严禁上、下砧空击
		锤杆制造材料欠佳	用较好的材料,并经探伤合格后使用
		双柱气锤锤头与导轨之间的间隙过大	调整导轨间隙
8	气缸和立柱的连接螺钉折断	导轨间隙过大,在锻造时偏心打击或冷热变化,特别是倒棱时翻转不正,致使螺钉受力不均	及时调整导轨间隙
		双柱式气锤气缸和立柱四周螺栓孔上、下不一致,单柱式气锤气缸和立柱的对应螺栓孔孔距不一致	重新加工螺栓连接孔,使其尺寸和偏差一致后再配螺栓
		气锤底板的螺栓松动	重新紧固地脚螺栓,并在连接螺栓上加缓冲弹簧

续表

序号	常见故障	故障原因	排除方法
9	锤头燕尾开裂	固定砧块斜楔与砧块斜面或锤头燕尾斜面的斜度不一致	专配斜楔,使斜度完全一致
		燕尾圆角根部半径过小,加工有刀痕,产生应力集中	加大燕尾根部的圆角半径,并将加工刀痕磨去
10	锤头燕尾开裂	锤头和上砧接触的3个面不完全吻合	重新加工上砧,使之与锤头的接触面完全吻合。停锻后,尤其是节日或厂休,应将斜楔打松
11	上、下砧块砧口错移	上、下砧块(键)磨损或断裂	更换定位块(键)或使用一半错移的定位块,使其反方向纠正
		砧座或垫砧移动	检查砧座位置

(2) 活塞式空气压缩机的常见故障及排除方法。见表2—10。

表2—10　　　　活塞式空气压缩机的常见故障及排除方法

序号	常见故障	故障原因	排除方法
1	轴承温度过高	轴瓦与轴颈接触面积小,运转时轴承局部压力过小	重新刮研轴瓦,增加接触面积,以减小比压
		径向或轴向间隙小,或轴承歪斜	检查高速轴承座,适当调整配合间隙。一般取径向间隙为 $\sigma = (0.0006 \sim 0.001)D$,$D$ 为直径。承受轴向力的轴承,其两侧间隙按下式确定: 内侧间隙 $f_{内侧} = 1.2 \times 10^{-5}(t+50)L$ 外侧间隙 $f_{外侧} = 10^{-3}L$ 式中 L——相邻两轴承间距离,mm t——轴承最高温度,℃ 推力轴承两侧间隙取 0.2~0.3 mm
		润滑油供给不足,油质严重污染,或油牌号不当	检查润滑油供油系统,消除泄漏,清洗滤油器,调整油泵压力,检查润滑油的品质,必要时更换符合规定的新油
2	气缸温度过高	冷却水供给不足	检查疏通冷却水管路,消除泄漏,适当提高冷却水供水压力和加大供水量
		吸、排气阀泄漏或各级压力比过大	检修气阀,消除泄漏,调整气缸的余隙容积,以获得合理的级压力比,从而降低该气缸的温度
		使用填充聚四氟乙烯制造的活塞支承环或活塞环的热胀间隙过小,引起气缸镜面拉毛现象	适当加大填充聚四氟乙烯支承环或活塞环的热胀间隙,一般取: 活塞环热胀间隙 = $(0.02 \sim 0.025)D$ 支承环热胀间隙 = $(0.025 \sim 0.03)D$ 式中 D——活塞环或支承环的外圈直径,mm

续表

序号	常见故障	故障原因	排除方法
3	活塞杆过热	填料函密封圈轴向间隙过小,装配歪斜,或密封圈对活塞杆的压力太大	研磨密封元件,但填充聚四氟乙烯的制件只能用刮刀修刮,严禁用砂布研磨。金属制密封元件在填料函中轴向间隙一般为 0.035~0.1 mm。填充聚四氟乙烯制密封元件时,应计算其轴向膨胀量,再加上 0.06~0.09 mm,作为其轴向间隙 修整密封元件的两侧平面,使其与孔轴心线垂直度不低于 7 级精度,孔圆柱面与活塞杆的接触面积在 75% 以上 检验密封圈对活塞杆的比压,一般为 0.03~0.08 MPa
		润滑不良	检查润滑油的品质是否符合规定,供油情况是否正常,必要时疏通油路,更换新油
		采用无油润滑时,填料函或活塞杆冷却不良	对无油润滑的密封元件应加强填料函的冷却,若填料函无冷却水路,应加开一条冷却水路
4	曲柄连杆机构出现撞击声响	连杆大端瓦盖松弛,轴瓦与轴径间隙过大	检查并调整各轴承间隙,使之符合规定,调整后锁紧。推荐采用间隙值: 铅基或锡基合金间隙 = (0.000 5~0.000 75) D 铅铜合金间隙 = (0.000 75~0.001) D 铝铜合金间隙 = (0.001~0.001 25) D 式中 D ——轴颈直径,mm
		十字头销松弛;十字头滑板与滑道间隙过大,在往复运动中产生跳动;活塞销与销座孔及连杆小头衬套间隙过大	检查并调整十字头滑板与滑道间隙,使之符合规定,并紧固十字头销。推荐采用径向间隙为 (0.007~0.008) D (D 为十字头滑道工作直径,单位为 mm)
		十字头与活塞杆连接松动	检查并紧固十字头与活塞杆的连接
		活塞与活塞杆连接松动,盘形活塞内腔有小块金属杂物,使活塞在运动时发出撞击声	检查并紧固活塞与活塞杆的连接,检查活塞内腔有无异物或水压试验残存积水等,如有应去除

续表

序号	常见故障	故障原因	排除方法
5	气缸产生敲击声	活塞、活塞环严重磨损或卡死	修理或更换活塞或活塞环,调整配合间隙
		气缸或缸套严重磨损	镗缸或镶缸套
		曲柄连杆机构中心线与气缸轴心线同轴度误差过大	检查其同轴度及气缸的倾斜度,并重新修整达到要求
		活塞止点间隙过小	调整止点间隙,此项调整可与上项调整同时进行
		活塞杆弯曲或连接松动	检查、紧固活塞杆与十字头的连接,如活塞杆弯曲,应校直或更换活塞杆
		气阀碎片进入缸内与活塞撞击	检查各气阀,更换损坏阀片
		润滑油过多或有污染	清洗气缸和活塞,适当调整供油量
6	气阀产生敲击声	气阀弹簧失效或折断,阀片断裂	更换已失效的气阀弹簧和阀片
		压阀罩制动松弛	紧固压阀罩
7	排气量降低	进气滤清器阻力大	滤清器堵塞,应定期清洗进气滤清器,新的或经清洗的滤清器,阻力不应超过 490 Pa
			改用低阻力、大通气截面的滤芯
		气阀工作不正常	弹簧力调整不当,造成气阀阀片启闭不及时或不完全,甚至出现颤振。应调整关闭状态时弹簧的压缩量,增加弹簧刚度或调整阀片升程,使气阀运动正常
			吸、排气阀泄漏:Ⅰ级吸排气阀泄漏,后面各级排气压力降低;其余各级吸气阀泄漏,则该级吸气阀部位温度明显升高;前级排气压力上升,则后级排气压力下降
			前级排气压力上升,应检查吸、排气阀,更换损坏的零件,并研磨修复,以消除泄漏
			阀片磨损或断裂,气阀弹簧失效或折断,气阀座下面的垫片损坏或气阀螺栓松动、脱落。更换弹簧时,要注意内环阀片使用的弹簧力要比外环阀片大一些,一般相差5%。更换弹簧时,应全部同时更换

续表

序号	常见故障	故障原因	排除方法
7	排气量降低	气缸工作效率降低	气缸或缸套镜面过度磨损、偏磨或严重拉伤，应镗缸或镶缸套，同时更换活塞
			气缸盖或气缸座与气缸体端面结合不严，因而漏气，应修理缸盖、缸座和气缸两端平面达到技术要求，并更换垫片
			气缸冷却不充分，气体通过阀室时被预热，影响吸气效率。对水冷式气缸，应清除水套内的积垢，使冷却水畅通，必要时适当加大冷却水压力及流量，改善气缸冷却条件。对风冷式气缸，应检查风扇工作情况，修复其功能
		活塞环工作失效	活塞环因润滑质量不良或气缸温度过高而卡死，应清洗和修整活塞环及活塞环槽，更换性能好的润滑油，改善气缸冷却条件
			活塞环弹力失效或磨损严重。如发现环丧失应有的弹力，环外圆柱表面严重拉伤，环与环槽轴向间隙超过规定值1~1.5倍，环磨损量超过径向厚度的25%或环的外圆表面与气缸（套）的镜面配合间隙总长超过镜面圆周长的50%时，应更换活塞环
		活塞杆填料函严重泄漏	活塞杆填料函严重拉伤，当活塞杆磨损量大于0.3~0.5 mm或严重拉伤时，可用镀硬铬或热喷涂等方法修复
			活塞杆在运动中跳动严重，应调整活塞杆的水平与垂直径向跳动量，使其达到允许范围内，允许跳动量为0.000 15 S（S为活塞行程，mm），最大值不得超过0.064 mm
			填料函密封圈有划伤、麻面和严重磨损。当填料函密封圈的平面有缺陷时，应及时刮研修复；当密封圈内表面有缺陷时，应在活塞杆上或特制的研磨棒上研配，但要注意有足够的热胀间隙，否则应修研开口，调整间隙
			填料函气密封方向安装错误或热胀间隙失效。平面填料函的三瓣式密封圈应朝向气流方向，不可装错

续表

序号	常见故障	故障原因	排除方法
8	空气管路剧烈振动	管卡松动或断裂	紧固或更换新管卡,紧固管卡时应考虑管子在工作时的热膨胀
		管支承的刚度不够	加固管支承
		气流脉动引起共振	增设节流孔板,降低气流脉动值

2. 水下作业环境设备的修理

常用的水下作业设备有潜水泵、液下泵等,以潜水泵为例,它多用于给排水场合。

(1) 安装使用注意事项

1) 潜水泵在安装前要核对产品铭牌,检查实际使用条件是否符合铭牌所示规格性能。

2) 使用前要全面检查电缆线、插头及潜水泵是否完好无损,各螺栓是否紧固,有无渗出现象。潜水泵严禁带"病"工作。

3) 电压波动范围应在额定电压的±10%之间,潜水泵使用位置距电源较远时,应适当加粗电源输送线。输送线线径必须大于潜水泵电源引出线线径。电源电压较低时,泵潜入水中接通电源后不出水或出水很缓时,可将潜水泵从水下提起空载启动,等运转正常后再放入水下工作(螺杆潜水泵不可采用此法)。

4) 安装时,先固定好潜水泵,再在电源输送线一端加装触电保护器,同时注意按潜水泵接地标记进行可靠接地。潜水泵所配备的插头必须插在确实有接地的插座上。

5) 接通电源先空转数分钟,以查看启动运转是否正常,转向是否正确。通电后发现不出水或出水少,则转向不对,调换电源输出线中任意两根即可。螺杆潜水泵试转向,必须在水下进行。

6) 接好与出口相配的输送管,用紧箍扎紧,在提系处拴绳,以备提放使用。严禁使用电缆线提放潜水泵。

7) 潜水泵工作时,应注意水位下降情况,潜水泵不得露在水面外工作,更不能长时间脱水运行。

8) 潜水泵入水深度不宜超过 5 m,距水底应在 500 mm 以上,并外用竹条或铁丝网罩住,以防水草、杂物阻塞滤网。

9) 潜水泵使用中,工作水面附近严禁游泳、洗涤等活动。若发现异常现象,如异响、出水少、水断流等,应立即切断电源进行检查。

10) 较长时间不用的潜水泵,不宜浸泡在水中,应在清水中通电运行数分钟,清洗内外污物,然后切断电源擦干备用。

(2) 潜水泵的故障原因及排除方法。见表 2—11。

表 2—11　　　　　　　　潜水泵的故障原因及排除方法

故障	主 要 原 因	处 理 方 法
潜水泵启动不了	1. 电源电压过低 2. 电源断电 3. 叶轮卡住 4. 电缆断裂 5. 电缆线中一相不通 6. 定子绕组烧坏	1. 调整电压在额定电压的±10%之间 2. 查找断电原因 3. 拆开清理 4. 更换电缆线 5. 查找开关出线盒及电缆线 6. 更换绕组线圈，送维修单位
潜水泵出水少	1. 扬程过高 2. 过滤网阻塞 3. 叶轮转向错误 4. 叶轮磨损 5. 鼠笼转子断条 6. 机械密封损坏	1. 按扬程使用范围选潜水泵 2. 清除水草杂物 3. 调换二相接触位置 4. 更换叶轮，送维修单位 5. 更换转子，送维修单位 6. 更换机械密封，送维修单位
定子绕组烧坏	1. 接地错接或电源断相 2. 密封盒损坏漏水使匝间或相间短路 3. 潜水泵脱水运行时间过长 4. 潜水泵超负荷运行 5. 叶轮卡住 6. 电缆线破损进水，绕组受潮 7. 潜水泵开关频繁 8. 潜水泵受雷击	送维修单位排除故障，拆去绕组，重新下线并浸烘绝缘漆

三、桥式起重机的维修

1. 桥式起重机的主要结构

桥式起重机又称行车，主要结构有桥架、桥架运行机构、起重小车、小车运行机构、起升机构和操作室等，如图 2—14 所示。

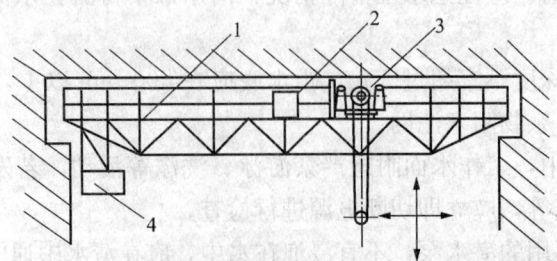

图 2—14　桥式起重机主要结构
1—桥架　2—桥架运行机构　3—起升机构　4—操作室

起重机的桥架可沿厂房两侧柱子上的导轨纵向运动，起重小车可沿桥架上的导轨相对厂房做横向运动，小车上的起重钩又可做上下垂直运动，这三种运动可使起重机在各方向上进行起吊工作。

2. 桥式起重机的常见故障及修理方法（见表2—12）

表 2—12　　　　　　　　桥式起重机的常见故障及修理方法

		常见故障	修理方法
传动机构故障及修理	联轴器	齿形联轴器齿面磨损或断齿	对磨损件可作新的配对齿轮盘或齿轮套；对于断齿件不能修复，必须更换
		刚性联轴器键松动	可在转轴60°处另开一键槽，小于80 mm的轴颈则可扩大原键槽，另配新键，连接盘的键槽也应扩大
		万向十字接头联轴器磨损	一般是润滑不良所致，使用时要经常加油润滑
	减速箱漏油	结合面加工粗糙，结合面不平	刮研两半壳体结合面，合箱时，在结合面涂厌氧胶密封
		减速箱的两半壳体经过一段时间使用后，产生变形，使壳体合不严	用平板检查修刮两半壳体结合面，使其平面度达到规定要求
		减速器内加油过多	按油标高度加油
		端盖与轴承孔间间隙过大造成漏油	在过大间隙中涂密封胶；在下半壳体轴承孔的最底部位开回油沟，并将油沟开成斜坡式，越靠近壳体内壁越深
		密封纸垫破损	换新的密封纸垫
	制动器	由于螺栓和孔的磨损，使制动瓦的中心不能与制动轮的中心重合，造成制动失灵	加大螺栓圆柱部分直径，减小与孔的间隙
		制动器在制动时发生"嘎吱"声	调整制动瓦与制动轮的同轴度，紧固制动带
		制动带磨损造成制动失灵	更换制动带
		起升重物时，停车后工件会自动落下	调整制动器，使之可靠地支持住额定起重量1.25倍的载荷
		制动器在工作时冒烟或发出焦臭味，是由制动轮与制动瓦间隙过小、温度过高而引起的	一般制动轮温度不能超过200℃，此时必须调整制动瓦和制动轮的间隙
	大车传动机构	在启动和刹车时，车体发生扭摆	调整从电动机到两边减速器的齿轮间隙，使之趋于一致。如发现传动轴上的键松动，应修复键槽，配作新键
		只在刹车时车体有扭摆现象	检查运动速度较慢的车体一侧的车轮是否有卡死现象，并及时修复
		在启动和刹车时减速器有摇摆现象	加强减速器底座的连接刚度

续表

常见故障			修理方法
传动机构故障及修理	大车传动机构	在运动过程中，走台板上、下波动	调整轴的同轴度，加强走台板下边的水平支架刚度
		运行中传动轴的齿轮联轴器有严重的冲击声	调整各传动轴的同轴度达到要求值
		大车减速器断轴，通常是由于坐标变动或大梁下弯造成	重新调整减速器的坐标位置，并限制吊物重量
		在启动或刹车时，减速器齿轮有严重冲击声	调整齿轮间隙，修复松动的传动键
大车咬道的修理		车轮的平行度或垂直度不好	修理的基本方法是在某一个角形轴承箱的固定肋板上增加一定厚度，强迫车轮平直
		车轮位置不对，会影响到轮跨度、轮距、对角线及同一轨道上两个轮子的同轴度	应重新移动车轮的位置，在移动时，将车轮的4块肋板全部割掉，重新找正定位后将肋板点焊上。试验合格后再焊一段试车，要防止一次焊成时焊接变形
		对角线不正	一般尽可能调整被动轮，不调整主动轮，不得已时才允许调整主动轮。调整对角线可采用刨去垂直板的方法
		车轮跨度不正确	重新调整角形轴承的固定肋板 调整轴承隔套
		轮槽过小	应以主动轮轮槽宽度为基准，扩大被动轮槽。或者扩大同一轨道中两个车轮的轮槽，但扩大最多不得超过10 mm
小车咬道的修理		小车轮不在同一水平线上的修理	确定水平肋板要刨去的尺寸 在肋板和车架上做标记，以备装配时找正 割掉车架上的定位板、肋板 将车架垂直板的孔沿垂直方向向上扩大到所需尺寸 装上车轮拧紧螺钉，开车试验
		小车轮位置超差	应根据要移动的车轮中心位置，将小车轮4块肋板全部割掉，重新找正后再焊上，要求边焊边试
		大梁上盖板不平造成小车轨道不平	将小车轨道的型号加大 在上盖板与轨道之间均匀地增加一定厚度的钢板
大梁变形的修理		预应力拉杆法矫正主梁下挠	此方法只能矫正主梁下挠，使其恢复上拱。其基本原理是在主梁下端板两端焊接两个支座，通过这两个支座安装若干拉杆，旋紧拉杆的螺母，使拉杆预加载荷，由此使主梁受到弯曲力矩。此时下盖板受压而压缩，上盖板受拉而伸长。继续旋紧拉杆螺母，主梁的下挠逐渐消失，直至恢复上拱为止
		火焰矫正法修复桥架变形	此方法采用氧一乙炔火焰加热主梁腹板及下盖板的某一部分，使加热部位产生塑性变形，达到矫正的目的。采用火焰矫正修理桥架变形灵活性大，可以矫正桥架的各种错综复杂的变形，如主梁整体下挠、主梁局部下挠、主梁侧弯、对角线相对超差、端梁变形以及腹板变形等

四、T68 型卧式镗床的调试

1. T68 型卧式镗床外形结构

在设备维修和保养工作中,对机床加工精度超差原因进行分析、调整和排除,是维修和保养工作的一项重要内容。下面以 T68 型卧式镗床(见图 2—15)为例,其加工精度超差的原因及调整与排除方法见表 2—13。

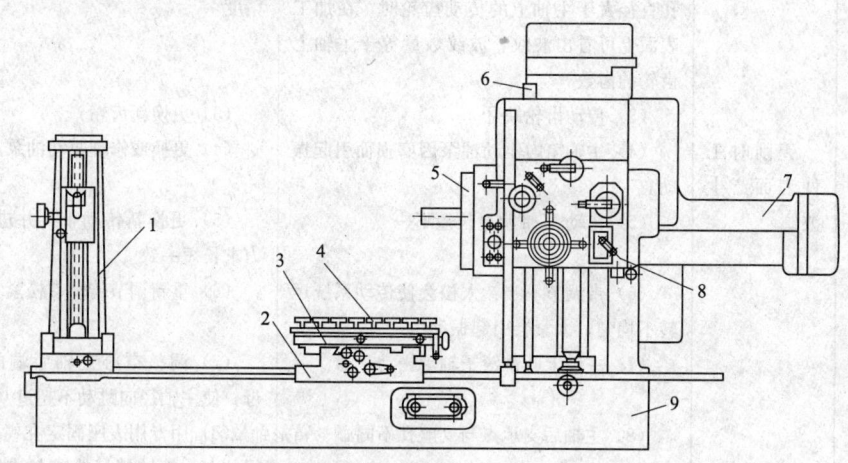

图 2—15　T68 型卧式镗床外形图

1—后立柱　2—下滑座　3—上滑座　4—回转工作台　5—平旋盘
6—前立柱　7—尾部箱　8—主轴箱　9—床身

2. T68 型卧式镗床加工精度超差的调整

表 2—13　T68 型卧式镗床加工精度超差的原因及调整与排除方法

序号	故障内容	产生原因	排除方法
1	镗削时工件表面产生波纹		工件表面上出现波纹,总的原因是由于机床受振动的影响。原因往往又是多方面的,应查明原因,采取相应的措施加以消除
			检查方法如下:在工作台上放一千分表,主轴锥孔中插入一标准检验心轴,千分表测点顶在心轴圆周线上,开动电动机(脱开齿轮,使主轴不转动),千分表读数应小于 0.005 mm,否则应检查电动机振动情况
		1. 电动机振动 (1) 电动机前后轴承支架不同心 (2) 电动机轴承外圈配合过松 (3) 电动机轴承损坏	1. 电动机振动的排除方法 (1) 检查电动机装轴承处的径向跳动应在 0.02 mm 以内 (2) 用无槽电镀法补救 (3) 更换新轴承 (4) 对电动机进行动平衡,平衡精度不低于三级

续表

序号	故障内容	产生原因	排除方法
1	镗削时工件表面产生波纹	2. 机床振动 (1) 电动机支架不牢固 (2) 主轴箱内的传动齿轮有缺陷，如镗孔直径大于主轴上的传动齿轮时，在加工表面上可看出波纹，波纹数量等于主轴上齿轮的齿数 (3) 传动齿轮缺牙 (4) 主轴箱内驱动油泵因磨损而引起振动 (5) 传动V带明显长短不一 (6) 带调节不当：太松会使传动系统运转不均匀，太紧会引起振动 (7) 主轴上圆锥滚子轴承松动 (8) 主轴后支承点与支座孔不同心	2. 机床振动的排除方法 (1) 紧固支座上的螺钉，并使小带轮与大带端面成一条线 (2) 降低齿轮表面粗糙度值和提高精度 (3) 更换新齿轮 (4) 更换或修理驱动油泵 (5) 更换新传动带，并进行挑选，力求长短一致 (6) 重新调节传动带松紧 (7) 调整空心主轴后端的两个螺母，使主轴径向跳动不超过 0.025 mm (8) 用专用表座固定在镗杆后端的螺纹上，旋转镗杆检查与支座孔的同轴度，不许超过0.02 mm
2	主轴与工作台两次进刀接刀不平	1. 主轴箱、工作台、径向刀架的镶条装置调整不当 2. 主轴箱的紧固装置不稳定 3. 床身与下滑座不垂直 4. 立柱床身、工作台部件之间的几何精度不符合要求	1. 调整各部分塞铁、滑动面与镶条面间的接触间隙，0.03 mm 的塞尺不得塞入 2. 调整紧固压板装置使之稳定，夹紧变化值不许超过0.04 mm 3. 调整床身导轨与下滑座导轨垂直度在 0.02 mm 以内 4. 以床身为基准分别测量检查各项有关精度，对误差予以排除
3	用平旋盘刀架镗孔与用主轴镗孔二者同心度超差	1. 平旋盘轴各支承点不同心 2. 镗套和主轴配合间隙过大 3. 平旋盘定位锥孔与平旋盘轴锥体配合不良（新结构为圆柱体） 4. 主轴弯曲	1. 修复各支承点的同轴度不得超过 0.005 mm 2. 修复主轴副间隙至小于0.02 mm 3. 以平旋盘锥体为基准刮研平旋盘锥孔达到配合良好，旋紧螺母不允许松动 4. 修复或更换主轴
4	镗孔时出现均匀螺旋线	1. 送刀蜗杆副啮合不佳 2. 主轴上两根键配合间隙大或歪斜	1. 检查蜗杆副啮合情况，调整间隙 2. 重新配键，使间隙小于0.04 mm

第三节 设备修理

→ 能够进行精密、大型、高速机床设备的修理,解决调试中出现的疑难问题
→ 能够完成机床精密零部件的修复工作
→ 能够主持完成精密设备调试中各项精度检测工作
→ 能够完成设备工作精度试验

一、精密、大型、高速机床设备的修理

以 M120W 型万能磨床为例,其中大修技术应掌握以下内容:

1. M120W 型万能磨床的结构及传动原理

(1) M120W 型万能磨床的外观结构如图 2—16 所示。

(2) M120W 型万能磨床的传动原理。M120W 型万能磨床采用液压传动,其原理如下:

1) 工作台移动。在图 2—17 中,当开停阀 C 位于右端位置时,压力油 1 经 C 阀 9 至换向阀 B 的 12—4 到油缸左腔推动活塞右

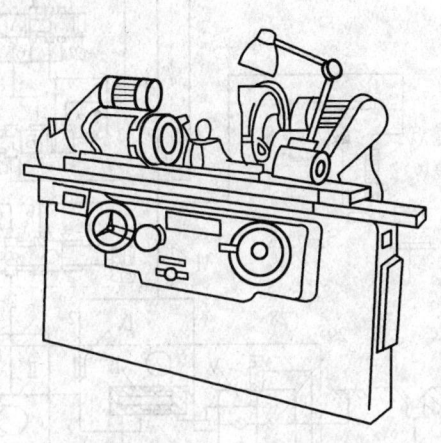

图 2—16 M120W 型万能磨床外观结构图

移,活塞通过活塞杆带动工作台右移。工作台撞块碰上换向杠杆时,杠杆带动导向阀 A 左移,由于油缸右腔回油经阀 B5→阀 A17→18→阀 C10→11 回油池,所以导向阀 A 上的制动锥面逐渐将回油量减小,工作台开始制动。当制动到一定距离时,辅助油路 2 通过阀 A 经 15→19 推开阀 B 右端单向阀去推动阀 B 左移,这时阀 A 的 13、20 的通道接通(回油池)。阀 B 移到中间时,压力油 1 分别通向 4、5,致使油缸两腔均为压力油,活塞处于平衡力的作用下停止。阀 B 继续移动,当其左端回油经 7、停留阀 18a、阀 A13→20 回油时,则阀 B 慢移,因阀 B 中间的台肩仍处在沉割槽 12 内,即 4、5 仍与 1 接通,故工作台仍旧停着,此段时间为工作台停留时间。如停留阀 18a 节流开大,阀 B 左端回油 7 则直通 13,阀 B 快移,使阀 B 的 4 与压力油 1 切断,1 与 5 接通,此时工作台反向启动。转动手柄 3 可使阀 C 移动,以调整 11 通道的大小,做回油节流,调整工作台移动的速度。

2) 周期进给。当工作台换向时,砂轮架可获得单向的进给。图 2—17 所示为右边进给,即当工作台从左向右换向时,砂轮架可获得进给,辅助油从 14→13→22→23→Ⅻ 的右端,使进给滑阀 F 克服弹簧力(相当于阀 F 上的单位压力为 0.4MPa 左右)向左移动,推动棘轮使丝杠转动。此时,从 13 来的辅助压力油,

还从 21 通过进给选择阀 E 的后端，由于阀 E 的前端弹簧力使阀 E 受到约 0.7 MPa 的作用力，因而当阀 F 未到左端时，油路压力仍为 0.4 MPa 左右，所以阀 E 不会动作。当阀 F 到左端不再移动时，油路压力升到油泵的工作压力（0.7～0.9 MPa），因而阀 E 被 21 来的压力油向前推动，使 23、24 接通，于是阀 F 右腔的油即从 23→24 通回油，使棘爪与棘轮脱开。当 G 在中间位置时，无进给；在左位置时，为左端进给。

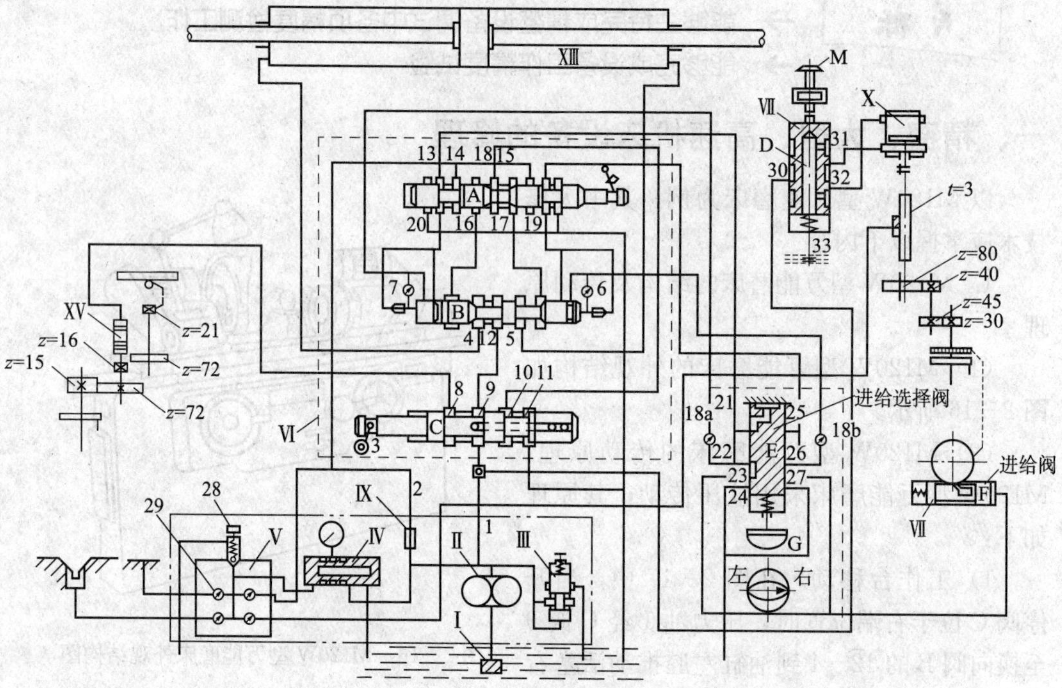

图 2—17 液压传动原理图

3）砂轮架快速进退。当快速进退电磁阀Ⅷ的滑阀 D 在图示位置时，工作压力油从 30→31 到快速进退油缸Ⅹ的前端，使砂轮架向后移；当电磁阀 M 吸铁动作时，滑阀 D 在相反位置，油从 30→32 到油缸Ⅹ的后端，使砂轮架向前移。油缸Ⅹ前端的油则从 31→阀 D 的内孔，经 33 回油。磨内圆时，M 的电路被切断，因而阀 D 在图示位置，砂轮架只能在后退位置，不能向前。

4）工作台换向时间的停留。可调节 18a 与 18b 两个节流阀，以控制阀 B 的移动速度，因而可以控制工作台换向过程的长短，使工作台得到需要的停留时间。

5）润滑。工作台导轨与砂轮架丝杠的润滑都由工作油泵供给。润滑油的压力可以从压力表中看出（此时滑阀Ⅳ须向左移动位置）。压力不能过高，一般应在 0.1 MPa 左右。滑润油的压力可通过 28 来调整，其流量则由 29 控制。

6）手摇机构。当阀 C 向右移（即工作台液动时），压力油从 9→8→ⅩⅤ，把小齿轮推出，使其与手轮齿轮脱开。用手把 C 阀移到最左位置，此时 10 与 11 断开，ⅩⅢ 不能回油，因而工作台不动。而ⅩⅤ的油由 8 通过 C 阀中孔道经 11 回油池，使手轮的齿轮啮合，即可用手摇动工作台。此时，工作油缸的左右腔是互通状态。

2. M120W型万能磨床的各项大修技术

(1) 主要零部件拆卸顺序

1) 首先切断电源，卸下各防护罩。

2) 卸下有关电气线路与砂轮架上的电动机。

3) 卸下砂轮架和内圆磨具。

4) 由于尾座经常移动，致使尾座结合面的磨损量较头架底座结合面大。为了减少刮研头架、尾座等高时的工作量，并保证尾座对头架主轴锥孔中心线的不等高度在允差范围内，要求在卸下头架、尾座之前，应先测量头架、尾座主轴锥孔中心线的不等高度，并记录实测数值。

5) 卸下头架底座。

6) 卸下上工作台。

7) 卸下下工作台。

8) 卸下液压缸与液压系统各部油管。

9) 卸下油泵与电动机。

10) 卸下液压操纵箱、手摇机构和进给机构。

11) 卸下砂轮架滑鞍与滑鞍座。

(2) 主要部件修理顺序。如图2—18所示。

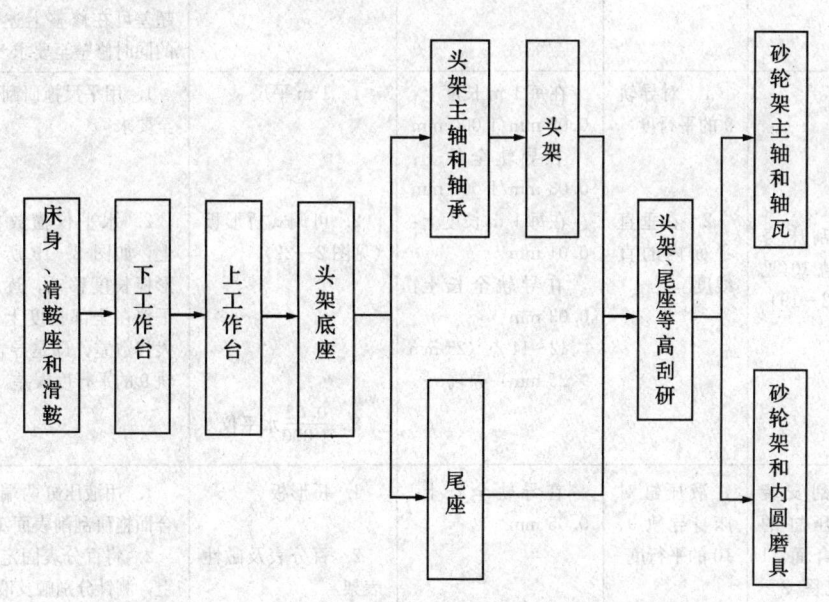

图2—18 M120W型万能磨床主要部件修理顺序

(3) 主要部件的修理工艺方法。以床身导轨和下工作台修理为例，修理工艺方法如下：

1) 床身导轨修理。见表2—14。

表 2—14　　　　　床身导轨刮研修复工艺

序号	工序名称	技术要求 项目	技术要求 允差	需用工具、检具 名称及规格	工艺说明
1	刮床身导轨9（见图2—19）	1. 垂直平面内的直线度	在每1 m长度上：0.01 mm	1. 1 000 mm×1 500 mm V形或正方形平尺	1. 用V形或正方形平尺拖研刮削导轨9至要求
		2. 水平面内的直线度	在导轨全长上：0.03 mm	2. $\frac{0.02}{1\,000}$水平仪	2. 将水平仪放在V形水平仪座上，按V形水平仪表座长度移动，逐段测量画出坐标，测量导轨9垂直平面内的直线度
		3. 与滑鞍座导轨的垂直度	在每1 m长度上：0.01 mm 在导轨全长上：0.02 mm 在250 mm长度上：0.02 mm	3. V形水平仪座	3. 水平面内直线度一般用光学平直仪测量，如无测量工具，也可以平尺精度及拖研工艺来保证，即平尺与导轨的连接长度不能超越平尺长度的1/3
		4. 接触点	12～14点/(25 mm×25 mm)	4. 垂直检具（见图2—20） 5. 百分表及磁性表架	4. 在滑鞍座V形导轨上安放垂直检具，百分表固定在V形座上，测针触及垂直检具的端面，如图2—21所示，纵向移动V形座，百分表上的读数差，即是导轨9与滑鞍座导轨的垂直度误差。如超差可在修整上述两项精度的同时修整至要求
2	刮床身导轨10（见图2—19）	1. 对导轨9的平行度	在每1 m长度上：0.02 mm/1 000 mm 在导轨全长上：0.03 mm/1 000 mm	1. 1 m平尺	1. 用平尺拖研刮削导轨10至要求
		2. 在垂直平面内的直线度	在每1 m长度上：0.01 mm 在导轨全长上：0.03 mm 12～14点/(25 mm×25 mm)导轨	2. 可调式桥形板（见图2—22） 3. $\frac{0.02}{1\,000}$水平仪	2. 水平仪横放在桥形板上，如图2—19所示，以桥形板长度移动，逐段测量水平仪在全部长度上读数的最大代数差，即是导轨10对导轨9的平行度误差
3	刮安装液压缸的结合面11（见图2—19）	液压缸对床身导轨9、10的平行度	在导轨全长上：0.05 mm	1. 桥形板 2. 百分表及磁性表架	1. 用液压缸两端的支座结合面拖研刮削表面11 2. 将百分表固定在桥形板上，测针分别触及液压缸两端的外圆上母线，移动桥形板，百分表上的读数差即是液压缸对床身导轨的平行度误差 3. 如超差，上母线以刮研表面11来纠正，侧母线以重铰定位销孔来校正

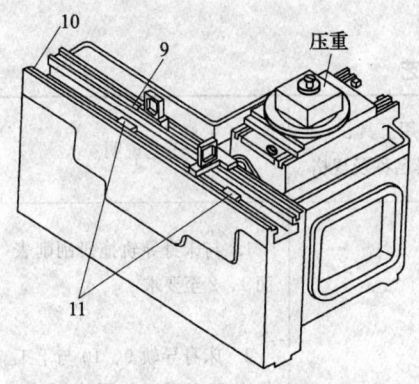

图 2—19 床身导轨精度的检查

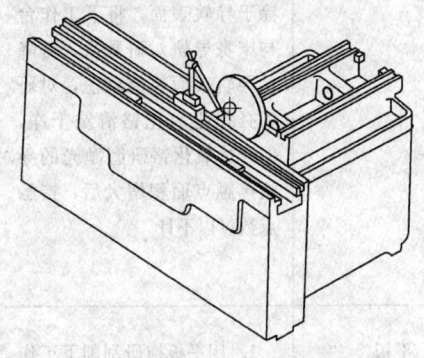

图 2—21 滑鞍座导轨对床身
　　　　 导轨垂直度的检查

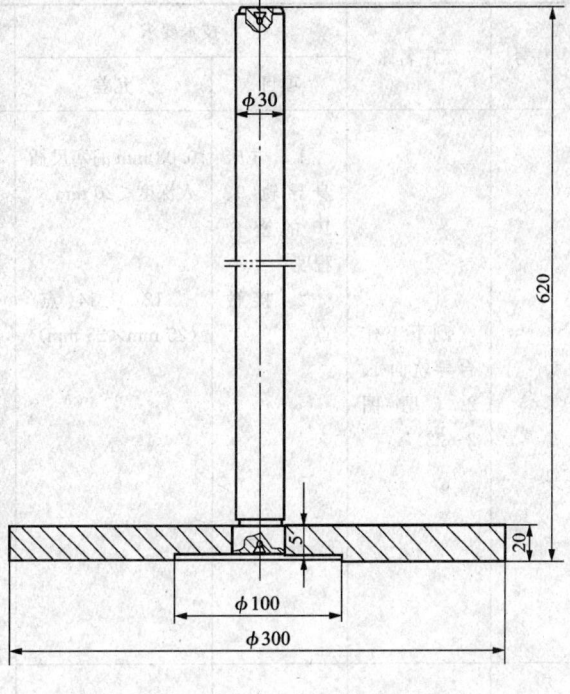

图 2—20 垂直检具

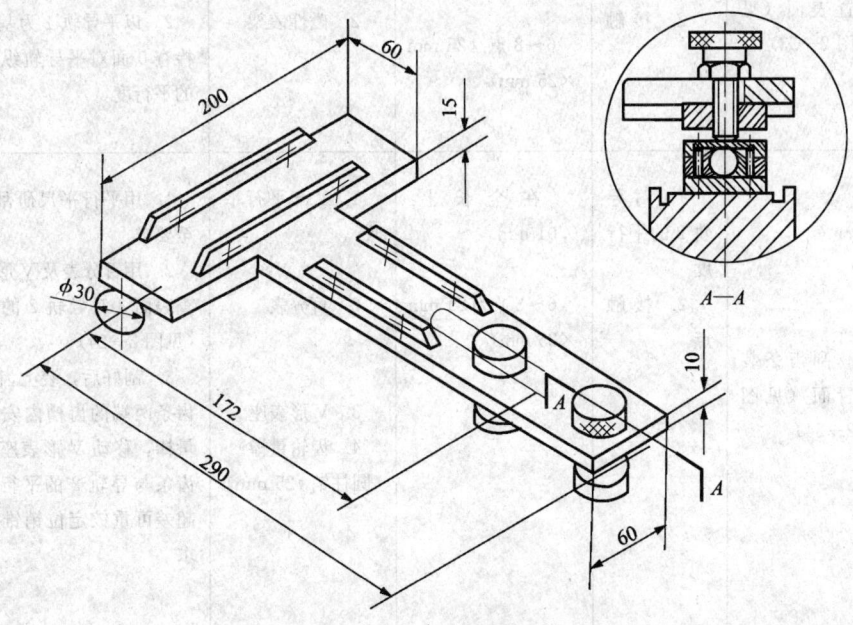

图 2—22 可调式桥形板

2) 下工作台修理。见表2—15。

表2—15　　　　　　　　下工作台刮研修复工艺

序号	工序名称	技术要求		用工具、检具名称及规格	工艺说明
		项目	允差		
1	刮下工作台导轨面1、2（见图2—23）	1. 与床身导轨9、10的密合程度 2. 接触点	0.03 mm的塞尺插入深度≤20 mm 12～14点/(25 mm×25 mm)	塞尺	1. 与床身导轨拖研刮削表面1、2至要求 2. 床身导轨9、10与下工作台配刮后，如阻力过大，可用氧化铬（Cr_2O_3）均匀地涂于导轨表面，将下工作台与床身导轨对研数次，可降低导轨表面粗糙度值，对研后必须把氧化铬清洗干净，但经过氧化铬研磨抛光的导轨接触点面积增大后，接触点数可以不计
2	刮液压缸拉杆支架装置表面（见图2—23）	1. 对平导轨2的纵横平行度 2. 接触点	在全长上：0.10 mm 6～8点/(25 mm×25 mm)	1. 平板 2. 磁性表架	1. 用平板拖研刮削下工作台两端的0面至要求 2. 以平导轨1为基准分别检查0面对平导轨纵横方向的平行度
3	刮齿条装置面（见图2—24）	1. 对导轨2的平行度 2. 接触点	在全长上：0.01 mm 6～8点/(25 mm×25 mm)	1. 1 m平行平尺 2. 百分表 3. V形表座 4. 齿轮量棒（圆柱销ϕ25 mm）	1. 用平行平尺研刮表面3至要求 2. 用百分表及V形表座检查表面3对导轨2的平行度（见图2—24） 3. 刮好后，装上齿条，在齿条两端的齿槽内安上齿轮量棒，移动V形表座，检查齿条与导轨2的平行度，如超差可重铰定位销锥孔至要求

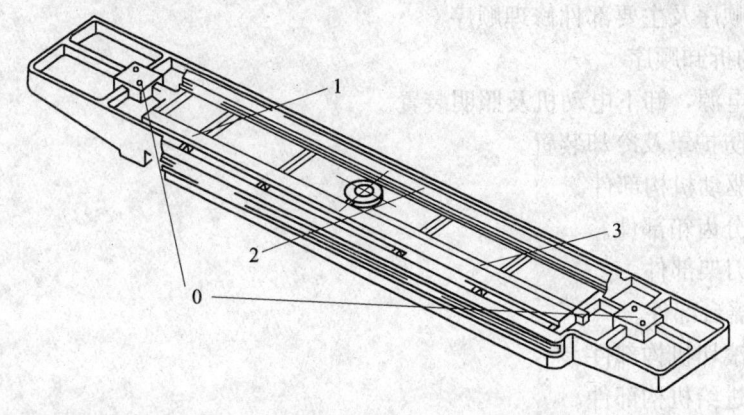

图2—23 下工作台

二、项目性修理

1. 项修的确认及准备

项目性修理（简称项修）主要是针对精、大、稀设备的特点而进行的一种修理形式，对不同设备某个部件或某项精度实施部分修理，以满足工艺要求。项修虽然只是修理设备的某个部分，但它们都是传动链的组成部分，影响设备某一项或多项的精度要求，因此项修又是一种比较重要和复杂的修理形式。对项修的确认、工艺制定，对相关几何精度尺寸链的影响都要有充分的技术准备。

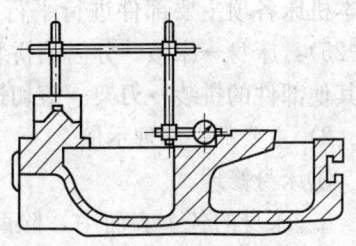

图2—24 齿条装置面对导轨平行度的检查

（1）项修的确认。设备在大修周期内，只因某个部件的原因而不能正常工作，必须进行项修。其确认的项目包括以下内容：

1) 设备日点检、维修所记录的集中故障源。
2) 失去的某项几何精度。
3) 有严重的拉毛、变形和磨损等损坏，已不能再进行正常生产的运动副。
4) 因突发性事故造成某部件的损坏和失去精度。

（2）项修前的准备。首先要对项修做好有针对性的技术准备和物质准备。技术准备主要包括设备说明书、相关的装配图样等技术文件和资料的准备，根据修理项目制定的项修工艺、作业计划书和精度标准等。物质准备包括工、量具和修理工艺规定的内容，对项修提出的备件、配件的更换清单等。对于大型、精密备件，外购件都要进行检验。

2. 项修工艺的制定

项修工艺是大修工艺的一部分，但在单独制定项修工艺时，不能简单地照搬大修中的这部分工艺，还应根据设备具体的损坏形式确认工艺方案，特别是应全面考虑使项目的修理不影响相关部件的精度。下面举几个项修事例，说明项修工艺的基本要求。

(1) Y236型刨齿机的修理。

1) 拆卸顺序及主要部件修理顺序

①机床的拆卸顺序

    a. 切断电源，卸下电动机及照明装置。

    b. 卸下防护罩及冷却装置。

    c. 卸下驱动机构部件。

    d. 卸下分齿箱部件。

    e. 卸下刀架部件。

    f. 卸下摇台部件。

    g. 卸下滚切机构部件。

    h. 卸下进给机构部件。

    i. 卸下床鞍部件。

②主要部件的修理顺序。可根据技术力量的配备以及修理周期长短等实际情况，决定本机床各项主要部件进行平行或交叉修理。一般情况下，可按以下顺序进行（见图2—25）：床身→床鞍→分齿箱拼装→滚切机构及其床身的拼装→进给机构→摇台→摇台对其他部件的拼装→刀架→滚切运动链的精度检查。

2) 主要部件修理示例

①床身修理

    a. 床身的各个表面中，除两条导轨上的表面1、2、4、5、6和7（见图2—26）在使用中容易磨损需要修刮外，其余各面都是不磨损的固定结合面。摇台结合面在制造厂是与表面1、2一起加工的，同在一个平面上。由于表面3的面积比较小，如有大平板，应以表面8作修理基准，将表面1、2、3一起进行修刮。如无大平板，可以表面3作修理基准，以小平板拖研修刮表面1、2至要求（允许与表面3不在一个平面上）。

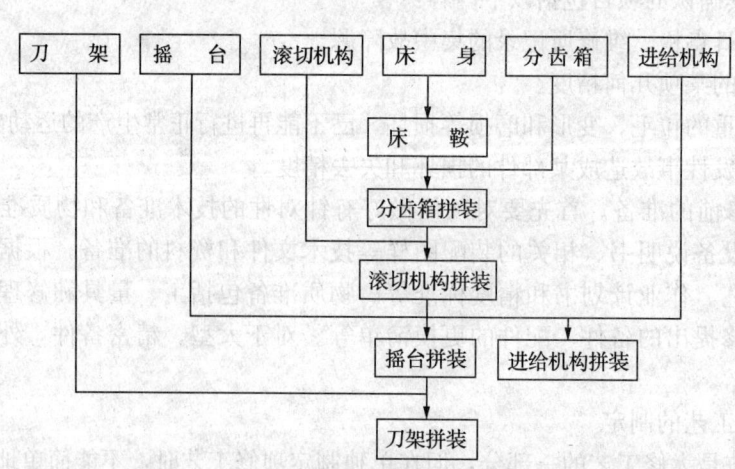

图2—25　Y236型刨齿机各部件修理及拼装的顺序

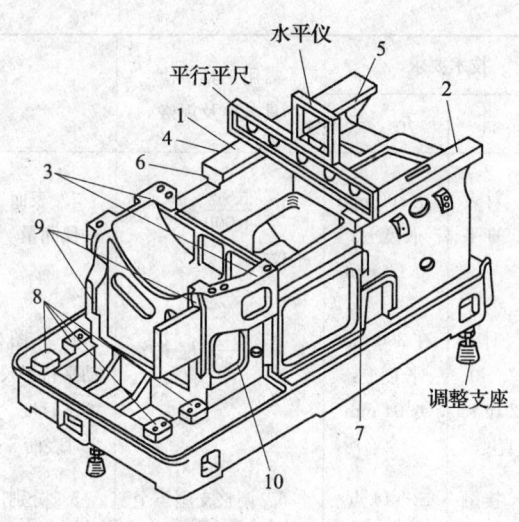

图2—26 床身

b. Y236型刨齿机的滚切机构箱体不与床身上表面9相接触,而是利用一根定位键使滚切机构箱体与床身相连,因此装卸滚切机构较方便。但在修后定位键重新定位比较困难,所以建议使滚切机构与床身表面9相靠,再用锥销作定位较为方便。目前有些工厂为解决机床振动问题和提高机床后部的刚度,除将滚切机构箱体与床身表面9相靠用锥销定位外,再用螺钉紧固,经改装后可收到一定的效果。

c. 如设备条件允许采用以磨代刮时,应以表面3、9为加工的基准。

d. 在床身进行测量及修刮时最好用三点支承,因为四点支承调整得不好会引起床身导轨的扭曲,影响测量的正确性。在床身经刮研恢复精度后,可改用四个垫铁支承,调整垫铁使床身具有良好的稳固性,能经得起床鞍放上和取下的振动,并使导轨达到修刮后的精度。

表2—16列出了床身的刮研工艺。

表2—16　　　　　　　　床身的刮研工艺

序号	工序名称	技术要求		需用工具、检具名称及规格	工 艺 说 明
		项 目	允 差		
1	表面1、2的修刮(见图2—26)	1. 直线度	全长上:0.01 mm	1. 1 000 mm×1 500 mm平板	1. 按图2—26所示将床身用三个调整支座支承,校正表面3的安装水平至0.02 mm/1 000 mm
		2. 两表面的平行度	全长上:0.015 mm/1 000 mm	2. 750 mm平行平尺	2. 如有1 000 mm×1 500 mm大平板,可以表面8为修理基准,将表面1、2、3一起拖研刮至要求。如无大平板可用小平板(或直尺)拖研表面1、2,以表面3为修理基准,刮至要求

续表

序号	工序名称	技术要求 项目	技术要求 允差	需用工具、检具名称及规格	工 艺 说 明
1	表面1、2的修刮（见图2—26）	3. 对表面8的平行度	在300 mm长度上：0.02 mm	3. $\dfrac{0.02}{1\,000}$ 框式水平仪	3. 表面1、2的直线度可分别用水平仪测量
		4. 对表面9、10、11、12和13的垂直度	在200 mm长度上：0.04 mm	4. $\dfrac{0.05}{1\,000}$ 框式水平仪	4. 按图2—26所示，沿导轨纵向移动平行平尺，用水平仪测量表面1、2的平行度。应用同样方法测量表面1、2对表面8的平行度
		5. 接触点	12～14点/（25 mm×25 mm）	5. 调整支座三个	5. 分别用水平仪的垂直边与表面9、10（见图2—26）和11、12、13（见图2—27）相靠，检查要求项目
2	表面4、5的修刮（见图2—27）	1. 直线度	全长上：0.01 mm	1. 750 mm直尺	1. 按图2—29所示将床身翻转90°，用三个调整支座支承，调整表面1、2、8、12成垂直，表面10、11成水平
		2. 对表面1、2的垂直度	在40 mm长度上：0.01 mm	2. 500 mm平行平尺	2. 用直尺拖研表面4刮至要求，直线度用水平仪进行测量
		3. 表面5对表面4的平行度	全长上：0.02 mm	3. $\dfrac{0.02}{1\,000}$ 框式水平仪	3. 用水平仪比较法检查要求项目3、4、5和6
		4. 对表面9的垂直度	在200 mm长度上：0.03 mm	4. $\dfrac{0.05}{1\,000}$ 框式水平仪	4. 将床身翻转180°，用三个调整支座支承，调整表面1、2成垂直，表面5成水平
		5. 对表面11的平行度	在200 mm长度上：0.04 mm	5. 75～100 mm千分尺	5. 表面5用直尺拖研刮至要求
		6. 对表面12的垂直度	在200 mm长度上：0.04 mm	6. 调整支座三个	6. 表面5对表面4的平行度可用75～100 mm千分尺进行测量
		7. 接触点	12～14点/（25 mm×25 mm）		

续表

序号	工序名称	技术要求		需用工具、检具名称及规格	工 艺 说 明
		项目	允差		
3	表面6、7的修刮（见图2—26）	1. 对表面1、2的平行度	全长上：0.02 mm	1. 25～50 mm千分尺	1. 表面6、7的修刮一般可以采用以下几种方法： （1）将床身翻转使表面1、2放在一定高度的架子上，表面6、7向上，然后分别以直尺拖研修刮至要求 （2）床身按图2—28所示，采用四个调整垫铁在机床四角地脚螺孔处安放，调整表面1、2至水平，分别用短直尺向上倒贴在表面6、7上拖研，用镜子反射向上倒刮表面6、7至要求 （3）同上项目方法安放，将经过刮研的压板向上倒贴研点，刮至要求
		2. 接触点	10～12点/(25 mm×25 mm)	2. 300 mm直尺	2. 用千分尺测量表面6对表面1、表面7对表面2的平行度
4	表面9的检查和修刮	1. 对表面1、2的垂直度	在200 mm长度上：0.04 mm	1. $\frac{0.02}{1\,000}$框式水平仪	本表面在修刮表面1、2及4、5时进行修刮，可用水平仪与基准面相比较测量垂直度
		2. 对表面4、5的垂直度	在200 mm长度上：0.03 mm	2. 500 mm×750 mm平板	
		3. 接触点	10～12点/(25 mm×25 mm)		

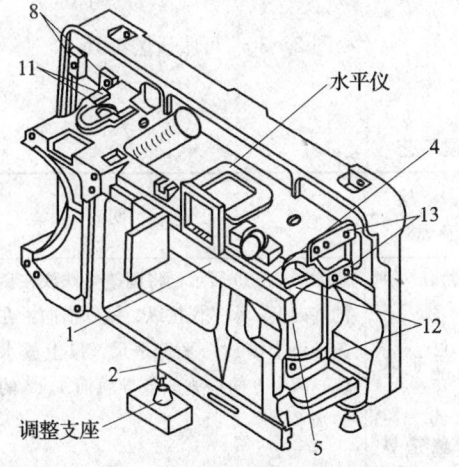

图2—27 床身导轨表面4直线度的测量方法

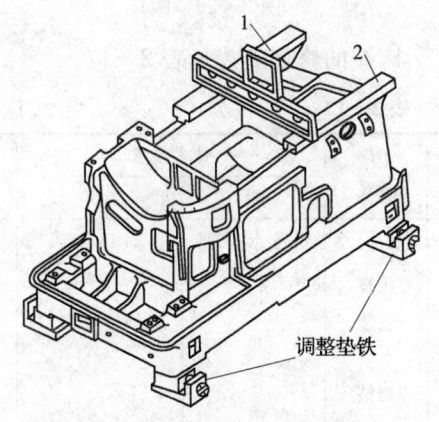

图2—28 床身的安装水平

②床鞍的修理

床鞍孔 A（$\phi110$ mm）（见图 2—29）与托架（见图 2—38）相配合的表面在机床工作时无相对运动，属移置导轨，一般很少磨损。少数机床由于装配质量上的问题，发生磨损需要修理时，由于孔 A 与表面1、2、3 有垂直度要求，床鞍的修理有以下两种方法：

　　a. 研孔法。应用可胀研磨心轴将孔 A 研至圆度及锥度等符合要求，研孔时务必考虑与表面1的垂直度，以免其余各面增加刮研工作量。然后以孔 A 为基准修刮其他各面至要求。

　　b. 车孔法。先将表面1精刮至平面度要求，然后将床鞍放在精密立式车床上，把表面1扣在立式车床的工作面上（立式车床面在装前先细光一刀）找正孔 A 后，精车修复孔 A 至要求。

床鞍的重心位于标有"★"记号的位置（见图 2—29）。它的质量大部分作用在表面3的一边，这样使表面2、3与床身导轨拖研接触点时，易沿导轨长度方向产生接触点疏密不均的现象。研点时按图 2—33 所示在床鞍后部压重，可以改善接触使其趋向均匀。

最后安装悬臂（见图 2—40），要求 B 孔与导轨表面3、4相平行。由于孔 B 内装有滚切运动链的伸缩轴，如果安装得不好，将会造成较大的运动误差。

床鞍孔 A 研磨或车准以后，托架（见图 2—38）上相配合的外圆可镶套以"无机粘接"法粘牢。由于托架的重心偏在一边，而托架与孔 A 的配合有一定的间隙，因而在测量托架上的表面与床鞍圆导轨顶面1（见图 2—29）的平行度时，要排除由于托架倾向一侧造成的测量误差。

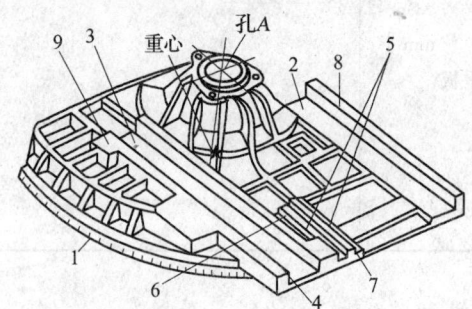

图 2—29　床鞍

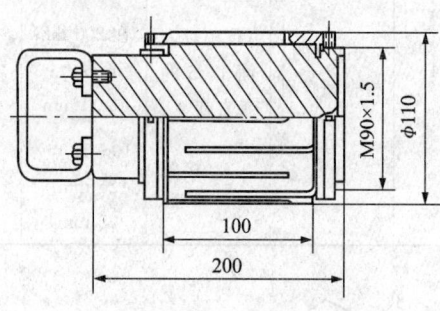

图 2—30　可胀研磨工具

床鞍的修理工艺见表 2—17。

表 2—17　　　　　　　　床鞍的修理工艺

序号	工序名称	技术要求		需用工具、检具名称及规格	工艺说明
		项目	允差		
1	床身安装水平调整	安装水平要求	0.015 mm/1 000 mm	1. 750 mm平行平尺 2. $\dfrac{0.02}{1\,000}$ 框式水平仪 3. 调整垫铁（四块）	如图 2—29 所示，将调整垫铁放在良好的基础上，水平仪按纵、横（横向：在两条导轨上横放一平行平尺，尺上放水平仪）两个方向检查床身导轨面1、2的安装水平

续表

序号	工序名称	技术要求 项目	技术要求 允差	需用工具、检具名称及规格	工艺说明
2	检查、研磨孔 A（见图 2—29）	1. 锥度 2. 圆度 3. 表面粗糙度 4. 对表面 1 的垂直度	0.005 mm 0.005 mm $R_a1.6\ \mu m$ 在孔 A 全部长度上：0.01 mm	1. 内径百分表 2. 可胀研磨工具（见图 2—30）	1. 用内径百分表检查孔 A 的锥度及圆度 2. 床鞍中心孔 A 如有磨损，可用图 2—30 所示研磨心轴以表面 1 为基准，研磨至要求。研磨时心轴与孔的间隙要调小，研磨剂要加得少而均匀 3. 孔 A 对表面 1 的垂直度的测量方法见下道工序
3	表面 1 的修刮	1. 平面度 2. 对孔 A 的垂直度 3. 接触点	0.01 mm 在孔 A 全部长度上：0.01 mm 12 点/（25 mm×25 mm）	1. 百分表两只 2. 百分表架 3. 1 000 mm×1 000 mm 平板	1. 床鞍圆导轨表面 1 是移置导轨，一般磨损不大，由于床鞍较薄，易变形，修理时用涂色法在平板上拖研刮至要求，平面度以平板精度及接触点保证 2. 表面 1 对孔 A 的垂直度的测量方法： （1）按图 2—32 所示将两个百分表固定在表架上作比较仪，放入床鞍孔 A 中，按 a、b、c 和 d 四个方向分别进行测量 （2）垂直度的计算： 在 a、c 两处分别将下表靠在零位，上表两次读数的代数差除以 2 即为垂直度误差 同样，将 b、d 两处的上下两表的读数差相比较，即可得出表面 1 对孔 A 在 b、d 方向的垂直度误差 例：在 a 处测量，下表读数为 0，上表为 -0.15 mm，在 c 处测量，下表为 0，上表为 -0.12 mm，则垂直度 $[-0.12-(-0.15)]\div 2=0.03\div 2=0.015$ mm
4	表面 2、3、4 的修刮（见图 2—29）	1. 表面 2、3 对表面 1 的平行度 2. 表面 2、3 的接触点	0.02 mm/1 000 mm 16 点/（25 mm×25 mm）	1. $\dfrac{0.02}{1\ 000}$ 框式水平仪 2. 压重（约 130 kg）（见图 2—33）	1. 复查床身导轨面 1、2 在纵、横两个方向的安装水平 2. 将图 2—31 的翻转工具的横杆用两个机床上的 T 形螺钉固定在床鞍上，并校正到左右重量相同

单元 2

续表

序号	工序名称	技术要求 项目	技术要求 允差	需用工具、检具名称及规格	工艺说明
4	表面2、3、4的修刮（见图2—29）	3. 表面4的接触点	12～16点/(25 mm×25 mm)	3. 翻转工具（见图2—31）	3. 在床鞍表面2、3、4上涂上显示剂，轻轻放在床身上，将床鞍沿床身横向推住，使表面4与床身侧导轨紧紧贴住，纵向往复拉动床鞍进行研点配刮（推力一定要作用在床鞍的中间部分，不可以手轮机构移动床鞍，以免形成接触点在两头过密）。为了防止导轨面4形成中凸，在刮研时有意将中间部分多刮些，使其接触点较少。拖研时在床鞍后部放上压重（见图2—33），以改善导轨面2、3的接触显示，使其趋向均匀 4. 用水平仪按纵、横两个方向放在床鞍表面1上，比较水平仪读数及床身的安装水平，即可得出床鞍表面2、3对表面1的平行度
5	表面5、6、7的检查（见图2—29）	1. 表面5对导轨面3的平行度 2. 表面6、7对导轨侧面4的平行度 3. 表面6、7与进给机构杠杆的T形槽的配合 4. 接触点	全长上：0.05 mm 0.02 mm 保持间隙0.01 mm 12～14点/(25 mm×25 mm)	百分表及表架	1. 表面5、6、7为移置导轨，极少磨损，一般只做检查不修理 2. 将百分表架沿导轨面3、4移动，分别以百分表触针触及表面5、6、7，检查表面5、6、7对表面3、4的平行度 3. 与进给机构杠杆T形槽的配合间隙的测量方法： 如图2—34所示，将进给机构杠杆合在床鞍表面5、6、7上，以百分表在两端分别进行测量，测量时在杠杆上左右推动 4. 如果配合间隙过松，则可在表面6或7上粘上一定厚度的玻璃纤维层压板以补偿尺寸，然后修刮至要求
6	表面8、9及修理压板	1. 对表面2、3的平行度 2. 装上压板后与床身导轨的密合程度 3. 表面8、9的接触点	全长上：0.02 mm 0.03 mm的塞尺插入深度≤20 mm 8～10点/(25 mm×25 mm)	1. 塞尺 2. 百分表及表架 3. 500 mm直尺	1. 分别用直尺拖研，修刮表面8、9至要求 2. 如图2—35所示，分别用百分表检查表面8、9对表面2、3的平行度 3. 分别用直尺修刮压板的固定结合面及滑动面至要求，压板也可放在平磨床上磨至要求

续表

序号	工序名称	技术要求 项目	技术要求 允差	需用工具、检具名称及规格	工 艺 说 明
6	表面8、9及修理压板	4. 压板面 （1）固定面 （2）滑动面如以磨代刮接触点	8～10点/(25 mm×25 mm) 12～14点/(25 mm×25 mm)		
7	塞铁的修复（见图2—36）	1. 与床身导轨的间隙 2. 接触点	0.01 mm 10～12点/(25 mm×25 mm)	1. 750 mm平行平尺 2. 百分表及磁性表架	1. 将塞铁放入修刮过的床身及床鞍中，测量塞铁的伸入量，根据塞铁的伸入量L以及其斜率k，可以在塞铁非滑动表面的背面用环氧树脂粘一层厚度为t的玻璃纤维层压板，$t=kL+$塞铁的修刮量 2. 先将粘上玻璃纤维板的一面在平板上拖研，刮至8点/(25 mm×25 mm)，再将塞铁装入床鞍与床身导轨对研刮至10～12点/(25 mm×25 mm)（要求中间接触点略淡） 3. 与床身导轨间隙的测量： （1）装上手轮用来移动床鞍 （2）要求塞铁在放入及放松时，手轮转动力不应显著增加 （3）如图2—37所示，将平行平尺用百分表校正至与床身导轨的平行度在0.01 mm/150 mm以内 （4）用手轮来回移动5～10 mm，百分表的读数变动量即是导轨的间隙。要求在导轨两端分别进行测量
8	托架表面1的修复（见图2—38）	1. 锥度 2. 圆度 3. 与床鞍孔A的配合间隙 4. 表面粗糙度	0.003 mm 0.003 mm ≤0.015 mm R_a1.6 μm	1. 100～125 mm千分尺 2. ϕ100～ϕ160 mm内径百分表	托架表面1是床鞍回转的移置导轨，很少磨损。个别机床由于装配质量问题使托架与床鞍孔A对角倾斜接触造成严重磨损时，可将表面1车小后镶套（以"无机粘接"法粘牢）再加以精磨。精磨时以内孔为加工基准，并在离下端面5 mm长度内磨小0.1～0.2 mm作为引导部分

单元 2

续表

序号	工序名称	技术要求 项目	技术要求 允差	需用工具、检具名称及规格	工艺说明
9	托架表面2的修复（见图2—38）	1. 对床鞍上平面的平行度 2. 接触点	在120 mm长度上：0.015 mm 8～10点/（25 mm×25 mm）	1. 百分表及磁性表架 2. 750 mm直尺	由于托架的重心偏在一边，再加上托架与床鞍孔A之间有间隙，因而在检查托架表面2对床鞍上平面的平行度时会产生测量误差，现介绍两种可行的测量方法： 第一种：研点法（见图2—39a）。将托架装入床鞍孔A，连同床鞍一起放在平板上，使床鞍表面1及托架表面2与平板接触，在托架表面2上涂上显示剂，回转托架检查托架表面的接触点，并刮至接触点数要求 第二种：间隙对称消除测量法（见图2—41b）。将托架处于45°方向，按自由状态放置（必须使二者的端面相接触），百分表沿A—A方向移动测量平行度。然后用撬棒将托架沿A—A剖面朝逆时针方向扳动，再测量一次平行度。两种状况下的平行度的平均值为真正的平行度。两种状态下平行度的方向如相反，求其平均值时，将两次读数相减后除以2；如果方向相同，则相加后除以2
10	悬臂孔B的装置与检查	悬臂孔B对床鞍表面3、4的平行度	在150 mm长度上：0.01 mm	1. 专用心轴（见图2—41） 2. 100 mm×150 mm×200 mm垫铁 3. 百分表及磁性表架	1. 按图2—40将经过刮研的垫铁沿表面3、4移动，用百分表测量专用心轴上母线和侧母线的平行度，如不符合要求，可修刮悬臂的基面和重铰定位销孔 2. 专用心轴外径需按孔B配磨

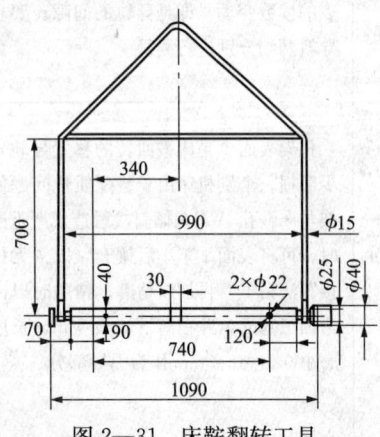

图2—31 床鞍翻转工具

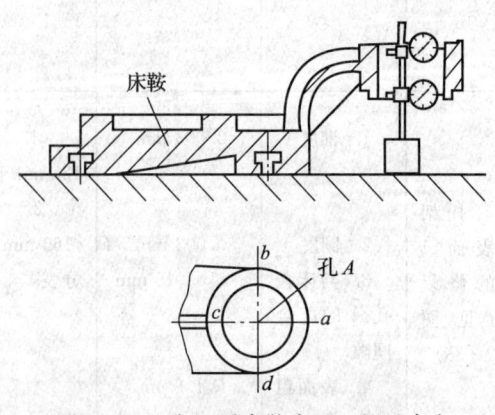

图2—32 孔A对床鞍表面1的垂直度的测量方法

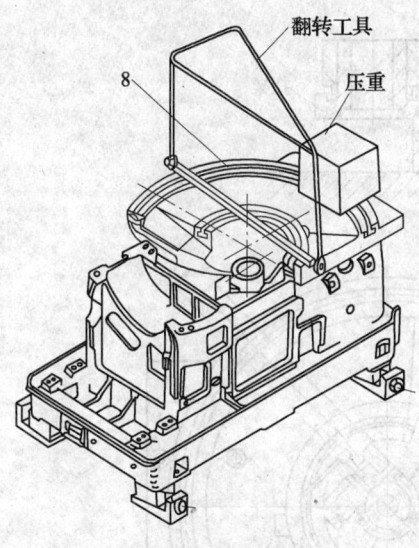

图 2—33 床鞍导轨表面 2、3 与
床身导轨配刮时的配重

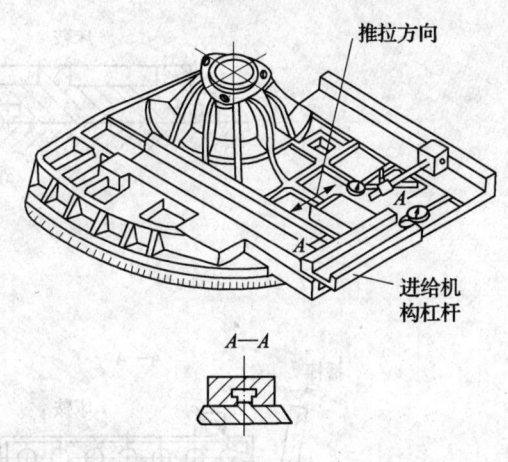

图 2—34 与进给机构杠杆
配合间隙的测量

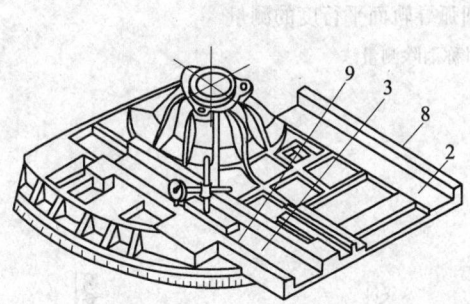

图 2—35 床鞍表面 8、9 对导轨面
2、3 的平行度的测量

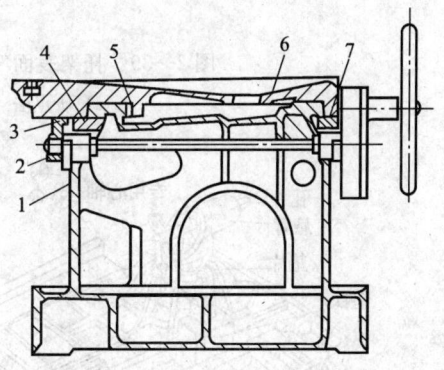

图 2—36 床鞍及床身的横切面
1—床身 2—齿轮 3—齿条
4、7—压板 5—塞铁 6—床垫

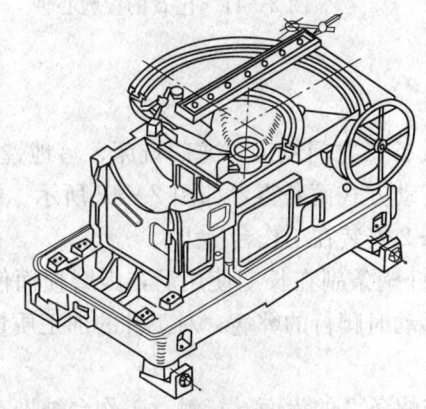

图 2—37 床鞍塞铁间隙的
测量方法

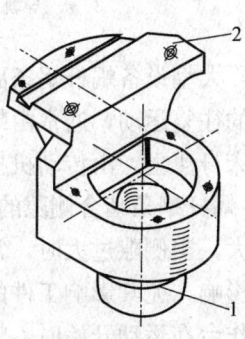

图 2—38 托架

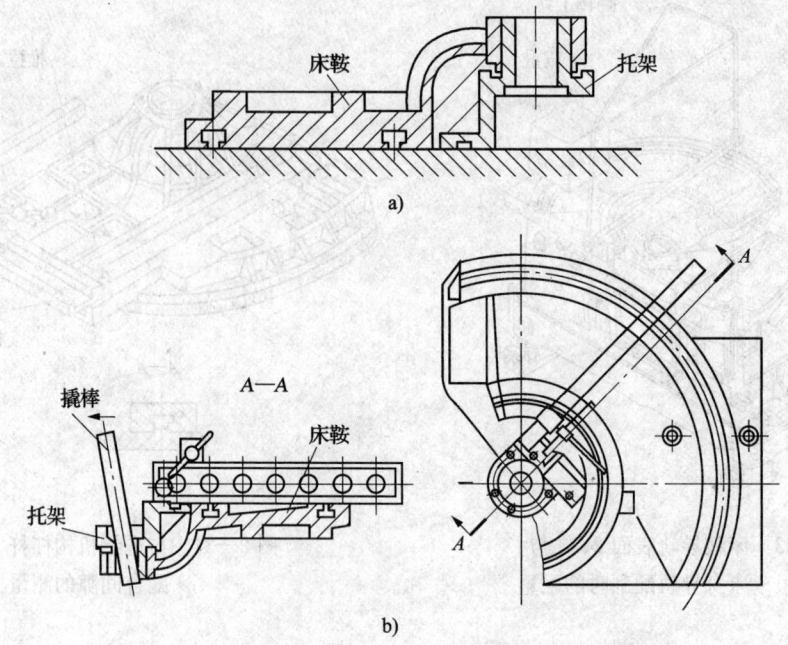

图 2—39 托架表面 2 与床鞍圆弧导轨面平行度的测量
a) 研点法 b) 间隙对称消除测量法

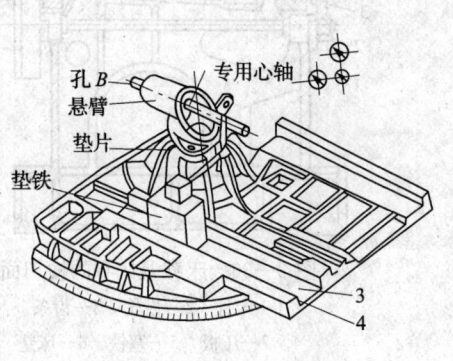 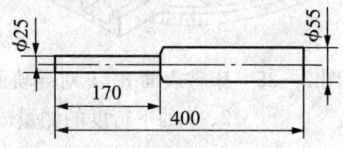

图 2—40 孔 B 与导轨面 3、4 平行度的检查
3、4—导轨面

图 2—41 孔 B 的检验心轴

(2) 大型设备蜗杆蜗条副的修理。大型设备（龙门刨床、龙门铣床、落地镗床等）工作台的往复运动，通常由蜗杆带动蜗条的传动方式而获得，如图 2—42 所示。蜗杆 3 安装于床身 4 上，由传动机构带动旋转，蜗条 2 安装在工作台 1 上。

1) 蜗杆蜗条啮合侧隙的影响和测量。蜗杆蜗条副在长期使用后，因磨损而使啮合侧隙增大，当侧隙过大时，常会产生工作台移动时爬行的弊病，对工件的加工质量带来严重的影响，尤其影响工件的表面粗糙度。

工作台在运动开始时，蜗杆 3 的齿面 b 与蜗条 2 的齿面 a 接触，工作台被推动而向箭头所示方向移动，如图 2—43 所示。

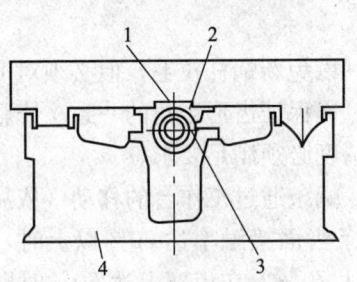
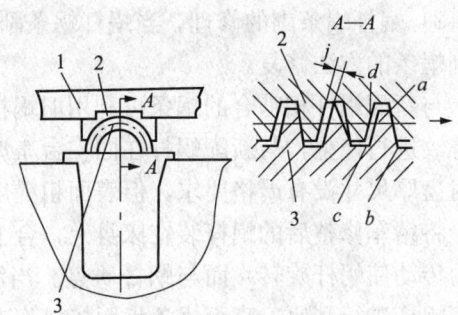

图 2—42　大型设备的蜗杆蜗条传动
1—工作台　2—蜗条　3—蜗杆　4—床身

图 2—43　蜗杆蜗条的啮合侧隙
1—工作台　2—蜗条　3—蜗杆

工作台由静止变为移动的瞬间，由于运动件的惯性作用，使工作台的移动速度高于蜗杆的推动速度，于是蜗杆的 c 面将与蜗条的 d 面发生接触或碰撞。为此，必须经过一个短时间的间隔后，蜗杆的 b 面才能再次与蜗条的 a 面接触，并推动工作台移动。在这一短期的间隔内，工作台失去推力并受到导轨副的摩擦阻力而趋于静止状态。当工作台再次向箭头方向移动时，上述现象又重复出现。如此循环，工作台便产生时动时停的爬行。再加上传动件和蜗杆的扭转弹性变形，爬行现象会进一步加重。

蜗杆蜗条的侧隙越大，工作台的移动速度越低，则爬行情况越严重。检查工作台在床身上有无爬行现象，可采用如图 2—44 所示的方法。将百分表固定在床身上，使工作台低速移动，有爬行现象时，百分表上的指针会出现一走一停的情况。

要消除爬行现象，必须设法减小或消除蜗杆蜗条的啮合侧隙，因此要进行侧隙的测量。测量啮合侧隙的方法如图 2—45 所示。测量时先将工作台移至床身的一端，使蜗杆与蜗条暴露在工作台端面外。然后用两个百分表固定在床身上，百分表 1 的测头顶在蜗杆齿面上，百分表 2 的测头顶在工作台的端面上，用手转动传动轴。先使蜗杆齿面 b 与蜗条齿面 a 接触（见图 2—43），将两只百分表的指针调整至零位。然后再反转传动轴，使蜗杆反转，百分表 1 的指针随之而动，待百分表 2 的指针开始转动时，可读出百分表 1 的数值，此读数值即为蜗杆蜗条的实际啮合侧隙（见图 2—43 中的 j）。

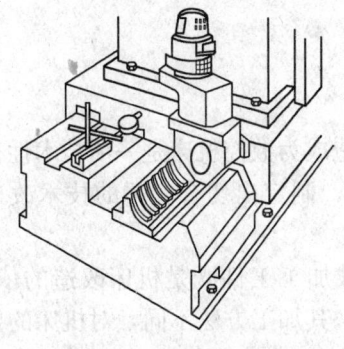
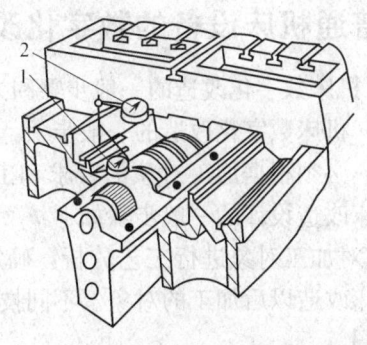

图 2—44　工作台爬行的检查

图 2—45　蜗杆蜗条啮合侧隙的测量
1、2—百分表

2) 蜗杆蜗条副的修理。当蜗杆蜗条副磨损后侧隙过大时，通常是采用更换蜗杆而研刮蜗条的方法修复。

与新配蜗杆相啮合的蜗条可利用旧蜗杆作研具，以免新蜗杆拉毛，但必须对旧蜗杆的螺纹进行修整，与新配蜗杆在同一台车床上车削，以保证齿形半角的一致。修整旧蜗杆时齿厚尺寸没有严格要求，但表面粗糙度和螺纹精度必须满足要求。

将精车修整后的蜗杆装在床身上，合上工作台，蜗条通过工作台的移动（依靠机床动力传动使蜗杆旋转）而与蜗杆研点。当刮研到蜗条齿面接触率达50%以上时，再换上新蜗杆进行刮研，直至蜗条齿面接触率在齿高上达70%、在齿宽上达60%时即为合格。

新蜗杆与蜗条刮研完成后，再进行啮合侧隙测量，正常的啮合侧隙应为0.10～0.15 mm。

3. 项修对设备尺寸链的影响

设备有些零部件和运动副等因磨损而产生正确尺寸关系的丧失，出现相关的尺寸误差和形位误差，不能保证设备正常的工作性能，对这些零部件项修时常利用解尺寸链的方法达到精度要求。

部件之间串联或混联尺寸链时，一个尺寸的变动都会使其他尺寸受到影响，在设备修理中，常用调整法和修配法，对尺寸链中补偿件调整或修配，使封闭环达到精度要求。

4. 项修对相关几何精度的影响

项修中，有些部件的修理会直接或间接影响设备的几何精度。例如具有床身水平导轨和立柱垂直导轨的立钻、铣床、镗床等，如果项修中直接修刮水平导轨或垂直导轨，就是要消除两导轨垂直度误差对机床这一几何精度的直接影响；如果项修是刮研立柱与床身的连接面，则要保证立柱底面修刮、装配后，不会对两导轨垂直度有间接影响。

具有平行导轨或导轨与主轴之间的平行度误差、导轨或工作台与主轴之间的平行度或垂直度误差等这些各类机床常见的几何精度，只要与项修的部件相关，就必须特别注意。

三、普通机床设备的数字化改造

1. 机床数字化改造的一般步骤和方案的制定

（1）机床数字化改造的一般步骤。将普通机床改造成为数控机床是一项技术性很强的工作，必须根据加工对象的要求和工厂的实际情况，制定出切合实际的技术改造方案。机床改造设计的一般步骤如下：

1) 对加工对象进行工艺分析，确定工艺方案。被加工工件既是机床改造的依据，又是机床改造以后加工的对象。不同技术要求的工件，其加工方法不同，对机床的要求也不相同。

2) 分析被改造机床，确定被改造机床类型。在确定机床改造方案时，可根据制定的工艺方案初步选定改造的类型。然后对被选定的机床进行认真分析，了解被改造机床的技术规格、技术状况、各部分之间的联系尺寸等,分析机床能否适应改装要求以及经济性等,最终确定被改造机床的类型。

3) 拟定技术措施,制定改造方案。根据加工对象的要求和被改造机床的实际情况,拟定应该采取的技术措施。在制定改造方案的过程中,应充分进行技术经济分析,力求使改造后的机床不仅能满足技术性能的要求,还能获得最佳的经济效益,使技术的先进性与经济合理性较好地统一起来。

4) 进行机床改造的技术设计。

5) 绘制机床改造工作图。

6) 整机安装和调试。

(2) 机床数字化改造的主要技术方案制定。技术方案的拟定是机床改造工作中最重要的一环,其方案的选择和确定不仅影响被改造的机床能否满足技术要求,而且影响到改造效果和经济性,必须在认真调查研究的基础上进行充分的论证,选择确定技术方案。以下就技术方案拟定过程中的几个问题做一些讨论。

1) 自动化程度。由于数控机床在机床上的先进性和经济上的合理性,近年来已在国内外得到大力发展,各种新型的数控机床不断出现,但因全功能数控机床的控制系统造价较高,目前主要适用于单件、小批量生产中加工精度较高、形状比较复杂的零件。经济型数控机床随着自动化功能的增加,在一定程度上已能替代全功能数控机床的工作。

2) 控制系统。经济型数控系统具有结构简单、操作方便、价格便宜等优点,近年来在我国数控机床改造当中得到广泛应用。

3) 控制类型。通常控制系统按照有无检测反馈装置分为开环系统和闭环系统。开环系统无位置检测反馈装置,其加工精度由执行元件和传动机构来保证,定位精度一般为 ± 0.01 mm,少数可达 ± 0.005 mm。它的优点是系统结构简单、调试维修方便、工作稳定可靠、成本较低,适合于精度一般的中小型机床,也是目前在数控改造中应用最普遍的一种控制系统。

4) 伺服驱动系统。伺服驱动系统的选择和决定直接影响到改装后机床的工作性能,而且它在机床改造费用中占较大比重,对机床改造成本往往起决定性作用。

目前,在数控机床改造中常用的驱动器是步进电动机、直流伺服电动机、交流伺服电动机等,这些驱动器件配以适当的功效装置,可以组成伺服驱动系统。

各种步进电动机,特别是近年来出现的混合式等新型步进电动机,其性能更好,价格便宜,广泛应用于数控机床改造中经济型数控机床的开环系统和闭环系统中。

2. 普通车床的数字化改造方案的制定

以 C616 型普通车床的数字化改造为例。

(1) 设计任务。C616 型普通车床数字化改造,利用微机对纵、横进给系统进行开环控制,纵向脉冲当量为 0.01 mm/脉冲,横向脉冲当量为 0.005 mm/脉冲,驱动元件采用步进电动机,传动系统采用滚珠丝杠副,刀架采用四工位电动自动转位刀架。

(2) 总体改造方案的确定。由于是经济型数控改造,所以在考虑具体方案时,基本原则是在满足使用要求的前提下,对机床的改动尽可能小,以降低成本。根据 C616 型

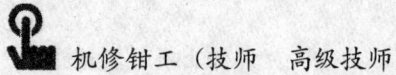

车床有关资料以及改装数控车床的经验,确定总体方案为:采用微机对数据进行处理,由 I/O 接口输出步进脉冲,经一级齿轮减速后,带动滚珠丝杠副传动,从而实现纵向、横向进给运动。

单元考核要点

行为领域	鉴定范围	鉴定点	重要程度
理论知识鉴定考核要点	1. 数控车床的维护	数控车床常见故障及排除方法	★★★
	2. 特殊环境下的设备修理	高温、高压设备的维修	★
	3. 大型、精密、高速运行设备的调试	大型、精密、高速运行设备调试中出现的疑难技术问题	★★
	4. 数控车床常见的故障及排除方法	数控车床主要机械部件的故障分析和排除方法	★★★
	5. 机床设备的技术改造	机床设备技术改造的分类及改造方案的制定	★★
操作技能鉴定考核要点	1. 数控车床的维修和保养	1. 数控系统故障的判断	★★★
		2. 数控车床机械故障的判断	★★★
	2. 大型、精密设备的安装、调试	龙门刨床的安装、调试	★★

单元测试题

一、单项选择题(下列每题的选项中,只有 1 个是正确的,请将其代号填在横线空白处)

1. 在校核热继电器时,应将电流升至_____倍的额定电流,热继电器在 20 min 内动作。
   A. 1　　B. 1.2　　C. 1.5　　D. 2

2. 移动起重机在高压线附近工作,吊臂应离开高压线_____m 以上。
   A. 1　　B. 2　　C. 3　　D. 4

3. 对龙门刨床等大型机床的蜗杆、蜗条齿面进行刮研修复,齿面接触率在齿高上应达到_____%以上即为合格。
   A. 50　　B. 60　　C. 70　　D. 80

4. 对机床床身的测量和修刮最好用_____点支承。
   A. 3　　B. 4　　C. 5　　D. 6

5. 潜水泵入水深度不宜超过 5 m,距水底的距离应在_____mm 以上。
   A. 100　　B. 300　　C. 500　　D. 800

6. 对多段拼接床身导轨,在用螺钉紧固后,其结合面的间隙不得超过_____mm。
   A. 0.01　　B. 0.02　　C. 0.03　　D. 0.04

7. 对精密、大型机床的基础在安装前必须进行预压处理,预压的重力为自重和最大载荷重量的_____倍。
   A. 0.5   B. 0.75   C. 1   D. 1.25
8. 检查螺纹磨床床头与床尾顶尖中心线对工作台运动方向在垂直平面内的平行度应为0.01 mm/300 mm,只准许后顶尖向_____偏。
   A. 上   B. 下   C. 内   D. 外
9. 机床数字化改造,通常控制系统按照有无检测反馈装置分为开环系统和闭环系统,开环系统无位置检测反馈装置,其加工精度由执行元件和传动机构来保证,定位精度一般为±_____mm。
   A. 0.01   B. 0.015   C. 0.02   D. 0.025
10. 安装使用潜水泵时,应注意电压波动范围应在额定电压的±_____%之间。
    A. 3   B. 5   C. 8   D. 10

二、判断题（下列判断正确的请打"√",错误的打"×"）
1. 数控车床进给传动链精度与运动部件预紧量以及补偿环节的调整无关。（　　）
2. 项目性修理主要是针对精、大、稀设备的特点而进行的一种修理形式。（　　）
3. 安装龙门刨床床身时,床身各段结合面有较大缝隙时,可用连接螺钉将其拉紧。（　　）
4. 对龙门刨床进行空车试运转时,注意先以高速开始逐渐降至低速运转。（　　）
5. 项修是大修的一部分,单独项修时,可以完全照搬大修中的这部分工艺。（　　）
6. 项修不会直接或间接影响设备的几何精度。（　　）
7. 在项修中,常用调整法和修配法对尺寸链中的补偿件调整或修配,使封闭环达到精度要求。（　　）
8. 要消除龙门刨床的爬行现象,必须设法减小蜗杆蜗条的啮合侧隙。（　　）
9. 数控机床自诊断程序功能分析,维修人员根据屏幕上显示的报警信号或控制、输入、连接和伺服各单元的报警指示灯提示,就能准确找到数控系统故障源。（　　）
10. 由于气缸与立柱装配精度差造成气锤锤头卡死不动,应调整锤头与导轨之间的间隙。（　　）

三、简答题
1. 简述设备水平运输的常用方法。
2. 简述消除拼装床身接缝处严重漏油的方法。
3. 简述坐标镗床主轴与工作台两次进刀接刀不平的原因。

四、技能题
第1题　制作 200 mm 2 级方尺
(1) 图样。如图 2—46 所示。
(2) 考核内容
1) 刮削加工。
2) 正确的操作方法及测量技术应用。
(3) 准备工作

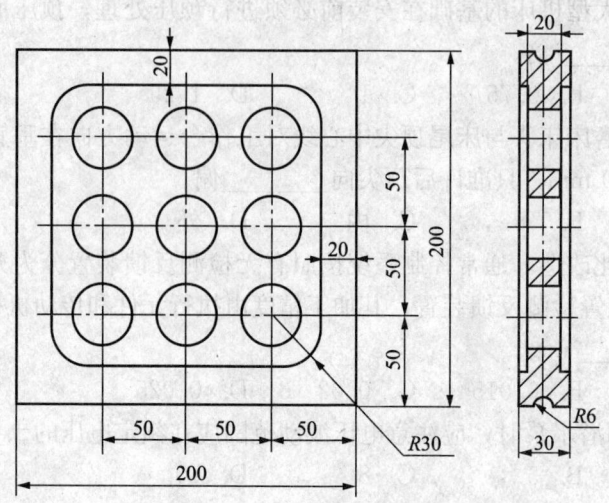

图 2—46　200 mm 2 级方尺

1) 考场准备

①备料：QT500—7 按图样铸造成型。刨加工：200 mm×200 mm×30 mm（注：非加工面涂防锈漆）。

②刮削场地及刮研平台（带台虎钳）、1 级刮研平板、衬垫木块、砂轮机、煤油、台灯等。

2) 考生准备。平面刮刀、油石、百分表、圆柱角尺、显示剂、25 mm×25 mm 研点方框、板锉、毛刷、棉纱等。

(4) 考核时间：480 min。

(5) 考核评分标准

序号	考核要求	配分	评分标准	实测结果	扣分	得分
1	200 mm×200 mm 误差≤0.02 mm	12	每超差 0.01 mm 扣 1 分 超差 0.03 mm 无分			
2	200 mm 尺寸平行度 0.005 mm	2×12	每超差 0.005 mm 扣 1 分 超差 0.02 mm 无分			
3	四直角面平面度 0.005 mm	4×6	每超差 0.005 mm 扣 1 分 超差 0.02 mm 无分			
4	四直角面垂直度 0.005 mm	4×7	每超差 0.005 mm 扣 1 分 超差 0.02 mm 无分			
5	研点 25 mm×25 mm（18点以上）	4×3	12～18 点扣 1 分； 少于 12 点无分			
6	安全操作		违反操作规程酌情扣分			

第 2 题　制作 500 mm×350 mm×45 mm 2 级直角平尺

(1) 图样。如图 2—47 所示。

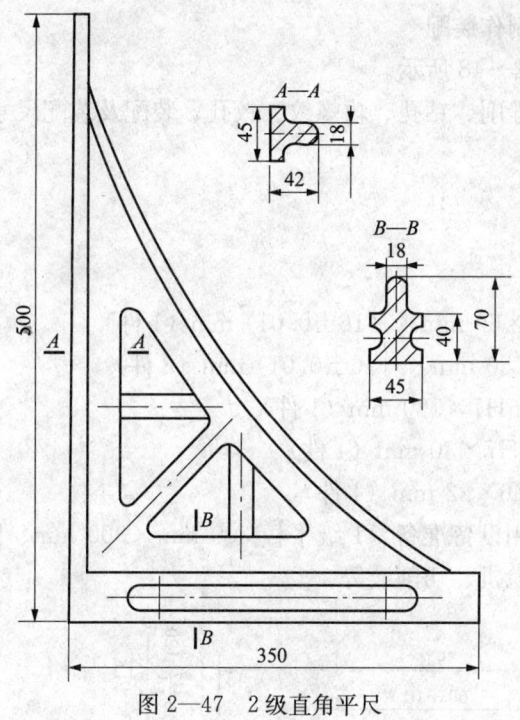

图 2—47 2 级直角平尺

(2) 考核内容
1) 刮削加工。
2) 正确的操作方法及测量技术应用。
(3) 准备工作
1) 考场准备
①备料：QT500—7 按图样铸造成型。刨：两直角面的垂直度误差≤0.15 mm，尺寸 45 mm 两侧面平行度误差≤0.1 mm（注：非加工面涂防锈漆）。
②刮削场地及刮研平台（带台虎钳）、1 级刮研平板（大于 300 mm×300 mm）、衬垫木块、砂轮机、煤油、台灯等。
2) 考生准备。平面刮刀、油石、百分表、圆柱角尺、显示剂、25 mm×25 mm 研点方框、板锉、毛刷、棉纱等。
(4) 考核时间：480 min。
(5) 考核评分标准

序号	考核要求	配分	评分标准	实测结果	扣分	得分
1	两直角面研点 18 点以上	15×2	任一处 12～18 点扣 1 分 任一处少于 12 点扣 15 分			
2	两直角面垂直度 0.005 mm	50	每超差 0.005 mm 扣 1 分 超差 0.025 mm 以上无分			
3	两直角面与 45 mm 两侧面垂直度 0.3 mm	10×2	每超差 0.05 mm 扣 1 分 超差 0.5 mm 以上无分			
4	安全操作		违反操作规程酌情扣分			

第3题 组合件制作装配

（1）图样。如图2—48所示。

（2）考核内容。锉削、钻孔、攻螺纹、铰孔、装配及装配尺寸的修整和测量技术的正确应用。

（3）准备工作

1）考场准备

①备料

a. 底板 100 mm×60 mm×(16±0.01) mm（1件）

b. 立板 60 mm×50 mm×(16±0.01) mm（2件）

c. 圆柱销　ϕ16H7×120 mm（1件）

　　　　　ϕ6H7×30 mm（4件）

d. 内六角螺钉 M6×22 mm（4件）

②钳工场地及常用设备准备。1级平板 300 mm×300 mm、钳台、台虎钳、台钻、机床用平口虎钳、砂轮机、切削液等。

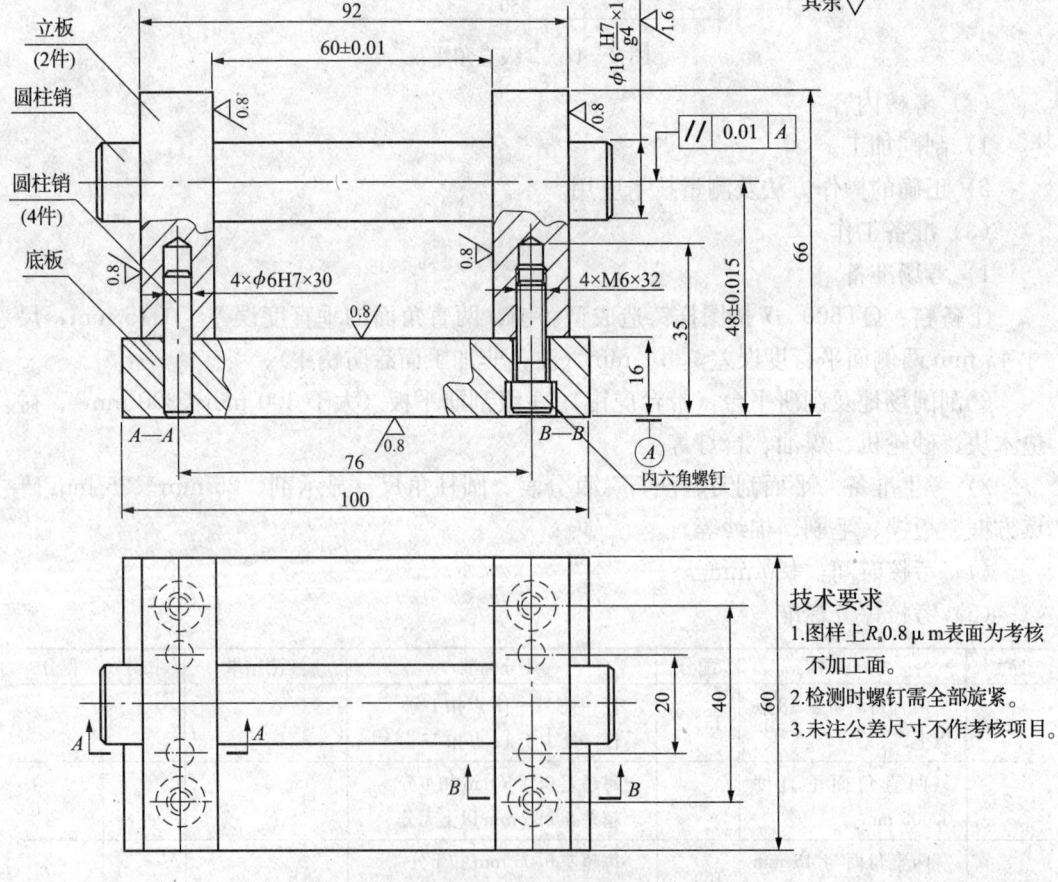

图2—48 组合件制作装配

2) 考生准备。游标卡尺、千分尺（0～25 mm、25～50 mm、50～75 mm、75～100 mm）、游标高度尺、刀口形直尺、90°角尺、百分表（带表架）、量块、锉刀（自定）、钻头（φ3 mm、φ5 mm、φ5.8 mm、φ5.9 mm、φ6.5 mm、φ9.5 mm、φ10.5 mm、φ12 mm、φ15 mm、φ15.7 mm、φ15.8 mm）、铰刀（φ6H7、φ16H7）、5 mm 六角扳手、锤子、铰杠、6″活扳手、100 mm 平行夹（1～2 副）、划线工具（划规、划针、样冲、锤子、钢尺）、等高垫铁（或 V 形架一对）、软钳口、锉刀刷、毛刷、棉纱等。

(4) 考核时间：240 min。

(5) 考核评分标准

序号	考核要求	配分	评分标准	实测结果	扣分	得分
1	60 mm±0.01 mm	20	任一处超差 0.01 mm 扣 1 分 超差 0.05 mm 以上无分			
2	48 mm±0.015 mm	30	超差 0.01 mm 扣 1 分 超差 0.05 mm 以上无分			
3	// 0.01 A	30	超差 0.005 mm，扣 1 分 超差 0.02 mm 以上无分			
4	φ16 H7/g4	10	超差 0.01 mm 扣 1 分 超差 0.03 mm 以上无分			
5	1.6 3.2	5	任一处表面粗糙度不合格扣 1 分，超过 4 处不合格无分			
6	外观	5	φ6 mm 销钉、M6 螺钉符合装配要求，0.8 非考核加工面不得有加工痕迹，未注倒角处为 C0.5，无毛刺，无任何与考核加工无关的痕迹，有明显缺陷扣 1～5 分			
7	安全文明生产		违反操作规程酌情扣分			

第4题 对万能外圆磨床进行大修

(1) 考核内容

1) 大修前的准备工作。

2) 主要部件的拆卸与修理的顺序符合工艺规范要求。

3) 对头架主轴进行检测和修复。

(2) 准备工作

1) 考场准备

①准备相关万能外圆磨床的技术资料。

②万能外圆磨床一台。

③大修所需的物质准备。

2) 考生准备。大修所用的工具及量具。

(3) 考核时间：480 min。

(4) 考核评分标准

序号	考核内容及要求	配分	评分标准	扣分	得分
1	大修前的准备工作	20	准备工作不充分扣5~10分		
2	主要部件的拆卸与修理的顺序符合工艺规范要求	30	有一个步骤不正确扣5分，有5个步骤以上不正确无分		
3	对头架主轴进行检测	20	主轴检测方法不正确扣20分，主轴检测记录一项不准确扣2分		
4	对头架主轴进行修复（以上内容必须在设备现场进行考核，若主轴符合精度要求可不进行修复，若精度超差应进行修复。不具备现场考核条件或主轴修复工作量超过考核时间，可进行笔试，时间为90 min）	30	修复后的主轴符合精度要求得满分，一项不合格扣5分。如修复造成主轴报废则本题按不及格论		
5	安全文明生产		违反操作规程扣5~10分，工具、量具使用不正确扣2分，场地不整洁扣2分		

单元测试题答案

一、单项选择题

1. B 2. B 3. C 4. A 5. C 6. D 7. D 8. A 9. A 10. D

二、判断题

1. × 2. √ 3. × 4. × 5. × 6. × 7. √ 8. √ 9. × 10. √

三、简答题

1. 答：(1) 桥式吊车运输。施工条件好，利用桥式吊车水平运输设备安装到位，是既快又安全的方法。

(2) 铲车运输。一般适用于中、小型设备。

(3) 滚杠滑移运输。将滚杠横跨在机床木排下，机床和木排在滚杠上滑至设备基础旁对正基础摆好，再用撬杠撬起设备一端，在设备与木排之间放入滚杠，再将3~4根滚杠横放在木排一端和基础上，通过滚杠滑移，将机床在木排上滑移到基础面上，最后再撬起机床，将滚杠撤出，垫好垫铁。

2. 答：(1) 重新检查结合面，找出造成结合面接触不良的原因，若是安装造成的，可重新按要求拼接安装；若是床身拼接面本身精度差，则要重新刮研结合面，达到8~10点/（25 mm×25 mm），同时要保证两段床身结合面对床身导轨的垂直度要求。

(2) 可以采用在两结合面上改装油封装置的方法。

3. 答：(1) 调整各部分塞铁、滑动面与镶条间的接触间隙，0.03 mm的塞尺不得塞入。
(2) 调整紧固压板装置使之稳定夹紧，变化值不许超过 0.04 mm。
(3) 使床身导轨与下滑座导轨垂直度误差不大于 0.02 mm。
(4) 以床身为基准分别测量检查各项有关精度，对故障原因予以排除。

四、技能题（略）

第3单元

作业后检查

- 第一节　大型数控机床检查/125
- 第二节　精密、复杂设备的精度检验/132
- 第三节　试车验收工作/146

新设备安装后的验收和设备修理后的验收工作,就是对设备的各项质量做出客观的、准确的鉴定,这也是技师必须掌握的技能内容。本单元重点叙述了大型、精密、复杂设备以及数控机床的验收要求和方法,包括几何精度检查、传动链精度检查和工作精度检查几个方面。其中大型设备以龙门刨床和数控加工中心为例,精密机床以坐标镗床、螺纹磨床为例,复杂设备以齿轮加工机床为例,较系统地介绍了这些设备验收工作的全过程及典型项目的验收方法。

第一节 大型数控机床检查

→ 掌握大型数控机床的检查要求和方法
→ 能够对大型数控机床的各项自动功能进行试验和调整

一、大型数控机床整机检查要求

机床外观的检查是指不使用检测仪器凭借直观进行的各种检查。检查内容包括机床油漆的质量，防护罩是否完好，工作台面有无磕碰划伤，电线和油、气管安装是否规范，以及 MDI/CRT 单元、位置显示单元、纸带阅读机、各印制电路板有无污染，所有连接电缆、屏蔽线有无破损，输入变压器、伺服用电源变压器、输入单元、直流电源单元等的接线端子是否拧紧，电缆连接器上的紧固螺钉是否拧紧，各印制电路板是否插接到位，插接件上的紧固螺钉是否有松动等。由于紧固和插接原因而产生的接触不良，常会引起各种各样难以查找的故障。

二、主要结构要求

1. 床身和立柱

床身、立柱和工作台等是数控机床的基础部件，它们主要承受机床的静载荷以及在加工时产生的切削载荷，因此必须要求具有足够的刚度。这些大型部件经常是铸铁件或焊接而成的钢结构件，床身和立柱上的导轨即为支承和导向，也就是支承运动部件（如刀架工作台等），保证运动部件在外力作用下能准确沿着规定的方向运动。导轨的精度及其性能对机床加工精度、承载能力等有着重要的影响，要求导轨具有较高的导向精度、良好的摩擦性和精度稳定性。

2. 主轴

数控机床的主轴应具备以下要求：

（1）转速高，功率大。能进行大功率切削和高速切削，实现高效率加工。

（2）主轴转速的变换迅速可靠，能自动无级变速，使切削工作始终在最佳状态下进行。

（3）为实现刀具的快速或自动装卸，主轴上设计有刀具自动装卸、主轴定向停止和主轴孔内的切屑清除装置。

3. 分度工作台

分度工作台按照数控系统的指令，在需要分度时工作台连同工件回转规定的角度，有时也可采用手动分度。分度工作台只能完成分度运动而不能实现圆周进给运动，并且它的分度运动只能完成一定的回转度数，如 90°、60°或 45°等。按定位机构的不同，数控分度工作台通常有定位销式和齿盘式两类。

4. 进给传动机构的要求

数控机床进给系统的机械传动机构是指将电动机的旋转运动传递给工作台或刀架以实现进给运动的整个机械传动链，包括齿轮传动副、丝杠螺母副及其支承部件等。为确保数控机床进给系统的传动精度、灵敏度和工作稳定性，对进给机械传动机构总的设计要求是：消除传动间隙，减少摩擦，减少运动惯量，提高传动精度和刚度。

5. 刀库和机械手

(1) 刀库。刀库可装十几把至数十把刀具，结构如图3—1所示。数控系统发出换刀指令后，伺服电动机1转动，经十字联轴器2、蜗杆4、蜗轮3，使刀盘14上装的待换刀具的刀套13转动至换刀位置，完成选刀动作。刀套13转到换刀位置时，滚子11进入拨叉7的槽内，压缩空气进入气缸5下腔，活塞杆6上升，刀套13绕销轴12向下转动90°，待换刀具轴线与主轴轴线平行，行程开关10发出机械手抓刀信号。

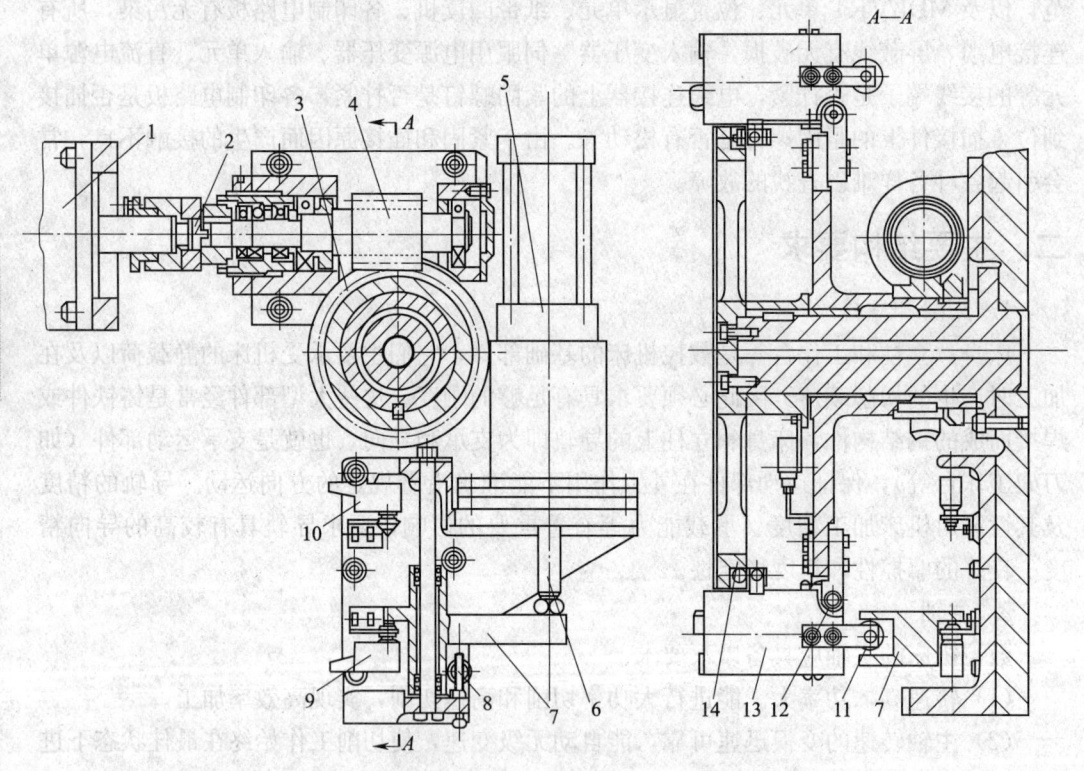

图3—1 JCS—018型立式加工中心刀库结构简图

1—伺服电动机 2—十字联轴器 3—蜗轮 4—蜗杆 5—气缸 6—活塞杆
7—拨叉 8—螺杆 9、10—行程开关 11—滚子 12—销轴 13—刀套 14—刀盘

(2) 机械手。机械手在换刀过程中，要完成抓刀、拔刀、换刀、插刀、复位等动作，回转式单臂双手机械手传动结构示意图如图3—2所示。机械手得到抓刀信号后，液压缸18右腔进油，齿条17左移，齿轮11、机械手21回转75°抓刀。抓刀动作结束，

挡环 12 压下行程开关 14，发出拔刀信号，液压缸 15 上腔进油，轴 16 下降带动机械手 21 拔刀，传动盘 10、圆销 8 下降，插入连接盘 5 的孔中。拔刀动作结束，挡环 2 压下行程开关 1，发出换刀信号，液压缸 20 右腔进油，齿条 19 左移，齿轮 4、连接盘 5 经圆销 8、传动盘 10 带动机械手 21 转动 180°，交换主轴与刀库的刀具液压缸下腔进油，轴 16 上升带动机械手 21 插刀。插刀动作结束，齿条 19 右移复位，挡环 6 压下行程开关 7，液压缸左腔进油，齿条 17 右移，齿轮 11、机械手 21 反转 75°复位。

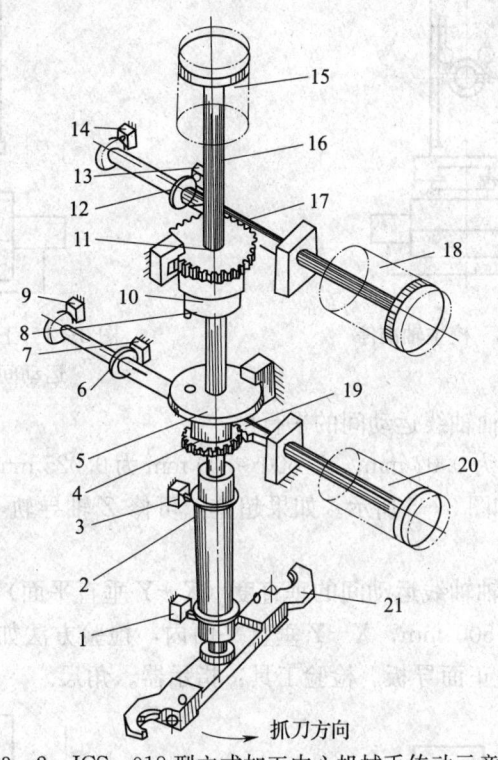

图 3—2　JCS—018 型立式加工中心机械手传动示意图

1、3、7、9、13、14—行程开关　2、6、12—挡环　4、11—齿轮　5—连接盘
8—圆销　10—传动盘　15、18、20—液压缸　16—轴　17、19—齿条　21—机械手

三、整体检验要求

1. 校准安装水平

Z 轴导轨上采用水平仪测量，纵向和横向读数均小于 0.02 mm/1 000 mm；X 轴方向水平仪放在分度工作台面上，在 X 轴导轨两端和中间三个位置测量，读数差值小于 0.05 mm/1 000 mm。上述安装水平，可通过调整地脚螺钉和垫铁实现。

2. 校主轴准停

主轴转速由脉冲编码器监视，到达准停位置前先减慢速度，最后通过无触点开关使主轴准停。也就是使主轴前端两个定位块准确无误地停在同一水平位置上，才能保证机械手刀具的两个定位槽与主轴定位块相吻合。校调时，指示器测量头触及主轴端部定位块顶面，在分度工作台面上移动指示器，使两定位块等高一致性允差在

0.05 mm以内，调无触点开关在最佳位置，至合格为止，如图3—3所示。检验工具：指示器等。

3. 工作台面和X轴轴线运动间的平行度

允差：$x>500\sim800$ mm 为0.025 mm，$x>800\sim1\,250$ mm 为0.030 mm。检验方法如图3—4所示。如果超差，可修X轴导轨上导板。检验工具：指示器、平尺。

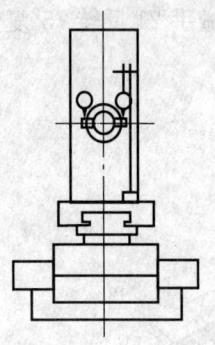

图3—3 校主轴准停

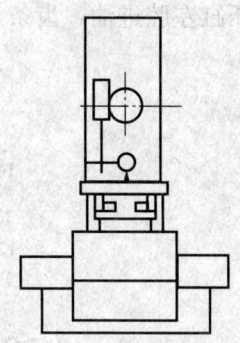

图3—4 工作台面和X轴轴线运动间的平行度检验

4. 工作台面和Z轴轴线运动间的平行度

允差：$z\leqslant500$ mm 为0.02 mm，$z>500\sim800$ mm 为0.025 mm，$z>800\sim1250$ mm 为0.030 mm。检验方法如图3—5所示。如果超差，可修Z轴导轨上导板。检验工具：指示器、平尺。

5. 工作台面和Y轴轴线运动间的垂直度（X-Y垂直平面）

允差：0.020 mm/500 mm，X-Y垂直平面内，检验方法如图3—6所示。如果超差，可修垂直滑板导轨正面导板。检验工具：指示器、角尺。

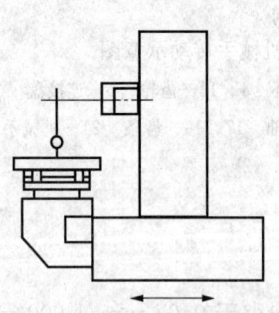

图3—5 工作台面和Z轴轴线运动间的平行度检验

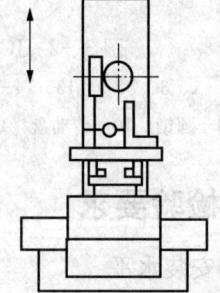

图3—6 工作台面和Y轴轴线运动间的垂直度检验（一）

6. 工作台面和Y轴轴线运动间的垂直度（Y-Z垂直平面）

允差：0.020 mm/500 mm，Y-Z垂直平面内，检验方法如图3—7所示。如果超差，可修垂直滑板导轨侧面导板。检验工具：指示器、角尺。

7. Z轴轴线运动和X轴轴线运动间的垂直度

允差：0.02 mm/500 mm。检验方法如图3—8所示。

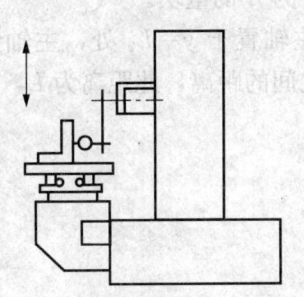
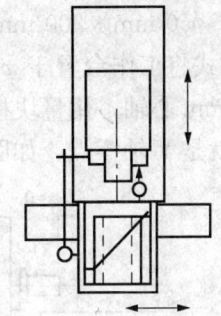

图 3—7　工作台面和 Y 轴轴线运动间的垂直度检验（二）

图 3—8　Z 轴轴线运动和 X 轴轴线运动间的垂直度检验

8. 主轴锥孔的径向跳动

允差：靠近主轴端部为 0.007 mm，距主轴端部 300 mm 处为 0.02 mm，检验方法如图 3—9 所示。如果超差，可调主轴螺母。检验工具：指示器、心轴。

9. 主轴轴线和 Z 轴轴线运动间的平行度（$Y-Z$ 垂直平面）

允差：0.015 mm/300 mm，$Y-Z$ 垂直平面内，检验方法如图 3—10 所示。如果超差，可修 Z 轴导轨上导板。检验工具：指示器、平尺、心轴。

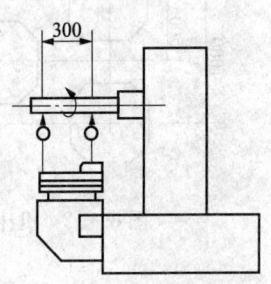

图 3—9　主轴锥孔的径向跳动检验

10. 主轴轴线和 Z 轴轴线运动间的平行度（$X-Y$ 垂直平面）

允差：0.015 mm/300 mm，$X-Z$ 垂直平面内。检验方法如图 3—11 所示，如果超差可修 Z 轴导轨侧导板。检验工具：指示器、平尺、心轴。

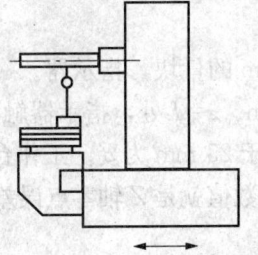
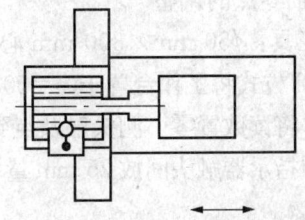

图 3—10　主轴轴线和 Z 轴轴线运动间的平行度检验（一）

图 3—11　主轴轴线与 Z 轴轴线运动间的平行度检验（二）

四、机床坐标零点的调整

以 TC630 型卧式加工中心为例，机床坐标零点是指 X、Y、Z 轴坐标零点。如图 3—12 所示，可以看出 X 轴零点在 X 轴行程的端部，Y 轴零点在主轴轴线距工作台面 L_2 尺寸处，Z 轴零点在主轴端部至工作台回转中心 L_1 尺寸处，可以分别对三个轴坐标零点进行调整。

1. Y 轴零点的调整

检验工具：$\phi 50$ mm×300 mm 心轴，测量尺寸为 L 的量块。

用 MDI 方式将工作台置于 $x=500$ mm 处，主轴置于 $y=L_2$ 处，主轴锥孔中插入 $\phi 50$ mm×300 mm 心轴，用量块检验心轴和托盘之间的距离，此距离为 L，即 $L_2=L+25$ mm，此处就是 Y 轴零点，如图 3—13 所示。

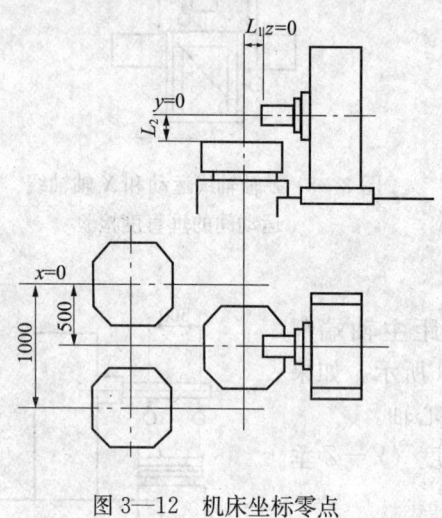

图 3—12 机床坐标零点

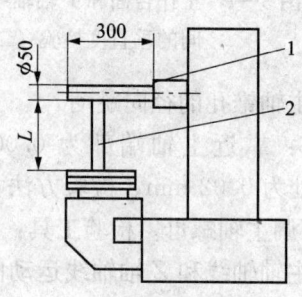

图 3—13 Y 轴零点的调整
1—心轴　2—量块

2. X 轴零点的调整

检验工具：$\phi 50$ mm×300 mm 心轴。

用 MDI 方式将工作台置于 $x=500$ mm、$y=150$ mm、$z=50$ mm 处位置，主轴锥孔插入 $\phi 50$ mm×300 mm 心轴，指示器固定在托盘上，测头触及心轴侧母线，并将读数置零，然后退出立柱，工作台回转 180°，使立柱进入原位置，此时指示器读数值就是 X 轴零点的误差，如图 3—14 所示。

3. Z 轴零点的调整

检验工具：$\phi 50$ mm×300 mm 心轴，厚度为 25 mm 的量块，指示器。

用 MDI 方式将工作台置于 $x=500$ mm、$y=200$ mm、$z=L$ 处，指示器触头触及心轴侧母线，并将读数置零。测头触及点到心轴端面尺寸小于 25 mm 为妥。工作台转 90°，在心轴端面和指示器触头间放 25 mm 量块，此时指示器读数值就是 Z 轴零点误差。如图 3—15 所示。

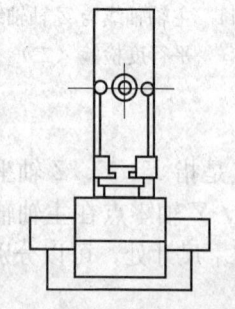

图 3—14 X 轴零点的调整

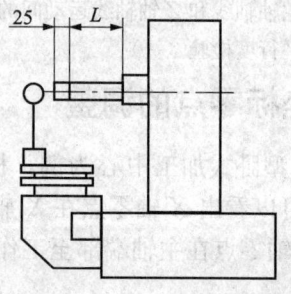

图 3—15 Z 轴零点的调整

五、试车

试车应由专业人员进行。机床检验合格后,提供电气、液压和气动动力。将润滑油按规定的油量和型号分别注入液压箱、变速箱及润滑箱内。

机床各轴调到离终端挡块尽量远些,防止启动后由于出错碰到挡块上。接通主开关前,电气人员必须对数控装置的电源线仔细检查,接通后,先检查电动机相序(U、V、W)。通过短时间地接通和断开液压装置来检查泵电动机的转动方向,并加以校正。正常后接通液压装置,并按液压原理图上标明的压力检查系统压力及蓄能器压力。上述准备工作就绪后方可试车。

1. 手动功能试验

手动功能试验就是用手操作机床各部位进行试验,各项试验动作要求灵活、可靠、准确。

(1) 对主轴进行锁刀、松刀、吹气、正反转、换挡、准停试验,不少于5次。

(2) X、Y、Z 轴运动部件正、反向启动、停止等试验,不少于10次。

(3) 分度工作台分度、定位试验,不少于10次。

(4) 交换工作台交换试验,不少于3次。

(5) 刀库机械手换刀试验,不少于5次。

(6) 检查机床控制面板上各种指示灯、控制按钮、风扇动作灵活性和可靠性。

(7) 检查机床润滑系统工作可靠性,各润滑点油路是否畅通,接头处是否漏油。

(8) 检查机床冷却系统管路流通、流量状况,冷却泵工作有无渗漏。

(9) 检查防护装置的可靠性。排屑器是否工作平稳、可靠。

2. 自动功能试验

自动功能试验是用数控程序操作机床各部件进行试验,可与整机空运转试验同时进行。整机连续空转时间为48 h,试验过程中机床运转应正常、平稳、可靠,不应发生故障,否则必须在排除故障后重新做48 h连续空运转。连续空运转程序包括以下内容:

(1) 主轴低、中、高转速的正、反向运转和定位。

(2) 各坐标方向上的运动部件低、中、高进给速度和快速正、反向运行,可选任意点定位。

(3) 刀库中各刀位上刀具不少于两次自动换刀。

(4) 分度工作台的自动分度和定位。

(5) 各轴联动。

(7) 各交换工作台不少于5次自动交换。

(8) 机床具有的各种功能试验,如直线插补,圆弧插补,铣、钻、镗、铰和攻螺纹加工,循环、冷却、排屑、冲洗等。

3. 温升试验

主轴轴承达到稳定温度时,在靠近轴承处检验其温度不超过60℃,温升不超过20℃。

第二节　精密、复杂设备的精度检验

→ 能够进行精密机床几何精度和工作精度的检验
→ 能够进行复杂机床传动链传动误差的检验

一、坐标镗床的精度检验

1. 几何精度检验（见表3—1）

表3—1　　　　　　坐标镗床的几何精度检验

序号	检验项目	检验方法	允许偏差
1	工作台工作面平面度	在工作台工作面上按不同方向放置两个等高量块，将精确平尺检验面放在量块上，再用量块和塞尺检验平尺下检验面与工作台面间的空隙	0.008 mm/1 000 mm
2	工作台工作面对其导轨的平行度	在主轴中的检验棒上固定一百分表，使表头触及工作台工作面（或触及安置在工作台工作面上两等高量块上的直尺），然后工作台沿其行程全长移动（纵向及横向），百分表指示的误差即为平行度误差	0.005 mm/1 000 mm
3	工作台槽两侧壁对工作台移动方向的平行度	在主轴上固定杠杆百分表，使其测头与工作台槽侧壁接触，工作台沿其行程移动，即可用百分表测出平行度误差	0.01 mm/1 000 mm
4	主轴中心对工作台面的垂直度	在主轴上固定一装夹百分表的曲形检验棒，百分表头的回转半径不小于300 mm，使表头与工作台工作面接触测量，然后慢慢回转主轴，即可在百分表上测出垂直度误差	0.005 mm/R300 mm
5	主轴锥孔中心线的径向跳动	将带锥尾的圆柱形标准检验棒插入主轴锥孔内，圆柱有效测量长度不小于300 mm，将带有百分表的磁力表座置于工作台，使百分表与圆柱检验棒测量接触，然后主轴慢慢回转，测量范围在靠近主轴顶端至下300 mm处	0.006 mm/300 mm
6	工作台纵向移动对工作台横向移动的垂直度	在工作台上安置一精确90°角尺，90°角尺的一侧量面用主轴上固定的百分表沿工作台横移动方向找正并固定，再用百分表测量90°角尺与工作台纵向移动平行的直角面	0.004 mm/300 mm

续表

序号	检验项目	检验方法	允许偏差
7	主轴前座沿立柱导轨上下移动对工作台表面在纵横平面内的垂直度	在主轴上安置一表头水平方向的百分表,在工作台工作面上放置一标准圆柱角尺与表头测量接触,主轴沿立柱导轨上下移动,百分表即在圆柱角尺上测出垂直度误差	0.012 mm/300 mm
8	工作台在其行程全长上移动时,机床立柱和工作台位置在两个方向内的相对变更	在工作台表面靠着立柱导轨放置一个框式水平仪,然后工作台在纵横两个方向做全程移动,用水平仪测出相对变更量	8″

2. 工件精度检验

(1) 检验方法。在机床上对厚度 30 mm 的 45 钢零件进行钻、镗 8 个 ϕ20 mm 孔加工,通过测量孔的中心距检验机床加工精度。

(2) 精度要求。ϕ20H7 孔距 80 mm±0.01 mm。

二、内圆磨床的精度检验

1. 几何精度检验(见表 3—2)

表 3—2　　　　　　内圆磨床的几何精度检验

序号	检验项目	检验方法	允许偏差
1	床身导轨在垂直平面内的直线度	在机床被测导轨上放置检验桥板,桥板在被检验导轨上的两支点间距离不应大于 250 mm,再在桥板上平行于被检验的导轨放置一水平仪,水平仪随桥板沿导轨全长移动,误差以水平仪偏差的代数差的一半计算	0.02 mm/1 000 mm
2	床身导轨在水平面内的直线度	拉紧一根 ϕ0.1 mm 的钢丝平行于被检验的导轨上方,在放置在导轨上的桥板上垂直固定一个带有微量水平移动的常量的显微镜,桥板沿导轨全长移动即可进行检验。导轨在水平面内直线度误差以显微镜读数最大代数差计。此方法适用于较长的导轨。短导轨可用水平仪或自准直仪直接测量	0.01 mm/1 000 mm
3	床身导轨平行度	在床身导轨上放置桥板,在桥板上垂直于导轨放一水平仪,水平仪随桥板沿导轨全长移动,即可测出导轨平行度	0.03 mm/1 000 mm
4	工作台已加工面的平面度	在工作台被检验面上按不同方向安置两等高量块,上面放置一标准平尺,用塞尺和量块测量平尺下检验面与被测面间的空隙	0.02 mm/1 000 mm（只许凹入）

续表

序号	检验项目	检验方法	允许偏差
5	工作台已加工的上表面对于其移动方向的平行度	在机床固定部位安置百分表，使其表头与工作台已加工面测量接触，然后工作台沿加工自身导轨移动，即从百分表上得到平行度误差数值	0.02 mm/1 000 mm
6	卡盘座主轴的轴向窜动	在卡盘座主轴内插入一短检验棒，检验棒端面与其轴线垂直。工作台固定一百分表，表头垂直于检验棒端面中心测量，回转主轴即可从百分表上测出主轴的轴向窜动量	0.01 mm
7	卡盘座主轴轴阶端面对主轴回转中心线的垂直度	安置百分表，表头在主轴的周边处与其轴阶端面接触，使轴向受负荷的主轴回转，误差以轴阶端面测得的最大摆动量和主轴的轴向窜动量的差计算	0.005 mm/200 mm
8	主轴定心轴颈的径向跳动	安置百分表，表头垂直接触主轴定心轴颈的母线，回转主轴即测出径向跳动量	0.01 mm
9	主轴锥孔的径向跳动	主轴孔内插入圆柱检验棒，安置百分表，表头垂直接触圆柱检验棒母线，回转主轴即测出径向跳动量	近主轴端面处为 0.01 mm，至 300 mm 内为 0.02 mm
10	主轴中心线与工作台移动方向的平行度	主轴孔内插入圆柱检验棒，安置百分表分两个方向与圆柱检验棒直径对应的两母线（即主轴回转 180°）各作一次偏差测量，误差根据平面内两次测量的结果的平均值计算	每 300 mm 上母线允许检验棒自由端向上偏 0.02 mm，侧母线只允许检验棒向砂轮压力相反方向偏 0.01 mm
11	回转卡盘在各位置时其主轴中心线的水平度	此项检验适用于卡盘能回转的机床。方法是在主轴孔内插入圆柱检验棒，百分表固定砂轮架上，仪表头与检验棒顶端的母线接触，工作台移动，由百分表分别测出卡盘两极位置上的水平度误差	距主轴端 100 mm 为 0.02 mm，检验棒自由端只许向上偏
12	磨头用导轨对工作台移动方向的平行度	在工作台上安置百分表，使其表头与磨头导轨测量面接触，工作台沿自身导轨移动，检查磨头导轨下滑面与侧滑面	0.01 mm/100 mm
13	磨头孔中心线对工作台移动方向的平行度	安置百分表，使其表头接触插入磨头孔中的圆柱形检验棒的上母线和侧母线。工作台沿自身导轨移动。在上母线及侧母线上各测三次，每次检验棒转 120°，三次以最大值计算	上母线 0.01 mm/100 mm，检验棒自由端只许向下偏；侧母线 0.01 mm/100 mm，检验棒自由端只允许向砂轮压力相反方向偏

续表

序号	检验项目	检验方法	允许偏差
14	磨头孔中心线与卡盘座主轴中心线的同轴度	在卡盘座主轴上固定百分表,表头与磨头孔中的圆柱形检验棒外圆柱面接触。横向调整磨头,使其孔中心线与卡盘座主轴中心线同在一垂直平面内(即回转卡盘主轴时,百分表在水平面内的读数相同),达到此条件后,在垂直平面内检验两中心线的相对位置,其误差以百分表在垂直平面读数的代数差的一半计算	对带回转卡盘座的机床,离砂轮座端 0.02 mm/150 mm,卡盘座不能回转的机床为 0.01 mm/150 mm
15	端磨用砂轮轴的轴向窜动	安置百分表,表头接触放在砂轮轴中心孔内的钢球表面,然后使受轴向负荷的主轴回转	0.01 mm
16	端磨用砂轮轴的径向跳动	安置百分表,表头垂直接触砂轮轴锥孔母线,回转砂轮轴	0.01 mm
17	端磨用砂轮中心线对工作台移动方向的平行度	在砂轮轴端固定一圆柱形检验棒,安置百分表,表头接触检验棒圆柱面。工作台沿导轨移动,百分表分别在检验棒上母线和侧母线测量两次,每次检验棒回转 180°。误差以两次测量的结果的平均值计算	0.01 mm/100 mm 验棒自由端只允许上偏
18	端磨用磨头移动方向对卡盘座主轴中心线的垂直度	在卡盘座主轴孔内插入一圆柱检验棒,将一精确 90°角尺的一直角工作面紧靠在检验棒圆柱面上,另一直角工作面对应磨头孔方向,在砂轮座上固定百分表,表头与对应的 90°角尺工作面接触,磨头沿自身导轨移动	0.01 mm/100 mm

2. 工作精度检验

(1) 在机床上磨孔

1) 在不带端磨夹具的机床上,将工件(钢套)夹在卡盘上,不用中心架磨削内孔。工件直径为机床最大磨削直径的 1/2,孔长为最大磨削长度,但不大于 200 mm。

2) 在带有端磨夹具的机床上,将工件夹在卡盘上,不用中心架,在一次装夹中磨内孔及端面。工件外径为机床允许装夹的最大直径,内孔直径为最大磨削孔径的 1/2。

(2) 允许偏差

1) 圆度 0.005 mm。

2) 锥度 0.01 mm/200 mm。

3) 圆柱度 0.01 mm/200 mm。

4) 端面平面度 0.01 mm/200 mm(只许凹入)。

三、万能工具磨床的精度检验

万能工具磨床的结构并不复杂,很多复杂形状的磨削加工,主要靠机床辅件完成。各种辅件的安装调整和砂轮的修整,是保证机床加工精度很重要的一部分工作。这里只叙述机床本身的精度检验方法(见表 3—3)。

表 3—3　　　　　　　　　　万能工具磨床的精度检验

序号	检验项目	检验方法	允许偏差
1	工作台工作面的平面度	在工作台工作面上，按不同方向安置两个等高量块，其上放一标准平尺，用量块和塞尺测定平尺下检验面与工作台间的空隙	0.004 mm/1 000 mm
2	工作台工作面对其横向移动（或磨头横向移动）方向的平行度	固定一百分表，使表头与工作面安置的平尺上检验面接触，平尺应垂直于工作台纵向移动方向。横向移动工作台（或磨头）	0.02 mm/300 mm
3	工作台T形槽与工作台纵向移动方向的平行度	固定一百分表，表头与T形槽一侧壁接触，工作台纵向移动	0.02 mm/300 mm
4	磨头主轴的轴向窜动	安置百分表，其表头垂直接触顶尖孔内的钢球表面，使轴向受载荷的主轴回转	0.01 mm
5	磨头主轴的径向跳动	固定百分表，表头垂直于锥体母线，在砂轮法兰盘配合处与轴端表面相接触，回转主轴	0.01 mm
6	磨头上、下移动方向对工作台工作面的垂直度	在磨头上固定百分表，使其表头垂直接触工作台工作面上安置的圆柱角尺垂直工作面，上、下移动磨头。注意应分别在圆柱角尺相对工作台纵、横两个方向测量	0.03 mm/100 mm
7	磨头主轴中心线对工作台工作面纵向移动方向的平行度	在磨头主轴两端套装同一直径的两个圆柱形检验套，工作台上固定一个百分表，表头接触检验套上母线一端，横向移动工作台以确定百分表最大读数值。百分表不动，磨头回转180°测量检验套上母线，误差根据两次测量百分表最大读数值的代数差计算	0.01 mm/100 mm
8	万能夹头主轴的轴向窜动	万能夹头孔中插入一短检验棒，检验棒端面与其中心线垂直安置百分表，表头与检验棒中心处端面接触，回转主轴	0.01 mm
9	万能夹头主轴锥孔中心线的径向跳动	在万能夹头主轴锥孔中插入圆柱形检验棒，安置百分表，表头与检验棒圆柱面接触，回转主轴	近主轴端 0.01 mm，距主轴端 0.02 mm/150 mm
10	尾座主轴中心线对工作台纵向移动方向的平行度	紧固尾座，其主轴孔内插入圆柱形检验棒，工作台以外安置百分表，表头分别与检验棒上母线和侧母线接触，工作台纵向移动	0.01 mm/100 mm

四、滚齿机的精度检验

1. 几何精度检验（见表 3—4）

表 3—4　　　　　　　　　　滚齿机几何精度检验

序号	检验项目	检验方法	允许偏差
1	工作台工作面平面度	在工作台工作面上按不同方向安置两等高量块，其上安放平尺，用块规和塞尺测量平尺检验面与工作台工作面的空隙	0.01 mm/300 mm 0.015 mm/500 mm 0.03 mm/1 000 mm （只准凹入）
2	工作台移动时其工作台工作面的倾斜度	分别在工作台工作面上纵向和横向安置水平仪，当工作台沿导轨移动到不同位置时，以水平仪各读数的代数差计算	0.04 mm/1 000 mm
3	工作台工作面的端面摆动	在刀架上固定百分表，表头与工作台面近外缘处接触，回转工作台，以百分表在同一直径相对两点上最大的代数差计算	与序号 1 相同
4	工作台锥孔中心线的径向跳动	在工作台孔中插入一锥柄圆柱形检验棒，刀架上固定百分表，表头与检验棒母线接触，回转工作台	工作台表面 0.01 mm 300 mm 处 0.02 mm 500 mm 处 0.03 mm
5	安装工件的心轴中心线对刀架导轨的平行度	工作台孔内插入安装工件的圆柱形心轴，刀架上固定百分表，表头与心轴相对机床纵、横两个方向的母线接触。刀架上、下移动，在直径两相对母线上进行测量，误差以该平面内两次测量结果的平均值计算	0.02 mm/300 mm 0.03 mm/500 mm 0.04 mm/1 000 mm
6	后立柱导轨对于刀架导轨的平行度	在刀架上固定百分表，表头接触后立柱导轨表面，刀架上、下移动。当悬梁固定后，在纵向与横向平面内进行测量	0.02 mm/300 mm 0.03 mm/500 mm 0.04 mm/1 000 mm
7	安装工件的心轴端部支架轴承与工作台锥孔的同轴度	在工作台孔中插入锥尾心轴，其上固定千分表，使其表头接触插在工件用心轴支架轴承孔中的检验棒母线上，回转工作台。要求支架轴承检验棒伸出长度不小于 100 mm，误差以百分表最大读数差的 1/2 计算	距工作台面： 0.01 mm/200 mm 0.02 mm/500 mm 0.03 mm/800 mm
8	刀架主轴锥孔中心线的径向跳动	刀架主轴孔内插入带锥柄的圆柱形检验棒，工作台安置百分表，表头接触检验棒母线，回转刀架主轴，在近主轴端 150 mm 处进行测量，然后在 300 mm 和 500 mm 处测量最大跳动，各点应在同一母线上	0.01 mm/150 mm 0.015 mm/300 mm 0.02 mm/500 mm
9	刀架主轴轴承的导轨对刀架中心线的平行度	将圆柱形检验棒插入刀架主轴孔内，刀架上固定百分表，表头接触检验棒一端的母线，立轴在行程全长上移动，在主轴两极端位置上两相互垂直平面内进行测量	0.01 mm/150 mm 0.015 mm/300 mm 0.02 mm/500 mm

续表

序号	检验项目	检验方法	允许偏差
10	刀架主轴尾端支架轴承与主轴的同轴度	在刀架主轴孔内插入一个直径等于支架轴承孔直径的检验棒,安置百分表,表头与支架端头检验棒的母线接触。支架轴承孔移入检验棒至轴承的全长距离,百分表读数的最大差值就是同轴度误差。将检验棒转90°再检验一次	0.01 mm
11	刀架主轴在垂直位置时其中心线对铣刀滑板的平行度	将铣刀滑板安置在游标度盘90°的位置,工作台上安置百分表,表头与插入铣刀主轴孔内并夹紧在支架座轴承中的检验棒表面接触,使安置在垂直位置的主轴随铣刀滑板移动,按检验棒的前母线、侧母线沿滑板导轨在其两端位置进行测量	0.02 mm/300 mm 0.03 mm/500 mm
12	铣刀滑板回转中心应与安装工件心轴中心相交	将铣刀滑板安置在游标度盘0°的位置,在铣头上固定百分表,表头与固定在工作台孔中的检验棒母线接触,百分表记数后将工作台移开,再把带百分表的铣刀滑板回转180°,当心轴随工作台回到原位时进行二次测量。沿床身导轨在工作台的两位置上进行测量的误差以千分表读数差的一半计算	0.03 mm

2. 传动链精度检验

滚齿机属于展成运动的齿轮加工机床,不但要求有一定的几何精度,而且还应具有一定的传动链精度。为了提高传动链精度,在设计齿轮机床时,已做以下考虑:尽量减少传动链中传动元件的数量,以减少误差的来源;在传动链中,从主动件到末端件尽量采用降速排列,末端采用最大的传动比,如增大蜗轮齿数、减少蜗杆头数、减少丝杠头数及减少丝杠螺距;末端传动副附近尽量不采用螺旋齿轮、锥齿轮或离合器;将交换齿轮尽量放在末端传动副的前面;尽量采用传动比为1:1的齿轮传动副,以补偿其传动误差;提高传动元件的制造和安装精度,以及装配时采用误差补偿办法;采用误差校正装置。

修理机床与新设计机床不同,不可能改变机床结构。切实可行的方法是提高传动元件的安装精度,采用误差相位补偿的办法,或加装校正装置来提高传动链的精度。

滚齿机加工齿轮的齿距相邻误差、累积误差和展成的齿形误差,主要取决于机床传动链精度。所以,传动链精度检验是一项很重要的检验内容。

(1) 刀具主轴回转相对于工件主轴回转的传动链精度

1) 检验工具。检验主轴回转传动链精度的检验工具为角位移测量仪。

2) 检验方法。将角位移测量仪Ⅰ和Ⅱ分别固定在工件主轴和刀具主轴上,机床按工作精度检验的试件参数调整分度挂轮。刀具主轴选用工作检验时的旋向,机床在无载荷的情况下进行工件主轴的正、反转检验,如图3—16所示。

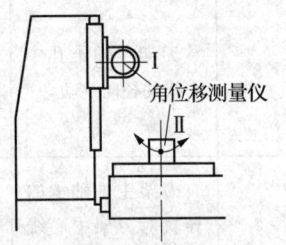

图3—16 传动链精度检验

①传动链误差的高频部分 f_{dK}。刀具主轴相对于工件主轴回转,在工作台回转一周时,滤去低频误差部分,定期多次重复的局部转角误差的最大值,以分度圆弧长计,单位为 μm。

②传动链误差的低频部分 f_{dL}。刀具主轴相对于工件主轴回转,在工作台回转一周时,滤去高频误差部分,实际转角与理论转角之差的最大值,以分度圆弧长计,单位为 μm。

③角度值换算线性值计算式

$$\Delta_{线} = 0.00242 d_n \Delta_a$$

试切工件 A　$d_{n1} \approx \frac{2}{3}d$,　$m_{n1} \approx \frac{1}{3}m$,　$z_{n1} = \frac{d_{n1}}{m_{n1}}$。

试切工件 B　$d_{n2} \approx \frac{1}{3}d$,　$m_{n2} = m$,　$z_{n2} = \frac{d_{n2}}{m_{n2}}$。

式中　d_{n1}——参考工件 A 的分度圆直径;

　　　m_{n1}——参考工件 A 的模数;

　　　z_{n1}——参考工件 A 的齿数;

　　　d_{n2}——参考工件 B 的分度圆直径;

　　　m_{n2}——参考工件 B 的模数;

　　　z_{n2}——参考工件 B 的齿数;

　　　Δ_a——角度误差;

　　　$\Delta_{线}$——角度误差在参考工件分度圆直径处换算出的线性值,μm。

3) 允差。

$$f_{dK} = 5 + 15\sqrt{m}$$

$$f_{dL} = 1.13\sqrt{d_n}$$

式中　m——参考工件模数,mm;

　　　d_n——参考工件分度圆直径,mm。

(2) 刀架轴向移动相对于差动传动系统中参考轴回转的传动链精度

1) 检验工具。该检验项目的检验工具为线位移传动链精度测量仪。

2) 检验方法。安装基准尺 2,拾信头 1 装在刀架上,角位移信号装置 3 安装在差动传动系统中的参考轴 4（差动机构的输出轴）上,螺旋角 β 为 20°~30°并满足测量仪要求,调整差动交换齿轮,在无载荷的情况下启动机床,刀架在全行程内上、下移动检验,如图 3—17 所示。

①线位移传动链误差高频部分 f_{xK}。刀架在全行程内的线位移误差曲线中多次重复出现的周期误差,以最大值计,单位为 μm。

②线位移传动链误差低频部分 f_{xL}。以刀架在全行程内任意长度 L 上的线位移误差滤去高频误差部分的最大值计,单位 μm。

3) 允差。

$$f_{xK} = 6 + 0.6\sqrt{m}$$

$$f_{xL} = 1.2\sqrt{L}$$

$$0 < L \leqslant L_3$$

式中 L_3——刀架最大行程长度，mm；
L——全行程内的任意长度，mm。

(3) 刀架切向滑座移动相对于切向移动传动系统中参考轴回转的传动链精度

1) 检验工具。该检验项目的检验工具为线位移传动链精度测量仪。

2) 检验方法。刀架置于垂直位置，安装基准尺 2，拾信头 1 装在刀架切向滑座上，角位移信号装置 3 安装在切向传动系统中参考轴 4（差动机构输出轴）上，调整机床满足测量仪要求，在无载荷情况下，启动机床，切向滑座在全行程内上、下移动检验，如图 3—18 所示。

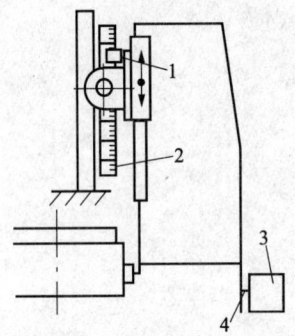 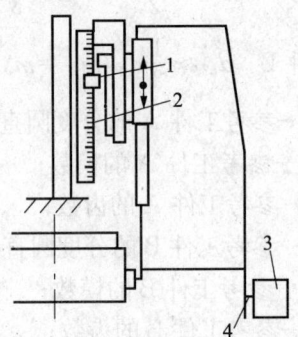

图 3—17 刀架轴向移动检验　　　　　图 3—18 刀架切向移动检验
1—拾信头　2—基准尺　　　　　　　　1—拾信头　2—基准尺
3—角位移信号装置　4—参考轴　　　　3—角位移信号装置　4—参考轴

①线位移传动链误差的高频部分 f_{iK}。以切向滑座在全行程内移动的线位移误差曲线中多次重复出现的周期误差最大值计，单位为 μm。

②线位移传动链误差的低频部分 f_{iL}。以刀架在全行程内任意长度 L 上的线位移误差滤去高频误差部分的最大值计，单位为 μm。

3) 允差。

$$f_{iK} = 6 + 0.6\sqrt{m}$$
$$f_{iL} = \sqrt{L}$$
$$0 < L \leqslant \sqrt{L_6}$$

式中 L_6——切向滑座最大行程长度，mm。

3. 工作精度检验

(1) 切削圆柱齿轮的节圆直径

1) 最大加工直径至 200 mm 的机床，其节圆直径不得小于 130 mm。

2) 最大加工直径 200～500 mm 的机床，节圆直径不得小于 200 mm。

3) 最大加工直径 500～700 mm 的机床，节圆直径不得小于 500 mm。以此类推。

(2) 切削出的齿轮允许累积误差

1) 节圆直径 130 mm 的齿轮，允许偏差 0.06 mm。

2) 节圆直径 130～200 mm 的齿轮，允许偏差 0.08 mm。

3）节圆直径 200~500 mm 的齿轮，允许偏差 0.1 mm。

4）节圆直径 500~700 mm 的齿轮，允许偏差 0.12 mm。

5）节圆直径 700~1 000 mm 的齿轮，允许偏差 0.15 mm。

6）节圆直径 1 000~2 000 mm 的齿轮，允许偏差 0.2 mm。

（3）切削齿轮圆周齿距（即分度系统累积误差）检验。用精加工规范切削直齿轮，最大加工直径为 200 mm 的机床，试件模数为 3；最大加工直径为 500 mm 的机床，试件模数为 5；最大加工直径为 700 mm 机床，试件模数为 7；最大加工直径为 1 000 mm 机床，试件模数为 10；最大加工直径为 2 000 mm 机床，试件模数为 12。在万能齿轮检验机上以两个测样检测其齿距误差要求：

1）齿轮直径小于 200 mm，允许偏差 0.015 mm。

2）齿轮直径 200~500 mm，允许偏差 0.02 mm。

3）齿轮直径 500~700 mm，允许偏差 0.025 mm。

4）齿轮直径 700~1 000 mm，允许偏差 0.03 mm。

5）齿轮直径 1 000 mm 以上，允许偏差 0.04 mm。

（4）切削齿轮轮齿的平行度。在安置于检验台上的专用轮齿检验夹具上检测，把带有特殊表头的百分表固定在检验台上，表头与齿面工作部分接触，沿被测齿面在检验台上移动百分表。轮齿平行度要求：

1）直径小于 200 mm 的齿轮，在齿长上允许偏差 0.01 mm。

2）直径 200~700 mm 的齿轮，在齿长上允许偏差 0.015 mm。

3）直径 700~1 000 mm 的齿轮，在齿长上允许偏差 0.02 mm。

4）直径 1 000 mm 以上的齿轮，在齿长上允许偏差 0.025 mm。

（5）机床上被切削齿轮的基圆摆动。将齿轮装在两顶尖之间的检验棒上，安装百分表，表头与两齿间的滚柱（检验圆柱）母线接触，沿整个节圆 2~3 齿测量一次。允许误差如下：

1）加工齿轮最大直径至 200 mm 的机床为 0.04 mm。

2）加工齿轮直径 200~500 mm 的机床为 0.05 mm。

3）加工齿轮直径 500~1 000 mm 的机床为 0.06 mm。

4）加工齿轮直径 1 000~2 000 mm 的机床为 0.07 mm。

（6）渐开线的精度检验。用齿轮渐开线检测仪进行检查，允许误差如下：

1）齿轮直径至 200 mm 为 0.015 mm。

2）齿轮直径 200~500 mm 为 0.02 mm。

3）齿轮直径 500~1 000 mm 为 0.025 mm。

4）齿轮直径 1 000 mm 以上为 0.03 mm。

五、螺纹磨床的精度检验

1. 预调检查

在对机床工作精度进行检验前，首先进行机床预调检查，检查磨头，工作台移动，内、外螺纹理想器和机床尾顶夹是否正常，确定无误差后进行空运转检验。检验机床各部动作是否正常。

2. 几何精度检验

螺纹磨床几何精度检验的主要内容见表3—5。

表3—5　　　　　　　　　螺纹磨床几何精度检验

序号	检验项目	检验方法	允许偏差
1	在垂直平面内机床纵向导轨的直线度	在床身导轨上安置一平行垫铁，其上平行于导轨安放一水平仪，垫铁按首尾相接的方式分段沿导轨全长移动，记录各段水平仪读数，然后计算出直线度误差	0.02 mm/1 000 mm（只许凸出）
2	床身横导轨对纵导轨的垂直度	同上	0.02 mm/1 000 mm
3	床身横导轨对纵向菱形导轨的垂直度	在横菱形导轨上放一检验棒，百分表固定在检验棒上，检验棒端面以固定靠铁在导轨上轴向定位。表头接触安置在纵向菱形导轨的第二检验棒的侧母线上，记好百分表读数，以带表的检验棒绕其中心摆动，测量第二检验棒两端侧母线	0.02 mm/500 mm
4	工作台表面对工作台运动方向的平行度	固定百分表，表头分别接触工作台的斜表面和工作台导轨的后斜面，然后移动工作台	0.015 mm/600 mm
5	磨头前平面对工作台运动方向的平行度	将磨头体的前端水平仪垂直安置，百分表固定在工作台上，表头在顶针线高度上与磨头体前端表面接触，移动工作台	0.05 mm/500 mm
6	磨头摇摆中心线在垂直和水平面内对床身纵导轨的平行度	在磨头滑板孔内插入一专用检验棒，在床身纵导轨安置一验具，百分表固定在验具上，表头与检验棒的水平母线和垂直母线接触，百分表随验具沿导轨移动	垂直面内 0.04 mm/600 mm，水平面内 0.02 mm/600 mm
7	主轴中心线对工作台运动方向的平行度	把主轴固定在水平位置，百分表固定在工作台上，表头与主轴前端固定的检验棒接触，沿检验棒与工作台平行的上母线移动工作台测量	0.015 mm/150 mm
8	床头主轴轴向窜动	将一专用顶尖插入主轴孔内，顶尖的尖头是一个垂直于其中心线的 $\phi 1 \sim \phi 1.5$ mm 的平面，安置百分表，表头与顶尖尖端小平面接触。用手回转主轴	0.003 mm
9	床头主轴端面对其中心线的垂直度	安置百分表，表头与主轴端面接触，使轴向受载荷的主轴回转，以测出的数值与检验第8项主轴轴向窜动数值的差计算误差	0.015 mm
10	床头主轴锥孔中心线的径向跳动	主轴锥孔内插入一长 300 mm 的检验棒，百分表表头与检验棒两端外圆表面接触，回转主轴	主轴端处 0.008 mm，距主轴端处 300 mm 位置 0.02 mm

续表

序号	检验项目	检验方法	允许偏差
11	床头主轴中心线对工作台运动方向的平行度	在床头主轴锥孔内插入一长 300 mm 的圆柱形检验棒，工作台上固定百分表，表头分别与检验棒上母线和侧母线接触，工作台沿导轨移动，每条母线测量两次（主轴回转 180°），误差以平均值计算	上母线 0.015 mm，自由端只许向上偏；侧母线 0.008 mm，自由端只许偏向砂轮
12	床头和床尾顶尖中心线对工作台运动方向在垂直面内的平行度	固定百分表，表头接触位于两顶尖间检验棒的上母线，调整后顶尖，使两顶尖间的连线与工作台运动方向在水平面内平行，移动工作台	0.01 mm/300 mm，只许后顶尖处向上偏
13	床尾主轴孔中心线对工作台移动方向在水平及垂直平面内的平行度	在工作台上安置百分表，表头接触插入床尾主轴孔中的检验棒，沿其上母线和侧母线移动工作台	侧母线 0.08 mm/200 mm，只许向砂轮方向偏；上母线 0.02 mm/200 mm，检验棒自由端只许向上偏
14	砂轮主轴的径向跳动	百分表固定不动，表头垂直接触砂轮主轴锥体表面，回转主轴	0.2 mm
15	砂轮中心线与机床顶尖连线的等高	在工作台上固定一个带有水平面的底座，在两顶尖间安置圆柱形检验棒，用高度尺测量并比较等高距离是否一致	0.2 mm
16	内圆砂轮中心线与机床顶尖连线的等高	在砂轮座上固定一个磨内圆的夹具，在夹具内固定一根检验棒，按上一项检验方法进行	0.2 mm

3. 工作精度检验

(1) 试磨环形槽。见表 3—6，其目的是检验外螺纹砂轮修整器的稳定性。

(2) 试磨钢片槽。见表 3—7，其目的是检验内螺纹修整器的稳定性。

表 3—6　　　　　　　　　　　　　试磨环形槽

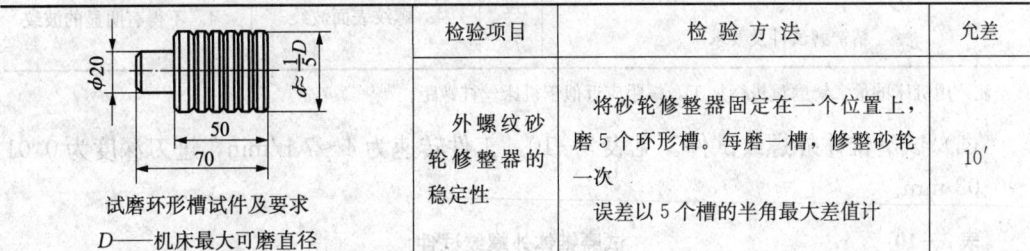

试磨环形槽试件及要求
D——机床最大可磨直径

检验项目	检验方法	允差
外螺纹砂轮修整器的稳定性	将砂轮修整器固定在一个位置上，磨 5 个环形槽。每磨一槽，修整砂轮一次 误差以 5 个槽的半角最大差值计	10′

表 3—7　　　　　　　　　　　　　试磨钢片槽

试磨钢片槽试件及要求

检验项目	检验方法	允差
内螺纹砂轮修整器的稳定性	将砂轮修整器固定在一个位置上，磨 5 个槽。每磨一槽，修整砂轮一次 误差以 5 个槽的半角最大差值计	10′

(3) 试磨长丝杠。见表 3—8,其目的是检验机床的几何精度和传动精度。

1) 试件的螺纹在螺纹磨床上直接磨削而成,不允许精车后再磨。

2) 工件转速为 4～6 r/min,进刀深度为 0.01～0.03 mm。

3) 第一件试件合格后,再磨削一件,若两件均合格方能认可。

表 3—8　　　　　　　　试磨长丝杠

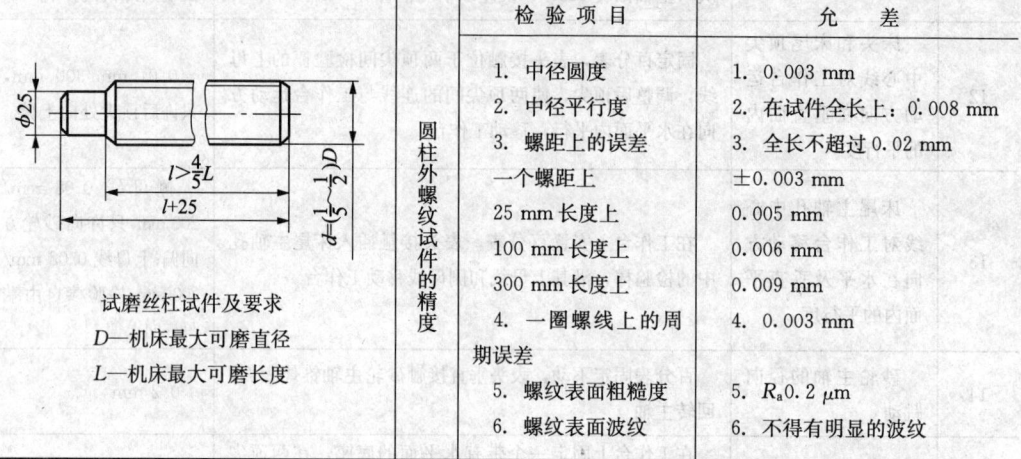

	检验项目	允差
圆柱外螺纹试件的精度	1. 中径圆度	1. 0.003 mm
	2. 中径平行度	2. 在试件全长上: 0.008 mm
	3. 螺距上的误差	3. 全长不超过 0.02 mm
	一个螺距上	±0.003 mm
	25 mm 长度上	0.005 mm
	100 mm 长度上	0.006 mm
	300 mm 长度上	0.009 mm
	4. 一圈螺线上的周期误差	4. 0.003 mm
	5. 螺纹表面粗糙度	5. $R_a 0.2\ \mu m$
	6. 螺纹表面波纹	6. 不得有明显的波纹

试磨丝杠试件及要求
D—机床最大可磨直径
L—机床最大可磨长度

注:试件螺距应近似于机床丝杠螺距。

(4) 铲磨试件。见表 3—9,精铲磨工件转速为 3～6 r/min,精铲磨进刀深度为 0.01～0.03 mm。

表 3—9　　　　　　　　铲 磨 试 件

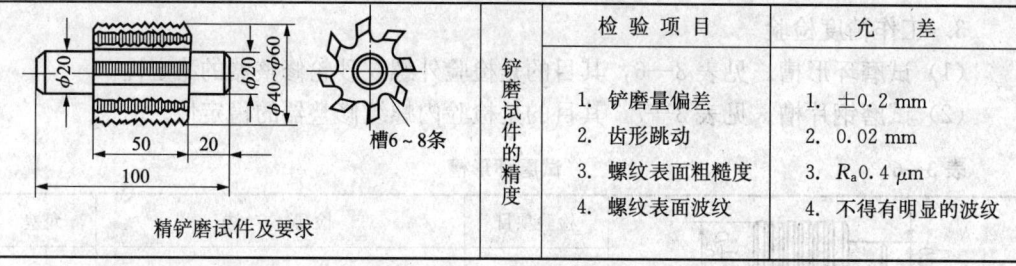

	检验项目	允差
铲磨试件的精度	1. 铲磨量偏差	1. ±0.2 mm
	2. 齿形跳动	2. 0.02 mm
	3. 螺纹表面粗糙度	3. $R_a 0.4\ \mu m$
	4. 螺纹表面波纹	4. 不得有明显的波纹

精铲磨试件及要求

注:用机床的最大铲磨量进行加工,螺距应近似于机床丝杠螺距。

(5) 试磨锥体外螺纹试件。见表 3—10,工件转速为 4～7 r/min,进刀深度为 0.01～0.03 mm。

表 3—10　　　　　　试磨锥体外螺纹试件

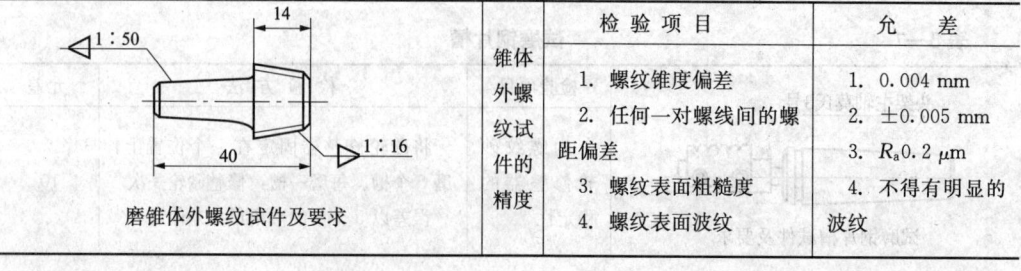

	检验项目	允差
锥体外螺纹试件的精度	1. 螺纹锥度偏差	1. 0.004 mm
	2. 任何一对螺线间的螺距偏差	2. ±0.005 mm
	3. 螺纹表面粗糙度	3. $R_a 0.2\ \mu m$
	4. 螺纹表面波纹	4. 不得有明显的波纹

磨锥体外螺纹试件及要求

(6) 试磨内螺纹试件。见表 3—11，工件转速为 8～10 r/min，进刀深度为 0.01～0.03 mm。因螺距精度已检验过，内螺纹试件只检验螺纹的表面粗糙度及振动痕迹。

表 3—11　　　　　　　　　　　试磨内螺纹试件

试磨内螺纹试件及要求（$d=40～70$，$H=15～20$）	内螺纹试件的精度	检验项目	允差
		1. 螺纹表面粗糙度 2. 螺纹表面波纹	1. $R_a 0.2\ \mu m$ 2. 不得有明显的波纹

注：全部试件材料为合金钢或工具钢，热处理 56～62HRC。

六、数控机床检测装置的要求

检测装置是用来提供实际位移信息的一种装置，其作用是检测运动部件位移并发出反馈信息，相当于人的眼睛和机床刻度盘的作用。在闭环伺服控制系统中，位置检测装置是重要的部件，它的精度和工作稳定性对闭环控制有着决定性影响。位置检测的内容包括长度、角度、位移及角位移。位置检测装置主要用于闭环伺服系统中的位置反馈，开环或闭环伺服系统的误差补偿，测量机、机床工作台等的坐标测量及数字显示，齿轮、螺纹加工机床的同步电子传动，直线—回转运动相互变换用的精密伺服系统等。

数控机床对位置检测装置的基本要求是工作可靠，能满足机床精度和速度要求，抗干扰能力强，使用方便，成本低。普通闭环控制系统要求测量元件能测量的最小位移为 0.001～0.01 mm，测量精度在±（0.002～0.02）mm/m 内，能满足的工作台运动速度为 0～20 m/min。

数控机床检测装置的分类有以下几种形式：

1. 增量式和绝对式

增量式测量只测量位移增量，每移动一个测量单位就发出一个测量信号。其优点是：检测装置简单，任何一个对中点都可以作为测量起点。缺点是：在此系统中，移距是通过对测量信号计数后读出的，一旦计数有误，后面的测量结果将全错。由于发生事故后不能找到事故前的位置，事故排除后，必须将工作台移到起点重新计数才能找到事故前的正确位置。

绝对式测量可以避免上述缺点，被测量的任意一点位置均由固定的零点作基准，每一被测点都有一个相应的测量值。这种方式分辨率要求高，结构也更复杂。

2. 数字式和模拟式

(1) 数字式。数字式测量是将被测量单位量化以后用数字形式表示，其特点是：

1) 测量转换成脉冲个数，便于显示和处理。
2) 测量精度取决于测量单位，与量程基本无关。
3) 测量装置简单，脉冲信号抗干扰能力强。

(2) 模拟式。模拟式测量是将被测量用连续的变量表示。在大量程内做精确的模拟

式检测,在技术上要求较高,因此,模拟式测量主要用于小量程测量。其特点是:

1) 对被测量进行检测,无须量化。
2) 在小量程内可以实现高精度测量。
3) 可用于直接检测和间接检测。

第三节　试车验收工作

→ 了解设备修理后验收工作的一般程序
→ 了解设备试车验收工作的主要内容

一、B220型龙门刨床空运转试验

1. 空运转试验前的准备

(1) 必须将床身及工作台导轨、齿条、主传动蜗杆、横梁导轨、立柱导轨、垂直刀架导轨、侧刀架导轨各工作面用汽油擦洗干净,并在导轨面上涂润滑油。

(2) 用 0.03 mm 塞尺检查各滑动导轨的端部,其插入深度应小于 20 mm;用 0.03 mm 塞尺检查床身各段导轨结合部位的密合程度,要求插不进去。

(3) 检查各润滑油路装置是否正确、油路是否畅通。

(4) 按润滑图表规定的油质、品种及数量在各润滑处加润滑油。由于主传动机构与电动机组成的齿轮联轴器安装不易精确,经常承受反向冲击载荷,需加入足够的润滑油,以提高其寿命。

(5) 在进行试车运转之前,应该先熟悉机床操作、维护、调整的方法,开车前应检查各操作手柄处于零位(或停止位置)。

(6) 必须经过试验,确定工作台行程换向开关的工作完全可靠时才可试车。检查方法是在开动驱动系统后,用手拨动换向开关确定床身中部大蜗杆旋转方向是否能按规定准确反转,否则会发生事故。

2. 空运转试验

(1) 工作台的空运转试验。先进行"步进""步退""前进""后退""停车"各按钮的试验,然后开动工作台连续地往复运动,并调整其速度,在低、中、高各级速度下进行空车试验。

(2) 工作台空运转试验的技术要求

1) 工作台应运转平稳,换向时不允许有冲击声。

2) 主传动蜗杆轴承温度不应超过 60℃,当环境温度≥38℃时,轴承温度不应超过 65℃。

3) 在工作台以最高速度运转时,所有的机构动作应协调,特别是进给机构和抬刀机构工作应正常。

4) 变速箱及进给机构等不得漏油,各变换手柄动作正确,定位可靠。

(3) 在工作台空运转时,进行进给量准确度的试验。实测进给量与公称进给量的最大误差小于 0.4 mm,进给量的不均匀误差小于 0.3 mm。

(4) 用手柄及手轮操作各刀架运动,观察各方向运动是否灵活,然后快速移动。在移动时刀架机构应平稳,无特殊的响声。

(5) 横梁在升降前夹紧装置自动松开,升降完成后则自动夹紧。横梁升降应平稳,无阻滞,没有冲击现象和尖叫声。

(6) 检验各移动部件在极限位置时触及限位开关的工作可靠性。特别是下列情况:

1) 横梁升到顶端时。
2) 侧刀架移近横梁时。
3) 工作台超过规定的极限位置时。

(7) 检验各联锁装置的工作可靠性,特别是下列情况:

1) 当工作台自动移动时,刀架不能快速移动。
2) 当集中润滑系统停止供油时,工作台应自动停止在返回行程的末端位置。

(8) 在用手柄或手轮在垂直方向或水平方向移动垂直刀架和侧刀架时,所需的力均不得超过 160 N。

(9) 进给箱爪形离合器机构应能自由地在轴上滑动,不应有阻滞或啃住现象,操纵手柄所需的力不应超过 40 N(在不加外力时应固定不动)。

(10) 主传动变速的滑动件在轴上不应有啃住或阻滞现象,作用在变换手柄上的力不应超过 80 N。

(11) 用以调节各螺母和丝杠的间隙调整为 1/10 转,刀架进给机构的总间隙量,表现在刀架手轮及进给箱方头的空程量上分别不应超 1/20 转和 1/15 转。

(12) 在机床空运转试验合格后进行负荷试验之前,应将工作台顶面以最小的切深光出。

二、B220 型龙门刨床负荷试验

1. 负荷试验的技术要求

(1) 工作台应运行平稳,无振动,在刀具刚切入工件时无显著的停顿现象。
(2) 横梁夹紧后不应与立柱发生相对移动。
(3) 龙门框架不应有明显的振动。
(4) 各刀架在正常的工作条件下,不应有明显的振动。
(5) 在切削时,各机构应动作协调,运转平稳,加工出的工件表面无明显的振动波纹(磨削表面粗糙度值不应低于 $R_a 0.8\ \mu m$)。

2. 负荷试验的规范

负荷试验规范见表 3—12,负荷试验数据见表 3—13。

表 3—12　　　　　　　　　　负荷试验规范

试件材料	材料硬度	试件质量	刀具材料
铸铁	150～180HB	10 000 kg	YG8

表 3—13　　　　　　　　　　负荷试验数据

切削序号	刨刀数量	工作台速度 (m/min)		切削用量 (mm)		切削力 (kN)	实测主电动机数据			时间 (min)
		进刀	返回	深度	进给量		N (kW)	V (V)	A (A)	
1	1	15	40	20	1	21	5.4	65	100	15
2	1	15	40	20	2	35	10.8	65	200	15
3	1	15	40	20	2	71	16	65	300	15

三、B220 型龙门刨床工作精度试验

机床修理质量直接影响工件的精度和表面粗糙度，如工作台运动时的跳动和爬行、刀夹与抬刀座的配合间隙等都会影响工件表面粗糙度；刀具的角度及安装等，对工件加工表面的粗糙度影响也较大。在切削试验时，应由本机床的熟练操作者共同配合进行验收。

1. 切削试件的尺寸及安装部位（见图 3—19）

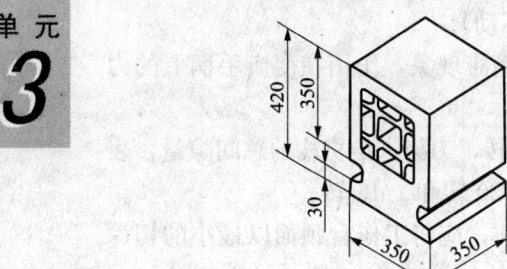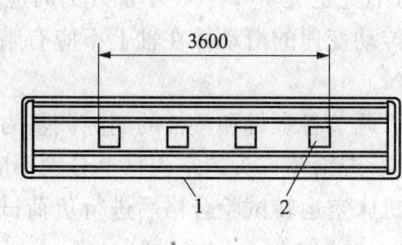

图 3—19　试件的尺寸及安装部位
1—工作台　2—试件

2. 切削规范（见表 3—14）

表 3—14　　　　　　　　　　切削规范

试件材料	试件硬度	刀具材料	刀具形状
铸铁	150～180HB	YG8	平头刀
切削速度（m/min）	切刀深度（mm）	进给量（mm）	加工表面粗糙度
25～35	0.25	0.5～1.5	$R_a 6.4 \mu m$

3. 精切削后试件的精度要求

根据 GC38—60 进行验收：

(1) 加工面的平面度 0.02 mm/1 000 mm。

(2) 已加工面对基面的平行度 0.02 mm/1 000 mm，全长上 0.04 mm。

(3) 上平面与侧面的垂直度 0.02 mm/300 mm。

四、B220 型龙门刨床几何精度试验

机床几何精度在各部件拼装时应分别调好，并在空转试验前和工作精度试验后各检查一次。

机床几何精度检查应按下列标准或机床出厂精度检查表逐项进行。如有超差可加以调整，但必须重新再做相关联的空转试验，以及重新进行工作精度检查。

单柱刨床和龙门刨床精度标准：

1. 机床床身导轨的调整精度 A、B、C 三项，在装配和安装过程中检验。

2. 机床如因结构特殊，不能在规定长度上测量误差时，可按能够测量的最大长度折算。折算结果小于 0.005 mm 时，仍按 0.005 mm 计。

3. 有铣头和磨头附件的刨床，应按铣床和磨床精度标准中铣头和磨头有关项目检验。

4. 机床装配和安装时，首先要调整好机床的安装水平。

检验 1～13 见表 3—15～表 3—27。

表 3—15　　　　　　　　　　　检 验 1

项 目 A	检 验 方 法	允　差
床身导轨在垂直平面内的直线度	床身平导轨上放一根长度等于 500 mm 的平尺（V 形导轨改放圆棒），在平尺上平行于导轨放一个水平仪。移动平尺每隔 500（或小于 500）mm 记录一次读数，在导轨全部长度上检验，将水平仪读数依次排列，画出平尺运动曲线 在每 1 m 长度上的运动曲线和它的两端点连线间的最大差值，就是每 1 m 长度上的直线度误差 作相互平行的直线夹住运动曲线，距离最小的两条平行线间的坐标值，就是导轨全部长度上的直线度误差	在每 1 m 长度上为： 　0.02 mm 在导轨全部长度上为： ≤4 m　0.03 mm ≤8 m　0.04 mm ≤12 m　0.05 mm ≤16 m　0.06 mm ≤20 m　0.08 mm ≤24 m　0.10 mm ≤32 m　0.15 mm

表 3—16　　　　　　　　　　检　验　2

项目 B	检验方法	允　差
床身导轨在水平面内的直线度	在床身 V 形导轨上，放一根长度等于 500 mm 的 V 形棱柱体。棱柱体上装一个显微镜的镜头，镜头应当与棱柱体垂直 沿 V 形导轨绷紧一根直径等于或小于 0.3 mm 的钢丝，调整钢丝，使棱柱体和显微镜在导轨两端时，显微镜镜头的刻线与钢丝的同一侧母线重合 移动棱柱体，每隔 500（或小于 500）mm 记录一次读数。在导轨全部长度上检验，把显微镜读数依次排列，画出棱柱体的运动曲线 误差计算方法与项目 A 相同	在每 1 m 长度上为： 　0.02 mm 在导轨全部长度上为： ≤4 m　0.03 mm ≤8 m　0.04 mm ≤12 m　0.05 mm ≤16 m　0.06 mm ≤20 m　0.08 mm ≤24 m　0.10 mm ≤32 m　0.15 mm

注：用侧导轨导向的机床，改用侧面定位的滑板代替棱柱体。

表 3—17　　　　　　　　　　检　验　3

项目 C	检验方法	允　差		
		导轨中心距		
		≤1 m	≤2 m	>2 m
		在每 1 m 长度上为		
床身导轨的平行度	在床身平导轨上放一根平尺，V 形导轨上放一根圆棒，在平尺和圆棒上垂直于导轨再放一根平尺，在此平尺上和导轨垂直放一个水平仪 不改变它们的相互位置，移动整个系统。每隔 500（或小于 500）mm 记录一次读数。在导轨全部长度上检验，水平仪在每 1 m 长度上读数的最大代数差，就是平行度的误差 如机床有 3 根导轨，要相对中间一根导轨检验平行度	0.02 mm	0.03 mm	0.04 mm

表 3—18　　　　　　　　　　　　检 验 4

项目 D	检验方法	允　差
工作台移动在垂直平面的直线度	在工作台面的中央位置上，和工作台移动方向平行放一个水平仪 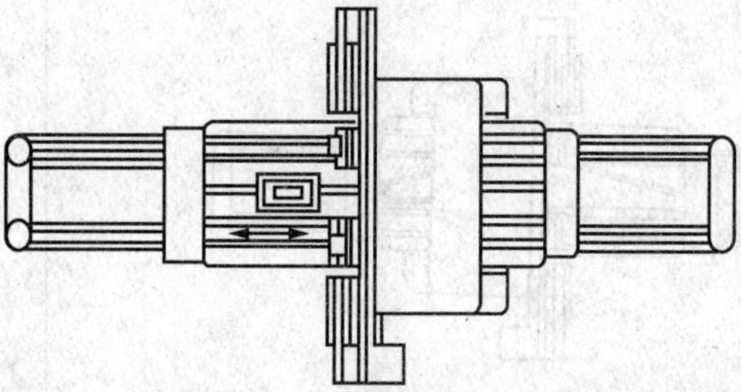 移动工作台，每隔 500（或小于 500）mm 记录一次水平仪读数。在工作台全部行程上检验 将水平仪读数依次排列，画出工作台的运动曲线 误差计算方法与项目 A 相同	在工作台每 1 m 行程上为： 0.02 mm 在工作台全部行程上为： ≤2 m　0.02 mm ≤3 m　0.03 mm ≤4 m　0.04 mm ≤6 m　0.05 mm ≤8 m　0.06 mm ≤10 m　0.08 mm ≤12 m　0.10 mm ≤16 m　0.15 mm

表 3—19　　　　　　　　　　　　检 验 5

项目 E	检验方法	允　差
工作台移动时的倾斜	在工作台面的中央位置上，和工作台移动方向垂直放一个水平仪 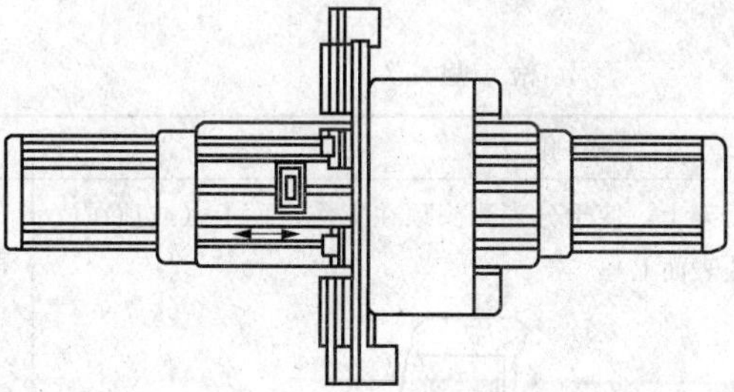 移动工作台，每隔 500（或小于 500）mm 记录一次水平仪读数。在工作台全部行程上检验 水平仪在每 1 m 行程上和全部行程上读数的最大代数差，就是本项检验的误差	在工作台每 1 m 行程上为： 0.02 mm 在工作台全部行程上为： ≤2 m　0.02 mm ≤3 m　0.03 mm ≤4 m　0.04 mm ≤6 m　0.05 mm ≤8 m　0.06 mm ≤10 m　0.07 mm ≤12 m　0.08 mm ≤16 m　0.10 mm

表3—20　　　　　　　　　　检验 6

项目F	检验方法	允差
工作台移动在水平面内的直线度	1. 在工作台面上，和工作台移动方向平行放一根平尺。将千分表固定在刀架上，使千分表测头顶在平尺检验面上。调整平尺，使工作台在导轨两端时，千分表在平尺两端的读数相等。移动工作台在全部行程上检验 2. 工作台行程大的机床，刀架上装一个显微镜。显微镜头应当垂直于刀架。在工作台上和工作台移动方向平行绷紧一根直径等于或小于0.3 mm的钢丝。调整钢丝，使工作台在导轨两端时，显微镜镜头的刻线与钢丝的同一侧母线重合，移动工作台，每隔500 mm记录一次显微镜读数。在工作台全部行程上检验。把显微镜的读数依次排列，画出工作台全部曲线 误差计算方法与项目A相同	在工作台每1 m行程上为： 0.015 mm 在工作台全部行程上为： ≤2 m　0.02 mm ≤3 m　0.03 mm ≤4 m　0.04 mm ≤6 m　0.05 mm ≤8 m　0.06 mm ≤10 m　0.08 mm ≤12 m　0.10 mm ≤16 m　0.15 mm

表3—21　　　　　　　　　　检验 7

项目G	检验方法	允差
工作台面对工作台移动的平行度	将千分表固定在刀架上，使千分表测头顶在工作台面上（或顶在放于工作台面上的量块表面上） 移动工作台，在工作全部行程上检验 千分表在每1 m行程上和全部行程上读数的最大差值，就是平行度的误差 在工作台宽度方向的中央和两边各检验一次	在工作台每1 m行程上为： 0.01 mm 在工作台全部行程上为： ≤2 m　0.02 mm ≤3 m　0.03 mm ≤4 m　0.04 mm ≤6 m　0.06 mm ≤8 m　0.08 mm ≤10 m　0.10 mm ≤12 m　0.12 mm ≤16 m　0.15 mm

表 3—22　　　　　　　　　　　检 验 8

项目 H	检 验 方 法	允　差
中央 T 形槽对工作台移动的平行度	将千分表固定在刀架上，使千分表测头顶在工作台中央 T 形槽的侧面上 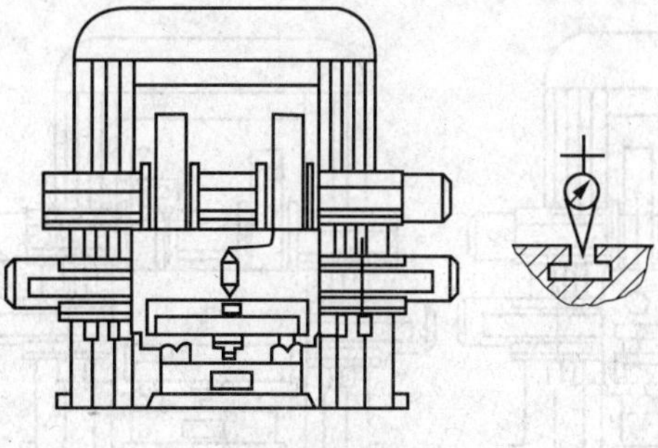 移动工作台，在工作台全部行程上检验 千分表在每 1 m 行程上和全部行程上读数的最大差值，就是平行度的误差 中央 T 形槽的两侧面都要检验	在工作台每 1 m 行程上为： 0.01 mm 在工作台全部行程上为： ≤2 m　0.02 mm ≤3 m　0.03 mm ≤4 m　0.04 mm ≤6 m　0.06 mm ≤8 m　0.08 mm ≤10 m　0.10 mm ≤12 m　0.12 mm ≤16 m　0.15 mm

表 3—23　　　　　　　　　　　检 验 9

项目 I	检 验 方 法	允　差
横梁移动时的倾斜	在横梁上导轨中央位置，和横梁平行放一个水平仪 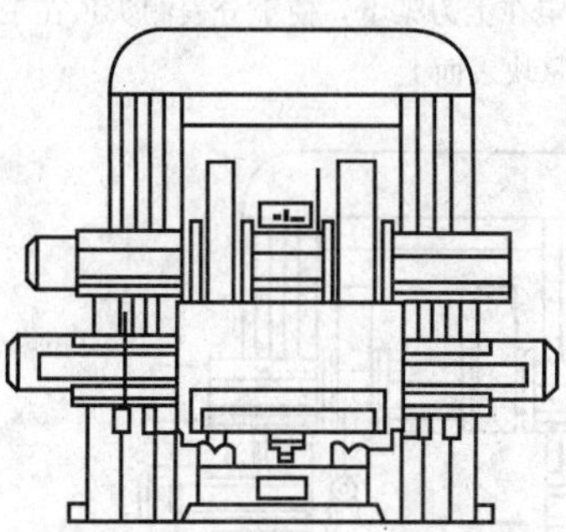 移动横梁，每隔 500（或小于 500）mm 记录一次水平仪读数。在横梁全部行程上至少记录三个读数。在横梁全部行程上检验 水平仪在每 1 m 行程上和全部行程上读数的最大代数差，就是本项检验的误差 检验时，两垂直刀架应和立柱中线等距	在工作台每 1 m 行程上为： 0.03 mm 在工作台全部行程上为： ≤2 m　0.03 mm ≤3 m　0.04 mm ≤4 m　0.05 mm

表 3—24　　　　　　　　　　检　验　10

项 目 J	检 验 方 法	允　　差
上刀架水平移动的直线度	把横梁固定在距工作面 300 mm 高度的地方 1. 在工作台面上和横梁上平行放两个量块，量块上放一根平尺。将千分表固定在刀架上，使千分表测头顶在平尺检验面上。改变一端量块的高度，调整平尺，使刀架在平尺两端时千分表的读数相等 移动上刀架全部行程上检验 2. 上刀架行程大的机床，在上刀架滑板顶部和横梁平行放一个水平仪。移动上刀架，每隔 500（或小于 500）mm 记录一次水平仪读数。在刀架全部行程上至少要记录三个读数。在刀架全部行程上检验 把水平仪读数依次排列，画出刀架的运动曲线 两个刀架都要检验	在刀架每 1 m 行程上为： 0.015 mm 在刀架全部行程上为： ≤2 m　0.025 mm ≤3 m　0.03 mm ≤4 m　0.04 mm ≤5 m　0.05 mm

表 3—25　　　　　　　　　　检　验　11

项 目 K	检 验 方 法	允　　差
上刀架水平移动对工作台面的平行度	把横梁固定在距工作面 300 mm 高度的地方。把工作台移至导轨的中间位置。将千分表固定在上刀架上，使千分表测头顶在工作台面上或顶在放于工作台上的量块表面上 移动上刀架，在工作台全部宽度上检验 横梁可调整的机床，在调整后检验 千分表在刀架每 1 m 行程上和工作台全部宽度上读数最大差值就是平行度的误差	在刀架每 1 m 行程上为： 0.025 mm 在刀架全部行程上为： ≤2 m　0.03 mm ≤3 m　0.04 mm ≤4 m　0.05 mm ≤5 m　0.06 mm 单柱刨床横梁自由端只允许向下偏

表3—26　　　　　　　　　检　验　12

项　目　L	检　验　方　法	允　差
侧刀架垂直移动对工作台面的垂直度	在工作台面上，和工作台移动方向平行放一个角尺。将千分表固定在侧刀架上，使千分表测头顶在角尺检验面上 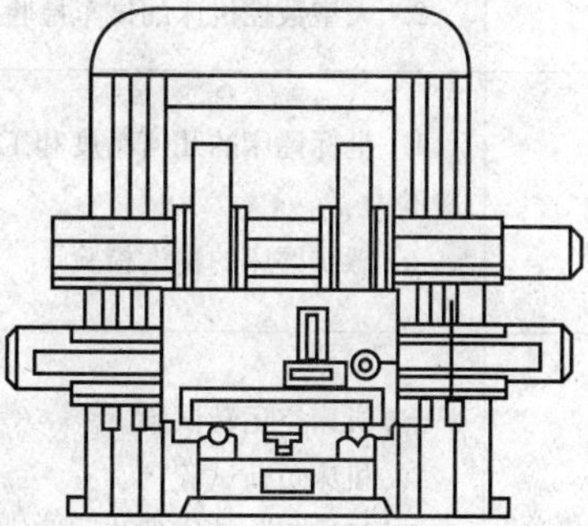 移动侧刀架检验 千分表读数的最大差值，就是垂直度的误差	在每500 mm测量长度上为： 0.02 mm 单柱刨床立柱上端只许向工作台偏

表3—27　　　　　　　　　检　验　13

项　目　M	检　验　方　法	允　差
侧刀架垂直移动的直线度	在侧刀架滑板顶部和工作台移动方向垂直放一个水平仪 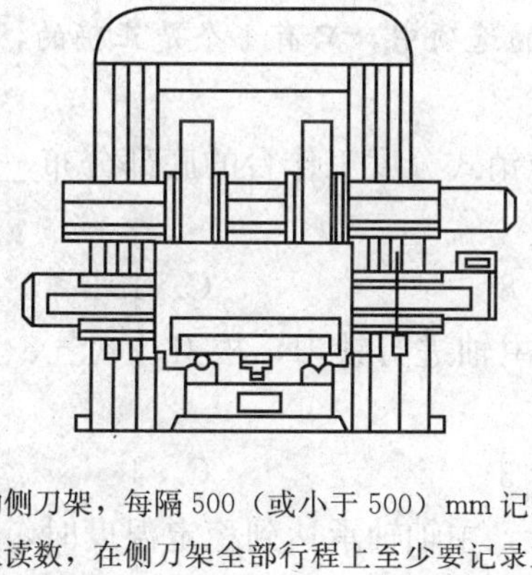 移动侧刀架，每隔500（或小于500）mm记录一次水平仪读数，在侧刀架全部行程上至少要记录三个读数 在刀架全部行程上检验 将水平仪的读数依次排列，画出侧刀架运动曲线 误差计算方法与项目A相同	在刀架每1 m行程上为： 0.02 mm 在刀架全部行程上为： ≤2 m　0.025 mm ≤3 m　0.03 mm ≤4 m　0.04 mm

单元考核要点

行为领域	鉴定范围	鉴定点	重要程度
理论知识鉴定考核要点	1. 大型数控机床的精度要求及检测	1. 大型数控机床的整机检验要求	★★
		2. 大型数控机床的试车检验要求	★★
	2. 精密机床的精度检验	1. 坐标镗床的几何精度和工作精度检验	★★★
		2. 螺纹磨床的精度检验	★★★
	3. 机床设备的验收	1. 机床空运转试验	★★★
		2. 机床负荷试验	★★★
		3. 机床工作精度试验	★★★
		4. 机床几何精度试验	★★★
操作技能鉴定考核要点	精密、复杂机床精度检验	1. 检测坐标镗床的几何精度误差	★★★
		2. 检测滚齿机的几何精度和传动链精度	★★★

单元测试题

一、单项选择题（下列每题的选项中，只有1个是正确的，请将其代号填在横线空白处）

1. 数控卧式镗床使用的定位销式分度工作台的底部分布_____个削边圆柱定位销。

  A. 6   B. 8   C. 10   D. 12

2. 数控加工中心试车时对主轴进行锁刀、松刀、吹气、正反转、换挡、准停试验，不少于_____次。

  A. 2   B. 3   C. 4   D. 5

3. 对数控机床进行温升试验，主轴轴承达到稳定温度时，近轴承处检验其温度不得超过60℃，温升不超过_____℃。

  A. 10   B. 15   C. 20   D. 25

4. 螺纹磨床在垂直面内，床身纵向导轨的直线度允许偏差为_____。

  A. 0.01 mm/1 000 mm   B. 0.02 mm/1 000 mm
  C. 0.03 mm/1 000 mm   D. 0.04 mm/1 000 mm

5. 螺纹磨床砂轮主轴的径向跳动允许偏差为_____ mm。
   A. 0.005　　　　B. 0.008　　　　C. 0.01　　　　D. 0.012
6. 对内圆磨床进行工作精度试验的工件孔径，一般为机床最大磨削直径的_____。
   A. 1/5　　　　B. 1/4　　　　C. 1/3　　　　D. 1/2
7. 在检验滚齿机刀架主轴锥孔中心线的径向跳动时，应用百分表先在回转刀架主轴近轴端_____ mm 处进行测量。
   A. 50　　　　B. 100　　　　C. 150　　　　D. 200
8. 坐标镗床工作台表面的平面度要求为_____。
   A. 0.003 mm/1 000 mm　　　　B. 0.005 mm/1 000 mm
   C. 0.008 mm/1 000 mm　　　　D. 0.01 mm/1 000 mm
9. 用主轴装夹百分表对坐标镗床进行主轴中心对工作台的垂直度检验时，百分表头的回转半径不应小于_____ mm。
   A. 300　　　　B. 200　　　　C. 100　　　　D. 50
10. 数控机床普通闭环控制系统要求测量元件能测量的最小位移为_____ mm。
    A. 0.001～0.01　　　　B. 0.001～0.02
    C. 0.001～0.05　　　　D. 0.001～0.1

二、判断题（下列判断正确的请打"√"，错误的打"×"）

1. 对数控机床进给机械传动机构总的设计要求是消除传动间隙，减小摩擦，减少运动惯量，提高运动精度和刚度。（　　）
2. 加工中心试车时，机床各轴调到离终挡块尽量近一些。（　　）
3. 卧式加工中心试车分度工作台分度、定位试验不应少于 10 次。（　　）
4. 加工中心机床的特点是具有至少两个轴的轮廓控制能力。（　　）
5. 检测机床主轴中心线与工作台移动方向的平行度，一般在主轴孔内插入圆柱形检验棒，用百分表表头测量圆柱形检验棒上母线即可。（　　）
6. 对坐标镗床的工作精度检验，主要是对孔径加工精度的检验。（　　）
7. 检测滚齿机刀架主轴锥孔中心线的径向跳动，百分表测量检验棒母线的位置应在尽量接近主轴端和尽量远离主轴端这两个位置。（　　）
8. 数控机床的分度工作台不仅能完成分度运动，而且能实现圆周进给运动。（　　）
9. 数控机床的位置检测装置，在闭环系统中主要作用是检测位移量，若有偏差，则经过放大后控制执行部件向着消除偏差的方向运动，直至偏差为零。（　　）
10. 数控机床校准安装水平是通过调整地脚螺钉垫铁实现的。（　　）

三、简答题

1. 简述数控机床的自动功能试验基本要求。
2. 对维修后的数控机床进行温升试验有哪些要求？
3. 滚齿机传动链精度主要影响齿轮加工的哪些精度误差？
4. 机床技术改造的主要目的是什么？

四、技能题

第1题　组合件加工

(1) 图样。如图3—20所示。

(2) 考核内容。锉削、钻孔、铰孔、测量技术的正确应用。

(3) 准备工作

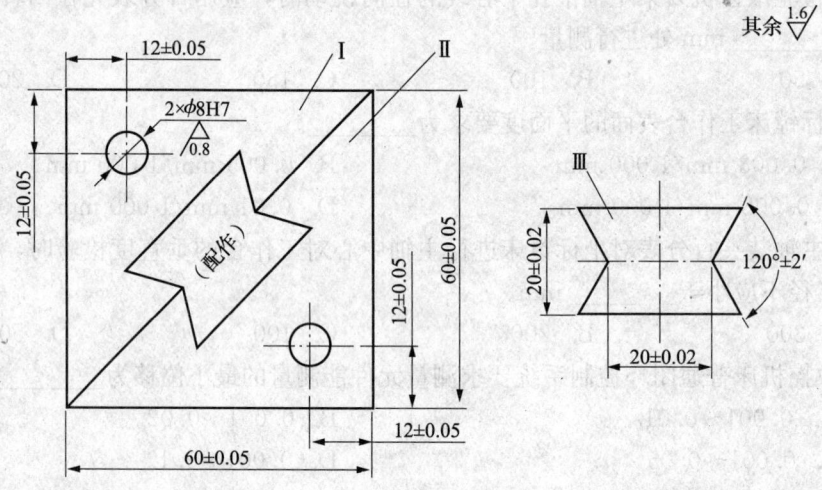

图3—20　组合件加工

1) 考场准备

① 备料。如图3—21所示。

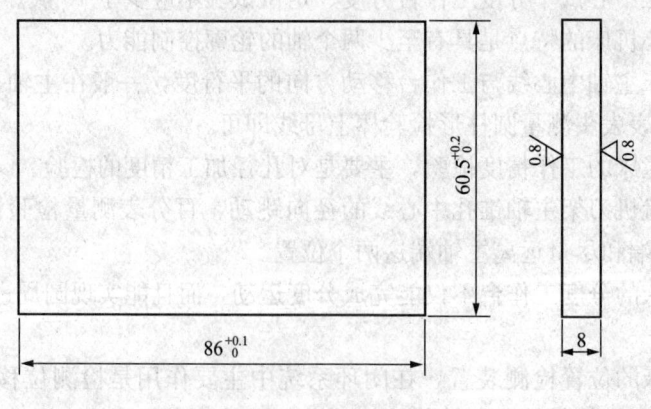

图3—21　备料图

② 钳工场地及常用设备准备：1级平板（300 mm×300 mm）、钳台、台虎钳、台钻、机床用平口虎钳、砂轮机、工艺墨水、切削液等。

2) 考生准备。游标卡尺、千分尺（0～25 mm、25～50 mm、50～75 mm）、游标高度尺、刀口形直尺、90°角尺、百分表（带表架）、量块；锉刀（自定）、手锯、钻头（ϕ3 mm、ϕ4 mm、ϕ5 mm、ϕ6 mm、ϕ7 mm、ϕ7.8 mm、ϕ7.9 mm、ϕ12 mm）、铰刀

(ϕ8H7)、锤子、铰杠、划线工具（划规、划针、样冲、钢直尺）、测量棒（ϕ8 mm、ϕ10 mm、ϕ14 mm）、等高垫铁、软钳口、锉刀刷、毛刷、计算器、棉纱等。

(4) 考核时间：360 min。

(5) 考核评分标准

序号	考核要求	配分	评分标准	实测结果	扣分	得分
1	(20±0.02) mm	2×4	超差 0.01 mm 扣 1 分 超差 0.03 mm 以上无分			
2	120°±2′	2×4	超差 2′ 扣 1 分 超差 6′ 以上无分			
3	(60±0.05) mm	4×4	超差 0.01 mm 扣 1 分 超差 0.03 mm 以上无分			
4	配合间隙≤0.04 mm	32×1	超差无分			
5	$\sqrt{1.6}$	20×0.5	不合格无分			
6	ϕ8H7	2×4	不合格无分			
7	(12±0.05) mm	4×4	不合格无分			
8	$\sqrt{0.8}$	2×1	不合格无分			
9	安全文明生产		违反操作规程酌情扣分			

第 2 题 用 ϕ 0.1～ϕ 0.2 mm 钢丝和读数显微镜等，采用拉线法测量＞4 m 导轨的直线度。

(1) 考核内容

1) 钢丝的正确安置。

2) 读数显微镜的正确安放。

3) 测量过程的规范。

4) 测量结果准确。

(2) 准备工作

1) 考场准备

①长度＞4 m 的机床导轨。

②测量用的读数显微镜。

2) 考生准备

①直径为 0.1～0.2 mm 的钢丝及安装用的附件等。

②测量或安放钢丝用的工具及记录用的纸、笔等。

(3) 考核时间：180 min。

(4) 考核评分标准

序号	考核内容及要求	配分	评分标准	扣分	得分
1	测量前的准备工作	10	准备工作不充分扣5～10分		
2	钢丝的正确安置	20	钢丝安置不正确扣10分		
3	读数显微镜的正确安放	20	读数显微镜不能正确安放扣10分，不能实现测量的扣20分		
4	测量过程的规范	20	测量过程不规范扣5～10分		
5	测量结果准确（由考评员复测）	30	测量结果不准确扣10分		
6	安全文明生产		违反操作规程扣5～10分，工具、量具使用不正确扣2分，场地不整洁扣2分		

单元测试题答案

一、单项选择题

1. B 2. D 3. C 4. B 5. A 6. D 7. C 8. C 9. A 10. A

二、判断题

1. √ 2. × 3. √ 4. × 5. × 6. × 7. × 8. × 9. √ 10. √

三、简答题

1. 答：自动功能试验是用数控程序操作机床各部件进行试验，它可与整机空运转试验同时进行。整机连续空转时间48 h，试验过程中机床运转应正常、平稳、可靠，不应发生故障，否则必须在排除故障后重新做48 h连续空运转试验。

2. 答：主轴轴承达到稳定温度时，在靠近轴承处检验其温度不超过60℃，温升不超过20℃。

3. 答：滚齿机床加工齿轮的齿距相邻误差、累积误差和展成的齿形误差，主要取决于机床传动链精度。所以，传动链精度检验是一项很重要的检验内容。

4. 答：机床技术改造的主要目的包括：提高机床的生产率和加工精度；扩大或改变机床的工艺范围；提高安全性；降低工人劳动强度。

四、技能题（略）

第4单元

培训与指导

□ 第一节　操作指导／163
□ 第二节　理论指导／164

对初、中、高级工的培训指导工作，是技师工作中必不可少的内容。它主要有日常作业中的指导（如带徒弟的形式）和有组织的培训指导工作。这项工作不仅体现了技师在本专业理论和技能上的传授能力，更重要的是传承技能，使本专业技术得到不断的发展。要尽好这些职责就应了解培训指导工作的一些基本知识。

本单元主要介绍了操作技能培训与指导的一般要求，理论培训的目的、要求和方法。由于各地区、各单位培训条件不同，技师在进行培训中还应结合具体条件，创造性地开展这项工作。目标只有一个：培养合格的等级技术工人。

第一节 操作指导

→ 较全面地掌握本职业初、中、高级工操作内容
→ 能够对本职业初、中、高级工的操作技能进行指导

一、操作技能培训与指导的任务

操作技能培训与指导的任务，就是使学员掌握机械修理所必备的设备维修工艺技术和相应的操作技能。

对机修工艺技术和技能的全面掌握，不是短时期能达到的。培训与指导的目的，应使学员对典型设备的搬迁、安装、调试、大修、项修、检测和验收等各环节的操作技能有一个比较全面的认识和掌握，以便在今后长期的机修工作实践中，不断积累经验，更好地掌握机修操作技能。

二、操作技能培训与指导的要求

1. 课题内容选择的依据

（1）以机修钳工国家职业标准（以下简称标准）为依据。标准概括了各等级职业技能的基本要求，因此在选择课题内容时，必须符合标准的要求。对培训与指导工作的评定、对学员操作技能的考核，也必须符合标准的要求。

（2）以培训教程为依据。培训教程是根据标准编写的教材，其中比较典型的操作技能，对各行业机修工作有普遍的指导作用。尽管有些行业机修的对象有较大的差异，但操作技能很多是相通的，这些操作技能应是选择课题内容的主要依据之一。

（3）以培训指导对象为依据。由于行业不同，除常见的通用设备外，有很多设备是学员工作中没有接触到的。比如电子仪表、日用五金等行业，一般多为中、小型设备，而矿山机械、石油化工、汽车等行业，大型设备就多些，即使同一行业中，产品不同也使设备的差异很大。这就给合理地选择课题内容提出了新的要求，既不能简单地照搬教程的内容，又要符合国家职业标准，还要充分考虑培训对象的工作实际，使培训指导工作有的放矢。

2. 培训、指导前的准备

技能培训、指导的关键是操作课题的准备，它包括以下三方面的内容：

（1）操作课题的准备。在按上述课题选择依据的前提下，选择的操作课题应具有可行性、通用性。

（2）物质准备。包括操作场地，所需设备、材料、工夹量具等准备工作。

（3）培训、指导教案准备。操作技能培训和指导的教案，主要包括以下内容：

1) 操作课题的工艺过程。有些课题会有多种工艺过程，培训和指导中应讲清楚，选出最合理的工艺方法。

2) 工艺过程中涉及的操作技能。这是培训和指导的重点，教案应特别突出这方面的内容。

3) 典型设备、典型部件和零件的修理。既要有一般的修理方法，也要有可能出现的各种特殊情况下的修理方法。也就是说，修理工作中可能出现的各种疑难问题，如何解决以及解决这些疑难问题所必须掌握的操作技能，应在教案中充分反映出来。

3. 指导方法的一般要求

操作技能指导的最大特点是言教与身教的高度结合。指导者不仅能讲述操作技能课题的工艺知识，更应熟练掌握相应的操作技能并进行演示与辅导。这是对操作技能培训与指导的最基本要求。指导方法的一般要求有以下几个方面：

（1）集中指导。要求指导场地必须具备进行操作技能课题的条件，主要包括材料、设备、工夹量具等。指导者与学员的比例一般在1∶15以下，学员的比例过大，会增加辅导工作负担，影响培训指导质量。

（2）现场指导。利用工矿企业的机修车间，现场完成培训指导课题的任务。但要求现场的条件应符合课题的内容，若现场的生产任务有条件与进行的课题相结合，则是最理想的指导场地。

（3）岗上指导。适用于单个学员的培训指导，特别适用于从事大型、专用和稀少设备维修人员的培训指导，可充分利用现岗的条件和要求，有针对性地完成一般场地无法完成的培训指导工作。采用这种指导方法，首先要求指导者熟练掌握这类设备的维修技能。

（4）参观指导。这种方法适用于"四新"（新技术、新材料、新结构、新工艺）技术应用课题的指导，通过对一些工艺水平较高、技术能力较强，同时在"四新"技术方面应用较好的单位进行参观学习，有助于学员开阔眼界，了解本专业的技术发展水平。

第二节 理论指导

→ 较系统地掌握本职业初、中、高级工的专业理论知识
→ 能够讲授本职业初、中、高级工专业理论知识

一、理论培训的目的

理论培训的目的就是通过典型设备维修知识的系统讲授，使学员对设备结构、传动原理、搬迁、安装、调整及常见故障原因，典型零部件的修理和设备检验等相关理论知识有一个全面的认识，从而促进学员在工作实践中不断提高设备维修水平。

二、理论培训的要求

理论培训的基本要求就是依据国家职业标准规定，使学员较全面地掌握本专业、本等级的专业技术理论。理论培训授课者必须对国家职业标准和教程有全面、深刻的理解，并认真备课，教案与授课的名词用语，各种标准、符号等必须规范，符合国家最新规定要求。在上述基本要求的基础上还应做到以下几点：

1. 面向培训对象

由于学员的行业不同，实际工作中面对的设备、技术条件也不相同，理论培训必须考虑培训对象所在企业的特点和实际需要而补充相应的内容。这部分内容必须在授课前针对培训对象做好调查工作，以便备课时做好充分准备，也可采用互动式教学方法，即由学员提出需要补充的具体内容，授课者备课讲授。这些内容一般是教程中没有具体提到的，但对培训对象又是很重要的内容。

2. 面向生产实际

面向生产实际，就是理论培训要符合企业生产技术的实际发展水平。目前企业发展水平各不相同，但总体水平还比较落后，设备维修工作大量的还是面对普通的设备和部分数控设备，其修理的工艺条件，大部分仍保留在传统水平的基础上。因此，要求理论培训必须面向企业的生产实际。

3. 面向发展

面向发展是指在生产实际基础上的发展。比如先进的设备维修形式、先进的设备故障诊断方法、先进的维修工艺等，尽管在目前的生产实际中还是空白，但作为知识的储备，可以帮助学员在工作实践中对生产技术的改进和提高发挥更大的作用。

三、理论培训的方法

1. 课堂培训

课堂培训专业技术理论，较适用于理论性较强和需要计算较多的内容。采用课堂培训方法，教案的准备必须充分详尽，同时要配备相应的挂图、教具（也包括实物）等，尽量避免只用文字、语言讲授专业理论知识。

课堂专业理论培训必须结合企业设备的维修特点和产品的工艺特点，使学员将专业理论知识与实际工作紧密结合起来，促进维修水平的不断提高。

2. 生产现场培训

理论培训的生产现场培训方式，一般适合于对设备结构、传动原理，设备的调整、检测、故障诊断、故障原因分析和设备各项目修理等理论的培训，它的最大特点是直观、便于讲解，也有利于学员理解。但由于场地的限制，同时培训的学员不宜过多。

3. 参观培训

专业理论的参观培训方式与生产现场培训方式有相似之处，不同的是它不能像在生产现场培训那样做长时间的讲解。一般参观培训受时间的限制，授课者必须结合课堂培训方式，在参观前将相关的理论知识讲清楚，通过参观现场进一步加深学员对这部分理论的理解，参观后还应进行分析和总结等。在不具备生产现场培训的情况下，参观培方式可以弥补课堂培训的不足。

以上介绍的理论培训方法，应根据具体培训条件不断完善，以保证培训工作达到国家职业等级标准的要求。

培训指导对初、中、高级工不同等级也应注意有不同的侧重点。初级工应侧重基本操作技能和相关的理论知识，目的是练好基本功，利于以后的提高。中级工应侧重普通设备和典型部件的修理及检验。高级工应侧重较复杂设备的修理，包括设备故障诊断、原因分析和排除方法等。

单元考核要点

行为领域	鉴定范围	鉴 定 点	重要程度
理论知识鉴定考核要点	1. 操作指导	对初、中、高级工操作技能的指导	★★
	2. 理论指导	初、中、高级工专业理论知识的讲授方法	★★
操作技能鉴定考核要点	1. 操作指导	初、中、高级工各种操作技能的指导工作	★★★
	2. 理论培训	初、中、高级工专业理论知识各类课题的讲授	★★★

单元测试题

一、单项选择题（下列每题的选项中，只有1个是正确的，请将其代号填在横线空白处）

1. 操作技能培训与指导的任务，就是使学员掌握机械修理所必备的维修工艺技术和相应的_____。
   A. 工艺知识　　B. 专业知识　　C. 技术理论　　D. 操作技能
2. 操作技能培训采用参观指导方法比较适合于_____课题的指导。
   A. 专业理论知识　　　　B. 操作技能技巧
   C. "四新"技术应用　　　D. 工艺规程编制
3. 选择技能课题的依据首先应符合_____要求。
   A. 国家职业标准　　　　B. 职业培训教程
   C. 培训指导对象　　　　D. 长期积累经验
4. 在操作技能培训指导时，对指导人数较多、知识性较强的课题，适合采用_____方法。
   A. 参观指导　　B. 现场指导　　C. 岗上指导　　D. 集中指导
5. 对于人数多、理论性较强，计算内容较多的理论培训应采用_____培训方法。
   A. 课堂　　　　B. 参观　　　　C. 现场　　　　D. 岗位

二、判断题（下列判断正确的请打"√"，错误的打"×"）

1. 培训指导必须符合国家职业标准的要求。　　　　　　　　　　　　　　（　　）
2. 培训指导的"面向培训对象，面向生产实际，面向未来"与国家职业标准是无

法统一的。　　　　　　　　　　　　　　　　　　　　　　　　（　　）
　　3. 采用互动式培训是实现培训"三个面向"的有效方法。　　（　　）
　　4. 对大型、专用和稀少设备维修人员的培训主要以"集中培训指导"形式为主。
　　　　　　　　　　　　　　　　　　　　　　　　　　　　　　（　　）
　　5. 培训工作使用的术语、各种标准必须符合国家最新规定要求。（　　）

三、简答题

1. 简述操作技能培训与指导的任务。
2. 培训课题的选择有国家标准为依据，为什么还要以培训对象为依据？
3. 专业理论培训内容为什么要面向生产实际？
4. 专业理论的生产现场培训有什么特点？

四、技能题

第1题　讲解C6140型车床大修全过程

（1）考核内容
1）授课前的准备工作。
2）讲解主要部件拆卸和修理顺序。
3）讲解主要部件的修理工艺。
4）讲解几何精度的检验方法。
5）讲解工作精度的检验方法。
6）授课语言（普通话）、术语、名词规范。

（2）准备工作。教案（备课），讲解过程中使用的教具、挂图、教室、桌椅。

（3）考核时间：90 min。

（4）考核评分标准

序号	考核内容及要求	配分	评分标准	扣分	得分
1	授课前的准备工作	10	准备工作不充分扣5~10分		
2	主要部件拆卸和修理顺序讲解清楚	10	讲解内容不详尽、不清楚扣5~10分		
3	主要部件修理工艺讲解清楚	40	讲解内容不详尽、不清楚扣10~40分		
4	几何精度的检验方法讲解清楚	15	讲解内容不详尽、不清楚扣5~15分		
5	工作精度的检验方法讲解清楚	15	讲解内容不详尽、不清楚扣5~15分		
6	授课采用普通话，使用术语、名词规范	10	授课未采用普通话扣5分，授课中术语、名词使用不规范扣1~5分		

第2题 讲解框式水平仪的结构及测量导轨直线度的方法

(1) 考核内容
1) 授课前的准备工作。
2) 讲解框式水平仪的结构。
3) 讲解框式水平仪的使用方法。
4) 讲解导轨直线度的测量方法。
5) 授课语言（普通话）、术语、名词规范。

(2) 准备工作。教案（备课），讲解过程中使用的教具、挂图、教室、桌椅。
(3) 考核时间：90 min。
(4) 考核评分标准

序号	考核内容及要求	配分	评分标准	扣分	得分
1	授课前的准备工作	10	准备工作不充分扣5～10分		
2	框式水平仪的结构讲解清楚	15	讲解内容不详尽、不清楚扣5～15分		
3	框式水平仪的使用方法讲解清楚	15	讲解内容不详尽、不清楚扣10～15分		
4	导轨直线度的测量方法讲解清楚	50	图解法25分，计算法25分。一项讲解内容不详尽、不清楚扣5～10分		
5	授课采用普通话，使用术语、名词规范	10	授课未采用普通话扣5分，授课中术语、名词使用不规范扣1～5分		

单元测试题答案

一、单项选择题
1. D 2. C 3. A 4. D 5. A

二、判断题
1. √ 2. × 3. √ 4. × 5. √

三、简答题

1. 答：操作技能培训与指导的任务，就是使学员掌握机械修理所必备的设备维修工艺技术和相应的操作技能。

2. 答：由于行业不同，机修工作的对象有较大的差异，除常见的通用设备外，有很多设备是学员工作中没有接触到的。比如电子仪表、日用五金等行业，一般多为中、小型设备，而矿山机械、石油化工、汽车等行业，大型设备就多些，即使同行业中，产品不同也使设备的差异很大。这就给合理地选择课题内容提出了新的要求。既不能简单地照搬教程的内容，又要符合国家职业标准，还要充分考虑培训对象的工作实际，使培训指导工作有的放矢。

3. 答：面向生产实际，就是理论培训要符合企业生产技术的实际发展水平。目前企业发展水平各不相同，但总体水平还比较落后，设备维修工作大量的还是面对普通的设备和部分数控设备，其修理的工艺条件，大部分仍保留在传统水平的基础上。因此，要求理论培训必须面向企业的生产实际。

4. 答：它的最大特点是直观、便于讲解，也有利于学员理解。但由于场地的限制，不宜同时培训过多的学员。

四、技能题（略）

第5单元

管理

- 第一节　质量管理/173
- 第二节　生产管理/186

技师参与管理工作，有利于生产的科学发展，同时也对技师提出了新的要求：必须掌握一些管理的基本知识。

技师应掌握的管理知识重点是质量管理和设备管理，这也是与技师日常工作有直接关系的管理内容。本单元重点叙述了车间质量管理的工作内容，突出以设备质量管理为主的质量保证体系、质量标准和质量检验几个部分。在生产管理上，突出车间设备管理中维修制度的相关内容，为技师在日常工作中参与设备的管理提供参考。

第一节 质量管理

→ 能够应用质量管理知识，实现操作过程的质量分析控制
→ 能够组织班组开展质量管理活动，认真贯彻企业各项质量标准

一、车间质量管理

车间质量管理的重点是企业全面质量管理中的加工制造与装配阶段，车间（包括工段、班组）的质量管理是生产过程质量管理的一个局部。从质量管理的深度看，车间范围的质量管理与全厂的质量管理并无差异，质量管理的统计方法都可应用于车间的质量管理，也可应用于全厂范围其他阶段的质量管理。

1. 产品质量、工程质量与工作质量

（1）产品质量。产品质量指的是产品能够满足人们需要所具备的那些自然属性或特性。或者说，产品质量就是它的使用价值。质量特性可概括为五个方面：

1）适用性。即产品适合使用的性能。如拖拉机，有适应山区、丘陵地带、平原、水田的使用性能。

2）使用寿命。主要是指产品使用的耐久性，产品能使用多长时间。例如灯泡的使用小时数等。

3）可靠性。是指在规定的时间、条件下，完成规定工作任务能力的大小或者可能性。换句话说，可靠性是指产品的精度稳定性、性能的持久性、零部件的耐用性，能够在规定的使用期限内保持规定的功能。它是产品的内在质量特性，不是产品一旦使用就能立即看出来的，需要经过一段时间，在使用过程中逐渐表现出来的各方面满足使用的需要程度。

4）安全性。指产品在运行和使用过程中能够保证安全可靠，对操作者不会造成人身伤害事故；防止污染空气和水源，不会损害人们的健康。

5）经济性。是指产品结构简化、质量轻，用料、制造成本及使用过程中动力、燃料的消耗要力求降低。

产品的质量特性不是同等重要的，其中有关键性的，也有非关键性的、次要的。

上述的质量特性，有一些是可以直接定量的，还有一些是不能或很难直接定量的。

（2）工程质量。工程质量是指一个完整的生产过程的表现。产品的生产过程中有人、原材料、设备、方法、环境、检测六大方面的因素，每一个大方面的因素又都包含有许多小因素。例如：人的方面，其所包含的小因素有个人的质量观念、责任心、技术水平、文化水平，此外还有人的情绪、身体状况等。这六大方面的各种因素在生产过程中是同时对产品质量起作用的，这种多因素同时起作用的过程称为工程。工程质量稳定，产品质量也会稳定，工程质量的好坏，决定着产品质量的好坏。所以，质量管理的重点应当放在工程质量上，使不良产品在生产中及时被预防和控制。

（3）工作质量。上面提到的工程的六大因素在一定条件下，都是由人去做并进行控制的。工程质量决定产品质量，而工程质量又取决于六大方面各种因素的工作好坏，决定于这些方面的工作质量。可以说，全面质量管理就是对产品质量、工程质量和工作质量的管理。要保证产品质量，就必须保证工程质量；要保证工程质量，必须保证工作质量。

2. 车间质量管理应树立的基本观点

车间的全体人员必须树立如下五个基本观点：

（1）用户第一的观点。企业的产品质量不仅要达到国家标准，还应把用户的要求看成是最高标准。

（2）一切用数据来说话的观点。全面质量管理以数理统计为主要手段，数据则是数理统计的基础。

（3）全面性的观点。车间的质量管理与全车间每个成员都有直接的关系，车间的各级组织管理人员、技术人员、工段、班组的生产工人、辅助工人等都对产品质量起到直接或间接的作用。

（4）预防为主的观点。好的产品是设计制造出来的，不是检查出来的。应贯彻预防为主的方针，防止发生质量问题。

（5）树立广义的质量观点。不仅要注重产品质量、工程质量、工作质量，还应注意成本质量、交货期质量和服务质量。其中的工作质量包括人的质量、会议质量、情报质量和思想政治工作质量、教育质量、后勤工作质量等。

3. 车间质量管理的基础工作

车间质量管理，应做好下列几项基本工作：

（1）搞好计量工作与理化检测工作。这是质量管理的重要基础工作，是保证产品质量的必要手段和方法，这项工作包括计量、测试、化验、分析等。

（2）建立和健全车间主任为首的质量责任制。车间主任、副主任、工段长、班组长、生产工人、辅助工人、工程技术人员、职能人员都要明确规定出每个人在质量工作中的具体任务、责任和权力，做到事事有人管，每人有专责，办事有标准，工作有检查。

（3）必须进行质量管理教育。其教育内容有两方面：一方面是技术业务培训和训练基本功，另一方面是进行质量管理基本知识和数理统计方法的教育。

（4）做好标准化工作。质量管理必须以标准化为基础，质量管理是贯彻执行标准化的保证。

二、工序质量控制

1. 工序质量控制计划

质量管理并不是极为严格地检验产品，而是在生产过程中进行质量的有效控制，从而生产出好产品。工序质量控制就是将工序质量的波动限制在要求的界限内进行的质量控制活动。

(1) 工序质量控制计划的作用。工序质量控制计划是根据产品图样、技术文件以及质量特性重要程度的分级要求，进一步明确关键工序中应做的工作。质量控制计划确定了在什么时间、什么情况下由哪些人员负责做好这些工作。其中包括关键质量控制的准备与质量活动。

工序质量控制包括一般工序和关键工序的质量控制。对于一般工序的质量控制，可通过工艺规程、工艺卡片等工艺文件对工艺程序进行总体安排。关键工序的质量控制必须进行深入研究、筹划，才能制定出有针对性的质量控制文件。

(2) 工序质量控制计划的主要内容

1) 工序质量控制点明细表。

2) 工序质量分析表。

3) 工序质量控制点应用的文件及控制文件的目录。

4) 为工序质量控制点制定有效的管理方法和实施要求。

(3) 制定工序质量控制计划的步骤

1) 根据产品质量特性重要程度分级，明确要控制的质量特性值。

2) 确定质量形成过程的流程。

3) 按建立工序质量控制点的原则，确定工序质量控制点，并编写细目表。

4) 对确定的工序质量控制点进行工序能力调查。

5) 在工序能力调查的基础上，分析工序质量的因素，确定其主导因素。

6) 在工序质量因素分析的基础上，编制工序质量分析表，并以此表来编制工序质量控制的各种文件。

2. 工序质量控制点

保证产品质量这个质量管理的核心内容就是工序控制。工序控制的核心手段是以人为中心的工艺标准、控制图和设备，是将它们很好地结合起来的整个系统。

(1) 工序质量控制点的作用

1) 在生产过程中，使工序处于受控状态，以重点控制、预防为主，控制关键质量特性值、关键部位、薄弱环节等。

2) 控制某个具体的定量质量特性。

(2) 工序质量控制点的设置原则

1) 质量特性重要程度分为 A 级质量特性和少数 B 级质量特性以及关键部位。

2) 设置于工艺上有特殊要求，对以后工序加工、装配有影响的项目。

3) 设置于质量信息反馈中出现质量问题较多的薄弱环节。

(3) 工序质量控制点的种类

1) 以质量特性值为对象来设置工序质量控制点。即以具体的质量特性值为对象，通过对因素的分析和控制，使质量特性值的波动在允许的波动范围内，工序处于受控状态。这种方法适用于大批量生产。

2) 以设备为对象来设置工序质量控制点。由于在同一设备上加工，一些主要影响质量波动的因素是相同的，因此可利用同一工序质量分析表。这种方法适用于单件、小批生产。

3) 以工序为对象设置控制点。这一类型适用于修理、装配、铸造、热处理、焊接等工序。

(4) 对工序质量控制的要求

1) 应明确控制的对象和目标。

2) 要有完整的工序质量控制文件，明确规定操作、控制、检测要求。

3) 明确对设备、工艺装备等的精度要求，并通过文件形式传递到有关部门，这些部门应能提供切实的保证。

4) 根据不同类型的工序质量控制点，有针对性地选用相应的控制图，分析预防控制的效果，发现异常情况及时采取纠正措施。

5) 制定工序质量控制点的管理方法，并认真贯彻执行。

3. 工序能力调查

(1) 工序能力调查程序

1) 明确调查目的。一是掌握工序满足质量要求的程度，二是掌握质量特性值的波动与影响质量波动因素之间的关系。

2) 确定调查组织及人员。调查人员一般应包括工艺人员、质量管理人员、操作人员、检查人员和设备维修人员等。

3) 制定调查计划。包括调查范围、调查日期，工序能力的测定方法、测量工具、抽样方式、样本大小、数据记录格式、结果汇总方法及处理问题的负责人。

4) 工序的标准化。就是对被确定调查的工序操作者、设备、使用的原材料、操作方法、测量方法做出具体的规定。

5) 按标准实施。即按工序标准化要求的规定进行作业。

6) 搜集数据。按调查计划所规定的方法进行，其重点是定量的质量特性值。

7) 数据分析。采取统计方法进行分析。

8) 判断。判断所调查的工序是否处于受控状态。

9) 计算工序能力指数（C_P）或设备能力指数（C_m）。对算出的 C_P、C_m 进行判断和处置。

10) 处理。采取各种措施获得适宜的工序能力，并纳入标准，实行管理标准化。

(2) 工序能力调查的注意事项

1) 被调查的工序必须是标准化的、进入管理状态的。

2) 调查中抽取样本数以 100～150 个为宜，不得少于 50 个。

3) 大批量生产可计算工序能力指数 C_P 值，其他生产类型则视具体情况而定。

4) 要尽量做到明确测量方法和选择合适的测量工具。

5) 做到调查原始数据准确。

4. 工序因素分析

工序因素分析就是找出造成工序质量异常波动的主导因素，进而采取相应措施，消除异常，使工序处于稳定的受控状态。

(1) 工序因素分析人员的组成

1) 具有专业技术和经验的工艺人员。
2) 与该工序有关的操作人员、检验人员、机床和工艺装备的维修人员。

(2) 工序分析的步骤

1) 对工序和产品进行剖析，找出质量偏差的形式和产生环节。
2) 进行工序分析，找出主导工序因素。
3) 对分析出的主导因素进行确认。
4) 对工序分析的结果，经过系统归纳，着手编制工序质量分析表。

5. 工序质量分析表

(1) 工序质量分析表的作用

1) 工序质量分析表对工序质量控制点所要控制的因素、控制项目的界限、控制方法、检查方法、频次及责任者等都具体地用表格的形式表达出来。
2) 工序质量分析表是针对控制质量特性进行因素分析，从而找出影响质量特性值波动的主导因素，针对主导因素来制定其控制范围及控制方法。
3) 工序质量分析表是编制工序质量控制点、制定其他控制文件的指导性文件和依据。

(2) 工序质量分析表的主要内容

1) 控制目标，即质量特性值及其公差范围。
2) 质量特性值和主导质量因素的关系，即确定哪些是主导质量因素。
3) 主导质量因素控制规范，包括控制项目及其允许界限、检查项目与方法、检查的频次、责任者、标准名称等。

(3) 编制工序质量分析表的注意事项

1) 由工艺部门负责，组织设备、工具、检验、计量等部门有关人员参加，这些人员既要有质量管理的理论和工艺知识，又要有丰富的生产实践经验。
2) 对工序质量的分析要按照系统图进行，从人、设备、材料、方法、检测、环境六大因素入手，层层展开，一直分析到可以直接采取措施的原因为止。

分析时可先画出因果分析图，在分析出原因后，要进行对原因的确认，在此基础上再用树枝图的形式填入工序质量分析表中。

3) 工序质量因果的分析，原则上是以一个质量特性值来进行的，一个控制点控制一个质量特性值。

在工序质量因素分析时应注意两种不同的情况：如果影响质量特性值的因素完全相同，可以合并在一起分析；如果影响质量特性值的因素不同或不完全相同，则需分别分析或以一个质量特性值的分析为主，其他的因素分析作为附加或补充分析。但是无论采取哪种分析方法，对一个控制点来说只能有一套控制文件。

4) 工序质量分析表的内容多，涉及部门也多，因此，制定时要注意其完整性和准确性。工序质量分析表中的"控制项目"应包含检查的项目和方法、允许界限和检查频次等。

6. 工序质量控制点的控制文件

常用的控制文件有：

(1) 作业指导书。它是在工序卡片的基础上发展起来的一种新型工艺文件，比工序卡片更加细化和完善，是正确指导现场生产工人操作、控制和检查的规程。

1) 作业指导书的内容。作业指导书由4大部分组成：

①零件的示意图。

②操作要领、工艺规程（如加工部位、方法、步骤等）。

③控制要求，包括检验项目、检验频次、检具要求、控制手段等。

④所选择的工艺参数。

2) 制定作业指导书的注意事项

①在操作要领、工艺规程中要注意将生产工人在操作中所积累的经验和加工技巧总结进去，以利于指导工人正确地进行操作。

②注意与工序质量分析表相呼应。凡在工序质量分析表"标准化"一栏中涉及作业指导书的，必须在作业指导书中反映出来。

③作业指导书所要求的内容要做到完整、准确。如工艺参数部分应尽可能地做到选择准确，定量表示。

④操作要领、工艺规程要详细、具体。操作现场不应出现作业指导书以外的其他工艺指导文件。

(2) 设备定期检查记录卡。设备定期检查记录卡见表5—1，它是由设备管理部门根据工序质量分析表的要求编制的一种对工序质量控制点上的设备进行控制和定期检查的文件。它不同于对设备的正常检查工作，其内容根据对这一设备分析出的能直接采取措施的最终原因加以确定，主要包括控制项目、控制项目的允差范围、检查方法和检查的频次（检查的周期）。

设备定期检查由机修钳工负责操作，并将检查记录完整、准确地填入检查记录卡中。

(3) 设备日点检记录卡。设备日点检记录卡见表5—2，它是由设备管理部门编制，指导设备操作者在每班开工前按照规定对设备进行检查后填写的一种控制性文件。

设备日点检记录卡是针对不同类型、不同工作状况的设备分别编制的。机修钳工应对操作者点检进行技术指导，并对填写质量进行监督。

(4) 工艺装备定期检查记录卡。工艺装备定期检查记录卡见表5—3，它是由工装管理部门按照工序质量分析表的要求编制的，按规定的内容定期地对工序质量控制点所用的工装进行检查的一种控制文件，由工艺装备管理部门负责实施并做记录，也可由机修钳工负责实施并做记录。

(5) 量、检具检定记录卡。它是由计量部门按照工序质量分析表的要求编制的，按规定的周期对工序质量控制点在用的量、检具进行检定的一种记录文件。工序质量控制点在用的量、检具检定的周期要比一般工序的量、检具短，应始终保持工序质量控制点在用的量、检具的精度。

(6) 检验指导书。它是由检验部门负责编制，用来指导检验工人正确进行检验的指导性文件，也适用于控制点上的操作者自检。

表 5—1 设备定期检查记录卡 mm

序号	设备型号	设备名称	检查项目内容	允许极限	第一次检查结果及处理 3月份	第二次检查结果及处理 6月份	第三次检查结果及处理 9月份	第四次检查结果及处理 12月份	备注
34	T26A	双面金刚镗床	1. 镗轴轴径向全跳动	（根部测量）0.005 0.01/200	0.008 0.01/200	0.005 0.01/200	0.005 0.01/200	0.005 0.01/200	
			2. 主轴轴向窜动	0.005	0	0.005	0.005	0.005	
			3. 镗孔的圆柱度	0.005	0.008	0.005	0.005	0.005	
			4. 工作台移动方向对主轴中心线的平行度	0.015/300 0.01	0.015/300 0.003	—	0.015/300	—	
			5. 主轴头的等高度	0.005	0.003	—	—	—	
			6. 主轴支承端面与主轴中心线的垂直度	0.03/1 000	0.01/1 000	—	—	—	
			7. 工作台工作面的平面度						允许中凸
			8. 工作台沿床身导轨移动的直线度（纵向）	0.02/1 000 0.001	0.015/1 000 0.001	0.015/1 000 0.001	0.015/1 000 0.001	0.017/1 000 0.001	
			9. 床头轴承间隙						
			10. 进给电磁阀	±5%	符合要求 −4%	已调整 +1%	符合要求 +1%	符合要求 +1%	
			11. 调节控制进给速度的螺钉						

批准 _____ 审核 _____ 编制 _____

表5—2 设备日点检记录卡

| 设备名称 | 卧式车床 | 设备型号 | C620—1 | 设备编号 | | 使用车间 | | | 操作者 | | 年 月 日 |

序号	点检部位及内容	点检日期及记录 1 2 3 4 5 6 7 8 9 10 11 12 13 14 15 16 17 18 19 20 21 22 23 24 25 26 27 28 29 30 31
1	机床各部分运转是否正常,有无杂音	
2	电动机运转是否正常,带传动有无损坏,松紧度是否合适	
3	各变速手柄是否灵活,定位是否准确,可靠	
4	各电器开关、按钮是否灵活,可靠	
5	各导轨面是否清洁,有无研伤、拉伤、碰伤	
6	刀架转动是否灵活,定位是否可靠	
7	进给丝杠螺母、尾座套筒间隙是否正常	
8	丝杠、光杠、开关杠是否灵活,有无跳动和窜动	
9	各润滑点是否缺油,油窗是否清晰,油路是否畅通	
10	冷却系统是否齐全、有无漏损	
11	各箱体是否漏油	
12	防护罩、挡屑板、护板是否齐全、牢固,清洁	
13	冷却系统是否完好	
14	机床附件是否完好	
15	机床照明是否齐全、完好	

记录符号:完好√,异常◎,当场修好○,待修×

注:各项检查内容根据实际情况规定日检或间检

表 5-3　工艺装备定期检查记录卡

×××××厂		二工段镗铣班		工装定期检查记录卡		准备工段		编制
零件号	760-1004050			检查者		作业者	760-1004050	检查者
零件名称	连杆			×××			连杆	×××
工序号	34			××××年3月7日			34	××××年4月9日
工序名称	精镗大头孔			(反馈)生产工段			精镗大头孔	(反馈)生产工段
工装号	J495-106			二工段			J495-106	二工段
工装名称	气动夹具						气动夹具	

代号	项目	规格要求	允许极限	检查周期	上次检查日期	测定结果			下次计划检查日期
						实测值	判定	处理	
106-1	定位基准 R	60	±0.5	1/月		+1.2	不合格	修复	4月上旬
		√	√	√					
零件号		J495-106							
零件名称	√								
工序号	√								
工装号	√								
工装名称	√								

检查者 ×××								
××××年5月10日								
(反馈)生产工段 二工段								

代号	项目	规格要求	允许极限	检查周期	上次检查日期	测定结果			下次计划检查日期
						实测值	判定	处理	
		60	±0.5	1/月	7/3	-0.1	合格	—	5月上旬
	√	√	√	√					
		J495-106							
	√								
	√								
	√								
	√								

检查者 ×××　　××××年6月6日　　(反馈)生产工段 二工段

续表

			检查记录卡						
××××××厂			二工段壁铣班			工装定期			
			作业者			测定结果			
			准备工段						
									编制
代号	项目	规格要求	允许极限	检查周期	上次检查日期	实测值	判定	处理	下次计划检查日期
106—1	√	60	±0.5	1/月	9/4	+0.2	合格	—	6月 上旬
	√	60	±0.5	1/月	10/5	+0.2	合格	—	7月 上旬

(7) 控制图。控制图主要用于监控工序是否处于受控状态,以便及时发现异常,采取纠正措施。

(8) 自检记录表。它是由控制点操作者对规定的自检项目在自检以后做好记录的一种数据记录表。它适用于各种生产类型的产品,而且在不采用控制图的控制点上,采用自检记录表尤为重要。在单件小批量生产的企业中,自检记录表已得到了广泛应用。

三、设备修理的质量管理

设备修理的质量管理,是指为了保证设备修理后达到规定的质量标准,组织和协调企业有关部门和职工,采取技术、经济和组织措施,全面控制影响设备修理质量的各种因素所进行的一系列管理工作。设备修理的质量管理是企业全面质量管理的重要组成部分,其目的在于保证和不断提高设备修理质量。

1. 设备修理质量管理的工作内容

(1) 制定设备修理的质量标准和为了达到质量标准所需采取的工艺技术措施。制定质量标准时,既要充分考虑技术上的必要性,又要考虑经济上的合理性。

(2) 设备修理质量的检验和评定工作是保证设备修理后达到规定标准并且有较好可靠性的重要环节。因此,企业必须建立设备修理质量检验组织,按图样、工艺及技术标准,对自制和外购备件、修理和装配质量、修后精度和性能进行严格检验,并做好记录和质量评定工作。

(3) 加强修理过程中的质量管理,如认真贯彻工艺规程,对关键工序建立质量控制点和开展群众性的质量管理小组活动等。

(4) 开展用户服务和质量信息反馈工作,统计分析,找出差距,拟定进一步提高设备修理质量的目标和措施。

(5) 加强技术业务培训,不断提高修理技术水平和管理水平。

2. 设备修理的质量保证体系

按照全面质量管理的观点,必须建立质量体系。质量体系是为了保证产品、过程或服务达到质量要求,把组织机构、职责和权限、工作方法和程序、技术力量和业务活动、资金、资源、信息等协调统一起来,形成的一个有机整体。企业内部的质量体系称为质量管理体系。为生产符合合同需要的产品,满足用户或第三方监督审核和认证工作的要求,企业对外确定的质量体系称为质量保证体系,质量保证体系包括企业内部的质量管理体系。

设备修理质量保证体系一般应包括以下要素:

(1) 质量方针和目标。

(2) 质量体系的各级职责及权限。

(3) 企业设备修理计划和对外承修的合同。

(4) 设备修理的工作流程(从制订计划至交工验收)及工作标准。

(5) 修理技术文件(包括质量标准)的制定与审核。

(6) 物资采购程序。

(7) 检测仪器、量具的控制。

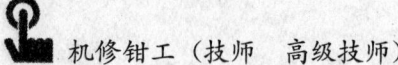

(8) 修理过程的质量控制。
(9) 不合格品控制。
(10) 工序及修理完工的整机检验与试验。
(11) 合同、计划、技术文件的更改控制。
(12) 认证的申请与执行。
(13) 质量记录及提供质量文件的程序。
(14) 竣工验收程序及文件。
(15) 竣工验收后的用户服务。
(16) 质量成本控制。
(17) 质量信息的收集、加工和分析。
(18) 培训。

在以上要素中，竣工验收后的用户服务在现代质量保证体系中是一个非常重要的要素。修后用户服务，是指设备修理竣工验收后，为用户消除修理质量缺陷，排除故障，供应配件及提供技术咨询等活动。

3. 设备修理的质量检验标准

设备修理质量标准是衡量设备整机技术状态的标准，包括修后应达到的设备精度、性能指标、外观质量及安全、环境保护等方面的技术要求。它是检验和评定设备修理质量的主要依据。

(1) 制定设备修理质量标准的原则

1) 以出厂标准为基础。

2) 修后的设备性能和精度应满足产品工艺要求，并有足够的精度储备。如产品工艺不需要设备原有的某项性能或精度，可以不列入修理标准或免检；如设备原有的某项性能或精度不能满足产品工艺需求或精度储备不足，在确认可通过采取技术措施（如局部改装，提高精度、修理工艺等）解决的情况下，可在修理质量标准中提高性能、精度指标。

3) 对于整机外形磨损严重，已难以修复到出厂精度标准的机床，如由于某些原因需大修时，可按出厂标准适当降低精度，但仍应满足修后加工产品和工艺的要求。

4) 达到环境保护和劳动安全法规的规定。

(2) 设备修理质量标准

1) 外观质量。设备外观质量要求的基本内容：
①对设备外表面和外露零件的整齐、防锈、美观的技术要求。
②对涂漆的技术要求。
③对各种表牌、标志牌的技术要求。

2) 空运转试验。设备空运转试验规程的主要内容：
①对各种空运转试验的程序，以及试验速度和持续时间的规定。
②两种运动（成两种以上运动）同时空运转试验的规定。
③空运转试验中应检查的内容和应达到的技术要求。检查内容主要包括：各种运动的平稳性、振动、噪声、轴承的温升，电气、液压（气压）、润滑、冷却系统的工作

状况，操作机构动作的准确性和灵敏性，制动、限位、联锁装置的灵敏性及准确性，安全防护装置的可靠性以及各种信号指示灯和仪表的正确显示等。

3) 负荷试验。设备负荷试验规程的主要内容：

①试验内容和应达到的技术要求。如金属切削机床的最大切削负荷试验，中型机床的最大静负荷试验，起重设备的静、动负荷试验，冲压设备的最大压力试验，动力设备的出力试验等。

②试验程序及规范。

③试验时及试验后应监测的数据等。

4) 几何精度标准。几何精度标准是衡量设备静态精度的标准，包括以下内容：

①检验项目主要有安装精度、基准件相互位置精度、部件的运动精度及位置精度、各种运动的相关精度等。

②各检验项目的检验方法。

③各检验项目的允许误差。

5) 工作精度标准。工作精度标准是用来代替衡量机床动态精度的标准，其主要内容有：

①工件的材料、形状、尺寸及加工后应达到的精度。

②加工工艺规程，包括工件装夹方式，采用的刀具及切削用量。

对于专用机床，应按企业规定的产品零件及其加工工艺规程进行精度检验。对于通用机床，可选择企业经常加工的典型零件作为试件或按出厂标准的规定进行。

4. 设备修理质量的检验

设备修理质量检验工作，是保证设备修理后达到规定质量标准，尽量减少返工修理的重要环节之一。检验是根据修理工艺规程和质量标准，采用测量、试验等方法将修理后设备的质量特性与规定要求做比较和做出判定的过程。企业应建立、健全设备修理质量的检验组织，配备足够的检验人员，按图样、工艺及质量标准对零部件及整机质量严格检验，并认真做好质量评定工作。

(1) 修理质量检验的组织和人员素质。大、中型企业应设置修理质量检查站，小型企业可设置专职检查员，他们应归企业质量检验部门领导，也可以由总机械动力师或设备主管部门的主要负责人领导。

动力设备较多的企业，可在设备管理部门内设置电工、热工试验组（室），负责动力设备和管线的定期试验和修理质量的检验工作。

质量检验人员应具备的业务素质如下：质量检验人员除熟悉机械设备零部件及整机检验的知识和技能外，还应熟悉设备维修的技术知识和技能，在工作中能严格把好质量关，并协助维修工人预防产生不合格品。此外，还应有一定的组织能力，责任心强，并有良好的职业道德。

(2) 修理质量检验的主要内容

1) 自制备件和修复零件的工序质量检验和终检。

2) 外购备件、材料的入库检验。

3) 设备的定期精度检验。

4) 修理过程中，零部件和装配质量的检验。

5) 修理后的外观、试车、精度及性能的检验。

(3) 大修理质量等级的评定。对于设备大修理质量通常要评定等级（对项修和小修一般不做评定）。其主要指标是：精度、性能、出力和修后初期使用中的返修率（或故障停机率）。评定大修理质量等级的前提，是所有质量检验项目必须按质量标准检验合格。目前尚无统一的修理质量等级评定标准，各企业可根据实际情况制定厂标。表5—4为某机械制造厂的设备大修理质量等级评定指标，可供参考。

表 5—4　　　　　　　设备大修理质量等级评定指标

设备类别	指标			等级
	精度指标	出力	返修率	
金属切削机床	0.5～0.7	—	≤1%	优良
	0.68～1	—	>1%	合格
动力设备		>100%	≤1%	优良
		=100%	>1%	合格
其他设备			≤1%	优良
	—	—	>1%	合格

注：返修率的考核期为三个月。

第二节　生产管理

→ 能够在设备维修工作中组织协同作业
→ 能够应用和推广先进的管理经验，不断提高设备维修水平

一、车间管理知识

1. 车间组织与管理的内容和要求

(1) 车间组织和车间管理。车间是按照生产的专业性质设置的，它拥有一定的厂房或场地，拥有完成一定生产任务所必需的设备、工具、原材料，拥有一定数量的工人、技术人员和管理人员。车间是运用这些生产条件，担负着完成某种产品或产品的某些工艺、零部件，或某一方面的辅助生产任务等的生产单位。

车间是直接从事生产活动的场所，是企业生产的第一线，车间工作直接决定着企业的生产和经济效益。因此，必须加强车间管理，为保证完成生产任务和提高经济效益，把车间作为企业管理系统中的一级行政管理单位。同时为了贯彻经济责任制，严格经济核算，奖惩分明，贯彻经济利益原则，调动职工积极性，也把车间作为一级经济核算单位。

车间管理，就是车间根据企业的目标、计划和各项规章制度，运用拥有的资源条件和管理权限，对车间的生产经济活动进行计划、组织、指挥、控制、调度和考核工作，以及职工的教育、培训的管理工作。

车间管理是生产第一线的管理工作，是现场管理，是执行性的效率管理。车间管理是企业管理以生产为中心的根本环节，搞好车间管理，保证企业有正常生产秩序，才能全面完成企业计划，实现企业目标。车间管理是生产现场的管理，是加强企业基础性管理工作的立脚点，对搞好企业管理，提高企业管理水平，对建立良好的生产劳动纪律和文明生产，建立良好的职工精神面貌和厂风都有决定性的作用。

(2) 车间管理的内容和要求

1) 车间管理的内容。从管理的专业性质可分为：

①车间组织机构和经济责任制的建立。

②车间生产组织与管理。

③车间质量管理。

④车间设备、工艺和工具的管理。

⑤车间劳动管理。

⑥车间经济核算。

⑦安全生产和文明生产。

这种按管理专业性质划分管理内容，是一种纵向划分、上下业务对口的管理。而车间是生产现场管理，是生产要素结合点的管理，是生产与消费、数量与质量统一过程的管理。因而按管理的程序和业务性质来划分管理内容，是一种横向划分的管理，更便于管理和学习掌握。本教材相关内容即是按这种方法划分的。

2) 车间管理的要求。车间管理的目的就是要实现高产、优质、低耗、安全、均衡和及时，取得好的经济效益。因而对车间管理的要求，要做到全面、具体、明确、及时，深入现场和充分依靠职工。主要有以下几方面：

①建立精干的车间行政组织系统。

②贯彻落实经济责任制和岗位责任制。

③按作业计划组织均衡生产。

④按"三按"（即按图样、按工艺规程、按技术标准）生产，保证产品质量。

⑤维护好设备，保证其正常运转。

⑥合理使用设备和工装。

⑦贯彻安全操作规程，保证安全生产。

⑧按定额用工、用料和管好储备。

⑨开展技术革新和技术培训，不断提高劳动生产率。

⑩搞好文明生产，保护环境和健康。

⑪认真填写原始记录，搞好统计和经济核算。

⑫做好思想工作，贯彻奖惩制度，关心职工生活，调动职工积极性。

2. 车间生产管理

(1) 生产管理过程的组织。车间的建立是根据企业生产的产品及生产过程来划分的。每种产品都有它的生产过程，就是说生产要占用一定的空间（场地）和经过一定的时间过程,工业产品的生产过程是指以准备生产某种产品,到把这种产品生产出来的全部过程。

1) 生产过程的划分。按产品生产过程所需各种劳动对产品所起的作用不同,生产过程分为:

①生产准备过程。指产品设计、工艺、工装等涉及的技术准备阶段。

②基本生产过程。指直接对产品进行加工的生产活动。

③辅助生产过程。指为保证基本生产过程正常进行所必需的各种辅助生产活动,如设备维修、动力生产、工装制造等。

④生产服务过程。指为基本生产过程和辅助生产过程进行的生产服务性活动,如原材料、半成品等的供应、运输、保管等。

2) 车间生产过程的组织。车间生产过程的组织是根据车间生产的品种多少、产量大小以及生产过程的复杂程度等来进行的。合理的组织形式,能够提高生产效率、降低生产成本,又便于管理,能收到较好的经济效益。生产过程的组织一般有以下两种情况:

① 多品种的单件、成批生产的组织。单件或成批生产的特点是完成单件或一批生产就更换其他的品种,这种情况车间、班组一般多是按工艺原则划分的,其生产过程组织基本上有三种方式:

a. 顺次移动方式。即一批产品(零件)在一道工序全部完工后,顺次整批转移到下一道工序加工。这种组织方式管理简便,设备能充分利用,并能简化运输。缺点是工序制品占用多,生产周期长。

b. 平行移动方式。就是一件产品(零件)在一道工序全部完工后,立即转到下一道工序加工,零件在各个工序间是逐个转移。这种组织方式的生产周期短,工序间占用制品少。缺点是设备有空闲时间,管理复杂,运输次数多。

c. 平行顺次移动方式。这是前两种方式的结合。零件在各个工序之间的移动数量不规则,一种是当下道工序时间大于上道工序时,零件要逐个转移;另一种是下道工序时间小于上道工序时,零件则要积累一定数量后再转移。这种组织方式可避免前两种方式的缺点,但管理更为复杂。

②大量生产的生产流程组织形式。当产品品种少、产量大时,就可以按生产流程顺序组成生产线或流水线,保证生产过程各工序的衔接,实行纵向管理,如图5—1所示。

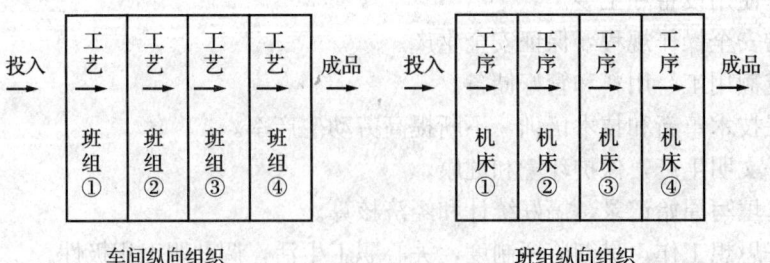

图5—1 车间、班组纵向组织示意图

一个车间、班组可以是一个品种产品的单一生产线,也可按几个品种分别设几条生产线,或是在一条生产线上适应几个品种生产的可变生产线。但生产线并不等于产品在生产时各工序都能紧密衔接，不停顿地加工，而仍会有工序间的加工中断和在制品停放，设备不能充分利用的问题等。为了使生产流程的各工序紧密衔接，就要把生产线组成流水线。流水线是一种先进的生产流程组织形式，它根据生产产品工艺流程，按规定的路线和速度，在各工序一件接一件不停地进行加工和生产。

流水线生产有很多优点，可以采用专用设备和工装、仪表，生产效率高，质量有保证，生产周期短，在制品少，管理也方便。但是组织流水线必须具备几个前提条件：第一，生产的产品必须是较长时期有销路的、比较先进的和需要量大的；第二，加工方法和使用的设备比较先进；第三，技术上可行、经济上合理。

（2）生产作业计划编制

1）生产作业计划的重要作用。生产作业计划的重要作用主要有以下几个方面：

① 生产作业计划是企业加强全面管理的中心环节。

② 生产作业计划是经济核算的重要依据。

③ 生产作业计划是组织日常生产活动、建立和谐生产秩序、组织均衡生产的保证。

④ 生产作业计划是使每个职工明确工作目标，有利于促进生产、取得良好经济效益的手段。

2）生产作业计划的编制。车间生产作业计划的编制，应根据车间生产类型和班组的组织形式不同采用不同的编制方法。

①大量生产车间的生产作业计划编制。大批量生产车间，由于产品品种少、产量大，其生产相对稳定，生产作业计划有两种编写方法：

a. 车间按产品工艺流程顺序划分班组，各班组分别担负产品的某一工艺阶段（或工序），班组之间按工艺顺序依次提供在制品，生产时前后连续，保证车间生产的衔接。这样车间生产作业计划的编制可采用"在制品定额法"，即企业根据市场需求下达给车间计划出产量，车间预计一个生产周期内，各班组的在制品、半成品的储存量和计划生产周期应占用的在制品定额，按反工艺顺序分别推算出各班组在生产周期内应出产和投入的数量。

b. 大批量生产下的班组是按对象原则划分的，即车间生产大批量产品的少数部件和零件，可以按部件作为对象划分班组，各班组分别对不同的零部件平行地进行加工。如电线厂的车间可以按不同规格电线为对象划分班组，汽车生产企业的车身车间、底盘车间等也是按零部件为对象划分班组。此时的车间生产作业计划编写应根据产品的产量，分解出各零部件，将零部件计划任务直接下达给班组。

②成批生产车间生产作业计划的编制。车间生产的产品（或零部件）品种较多，并且是成批的定期轮番或不定期轮番的生产。此时的车间生产作业计划编写较为复杂，编制方法多种多样，但编制的根据主要是期量标准，即生产所需的时间（期限）和数量的标准。

车间按对象划分的班组，可将各品种的计划任务，按班组分工生产的对象直接下达给班组即可，由班组根据所生产的品种任务，再编制各种形式的班组或生产线标准计划。一般可分以下几种编法：

a. 编制可变流水线标准计划。即班组按所生产的几种产品（或零部件）任务，编制班组可变流水线的标准计划，落实计划任务和定期轮番生产顺序。

　　b. 编制成组加工流水线标准计划。即车间生产按工艺相似进行归类分组，将相似产品（零部件）组成一组进行加工。如轴类加工、套类加工、盘类加工等。每一零件组包括各零件的数量，如某种产品需要大轴1个、中轴2个、小轴4个，那么这个轴类组三种轴的比例为1∶2∶4，按这个比例同时投入三种轴，在一条流水线上加工，加工一套轴所需要的时间为成组流水线的节拍，有了这个节拍就可编制成组流水线的标准计划。

　　c. 编制混流生产标准计划。混流生产是成组流程的进一步发展，它是在成组流水节拍内生产各种零部件（或组装不同产品），也是一种交替轮流生产。以上面所说的成组流水线的三种轴为一节拍为例，混流生产不是在节拍内顺序一次生产完大轴1件、中轴2件、小轴4件，而是将三种轴按其在节拍内生产数量逐个排列混合生产，这种排列顺序就是混流生产的一个循环流程。这种方法在汽车制造业的装配车间比较普遍，它适用于市场对产品多样化的要求。车间根据生产各品种（零部件）任务，按品种进行分组，确定一组零部件中各零件占的最小产量比，最小产量比的产量之和就是混流生产一个循环流程的各零部件产量。再按各零件产量及其单件工时定额求出混流一个循环的节拍，最后将这一循环的各零件选出合理的投产排列顺序，就可编出混流生产作业计划。

　　③单件、小批量生产作业计划的编制。品种多、数量少是大型机械或工具车间、机修车间的生产特点，所以这些车间多是按工艺原则划分班组。生产作业计划的编制，主要是使产品（零部件）在各工序生产时间上衔接，使设备充分利用并保证按期交货。这种生产作业计划都由车间集中编制，车间根据各班组计划加工各种零件的数量和应担负的工序及时间进度，与各班组生产能力平衡后，即可将生产作业计划直接下达各班组。

　　由于单件、小批量生产车间，多是最后出成品的车间，车间通常只编制主要零部件的生产作业计划，对一般零件根据设备空闲情况，采取随时分配的生产方法。

　　(3) 车间生产控制。生产控制是车间生产管理的一个职能，它是执行生产作业计划过程中，按规定的政策、目标、计划标准以及经济性的原则，进行控制检查和测定，对出现的偏差及时采取措施更正的一种管理工作。生产控制的要素主要有三条：

　　1) 对控制生产所需的目标、标准的制定，这是对生产进行控制的依据。

　　2) 对执行情况要进行监督、记录、测定和比较评价，及时地发现偏差。

　　3) 对出现的偏差要及时采取更正措施纠正，这一般是生产调度员的工作。

　　车间生产控制的内容，不仅是生产过程中的品种、产量和进度的控制，而且要对产品的质量、生产成本，以及对生产前各种准备和条件进行控制。控制在生产管理中不是消极的限制性的概念，控制应是一种建设性的、对生产起着积极的促进作用的工作方式。

二、车间设备管理

　　1. 设备的维护与修理

(1) 设备维修的目的和原则

1) 车间设备管理的任务。机器设备是工业企业为完成生产任务所需要的一切动力机构、传动机构、加工机构以及它们附属的仪器仪表、相关设施等。在机械制造企业有金属切削设备、动力供应设备、起重运输设备、理化试验设备以及管道线路等，在化工厂有各种炉、塔、罐等。这些机器设备是进行生产的物质手段，构成企业生产力的重要因素，车间在进行生产时必须使机器设备经常处于良好的技术状态。

车间设备管理的任务有以下四点：

①根据技术上先进、经济上合理的原则，正确地选用设备。

②搞好设备维修保养工作，使机器设备始终处于良好的技术状态。

③做好车间现有设备的挖潜、革新、改造工作，实现增产节约，保证生产多、快、好、省地发展。

④保证引进设备的正常运转，尽快掌握引进设备的使用、维修技术。

为完成上述设备管理的任务，车间设备管理要做好一系列工作，包括设备的选用、安装、合理使用、维护保养、检查修理以及日常的登记、保管、调拨、报废、改造、更新等工作。这些工作都是相互联系的，只有全面地做好这些工作，才能使车间机器设备经常处于良好的技术状态，为完成生产任务提供必要的物质技术基础。

2) 车间设备的合理使用

①合理地配备各种类型的机器设备，恰当地安排加工任务和工作负荷。车间根据企业生产的需要，按照产品（或零件）的工艺技术特点选择和配备机器设备，做到合理使用，在性能和生产效率上要互相协调，使设备能充分发挥作用。

由于设备的结构、性能、加工精度、使用范围、工作条件、生产能力以及其他技术条件的不同，车间在使用设备时，必须根据生产任务和设备的具体情况，合理安排加工任务和工作负荷，使设备正常运转，避免意外损失，确保生产安全。做到设备合理使用，不能有"大材小用""精机粗作""大马拉小车"或"拼设备、赶任务"等不正常现象。

②每种设备要配备相应的工种和一定熟练程度的操作者。在生产过程中除工人的责任心外，工人的技术水平和熟练程度的高低，与能否正确使用和发挥机器设备的效能有直接关系。

为保证设备的合理使用和发挥效能，必须配备相应的工种和具有一定技术水平和操作技能的工人，要求操作者熟悉和掌握机器设备的性能、结构、工艺范围和维护保养技术，能按机器使用说明书和操作规程进行操作。

新工人必须经过技术考试合格后才能独立操作机器设备。对于精密、复杂、稀有的关键性的机器设备，应指定具有专门技术知识的工人去操作。

③严格贯彻执行设备使用和维护的规章制度。企业根据各类设备的特点和生产的需要，制定出使用和维护保养规章制度，这些规章制度是指导工人操作维护和检修机器设备的技术规程，车间和班组应严格贯彻执行。其内容一般应包括设备的主要技术性能和使用的最高允许负荷、正确的操作方法和要点、设备的维护保养制度及要求、设备与人身安全注意事项、定人定机制度、交接班制度，以及设备使用维护有关清洁、润滑等的

要求。

定人定机制度是对机器设备的使用实行定人定机、凭操作证操作。因生产需要操作其他设备，需经车间领导批准。维护保养设备实行专责制，对一般作业的设备操作实行专人专机制，两班、三班作业或几个人共同操作的设备（机组）建立机长负责制，并要认真做好交接班制度。自动生产线或一人操作多台设备的应根据具体情况制定相应的维护保养负责制。

岗位责任制是明确规定每一生产（工作）岗位的职责范围的制度。车间主任、班组长、班组设备员及设备操作者都要规定对设备管理、使用、维护的岗位责任制。

生产班组长在设备管理、使用、维护方面的岗位责任制一般规定有以下六点：

a. 组织本组人员认真贯彻设备管理、润滑"五定"（定人、定时、定点、定质、定量），遵守操作规程，维护保养交接班制度。

b. 组织本组人员进行点检并做好记录。

c. 研究分析设备事故及设备技术状况，并提出处理的具体措施意见，事故发生后要监督保护现场。

d. 协助维修人员调试设备。

e. 督促全组成员合理使用设备及擦拭设备。

f. 组织小组学习设备操作技术及进行安全教育。

班组设备员的岗位责任制一般规定有以下六点：

a. 在生产班组长领导下，组织班组成员进行爱护设备的活动，督促检查遵守操作规程和设备的润滑保养，制止未经允许开动设备及损害设备的行为。

b. 协助生产班组长编制设备的一级保养计划，积极开展一、二级保养及三好（管好、用好、修好）、四会（会使用、会保养、会检查、会排除故障）的活动。

c. 负责检查本班组设备运行和清洁情况，并参加技术状态、清洁度鉴定及修后质量的验收工作。

d. 参加事故分析活动，讨论改进措施和处理意见。

e. 积极反映设备维修与使用中存在的问题，并提出改进意见。

f. 对本班组设备的调拨、迁移提出自己的意见。

设备交接班制度是在实行多班制生产的条件下，规定各轮班工人在上、下班时设备交接事项的制度。为明确责任，保证设备正常运转、生产正常进行，上、下班工人必须认真执行设备交接班制度。设备交接班制度一般有以下四点：

a. 交班人要做好设备的清洁润滑工作。

b. 交班人要检查设备各部位，发现问题要及时处理，暂时不能处理的要记录，交代清楚后才能离开设备。

c. 接班人至少应提前 10 min 上班，认真查看交班记录，检查设备润滑和运转情况，如发现设备有不正常现象，应及时反映解决。

d. 一班制生产的设备，下班前要将气、电、水等的开关阀门全部关好，并要清扫干净。

设备交接班记录表格见表 5—5。

表 5—5　　　　　　　　　　　　设备交接班记录表

日　期	班　次	运转使用情况	维护保养情况	附件是否齐全	交接人签名	
					交班人	接班人

④经常进行正确使用和维护保养设备的技术培训。工人是生产中的决定因素，在生产过程中要不断加强对职工进行正确使用和维护保养设备的教育和培训，保持设备的整齐、清洁、润滑、安全，使设备正常运转和合理使用，充分发挥设备性能。

要运用各种形式经常对职工进行技术培训，不断提高职工的技术水平。操作工人要掌握技术等级标准应知应会内容，为合理使用和维护设备创造良好的技术条件。

⑤在生产过程中为机器设备创造良好的工作条件，是保证机器设备正常运转，延长使用期限，保证安全生产的重要条件。不同的机器设备要求的工作条件是不同的，但一般的机器设备都要求保持设备本身工作环境的整洁和正常的秩序，安装必要的防护、保安、防潮、防腐、保暖、降温等装置，配备必需的测量、控制和保险用的仪器装备等。对于那些复杂、精密的机器设备，对湿度、温度、防尘、防震等工作条件要有严格的要求。具备以上这些工作条件，才能保证机器设备的正常运转和保持应有的精度。

(2) 计划预防修理制度。目前实行的设备维修制度有两种，一种是计划预防修理制度，一种是计划保修制度，两者都是行之有效的维修制度，各企业可以根据本企业的生产特点和设备具体情况决定采取相应的制度。

设备的计划预防修理制度，是根据设备磨损规律，通过对设备进行日常的维护保养，有计划地检查和修理，保证设备经常处在良好的状态与有效的工作精度的制度。

计划预防修理制度的内容有日常维护保养和检查与计划预修（小修理、中修理、大修理）。

1) 日常维护保养和检查。日常的维护保养和检查工作是做好设备计划预防修理工作的基础。它的内容有例行保养和对设备的检查。例行保养是一种经常性的不占设备运转工时的、由操作工人每天进行的维护保养，其主要内容有：班前班后检查设备，班中设备发生故障及时予以排除；填写交接班记录；擦拭设备各个部位及对各个油孔注油，使设备经常保持清洁和润滑。

设备的检查是设备维护修理工作的重要环节，通过检查，可以深入掌握设备的运转和磨损情况，及时查明和消除设备的隐患。根据检查结果，提出设备维修工作的措施和意见，为编制修理计划提供可靠依据。设备检查按检查间隔期可分为每日检查和定期检查，按检查性能可分为机能检查和精度检查。

除每日检查外，还有日常点检（不定期的检查），为了维持设备规定的机能，按照标准对设备有无异常状态从外观上进行检查，以便早期发现而修复。设备日常点检是以人的"五感"（噪声、异味、振动、温度、漏油）为中心的点检。而设备的定期检查和

机修钳工(技师 高级技师)

精度检查是指为了维护设备规定的机能,用人的"五感"或仪器测定的结果与标准相比较来判定设备有无异常。日常点检与定期检查、精度检查的区别见表5—6。

表5—6　　　　　日常点检与定期检查、精度检查的区别

类别	对象	周期	目的	检查内容	检查所需时间	实施部门	执行人
日常点检	全部设备	每日~1个月以内	保证设备每日正常运转,不发生故障	噪声、漏油、振动、温度、加油、清洁、调整(开车检查)	5~10 min	使用部门	操作人员
定期检查	重点设备	定期(1个月以上)	保证设备达到规定的性能	测定设备劣化程度,确定设备性能调整、修理(停车检查)	2~3 h	维修部门	维修人员
精度检查	不定	不定期	保证设备达到规定的性能和精度	对问题做精细的调查测定分析	2~6天	维修部门	维修人员

日常点检根据检查标准书进行,检查标准书规定了设备的检查部位、项目、周期、检查方法、制定标准及处理意见。设备点检完毕依据检查标准书填写日常点检卡,见表5—7。

表5—7　　　　　　　日常点检卡

设备编号_____ 型号_____ 名称_____　　　　年 月 日
操作者_____

序	项	检点内容	1	2	3	4	5	6	7	…	27	28	29	30	31
1		技术状态													
2															
3															
4															
5															
6															
7															
8															
9															
10															

单元 5

续表

项序	检点内容	1	2	3	4	5	6	7	…	27	28	29	30	31
11														
检查方法	听、看、试													
备注	每天将点检情况按符号划入格内 完好"√"，异常"△"，待修"×"，修好"○"													

2）计划预修。计划预修是按照预先规定的时间，有计划、有准备地对设备进行修理，而不是随坏随修、坏了才修。计划预修一般分为小修、中修、大修。

①小修。小修是对设备进行局部的修理，工作量较小。它不全部拆卸机器，只需更换部分磨损较快的易损零件，局部调整设备机构，以保证设备能够用到下一次计划修理时间。小修是以维修工人为主，操作工人参加的一种修理形式。

②中修。中修是对机器设备进行部分解体，更换和修理设备的主要零部件和较多的磨损件，同时需检查整个机械系统，紧固所有机件，消除扩大了的各种间隙，换油和调整设备，校正设备的基准，以保证设备能恢复和达到应有的标准和技术要求。中修是以维修工人为主，操作工人尽可能参加，修理工作量较大的一种形式。

③大修。大修是对设备进行全面的修理，需将设备全部拆开，更换所有的磨损零部件，校正和调整全部设备，以全面恢复原有的精度、性能和生产效率。大修是由维修工人进行的设备修理工作量最大的一种形式。

设备修理一般采用混合组织形式较多，日常维护和检查、中小修由车间维修组和生产工人负责，大修由机修车间负责。

2．计划保修制度

计划保修制度是认真贯彻执行"预防为主、维护保养和计划检修并重"原则的科学制度。设备计划保修制就是有计划地进行设备三级保养和计划修理。三级保养制指设备的日常维护保养、一级保养、二级保养。计划修理一般是指大修，但有些机械工业企业可根据本厂设备和生产特点，规定中修或项修。

（1）中修。在工厂里，中修可以做为设备计划修理的一种形式，也有以二级保养形式列入二级保养计划完成设备的修理工作，在这种情况下，小修和中修都属于二级保养范围。

（2）项修。有些机械工业企业不规定中修制度而规定项修。项修是设备部分磨损零部件的修复和更换工作，相当于大修工作量的20%～60%的局部修理，一般规定全年项修设备台数应不少于主要生产设备台数的25%。

（3）大修。大修是设备计划修理的主要项目，内容与计划预修制相同。

设备的三级保养和中修、项修由车间维修组和生产工人负责完成，费用直接由产品成本支出，大修由机修车间负责完成，费用由大修理基金支出。

工厂的设备维修计划是生产经营计划的重要组成部分，是做好设备维修工作的重要依据。设备维修计划包括设备二级保养计划（小修）、中修和设备大修计划。设备二级保养和中修计划由车间编制，设备大修计划由设备动力科编制。

单元考核要点

行为领域	鉴定范围	鉴定点	重要程度
理论知识鉴定考核要点	1. 质量管理	1. 质量分析与控制方法 2. 设备修理的质量检验	★★ ★★
	2. 生产管理	1. 生产的组织形式 2. 机床设备的计划预防修理制度	★★ ★★
操作技能鉴定考核要点	1. 设备修理的质量管理	根据车间设备质量管理现状，编写设备质量管理的保证措施	★★
	2. 设备管理	根据车间设备管理的现状，编写设备计划保修制度	★★

单元测试题

一、单项选择题（下列每题的选项中，只有1个是正确的，请将其代号填在横线空白处）

1. 产品精度的稳定性、性能的持久性、零部件的耐用性，能够在规定的使用期限内保持规定的功能，是产品质量特性中的_____要求。
   A. 适用性　　　　B. 寿命　　　　C. 安全性　　　　D. 可靠性

2. 设备的工作精度标准是用来代替衡量机床_____精度的标准。
   A. 静态　　　　B. 动态　　　　C. 几何　　　　D. 传动

3. 设备维修工作在企业生产过程中属于_____过程。
   A. 生产准备　　　B. 基本生产　　　C. 辅助生产　　　D. 生产服务

4. 在执行生产作业计划中，按规定的政策、目标、计划、标准以及经济性的原则对生产计划进行的控制检查和测定，是车间生产管理的一个_____职能。
   A. 生产组织　　　B. 生产控制　　　C. 生产计划　　　D. 生产准备

5. 编制工序质量控制的各种文件，应依据_____来编写。
   A. 工序能力调查表　　　　B. 工序质量细目表
   C. 工序质量分析表　　　　D. 工序质量目录

二、判断题（下列判断正确的请打"√"，错误的打"×"）

1. 质量管理就是极严格地检验产品，以保证产品的质量。（　　）
2. 保证产品质量这个质量管理的核心内容就是工序控制。（　　）

3. 按生产流程顺序组成生产线和流水线的生产组织形式，适合多品种的单件、成批生产的组织。（ ）
4. 生产作业计划不能作为经济核算的重要依据。（ ）
5. 机修车间多是按工艺原则划分班组的。（ ）

三、简答题
1. 什么是产品质量的可靠性？
2. 工序质量控制点有哪些作用？
3. 质量检验人员应具备的业务素质有哪些？

四、技能题
第1题　以零件图样为例，确定该零件单件小批量生产、大批量生产和大量生产的生产流程组织形式

(1) 图样。如图5—2所示。

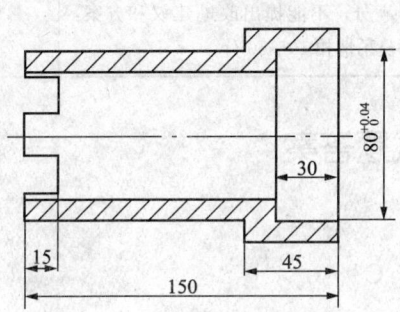 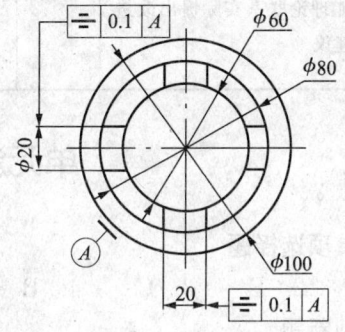

图 5—2　零件图

(2) 考核内容
1) 根据零件图确定小批量生产的生产流程组织形式。
2) 根据零件图确定大批量生产的生产流程组织形式。
3) 根据零件图确定大量生产的生产流程组织形式。

(3) 准备工作
1) 考场准备：零件图。
2) 考生准备：纸、笔。

(4) 考核时间：100 min。

(5) 考核评分标准

序号	考核内容及要求	配分	评 分 标 准	扣分	得分
1	小批量生产的组织形式	30	方案可行性强得满分，方案不完整扣5～10分，方案不可行扣10～20分		
2	大批量生产的组织形式	35	方案可行性强得满分，方案不完整扣5～10分，方案不可行扣10～25分		
3	大量生产的组织形式	35	方案可行性强得满分，方案不完整扣5～10分，方案不可行扣10～25分		

第2题 讨论你所在车间的班组组织形式是否合理,有哪些需要改进的地方

(1) 考核内容

1) 能理论联系实际说明组织形式是否合理。

2) 能理论联系实际提出改进的建议。

(2) 考核时间:90 min。

(3) 考核评分标准

序号	考核内容及要求	配分	评分标准	扣分	得分
1	能理论联系实际说明组织形式是否合理	50	能根据实际情况详细分析并能举出具有说服力的例子得满分;不能根据实际情况分析或不能举出生产中的实际例子,由考评员酌情扣10~50分		
2	能理论联系实际提出改进的建议	50	能根据实际情况提出可行的改进建议和方案得满分;不能提出改进建议和方案,由考评员酌情扣10~50分		

单元测试题答案

一、单项选择题

1. D 2. B 3. C 4. B 5. C

二、判断题

1. × 2. √ 3. × 4. × 5. √

三、简答题

1. 答:产品质量的可靠性是指在规定的时间、条件下,完成规定工作任务能力的大小或者可能性。换句话说,可靠性是指产品的精度稳定性、性能的持久性、零部件的耐用性,能够在规定的使用期限内保持规定的功能。它是产品的内在质量特性,不是产品一旦使用就能立即看出来的,需要经过一段时间,在使用过程中逐渐表现出来的各方面满足使用的需要程度。

2. 答:(1) 在生产过程中,使工序处于受控状态,以重点控制、预防为主,控制关键质量特性值、关键部位、薄弱环节等。

(2) 控制某个具体的定量质量特性。

3. 答:质量检验人员除熟悉机械设备零部件及整机检验的知识和技能外,还应熟悉设备维修的技术知识和技能,在工作中能严格把好质量关,并协助维修工人预防产生不合格品。此外,还应有一定的组织能力,责任心强,并有良好的职业道德。

四、技能题(略)

理论知识考核试卷

(考试时间 90~120 min)

一、**单项选择题**（下列每题的选项中，只有1个是正确的，请将其代号填在横线空白处；每题2分，共20分）

1. 安全生产既保护劳动者，又保护_____。
   A. 生产设备　　B. 生产力　　C. 生产资料　　D. 生产环境
2. 噪声在接近_____dB时，会使人烦躁不安。
   A. 10　　B. 30　　C. 60　　D. 80
3. 由机床运动精度及工艺系统变形等因素引起的误差，属于_____误差。
   A. 加工　　B. 安装、调整　　C. 定位　　D. 测量
4. 龙门刨床各段床身拼接后，拼接面间隙_____mm塞尺塞入不得超过20 mm。
   A. 0.02　　B. 0.03　　C. 0.04　　D. 0.06
5. 吊装滑轮的直径不得小于钢绳直径的_____倍。
   A. 4~8　　B. 8~10　　C. 10~12　　D. 12~14
6. 螺纹磨床在垂直面内，床身纵向导轨的直线度允许偏差_____。
   A. 0.01 mm/1 000 mm　　B. 0.02 mm/1 000 mm
   C. 0.03 mm/1 000 mm　　D. 0.04 mm/1 000 mm
7. 对内圆磨床进行工作精度试验的工件孔径，一般为机床最大磨削直径的_____。
   A. 1/5　　B. 1/4　　C. 1/3　　D. 1/2
8. 操作技能培训与指导的任务，就是使学员掌握机械修理所必备的维修工艺技术和相应的_____。
   A. 工艺知识　　B. 专业知识　　C. 技术理论　　D. 操作技能
9. 设备维修工作在企业生产过程中属于_____过程。
   A. 生产准备　　B. 基本生产　　C. 辅助生产　　D. 生产服务
10. 编制工序质量控制的各种文件，应依据_____来编写。
    A. 工序质量分析表　　B. 工序质量目录
    C. 工序能力调查表　　D. 工序质量细目表

二、**判断题**（下列判断正确的请打"√"，错误的打"×"；每题2分，共40分）

1. 当吊钩处于工作位置最低点时，钢绳在卷筒上的缠绕除绳尾固定的圈数外，不得少于1圈。（　　）
2. 编制工艺规程是在一定的生产条件下，在保证加工质量的前提下，选择最经济、合理的加工方案。（　　）

3. 选择毛坯的类型应尽量与零件的尺寸、形状接近,即所谓的精毛坯,这是毛坯制造专业化的发展方向。（ ）

4. 当工件以某一精基准定位,可以比较方便地加工其他各表面时,应尽量在多工序中采用同一精基准定位,即"基准重合"原则。（ ）

5. 数控机床的数控装置是机床的控制中心,一般由一台专用计算机构成。（ ）

6. 若钢丝绳在卷筒上缠绕不规则,必须用手直接拨正再用。（ ）

7. 对龙门刨床进行空车试运转时,注意先以高速开始逐渐降至低速运转。（ ）

8. 项修不会直接或间接影响设备的几何精度。（ ）

9. 在项修中,常用调整法和修配法对尺寸链中补偿件调整或修配,使封闭环达到精度要求。（ ）

10. 数控机床自诊断程序功能分析,维修人员根据屏幕上显示的报警信号或控制、输入、连接和伺服各单元的报警指示灯提示,就能准确找到数控系统故障源。（ ）

11. 由于气缸与立柱装配精度差造成气锤锤头卡死不动,应调整锤头与导轨之间的间隙。（ ）

12. 对数控机床进给机械传动机构总的设计要求是消除传动间隙,减小摩擦,减少运动惯量,提高运动精度和刚度。（ ）

13. 卧式加工中心试车,分度工作台分度、定位试验不应少于10次。（ ）

14. 检测滚齿机刀架主轴锥孔中心线的径向跳动,百分表测量检验棒母线的位置应尽量在接近主轴端和尽量远离主轴端这两个位置测量。（ ）

15. 数控机床的分度工作台不仅能完成分度运动,而且能实现圆周进给运动。（ ）

16. 数控机床的位置检测装置,在闭环系统中主要作用是检测位移量,若有偏差,则经过放大后控制执行部件向着消除偏差的方向运动,直至偏差为零。（ ）

17. 培训指导必须符合国家职业标准的要求。（ ）

18. 保证产品质量这个质量管理的核心内容就是工序控制。（ ）

19. 按生产流程顺序组成生产线和流水线的生产组织形式适合多品种的单件、成批生产的组织。（ ）

20. 生产作业计划不能作为经济核算的重要依据。（ ）

三、简答题（每题5分,共20分）

1. 简述文明生产的含义。
2. 简述设备水平运输的常用方法。
3. 机床技术改造的主要目的是什么？
4. 简述操作技能培训与指导的任务。

四、论述题（每题10分,共20分）

1. 论述项修对设备尺寸链的影响。
2. 论述数控机床试车手动功能试验的主要内容。

理论知识考核试卷答案

一、单项选择题
1. B　2. C　3. A　4. C　5. C　6. B　7. D　8. D　9. C
10. A

二、判断题
1. ×　2. √　3. √　4. √　5. √　6. √　7. √　8. ×
9. √　10. √　11. ×　12. √　13. √　14. ×　15. ×　16. √
17. √　18. √　19. ×　20. ×

三、简答题
1. 答：文明生产是指企业具有科学的作业现场布置和生产组织形式，合理的生产工艺和秩序井然的物流系统，它还包括了产品质量的保证体系、废物的处理和综合利用等。

2. 答：(1) 桥式吊车运输。施工条件好，利用桥式吊车水平运输设备安装到位，是既快又安全的方法。

(2) 铲车运输。一般适用于中、小型设备。

(3) 滚杠滑移运输。将滚杠横跨在机床木排下，机床和木排在滚杠上滑移至设备基础旁对正基础摆好，再用撬杠撬起设备一端，在设备与木排之间放入滚杠，再将3～4根滚杠横放在木排一端和基础上，通过滚杠滑移，将机床在木排上滑移到基础面上，最后再撬起机床，将滚杠撤出，垫好垫铁。

3. 答：机床技术改造的主要目的包括：提高机床的生产率和加工精度，扩大或改变机床的工艺范围，提高安全性，降低工人劳动强度。

4. 答：操作技能培训与指导的任务，就是使学员掌握机械修理技师所必备的设备维修工艺技术和相应的操作技能。

四、论述题
1. 答：项修中，有些部件的修理会直接或间接影响设备的几何精度。例如具有床身水平导轨和立柱垂直导轨的立钻、铣床、镗床等，如果项修中直接修刮水平导轨或垂直导轨，就是要消除两导轨垂直度误差对机床这一几何精度的直接影响；如果项修是刮研立柱与床身的连接面，则要保证立柱底面修刮，装配后，不会对两导轨垂直度有间接影响。

具有平行导轨或导轨与主轴线的平行度误差，导轨或工作台与主轴线的平行度或垂直度误差等这些各类机床常见的几何精度，只要与项修的部件相关，就必须特别注意。

2. 答：用手动操作机床各部位进行试验，各项试验动作要求灵活、可靠、准确。

(1) 对主轴进行锁刀、松刀、吹气、正反转、换挡、准停试验，不少于5次。

(2) X、Y、Z轴运动部件正、反向启动、停止等试验，不少于10次。

(3) 分度工作台分度、定位试验，不少于 10 次。
(4) 交换工作台交换试验，不少于 3 次。
(5) 刀库机械手换刀试验，不少于 5 次。
(6) 检查机床控制面板上各种指示灯、控制按钮、风扇动作灵活性和可靠性。
(7) 检查机床润滑系统工作可靠性，各润滑点油路是否畅通，接头处是否漏油。
(8) 检查机床冷却系统管路流通、流量状况，冷却泵工作有无渗漏。
(9) 检查防护装置的可靠性。排屑器工作是否平稳、可靠。

操作技能考核试卷（一）

题目 刮削 200 mm V 形水平仪座

1. 图样

如图 1—29 所示。

2. 考核内容

(1) 角度面刮削与检测。

(2) 组合角度面刮削与检测。

3. 准备工作：

(1) 考场准备

1) 毛坯准备（见图 1—29），材料：QT600－3 精刨成形。毛坯精刨技术要求：

①面 1、2、3 表面粗糙度≤R_a3.2 μm。

②面 1、2 V 形角 90°±4′。

③面 3 与 V 形面中心垂直度≤0.05 mm。

④面 3 与 V 形面平行度≤0.05 mm。

⑤毛坯两侧面磨削（平行度 0.005 mm）。

2) 场地及工量具准备。刮研工作台，0 级刮研标准平板≥300 mm×300 mm。

(2) 考生准备。平面刮刀、油石、显示剂、棉纱、百分表（带表座）、正弦规、25 mm×25 mm 研点检测方框、量块、锉刀、工件刮削用衬垫木块（自定）。

4. 考核时间：6.5 h。

5. 考核评分标准

序 号	考核项目	配 分	评分标准	实 测	得 分
1	平面度 0.005 mm	5×3	超差无分		
2	平行度 0.01 mm	15	超差无分		
3	V 形 90°±2′	20	超差无分		
4	面 3 与 V 形中心垂直度≤0.01 mm	35	超差无分		
5	研点 25 mm×25 mm 框内 20 点以上	5×3	超差无分		

操作技能考核试卷（二）

题目　对万能外圆磨床进行大修

1. 考核内容
(1) 大修前的准备工作。
(2) 主要部件的拆卸与修理的顺序符合工艺规范要求。
(3) 对头架主轴进行检测和修复。
2. 准备工作
(1) 考场准备
1) 准备相关万能外圆磨床的技术资料。
2) 万能外圆磨床一台。
3) 大修所需的物质准备。
(2) 考生准备。大修所用的工具及量具。
3. 考核时间：480 min。
4. 考核评分标准

序号	考核内容及要求	配分	评分标准	扣分	得分
1	大修前的准备工作	20	准备工作不充分扣 5～10 分		
2	主要部件的拆卸与修理的顺序符合工艺规范要求	30	有一个步骤不正确扣 5 分，有 5 个步骤以上不正确无分		
3	对头架主轴进行检测	20	主轴检测方法不正确扣 20 分，主轴检测记录一项不准确扣 2 分		
4	对头架主轴进行修复（以上内容必须在设备现场进行考核，若主轴符合精度要求可不进行修复，若精度超差应进行修复）。不具备现场考核条件或主轴修复工作量超过考核时间，可进行笔试，时间为 90 min	30	修复后的主轴符合精度要求得满分，一项不合格扣 5 分，如修复造成主轴报废本题按不及格处理		
5	安全文明生产		违反操作规程扣 5～10 分，工具、量具使用不正确扣 2 分，场地不整洁扣 2 分		

第二部分

机修钳工
高级技师

第6单元

作业前准备

- 第一节　劳动保护与作业环境准备/209
- 第二节　技术准备/211
- 第三节　物料、工具准备/245

随着社会进步与发展，保护好每一个劳动者在劳动过程中的安全与健康，是保证生产劳动与经济建设和谐持续发展的一项重要内容。高级技师不仅要精通本工种的技术，还必须是本单位搞好劳动保护的骨干人员。本单元第一节详述了劳动保护的意义和任务、工作内容和管理等几个方面的内容，并介绍了各种对劳动者身体健康危害的防范措施，可帮助高级技师指导一线工人重视劳动保护工作，模范地执行国家有关劳动保护的各项规章制度。第二节着重介绍了大型、精密、复杂设备安装、修理前的技术资料准备要求，修理工艺规程的编制和典型零部件的修理工艺，同时突出了新兴的设备修理管理方式、"四新"技术的应用。在物料、工具准备方面，以大型、精密和数控机床为例，叙述了典型设备的物料、工具准备要求。

第一节 劳动保护与作业环境准备

→ 了解劳动保护的重要意义和任务
→ 了解企业劳动保护与安全生产规章制度

一、劳动保护的意义和任务

1. 劳动保护的意义

劳动保护的意义，概括地讲就是保护劳动者在劳动过程中的安全和健康，保护好每一个劳动者，这是保护好高素质生产力的基础。要为劳动者创造安全、卫生、舒适的劳动条件，预防和消除劳动生产过程中的伤亡事故、职业病和职业中毒，保持和提高劳动者持久的劳动能力，不断促进劳动生产率的提高，促进生产劳动与经济建设的和谐发展。

2. 劳动保护的任务

对于劳动保护，国家对各行业都有明确的规定和措施。其中主要在生产行政组织管理方面，制定劳动保护的方针、政策、法规、制度，建立劳动保护管理机构，开展劳动保护的宣传教育和科学研究。在生产技术方面，包括安全技术和劳动卫生技术措施，提供个人防护用品、保健食品和定期的体检制度等。

劳动保护的任务不只限于安全生产工作，它还包括像实现劳逸结合，对女工和未成年工的特殊保护，规定标准劳动时间等。所以安全生产只是劳动保护的一个重要组成部分，而不是劳动保护的全部任务。

3. 劳动保护工作内容

劳动保护工作的具体内容主要有三大部分：劳动保护管理、安全技术（工程）、劳动卫生。

（1）劳动保护管理。劳动保护管理的业务范围，主要包括以下几个方面：

1）参与制定劳动保护政策、法律、规章、制度，并监督其实施。

2）监督企业执行国家规定的工作时间、法定休息和休假制度，严禁滥行加班加点，制定和实施合理的劳动组织和制度，以保证劳动者的休息权不受侵犯。

3）监督企业贯彻执行国家对女工和未成年工特殊保护的法令和规定。

4）监督并参与重大伤亡事故的调查、登记、统计和分析研究。

5）监督和参与劳动保护政策、法规的宣传教育工作。

6）加强对劳动保护管理系统工程基础理论的研究。

7）进行劳动保护经济学的研究，统计和分析劳动保护经费投资带来的效益，以及劳动保护失误造成的损失。

8）开展对劳动保护各类事故发生时劳动者心态的研究，找出其规律性，防止因情绪变化可能引起的事故等。

(2) 安全技术。安全技术的业务范围包括以下几点：

1) 机械性伤害的预防。
2) 电流对人体伤害的预防。
3) 物理性、化学性伤害的防护和治理。
4) 静电危害的预防。
5) 爆炸事故的预防。
6) 生产过程安全装置的设置和检查。
7) 对各种受压容器及加工生产和使用易燃、易爆、剧毒物质的安全管理工作。

(3) 劳动卫生与特殊环境下的生产卫生。其业务范围主要包括以下几点：

1) 在异常气压（高压与低压、高山与深水）、气候（高温、高湿、低温、低湿）的作业条件下对劳动者健康的保护。
2) 预防噪声、振动对人体的危害。
3) 加强通风除尘，消除生产粉尘对人体的危害。
4) 预防有毒物质对人体的急慢性中毒而引起的职业病。
5) 用科学的照明和自然采光设施，保护好劳动者视力。
6) 预防职业性的生物菌、寄生虫等对人体的危害。
7) 预防窒息性气体对人体的危害。
8) 要重视职业性癌症对劳动者的危害。
9) 预防劳动者因过度劳损而过早丧失劳动能力。
10) 严格监督国家颁布的工业企业设计卫生标准的贯彻执行。
11) 普及劳动卫生知识，加强个人防护和保健工作。

二、安全文明生产检查制度

1. 安全技术与文明生产

安全技术是安全所需要的技术，为安全而采取的技术措施。目前，它的含义已超过了这个范围，已不仅是技术措施，还包括了组织措施；不仅是安全，还包括了卫生等。

在生产过程中，劳动者的生命得到保障，身体免于伤害，就是安全。劳动者的劳动条件良好，身体保持健康，作业能力强，就是卫生。这是现代文明生产的标志。安全与卫生在现代生产过程中是不能截然分开的。比如职业中毒是劳动卫生问题，而中毒致死就是生命安全问题；卫生问题（如照明不良、噪声、振动、粉尘等）可能促成安全事故的发生。一般来说，人们对于直接造成人体伤害的安全问题容易引起重视，而对于各种不文明生产造成的间接伤害却常常忽视。

安全技术就是采取各种措施预防和消除可能引起劳动者伤亡事故的隐患和一些对健康有害的影响。而通过文明生产可以消除事故和影响的原因，不断改善劳动者的劳动条件，它也是社会文明的一个重要组成部分。随着社会文明的提高，文明生产的很多内容也列入了安全技术的各项规章制度中。也就是说，安全技术已不单是以技术为主，达到劳动保护的目的，它同时也涉及有关劳动保护法规和制度、组织管理等方面的问题。

2. 安全文明生产的检查

安全文明生产检查是依靠每一个职工搞好安全文明生产工作的重要形式,利用这种形式,可以宣传、贯彻国家有关劳动安全保护的政策、法规,提高生产领导者和每一个职工的安全意识;可以发现和解决不安全、不卫生的隐患,改善企业的劳动条件;可以查清情况、总结经验教训,有利于防止工伤事故和职业病的发生,有利于进一步开展安全、文明生产的工作。

(1) 安全文明生产检查项目。安全文明生产检查项目,每次可以有所侧重,但每次检查都应包括以下内容:

1) 查企业领导者对安全文明生产的重视程度,是否真正关心职工的安全和健康,是否认真贯彻国家安全生产的方针、政策、法规和制度。

2) 查安全文明生产管理和规章制度、安全管理机构是不是健全。

3) 查广大职工是否参加了安全管理,车间、班组安全文明生产组织是否真正发挥作用。

4) 查安全文明生产各项规章、制度是否贯彻执行。

5) 查安全隐患,查现场劳动条件、生产设备以及相应的安全卫生设施是否符合劳动保护要求。

(2) 安全文明生产检查必须贯彻领导与职工群众相结合,自查和互查相结合,检查和整改相结合的原则,防止走过场。

检查的规模和范围较大的,如地区、系统、大型企业等,应组织有劳动、卫生、工会和生产、公安保卫部门参加的临时检查机构,由安全生产委员会等部门具体组织这项检查工作。检查规模不大的,如在一个车间和班组内开展的安全文明生产检查,一般是在车间分管领导组织下,组长、工人、技术、安全和工会等有关人员参加这项检查工作。

安全文明生产检查的具体方法很多,一般常采取现场调查、座谈会、汇报会、查阅有关文件和资料、总结和推广好的经验等形式。同时要把检查工作和评比、奖励、边查边改、落实整改等工作结合进行,从而不断地完善劳动条件,促进安全生产。

第二节 技术准备

→ 掌握精密、大型、复杂设备安装、修理前的技术准备要求
→ 能够编写精密、大型、复杂设备修理项目的技术文件
→ 能够应用和推广"四新"技术
→ 能够完成设备安装全过程的检查和指导工作

一、作业前准备工作的检查和指导

机修钳工高级技师除应解决设备安装、修理的疑难问题,更重要的任务是对机修钳工作业全过程的检查和指导,因此必须较全面、系统地掌握相关的理论知识和技能。设备安装、修理前的准备工作一般应系统掌握以下内容:

1. 金属切削机床的基础设计

机床安装中,基础制作的好坏对机床的后期精度影响较大,特别是精密机床,更应重视基础设计。

通常情况下,基础尺寸是附在机床说明书里的,一般给出机床的安装平面尺寸和基础深度尺寸。但有时也只给平面尺寸而不给基础深度尺寸,基础深度尺寸应按安装现场的土质情况而确定。

基础设计就是按照机床说明书的工艺要求,根据安装现场的土质,核算地耐力,确定基础深度,选用基础材料和合理的结构形式。

2. 机床基础计算

金属切削机床的基础计算,主要是校验基础单位面积上的最大静压力 p_i 是否小于安装现场土质的地耐力 p_L。

$$p_i = \frac{\sum Q}{F}$$

式中　F——地基受压面积。即基础底面面积。一般以机床说明书给出的基础平面面积为 F,也可按实测确定 F。

$\sum Q$——地基基础所受的最大静负荷。

$$Q = Q_1 + Q_2 + Q_3$$

Q_1——机床自身质量,由产品说明书提供。

Q_2——加工件的最大质量,由生产工艺提出。

Q_3——机床基础质量,产品说明书中给出深度尺寸的可直接按基础体积算出 Q_3;未给出深度尺寸的可用类比法估算。

算出的 p_i 值应能满足:

$$p_i < p_L$$

p_L——地耐力,也叫地基计算强度(MPa),它与地基下面的土质情况和地基的埋置深度有关。金属切削机床地基一般均较浅,为 0.5～2 m。此时地基的计算强度可按表6—1、6—2、6—3确定。

根据表6—2、表6—3找出现场土质的地耐力 p_L(或根据地质勘测部门实测求出 p_L)。跟计算所得 p_i 比较,如 $p_i > p_L$,则需加大地基基础面积 F。但这种情况对于普通金属切削机床比较少见。一般地耐力 $p_L > 0.1$ MPa 的土壤都可作为普通机床基础的地基。质量小于 3 t 的轻型机床可直接安装在 100～200 mm 厚的车间混凝土地坪上。

质量大于 12 t 的重型机床(如大立车、龙门铣、龙门刨等)、高动负荷的机床(如插床、拉床、组合机床的多面铣床、牛头刨等)以及高精密机床(如高级磨床、坐标镗床等)均应对地耐力进行严格核算。

表6—1　　　　　　　　　砂土类地基的地耐力　　　　　　　　　MPa

土 壤 类 别	地基土质情况	
	密实	较密实
砾砂和粗砂(与含水量无关)	0.45	0.35
中砂(与含水量无关)	0.35	0.25

续表

土 壤 类 别		地基土质情况	
		密实	较密实
细砂	稍湿的	0.3	0.2
	很湿或饱和的	0.25	0.15
粉砂	稍湿的	0.25	0.2
	很湿的	0.2	0.15
	饱和的	0.15	0.1

土壤孔隙体积与其他固体部分体积之比称为孔隙比。孔隙比大于 1.0 者为淤泥。孔隙比为中间值的黏土类土壤地耐力可用插入法从表 6—2 中求得。

表 6—2　　　　　　　　　　黏土类地基的地耐力

土 壤 类 别	孔 隙 比	地基土质情况	
		坚实的（MPa）	可塑的（MPa）
砂质黏土	0.5	0.3	0.25
	1.1	0.2	0.1
黏土	0.5	0.6	0.4
	0.6	0.5	0.3
	0.8	0.3	0.2
	1.1	0.25	0.1

表 6—3　　　　　　　　大块碎石类地基的地耐力　　　　　　　　MPa

土 壤 类 别	
孔隙为砂填充的碎石或卵石	0.6
角砾或圆砾（由结晶岩土块生成）	0.5
角砾或圆砾（由沉积岩碎块生成）	0.3

3. 基础平面及深度尺寸的确定

基础平面尺寸一般都比机床底座的外廓尺寸略大，这既利于调整，又增加了基础刚度。一般车床基础每边比底座大 100～300 mm，刨床每边大 200～500 mm，磨床每边大 200～700 mm。基础平面上的安装螺孔至基础边缘应不小于 200 mm。

金属切削机床混凝土基础的深度一般可按表 6—4 来确定。

重型机床和高动负荷的大型机床基础内应加配钢筋。一般是在离基础表面 30～50 mm 处配 $\phi6\sim\phi8$ mm 的方格筋，间距 100～150 mm。

对于某些长条形基础（$L \geqslant 5$ m），如拉床、组合机床、导轨磨床等，其基础底部也必须配钢筋，间距与钢筋直径可与上述标准相仿。

表 6—4　　　　　　　　金属切削机床混凝土基础深度

序号	金属切削机床的名称	基础深度
1	卧式车床	$0.3+0.07L$
2	立式车床	$0.5+0.15H$
3	铣床	$0.2+0.15L$
4	龙门铣床	$0.3+0.075L$
5	拉床	$0.3+0.05L$
6	插床	$0.3+0.15H$
7	牛头刨床	$0.6\sim1.0L$
8	龙门刨床	$0.3+0.07L$
9	摇臂钻床	$0.2+0.13H$
10	立式钻床	$0.3\sim0.6H$
11	深孔钻床	$0.3+0.05L$
12	滚齿机床	$0.3+0.15L$
13	齿轮磨床、螺纹磨床	$0.4+0.10L$
14	导轨磨床	$0.4+0.08L$
15	内圆磨床、外圆磨床、平面磨床、无心磨床	$0.3+0.08L$
16	高精度外圆磨床	$0.4+0.10L$
17	卧式镗床	$0.3+0.05L$
18	坐标镗床	$0.5+0.05L$

表中：H 为机床外形高度（m），L 为机床外形长度（m）（一般指机座长度，不包括运动件的外伸长度）。基础深度指机床机座下承重部分厚度。精密机床的基础深度可按表 6—4 查出相应的值再乘以 1.2～1.5。

机床主体底座下的基础一般需成连续整体。与机床结构不相连的辅助设备，如液压箱、料架、油过滤器等，其基础可以分开建造。

质量小于 3 t 的普通车床、高速车床，加工件质量较轻、切削量单一的铣床等可以将设备直接固定在车间混凝土地坪上，不用地脚螺栓而直接用混凝土向四周灌浆固定。砂浆层宽度距机床底座边 100～200 mm 为宜。地坪层厚度一般在 150～200 mm。

为保证使用精度，机床在安装时必须对铁路、公路及有振源的设备保持必要的距离（见表 6—5）。精密机床与振动较大的机床如牛头刨床、刨插床等之间也应保持 5～10 m 的距离。高精密度的机床除采取以上措施外还应做减振隔振处理。一般可做减振沟，即在机床基础的四周做宽 150～200 mm 的深沟，其深度大于基础深度 100～200 mm，沟内填以木屑或炉渣拌砂。也可做橡胶隔振基础及安装弹簧减振器。这种减振器已形成系列产品，效果较好，但基础必须特制。

表 6—5　　　　　　　　金属切削机床防振参考距离

振源	振源特性	一般机床（m）	精密机床（m）
火车	国家铁路	100～200	200～300
	厂内铁路	10～30	40～80
汽车	国家公路	30～50	50～80
	厂内公路	10～20	20～40
压缩机	功率≤100 kW	30～40	50～70
	功率150～250 kW	40～60	80～100
锻锤	<1 t	30～50	50～80
	1～2 t	40～60	80～120
	3～5 t	50～70	100～250
	≥10 t	100～200	300～500
压力机	<1 000 t	20～30	40～70
	1 000～5 000 t	30～60	70～120
	5 000～12 000 t	40～70	100～200

4. 机床安装位置的确定原则

在工艺路线（或工艺平面布置）已经确定、单台机床基础已经设计的情况下，应从操作、维修、安全、充分利用车间面积等不同角度综合考虑机床安装的相互位置，排出要安装的机床与机床之间、机床与车间立墙或立柱之间的最佳距离。金属切削机床排列一般有背靠背排列法、横向排列法和纵向排列法。机床与机床之间、机床与墙之间距离的规定见表 6—6、表 6—7、表 6—8、表 6—9。

机床横向排列见表 6—7。当两操作者背靠背操作时，其中间最小距离为 1 200～1 500 mm。当两操作者面向同一方向操作时，两机床间最小距离为 800～900 mm。

此外，在确定机床安装位置时，还应注意机床辅助设备、运输装置、电气设备等对机床相对位置的要求，以及这些辅助设备的最大外形尺寸、机床本身最大外形尺寸对厂房高度、厂门尺寸的要求等。

在确定机床位置时，还应注意使精加工机床不受粗加工机床及振动剧烈设备的影响，以及精密机床对防潮、隔振及恒温等方面的技术要求。

表 6—6　　　　　　　　机床背靠背排列的最小距离　　　　　　　　　　mm

序号	机床类型	图例
1	车床	500～600

续表

序号	机床类型	图 例
2	立式钻床	300~500
3	铣床	500~600
4	牛头刨床	500~750
5	磨床	500~600
6	齿轮加工机床	500~700

表 6—7　　　　　　　　　　　　机床横向排列法　　　　　　　　　　　　mm

序号	图例
1	900　900　900
2	1200~1500　500~700　1200~1500
3	800　800
4	800　800　800

表 6—8　　　　　　　　　　机床纵向排列最小净尺寸　　　　　　　　　　mm

序　号	机床类型	图　　例
1	车床类	500~700

续表

序号	机床类型	图例
2	钻床、铣床类	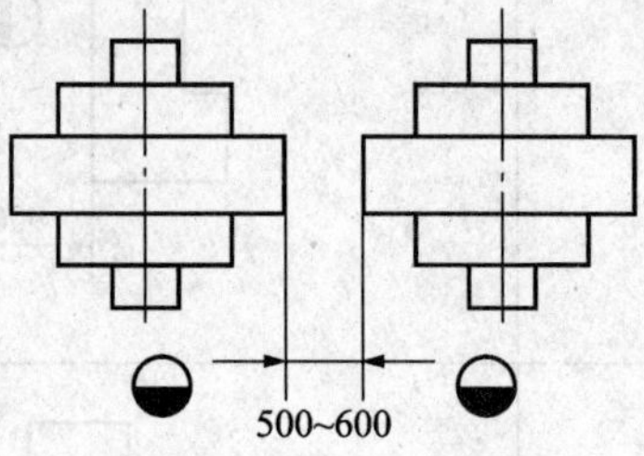 (间距 500~600)
3	牛头刨床、镗床、龙门刨床	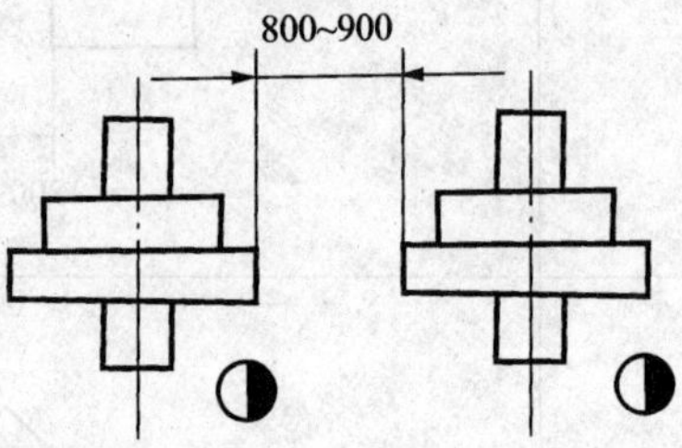 (间距 800~900)
4	齿轮机床、电脉冲床	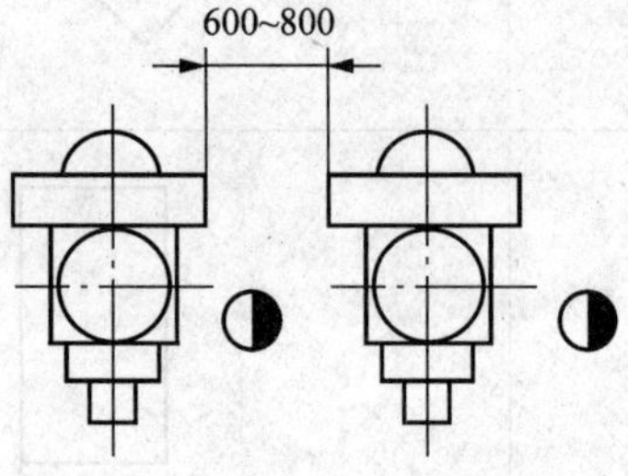 (间距 600~800)

表6—9　　　　　机床与墙柱之间最小距离

序号	图例	说明	备注
1	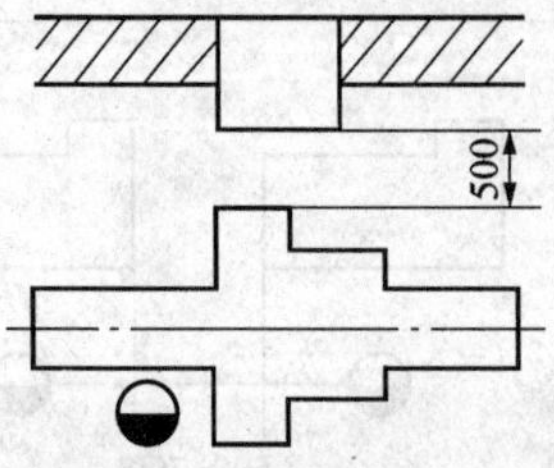 (间距 500)	大、中型铣床、镗床、车床，操作都面对墙柱时，间隙应大于 500 mm	应考虑液压箱、电动机配电箱等

续表

序 号	图 例	说 明	备 注
2	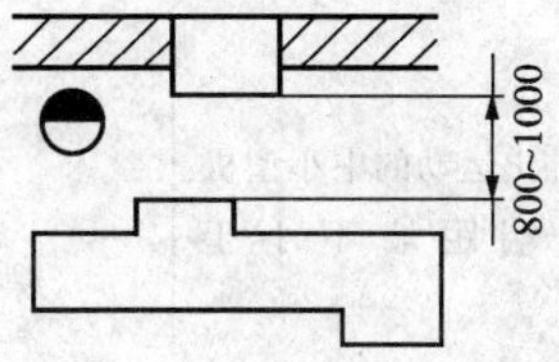	大、中型机床，操作都背靠墙柱时，间隙不小于 800～1 000 mm	应考虑加工件堆放及起吊
3	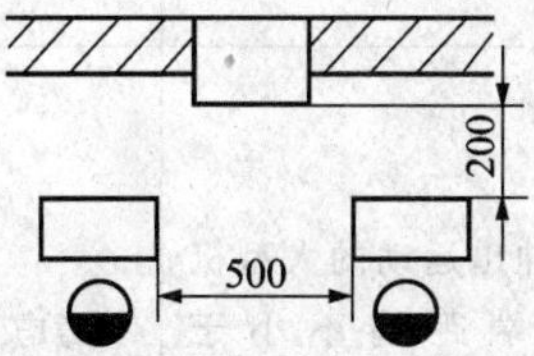	外形小于 500 mm×1 000 mm 的小型机床，操作都面对墙柱时，间隙如图示	机床加工时无伸出物（如车床）
4	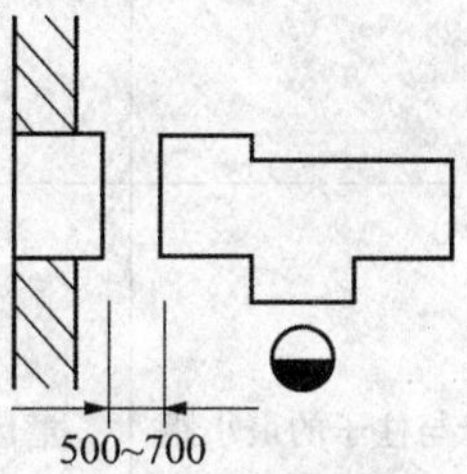	加工时机床侧面无伸出运动，间隙可取图示尺寸	考虑电动机电气维修
5	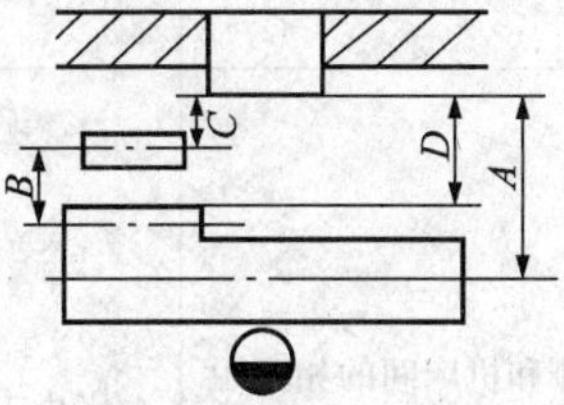	用行车时，大型机床的距离 D 及 A 尺寸的确定 取 $D=800～1\,500$ mm $A=B+C+200$ mm 其中：C——行车轨道中心至墙柱距离； B——行车吊钩极限位置到吊车轨道中心线距离，$1\,050～1\,100$ mm	考虑工件起吊
6	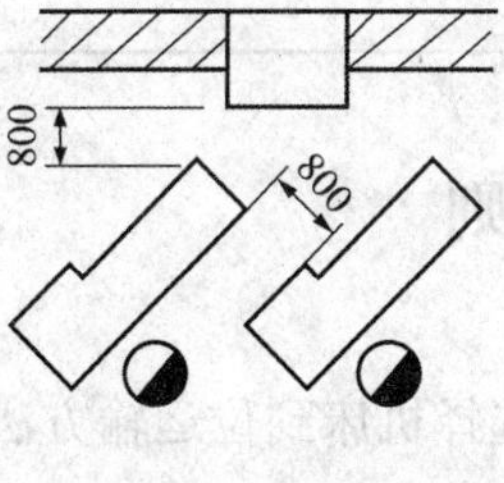	车、铣床斜横向排列时，机床伸出端距墙不应小于 800 mm	考虑工件起吊和维修

单元 6

续表

序号	图例	说明	备注
7	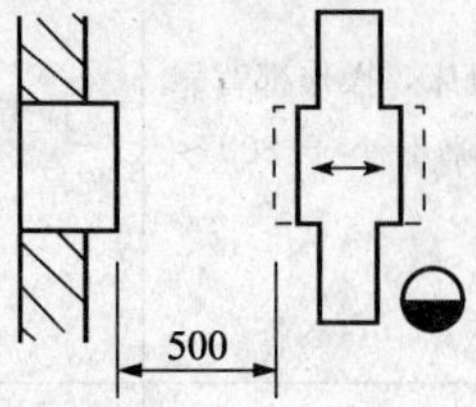	侧面有伸出运动的中小型机床，伸出端距墙不小于 500 mm	
8	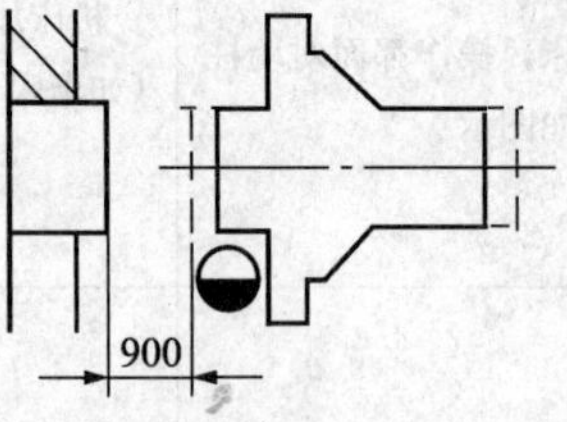	侧面有伸出运动的大型机床，伸出端距墙不小于 900 mm	考虑工件起吊和维修
9	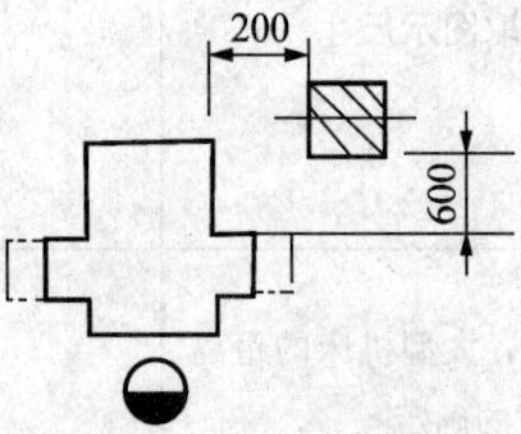	铣床、磨床与柱子的最小距离	磨床还应考虑基础离柱距离
10	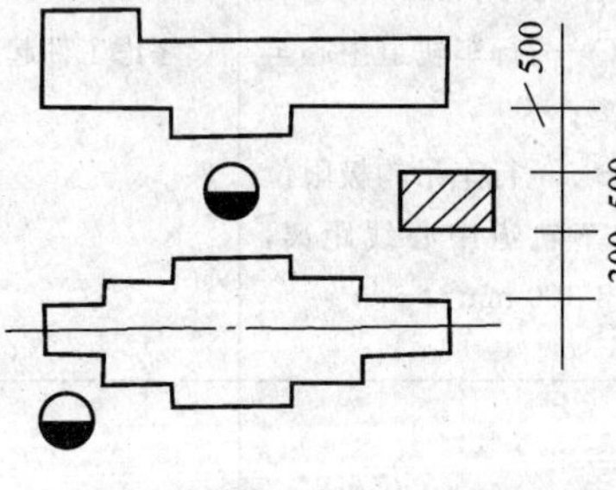	柱子两侧和机床间的相互距离	考虑工件堆放、起吊

二、金属切削机床的安装程序和通用规则

1. 机床安装的一般程序

（1）制定安装规程。应根据实际情况，制定和选择机床到位运输方法、施工步骤、检测质量标准及方法、检测工具、安全防护技术等。

（2）根据机床技术文件，结合实际生产工艺和现场地质资料，确定和设计机床基础。

(3) 确定机床平面布置和安装位置（对于一些精、大、稀的重要机床往往安装位置和基础确定同时考虑）。

(4) 施工。施工一般步骤为：基础施工→基础检验与修补→定位划中线→放垫铁（包括平铁和垫铁）→组装机床（包括分部件组装与调试）→机床精平→浇灌砂浆→机床精平（垂直和水平及回转精度检验）→机床无负荷运转→机床负荷运转→验收（精、大、稀机床负荷运转后必须对几何精度、主转动精度、加工精度同时进行复检）。

不同类型的机床尽管切削性能不同，验收标准不一，但施工步骤和检测、调试内容大致相同。在机床和部件组装中，必须对运动件的运动间隙和紧固件的紧固程度进行检验。为保证机床的几何精度，必须调整垫铁和粗、精平；为了达到规定的加工程序和传动精度，必须调整传动链、行程装置、保险装置及液压、电气、润滑等各系统；为检验各安装环节的可靠性、稳定性及加工精度，必须进行无负荷试运转及负荷运转等。

2. 金属切削机床安装的通用规则

机床安装通用规则就是对各类型机床在安装过程、检测步骤、调试程序等方面提出的一些共同性技术要求。

(1) 施工及检测的技术要求

1) 机床定位划中线前的检查。应按照位置和设计文件检查基础的位置、几何尺寸，清除地脚螺栓孔中的杂物及基础表面的脏物，灌浆处应凿成麻面。

2) 垫铁组的放置应符合设备文件规定，无规定时应靠近地脚螺栓，其组数至少与地脚螺栓数相等，间距以 500~800 mm 为宜。机床组装缝两边均应放调整垫铁。安装前平铁和斜铁均应清洗干净。

采用无垫铁工艺安装时应符合有关规定，不允许降低安装精度。

3) 机床的找平应使机床处于自由状态下进行，不允许用紧固地脚螺栓成局部加压等方法。强制变形达到的精度稳定性太差。

4) 要求恒温的精密机床，须在规定的恒温条件下进行检验。特别精密的机床，其安装与检验都必须在恒温条件下进行。检验的量具应先放在待测机床的安装现场，经过一段时间后再使用，一般不少于 30 min。

5) 用平尺或检具移动测量并画运动曲线计算导轨的直线度时，测量间隔不应大于平尺或检具的长度。

6) 检测调试机床所用的检测工具（包括专用量具），其精度应高于被检测部件的精度。一般检测工具的测量误差应为被测部件精度极限偏差的 1/5~1/3。检测方法应符合精度检验的有关文件规定。计算测量数据时应考虑工具或方法本身引起的误差，当这类误差小于被测部件允许偏差的 1/10~1/3 时可忽略不计。

(2) 分部件组装的技术要求

1) 需组装的零部件应根据装配顺序清洗干净，并涂以润滑油脂。清洗一般用煤油、柴油或汽油等。如用热溶剂煤油清洗，加热不应超过 65℃；用机油清洗时，加热不能超过 120℃；用碱性清洗液清洗，水温宜加热到 60~90℃。清洗后再用清水冲洗干净，干燥后再上油。忌油的零部件，应进行脱脂处理。

2) 零部件的组装应符合技术文件规定，出厂已装配好的组装件，一般不再拆装。因调试或检测确需拆卸的部件，应测量被拆件的装配间隙并记下原始装配位置。重新组装时应按原始记录复位。新装的组件，应先检查与装配有关的零部件尺寸及配合精度，确认符合后再行装配。

3) 组装的各滑动、转动、滚动等部件的运动间隙应符合技术要求。移动时应轻快、灵活、无阻滞现象。

4) 机床的定位销与销孔应接触良好，销装入孔内的深度应符合规定，在重新调整连接件时，不应使销受剪力。

5) 重要的固定结合面，如铣床悬梁与床身的结合面、镗床立柱与床身的结合面等应紧密贴合，紧固后用 0.04 mm 塞尺检验不应插入。

6) 导轨与导轨的接头应符合技术文件规定。模拟导轨工作状态，推动、移置导轨与滑动件的结合面，应在导轨镶条压板端部的滑动面间用 0.04 mm 塞尺检验，插入深度不应超过 20 mm。

7) 立式机床中平衡锤升降距离应符合机床移动部件最大行程的要求。平衡锤与钢丝或链条的连接必须牢固。

(3) 各系统的组装与调试规定

1) 液压和润滑系统用油应严格按技术文件规定的油料品种、质量和数量添加。

2) 液压和动力润滑管路并列或交叉排列时，各管之间应有适当间隙，以防止振动干扰。弯管的弯曲半径应大于 3 倍管子外径，圆度偏差不应超过原管径的 10%。

3) 液压系统的吸油管应尽量短，吸油高度一般不超过 500 mm。回油管路应伸到油面下，回油管的坡度应为 0.003～0.005。油泵、阀组、管路等全系统装配后应按规定进行试压，所有连接处不得泄漏。如用空气试压，试压后应将系统中全部空气排除后再加液压油。

4) 液压系统安装完毕后需对安全连锁装置和调压、调速、换向等各种操纵机能进行模拟调试，应对照技术文件进行逐条检验执行机构的推动力、行程和速度。调试后，系统启动、换向、变速、停止时，运动应平稳，不得有爬行、跳动和冲击现象。

5) 润滑系统的每一个润滑点应有规定压力的润滑油脂。其油量和油温均应保持在规定范围内。干油集中润滑系统油泵的工作压力，应使最远的润滑点流出润滑脂，并使终端压力控制阀动作，其压力应调至能顶动电器行程开关。上述两工作压力在达到要求的同时，应尽量调小。

6) 气动、冷却等系统安装后，各阀门及机构的动作应可靠、准确、灵活。

7) 复杂的电气系统安装后应按程序分阶段进行调试，并记下必要的数据，做试运转和负荷运转的参考对比。

(4) 机床试运转前规定

1) 机床清洗干净。

2) 控制系统、安全装置、制动和夹紧机构等，经检查调试良好、灵敏可靠，电动机转向与运动部件的运行方向符合技术文件规定。

3) 润滑、液压、电气和气动等系统,分系统检验调试良好。

4) 各运动部件手摇移动或盘车时,灵活、无阻滞,各操纵手柄扳动自如,到位准确可靠。

(5) 机床无负荷试运转规定

1) 试运转以安装单位为主,应邀请使用单位参加,并对所有参数做好记录。试运转步骤一般由部件至组件,由组件至单台机床,由单台机床至自动线,先手动后机动,先主机后辅机,先慢速后高速地进行。有静压导轨、静压轴承及恒温要求的机床,必须等条件建立后方开始试运转。试运转由专人负责,操作程序应符合规定,各操纵机构的位置、刻度标志应正确可靠。

2) 机床的主运动应按规定的级数逐级试车,由最低速度运转至最高速度。整体安装的或小型的机床,各级速度运转时间不应少于 2 min,最高速运转不应少于 30 min。现场组装的、大型的机床,运转时间应符合文件规定,无规定时应结合产品加工工艺会同有关部门决定运转时间。

3) 进给机构的进给速度应按规定做低、中、高进给量运转。快速移动机构应做快速移动试验。

4) 自动化机床应做自动加工程序试验,有专用夹具或分度装置的机床应做夹紧、松开及分度试验。

5) 试运转中应对机床进行检验并符合下列要求:

①各级速度下工作机构动作协调、平稳、准确、可靠。主运动和进给运动的启动、停止、制动等动作准确,无冲击、振动和爬行等不正常现象。

②变速、换向、重复定位、分度、自动循环、夹紧等装置,快速移动及数字显示等应灵敏、正确和可靠。

③电气、液压、润滑、气动、冷却等系统的工作应正常,介质的流量、压力、工作温度均不超过规定范围。

④安全防护和保险装置应可靠。

⑤运转中轴承及管路无异响。滚动轴承温度不高于 70℃,温升不超过 40℃;滑动轴承温度不高于 60℃,温升不应超过 30℃。无负荷运转功率应符合机床文件规定。

(6) 机床的负荷试验规定

1) 机床负荷试验一般以使用单位为主,也可由安装单位提出负荷试验项目,会同使用单位一起进行。负荷试验的目的是试验机床的最大承载能力,一般用实际切削的方法进行。试验后对机床的加工精度、几何精度、传动精度进行复测和记录,作为移交生产的主要依据。

2) 机床主轴系统最大扭转力矩试验可按文件规定的最大加工直径和最高速度切削两个方面进行,不可同时用两个极限参数试验,切削时间应严格符合文件规定。

3) 工作台、刀架、夹具等最大作用力试验可结合产品加工工艺,用实际生产中最大加工件进行试验。切削加工时间至少不少于实际加工时间的 2 倍。

4) 高精度机床可不做最大负荷试验,而按专用规定的技术要求进行试验。如无规定时,应会同使用单位和有关部门研究试验项目。

5) 负荷试验的主要检验项目为机床加工精度,并对机床的几何精度、传动精度进行复检,复检项目与各类机床专项检验项目相同。复检不合格的机床须对各组件重新调整与安装。对精度确实较低的机床(指由于制造、运输、保管等原因致使机床无法调整到给定精度的机床,或大修之后的超役使用机床)应会同使用单位研究,将机床降级使用,如精加工降为粗加工。

三、精密、大型、复杂设备安装和修理前的技术准备

1. 精密设备的技术资料准备

精密设备安装前的技术资料准备主要包括:

(1) 机床说明书、总装图、电气和传动系统图、产品合格证书等。其中在机床说明书里,一般要说明机床的安装平面尺寸和基础深度尺寸等要求。

(2) 制定安装规程。安装规程应根据实际情况,包括确定和选择机床到位的运输方法、施工步骤、检测质量标准和方法、检测的工量具及安全防护等内容。

(3) 修理前的技术资料准备

1) 修前检查记录,主要是机床故障部位的检查。

2) 修理项目相关装配图、零部件图。

3) 设备的修理记录、零部件更换记录。

4) 设备精度验收标准、修理工艺规程。

2. 大型、复杂设备的技术资料准备

大型、复杂设备的技术资料准备要求与精密设备大致相同,仅在部分资料准备上应突出各自的特点。

(1) 大型设备的特点。大型设备的特点是系统的组装量大,零部件大,而且笨重,组装时要求一次到位,尽量避免返工。所以制定大型设备安装规程时,组装工艺必须详细说明技术要求。

(2) 复杂设备的特点。复杂设备的特点是结构复杂,传动链较多,技术资料的准备与普通金属切削机床的内容基本相同。有所差别的是复杂设备要根据其特有的形状结构,在安装规程中,应规定相应技术要求,如特殊的安装形式、地基、调整方法、工作精度试验以及工量具等。

3. 修理工艺文件的编制

(1) 设备修理工艺规程的编制

1) 编制设备修理工艺规程所需要的原始资料。修理工艺规程是规定设备修理工艺过程和修理方法等的工艺文件。因此,编写某一设备比较完整的修理工艺规程时必须有以下原始资料:设备的总装图、部件装配图以及主要零件工作图,设备传动系统、电气系统、液压系统图,零部件明细表、易损件明细表、设备说明书、设备验收技术标准,各修理项目的修理内容和质量标准,设备修理的组织形式,主要零部件的修复工艺、设备精度的调整、易损件的加工工艺(主要为没有配件或外购不到的配件

加工)。

2) 编制修理工艺规程的内容。修理工艺规程作为修理工作的指导性文件,必须规定下列内容:设备所有零部件的拆装顺序,所有修理项目的修理步骤、精度标准,各种零部件按其损坏形式应采用的更换或修复的方法,各修理项目所需的工具、设备、量仪等,各修理步骤所需的时间,设备验收方法和修理质量标准。

3) 编制修理工艺规程的步骤

①根据相关原始资料,分析设备损坏形式、原因。

②确定设备几何精度与工作精度的修理内容和方法。

③确定主要零部件常见的损坏形式和修复方法。

④确定零部件的更换或修复的标准。

⑤确定各项修理的内容方法及检测方法和验收标准。

⑥确定各项修理的组织形式、人员配制。

⑦编写工艺文件。

(2) 主要零部件修复工艺和操作规程的编写。以 M1432A 型万能外圆磨床为例,部分修理工艺规程和主要零部件修复工艺如下:

1) 拆卸顺序。如图 6—1 所示。

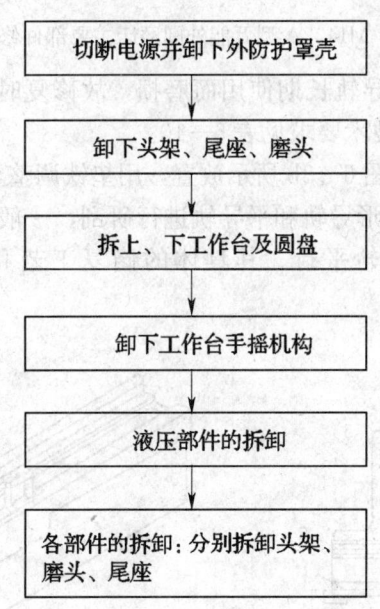

图 6—1 M1432A 型万能外圆磨床拆卸顺序框图

2) 主要部件的修理顺序。如图 6—2 所示。

3) 床身导轨和垫板导轨的修理工艺。导轨面的修复有两种方法:一种是用导轨磨床进行机械加工,另一种是手工刮削。若导轨面有严重的损伤(如啃痕、拉毛、划伤等现象)都必须先经过精刨加工后再采用导轨磨床加工或刮削。现就这两种方法分别介绍如下:

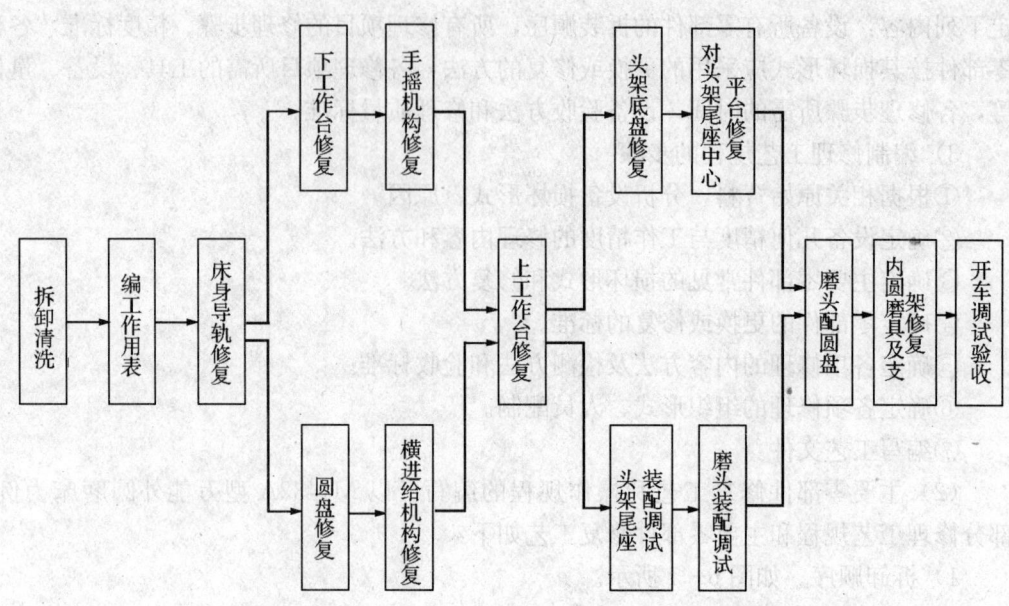

图6—2　M1432A型万能外圆磨床主要部件修理顺序

①导轨磨削。因前床身导轨长期使用而磨损，故修复时应以后床身平面3为基准（见图6—3a），修复工艺和技术要求见表6—10。

②导轨刮削。将床身按图6—3b所示放置，用垫铁调整至水平仪达最佳状态。用V形直尺和平直尺对床身的V形导轨和平导轨进行研刮，一般先刮V形导轨达到要求后再刮研平导轨至与V形导轨平行。其具体的修复工艺和技术要求及测量方法见表6—10。

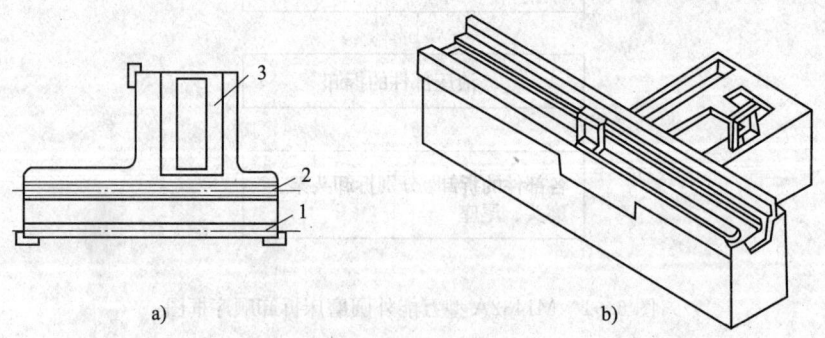

图6—3　床身的安装与调整

a) 磨削时床身导轨的安放与调整　　b) 刮削时床身导轨的安放与调整

表 6—10　　　　　　　　　　床身导轨和垫板导轨的修复工艺

工序名称	技术要求		需用工具、检具名称及规格	操作规程
	项目	允差		
调整床身安装位置	平面 3 1. 纵向水平 2. 横向水平 V 形导轨 2 在垂直平面内的直线度误差	0.02 mm/1 000 mm 0.02 mm/1 000 mm 两头数值越接近越好	1. $\dfrac{0.02}{1\ 000}$ 水平仪 2. 百分表 3. 磁性表架	磨削导轨时（见图 6—3a）。 1. 将校表夹在磨头上，测头触在平面 3 上，调整垫铁使平面 3 的安装水平达到要求 2. 再调整 V 形导轨在垂直平面内的直线度误差，以最小值为佳 刮削导轨时（见图 6—3b）将一水平仪放在床身平导轨的中央，另一水平仪呈横向放在后平面 3 上，调整至要求
磨或刮床身表面 2（见图 6—3a）	1. 垂直平面内的直线度误差 2. 水平面内直线度误差 3. 表面粗糙度或接触点	0.01 mm/1 000 mm 全长：0.03 mm 0.01 mm/1 000 mm 全长：0.02 mm $R_a 0.8\ \mu m$ ≥11 点/（25 mm×25 mm）	1. V 形架 2. 光学平直仪 3. 百分表 4. 磁性表架 5. V 形直尺 6. 直尺 7. 水平仪	1. 导轨磨削时，将导轨面 2、1 磨削至要求即可 2. 刮削时用 V 形直尺刮表面 2 至要求 3. 将水平仪放在 V 形水平仪座上（见图 6—4），按其长度逐段测量，画出垂直平面内导轨 2 的直线度误差，并按其误差修刮至要求 4. 水平面内的直线度误差，一般采用光学平直仪测量（见图 6—5）。将反光镜座放置在 V 形水平仪座上并固定，光学平直仪放在导轨的一端，找准反光镜的十字图形，按 V 形水平仪座的长度逐段测量，即可画出水平面内导轨直线度误差的曲线。再按曲线修正，使其直线度符合要求 5. 如无光学平直仪，则可由 V 形直尺的精度及拖研工艺来保证。即直尺与导轨的拖接长度不能超过支持长度的 1/3
刮床身表面 1（见图 6—3a）	1. 对导轨表面 2 的平行度误差 2. 在垂直平面内的直线度误差 3. 接触点或表面粗糙度	0.02 mm/1 000 mm 全长：0.04 mm 0.01 mm/1 000 mm 全长：0.03 mm ≥14 点/（25 mm×25 mm） $R_a 0.8\ \mu m$	1. $\dfrac{0.02}{1\ 000}$ 水平仪 2. 测量桥板（见图 6—6）	1. 导轨磨损时，只需磨削至要求 2. 导轨刮削时，如图 6—7 所示，按可调式桥板长度逐段测量，其测量最大值即为平行度误差 3. 水平仪直接安放在平导轨上，逐段测量，可测出垂直平面内的直线度误差

续表

工序名称	技术要求		需用工具、检具名称及规格	操作规程
	项目	允差		
刮床身表面3（见图6—3 a）	1. 平面度误差 2. 接触点	全长：0.02 mm 8 点/（25 mm×25 mm）	平板（750 mm×1 000 mm）	此平面不会磨损，用平板检测一下，如螺孔周围的接触点均匀且比其他部位稍硬一些，可不必修刮
垫板底面1配床身表面3（见图6—8）	接触点	8 点/（25 mm×25 mm）	平板（750 mm×1 000 mm）	此平面不会磨损，在修理时可用平板拖研检查。去除毛刺。也可直接放在床身表面3上拖研，如螺孔周围的接触点分布均匀，可不必再修刮
垫板表面2的刮削（见图6—8）	1. 垂直平面内的直线度误差 2. 与孔A的平行度误差上母线 a 侧母线 b 3. 接触点或表面粗糙度	全长：0.015 mm 0.05 mm 0.05 mm 12 点/（25 mm×25 mm） $R_a 0.8 \mu m$	1. V形水平仪座 2. 百分表 3. 磁性表座 4. 测量心棒 5. V形直尺	1. 将垫板按原定位螺钉和定位销固定在床身表面3上，用V形直尺刮垫板2，使其直线度和孔A轴心线的平行度符合要求，测量方法如图6—9所示 2. 将水平仪放在V形水平仪座上，按座的长度逐段测量V形导轨在垂直平面内的直线度误差，也可将水平仪放在桥板上测量平行度和直线度误差，如图6—7所示
垫板表面3的刮削	1. 与表面2的平行度误差 2. 接触点或表面粗糙度	全长：0.02 mm 12 点/（25 mm×25 mm） $R_a 0.8 \mu m$	1. 桥板（200～400 mm） 2. 平直尺 3. $\dfrac{0.02}{1\,000}$ 水平仪	1. 用平直尺刮研平导轨3 2. 可调式桥板放置在垫板上，将水平仪放在上面，逐段移动桥板，可测得两导轨的平行度误差，如图6—7所示

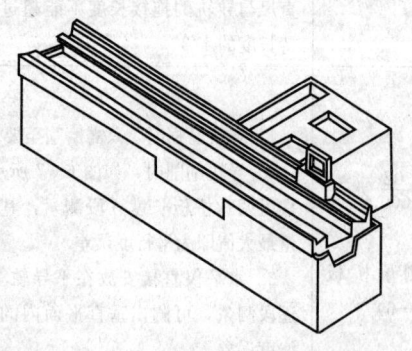

图6—4 垂直平面内直线度误差的测量

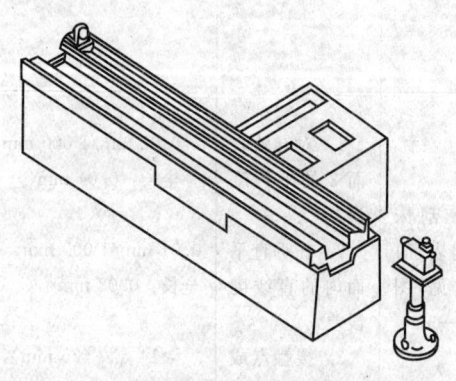

图6—5 水平面内直线度误差的测量

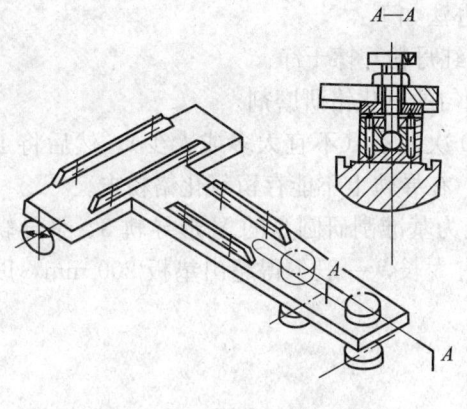

图 6—6 可调式桥板

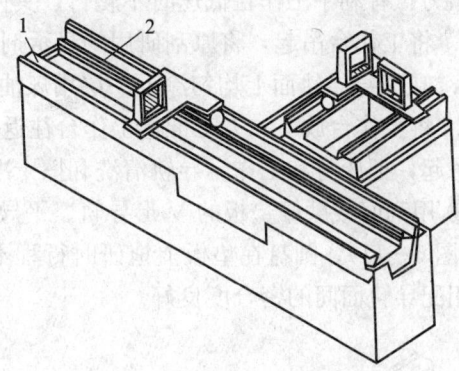

图 6—7 床身导轨 1 与 2 及垫板导轨的平行度误差的测量

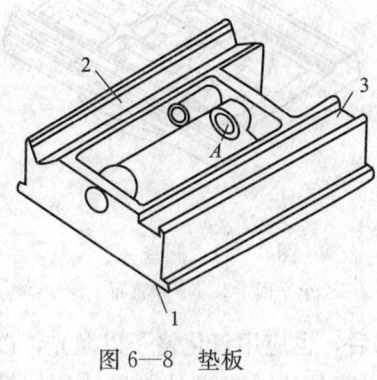

图 6—8 垫板
1、2、3—导轨面

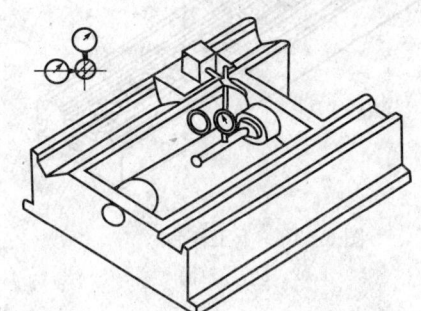

图 6—9 垫板 V 形导轨与孔 A 轴线的平行度误差的测量

③注意事项

a. 采用磨削（或刮削）方法修复时，要注意 V 形导轨和平导轨之间在下沉量上有 0.707∶1 的关系，因而必须均匀下降，以保证下工作台上平面对垫板导轨的平行度要求。

b. 无论采用何种方法修复，为避免床身前部的手摇工作台机构、横进给机构、液压操纵箱、前罩等部件装上后使导轨变形，拆下这些部件满 24 h 后，在修复导轨前应将这些部件全部装上床身。

4）下工作台、图盘的修复

①在修理 M1432A 型万能外圆磨床时，具备条件的厂家对床身导轨、工作台导轨均采用导轨磨削加以修复，其相配导轨的配磨可用工装夹具保证。不具备配磨条件可采用磨削床身导轨，工作台与床身相配研刮。床身导轨也可用刮削修复，再以床身导轨为基准刮研下工作台导轨（见图 6—10）。在下工作台与床身导轨刮配的过程中，研点行程不宜太长，一般不得超越床身 300 mm，以保证相配接触面贴合良好。

②床身导轨和工作台导轨相配刮研达到要求后，可用氧化铬抛光以减少刮研点所引

起的阻力,有利于工作台低速时不爬行,具体办法如下:

a. 将工作台吊起,将原刮研用的显示剂(红丹粉)擦干净。

b. 在床身导轨面上均匀涂上一层用煤油调匀的氧化铬研磨剂。

c. 将工作台放下,人工推移工作台往返 10 次左右(不宜太多或太少)。然后将工作台吊起,把床身和工作台导轨清洗和擦干净,在导轨上不能存留氧化铬粉末。

③ 用刮好或磨好垫板的 V 形导轨、平导轨为基准刮研圆盘的 V 形导轨 3、平导轨 2(见图 6—11)。圆盘在垫板上拖研时行程不宜太长,一般不得超出垫板 200 mm,以保证相配导轨面间的密合度良好。

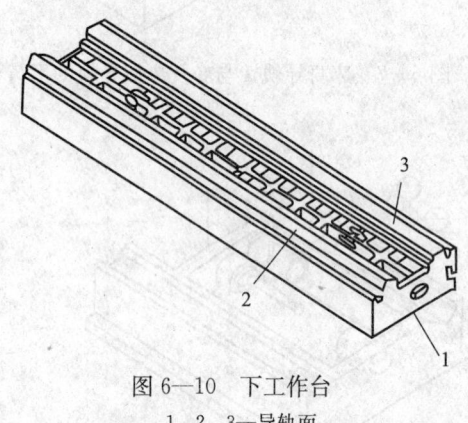

图 6—10 下工作台
1、2、3—导轨面

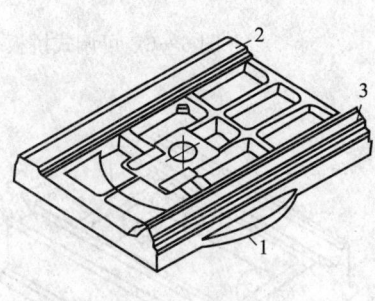

图 6—11 圆盘
1—上平面 2、3—导轨面

④ 圆盘的下导轨面与垫板的导轨相配刮研达要求后,也应用氧化铬予以抛光,以保证滚柱在其间滚动时平稳可靠。在放入滚柱时应采用着色法检查滚柱与导轨的接触情况。着色剂涂于导轨上,拉动圆盘数个来回后检查滚柱在全部长度上是否接触。

⑤ 下工作台和圆盘的具体修复工艺见表 6—11。

表 6—11　　　　　　　　下工作台和圆盘的修复工艺

工序名称	技术要求		需用工具、检具名称及规格	操作规程
	项目	允差		
修复下工作台导轨面 2、3 (见图 6—10)	1. 与床身导轨面 1、2 的密合度 2. 接触点或表面粗糙度 3. 接触面积	0.03 mm 塞尺插入深度≤20 mm 12 点/(25 mm×25 mm) $R_a 0.8\ \mu m$ 长:60% 宽:60%	塞尺	1. 导轨磨削修复时,用装在导轨磨头上校表的测头触在下工作台导轨面 2、3 上,则表所示两端读数越接近越好 2. 刮削时以床身导轨为基准拖研工作台导轨面 2、3 3. 配刮后用氧化铬抛光,以减小导轨表面粗糙度的数值,但经过氧化铬研抛的导轨接触面积增大,此时接触点数可以不计

续表

工序名称	技术要求		需用工具、检具名称及规格	操作规程
	项目	允差		
下工作台上平面1的修复（见图6—10）	1. 表面1与工作台移动的平行度误差 2. 横向对垫板导板的平行度误差 3. 接触点或表面粗糙度	0.015 mm/1 000 mm 全长：0.025 mm 全长：0.04 mm 10 点/（25 mm×25 mm） $R_a 1.6\ \mu m$	1. 百分表 2. 磁性表架 3. 1 500 mm×600 mm 平板	1. 导轨磨削修复时，应有专用工夹具，以保证表面1与表面2、3的平行度要求 2. 表面1一般不磨损，多为锈蚀，用平板拖研刮削至要求即可 3. 按图6—12所示，分别测量下工作台上平面1的纵、横向的平行度误差，纵向测量时移动下工作台，横向测量时移动圆盘
圆盘下导轨面2、3的修复（见图6—11）	接触点	12 点/（25 mm×25 mm）		1. 以垫板表面2、3为基准刮研圆盘导轨面2、3 2. 配刮合格后用氧化铬研抛，以减小表面粗糙度值，但经过氧化铬研抛的导轨接触面积增大，此时接触点数可以不计
圆盘上平面1的修复（见图6—11）	1. 纵向对工作台移动的平行度误差 2. 横向圆盘移动的平行度误差 3. 接触点	全长：0.01 mm 0.02 mm/1 000 mm 10 点/（25 mm×25 mm）	1. 600 mm×600 mm 平板 2. 500 mm 平行直尺 3. 百分表 4. 磁性表架	1. 用平板拖研表面1，刮削至要求 2. 将平行直尺按图6—13所示安放在表面1上，百分表架吸在下工作台上，测头分别触在纵放和横放的直尺上，测量横向时移动圆盘，检查纵向和横向的平行度误差
垫板对床身导轨垂直度超差的修复（见图6—14）	垫板导轨对床身导轨的垂直度误差	全长：0.01 mm	1. 200～300 mm 角尺 2. 百分表 3. 磁性表架	1. 在床身上吸一百分表架，测头靠在测量角尺上，拉动工作台，可微量移动角尺以使此面与工作台移动时的平行度误差降至最低甚至为零 2. 百分表吸在圆盘上，拉动圆盘，其测头靠在角尺的另一面，其读数误差即为垂直度误差 3. 若误差超差可松开垫板固定在床身上的螺钉，拔出定位销敲击垫板，使之垂直度符合要求，然后紧固垫板，重铰定位销孔，并装上定位销

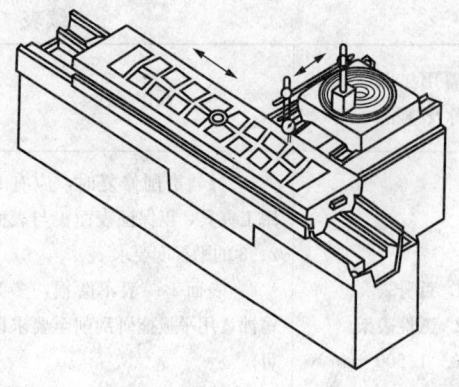
图6—12 下工作台上平面的测量

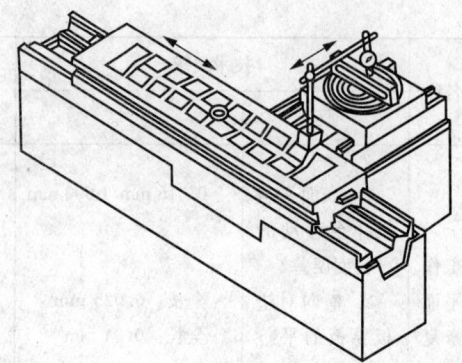
图6—13 圆盘十字线的测量

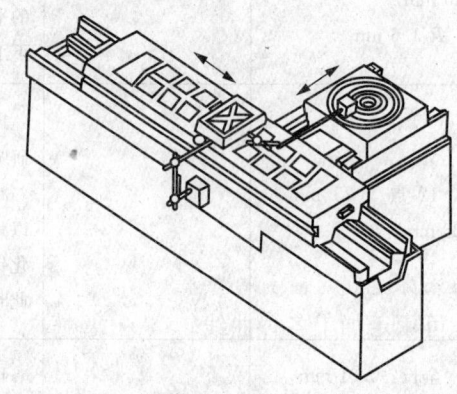
图6—14 垫铁对床身导轨垂直度误差的测量

四、数控机床修理、安装的技术准备

1. 常用的数控加工设备

常用的数控加工设备按分类方式不同主要有以下几种类型：

（1）按加工方式和工艺用途分类。这种分类方法和普通机床的分类方法相似，按切削方式不同，可分为数控车床、数控铣床、数控钻床、数控镗床、数控磨床等。

有些数控机床具有两种以上切削功能。例如以车削为主兼顾铣、钻削的车削中心；具有铣、镗、钻削功能，带刀库和自动换刀装置的镗铣加工中心（简称加工中心）等。

另外，还有数控线切割、数控电火花、数控激光加工、等离子弧切割、火焰切割、数控板材成形、数控冲床、数控剪床、数控液压机等各种功能和不同种类的数控加工机床。

（2）按加工路线分类。数控机床按其刀具与工件相对运动的方式，可以分为点位控制、直线控制和轮廓控制，如图6—15所示。

1）点位控制（见图6—15a）。点位控制方式就是刀具与工件相对运动时，只控制从一点运动到另一点的准确性，而不考虑两点之间的运动路径和方向。这种控制方式应用于数控钻床、数控冲床、数控坐标镗床和数控点焊机等。

2）直线控制（见图6—15b）。直线控制方式就是刀具与工件相对运动时，除控制从起点到终点的准确定位外，还要保证平行坐标轴的直线切削运动。由于只做平行坐标

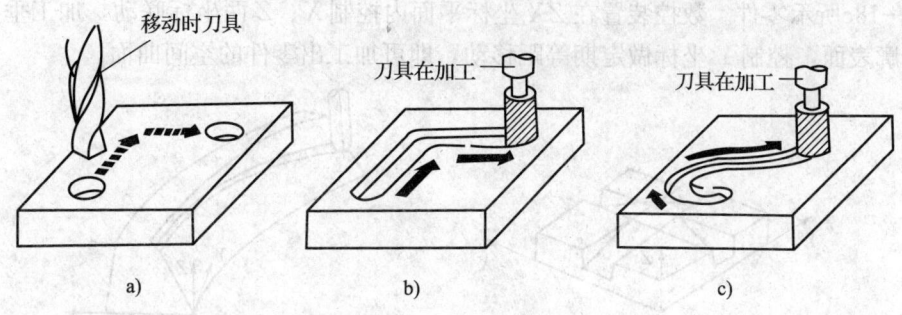

图 6—15 数控机床分类
a) 点位控制 b) 直线控制 c) 轮廓控制

轴的直线进给运动,因此不能加工复杂的工件轮廓。这种控制方式用于简易数控车床、数控铣床、数控磨床等。

3) 轮廓控制。轮廓控制就是刀具与工件相对运动时,能对两个或两个以上坐标轴的运动同时进行控制,因此可以加工平面曲线轮廓或空间曲面轮廓。采用这类控制方式的数控机床有数控车床、数控铣床、数控磨床、加工中心等。

(3) 按可控制联动的坐标轴分类。所谓数控机床可控制联动的坐标轴,是指数控装置控制几个伺服电动机,同时驱动机床移动部件运动的坐标轴数目。

1) 两坐标联动。数控机床能同时控制两个坐标轴联动(见图 6—16),即数控装置同时控制 X 和 Z 方向运动,可用于加工各种曲线轮廓的回转体类零件。或机床本身有 X、Y、Z 三个方向的运动,数控装置只能同时控制两个坐标,实现两个坐标轴联动,但在加工中能实现坐标平面的变换,用于加工如图 6—18a 所示的零件沟槽。

2) 三坐标联动。数控机床能同时控制三个坐标轴联动(见图 6—17),此时,铣床称为三坐标数控铣床,可用于加工曲面零件,如图 6—18b 所示。

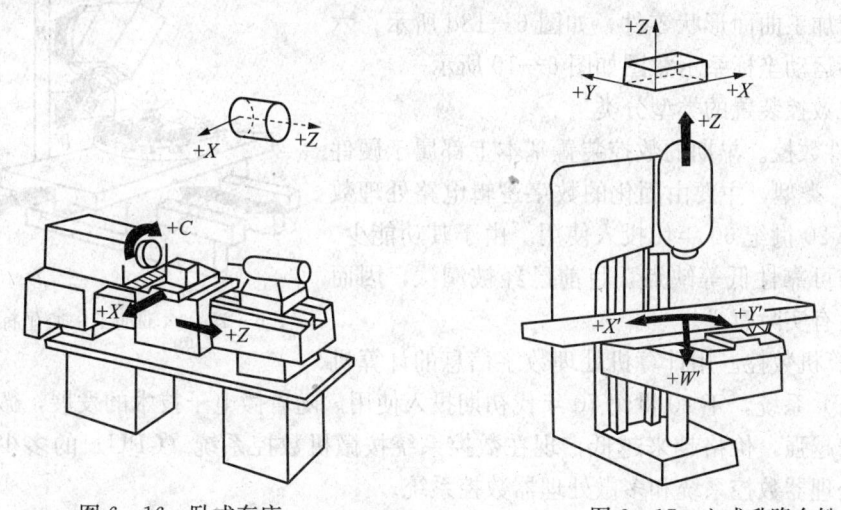

图 6—16 卧式车床　　　　图 6—17 立式升降台铣床

3) 两轴半坐标联动。数控机床本身有三个坐标能做三个方向的运动,但控制装置只能同时控制两个坐标,而第三个坐标只能做等距周期移动,可加工空间曲面,如

图6—18c所示零件。数控装置在ZX坐标平面内控制X、Z两坐标联动，加工垂直面内的轮廓表面，控制Y坐标做定期等距移动，即可加工出零件的空间曲面。

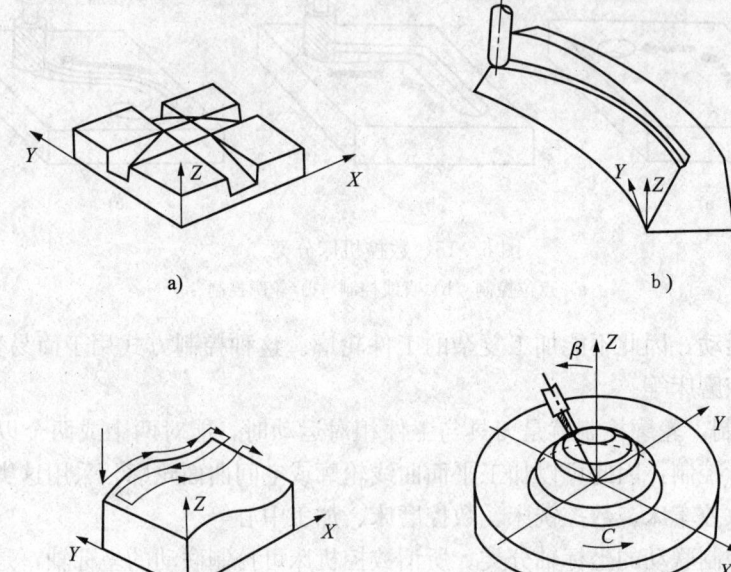

图6—18 空间平面和曲面的数控加工
a) 零件沟槽面加工　b) 三坐标联动曲面加工
c) 两轴半坐标联动加工曲面　d) 五轴联动铣床加工曲面

4) 多坐标联动。数控机床能同时控制四个以上坐标轴联动，多坐标数控机床的结构复杂、精度要求高、程序编制复杂，主要应用于加工形状复杂的零件。五轴联动铣床加工曲面形状零件，如图6—18d所示；六轴加工中心运动坐标系示意图如图6—19所示。

(4) 按数控装置的类型分类

1) 硬件数控。早期的数控装置基本上都属于硬件数控（NC）类型，主要由固化的数字逻辑电路处理数字信息，于20世纪60年代投入使用。由于其功能少、线路复杂和可靠性低等缺点，目前已经被淘汰，因而这种分类没有实际意义。

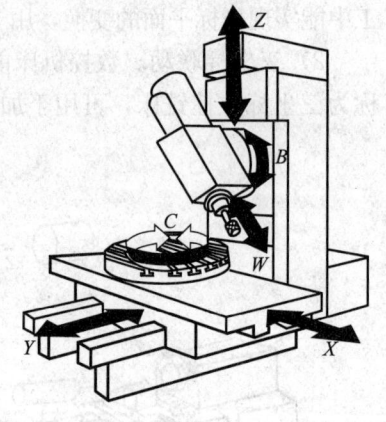

图6—19 六轴加工中心坐标系

2) 计算机数控。用计算机处理数字信息的计算机数控（CNC）系统，于20世纪70年代初期投入使用。随着微电子技术的发展，微处理器功能越来越强，价格越来越低，现在数控系统按微机数控系统（CPU）的多少，可分为单微处理器数控系统和多微处理器数控系统。

(5) 按伺服系统有无检测装置分类。按伺服系统有无检测装置可分为开环控制和闭环控制数控机床。在闭环控制系统中，根据检测装置的位置不同又可分为全闭环和半闭环两种。

(6) 按数控系统的功能水平分类。数控系统一般分为高级型、普及型和经济型三个档次。数控系统并没有确切的档次界限,其参考评价指标包括:CPU 性能、分辨率、进给速度、联动轴数、伺服水平、通信功能和人机对话界面等。

1) 高级型数控系统。该档次的数控系统采用 32 位或更高性能的 CPU,联动轴数在 5 轴以上,分辨率≤0.1 μm,进给速度≥24 m/min(分辨率为 1 μm 时)或≥10 m/min(分辨率为 0.1 μm 时),采用数字化交流伺服驱动,具有 MAP(Manufacturing Automation Protocol)高性能通信接口,具备联网功能,有三维动态图形显示功能。

2) 普及型数控系统。该档次的数控系统采用 16 位或更高性能的 CPU,联动轴数在 5 轴以下,分辨率在 1 μm 以内,进给速度≤24 m/min,可采用交、直流伺服驱动,具有 RS232 或 DNC 通信接口,有 CRT 字符显示和平面线性图形显示功能。

3) 经济型数控系统。该档次的数控系统采用 8 位 CPU 或单片机控制,联动轴数在 3 轴以下,分辨率为 0.01 mm,进给速度在 6~8 m/min,采用步进电动机驱动,具有简单的 RS232 通信接口,用数码管或简单的 CRT 字符显示。

2. 铣镗类加工中心修理前的技术准备

(1) 铣镗类加工中心的类型。铣镗类加工中心按加工形式可分为 4 类。

1) 立式加工中心(见图 6—20)。主轴与工作台垂直,其结构多为固定立柱式,工作台为长方形,无分度回转功能。

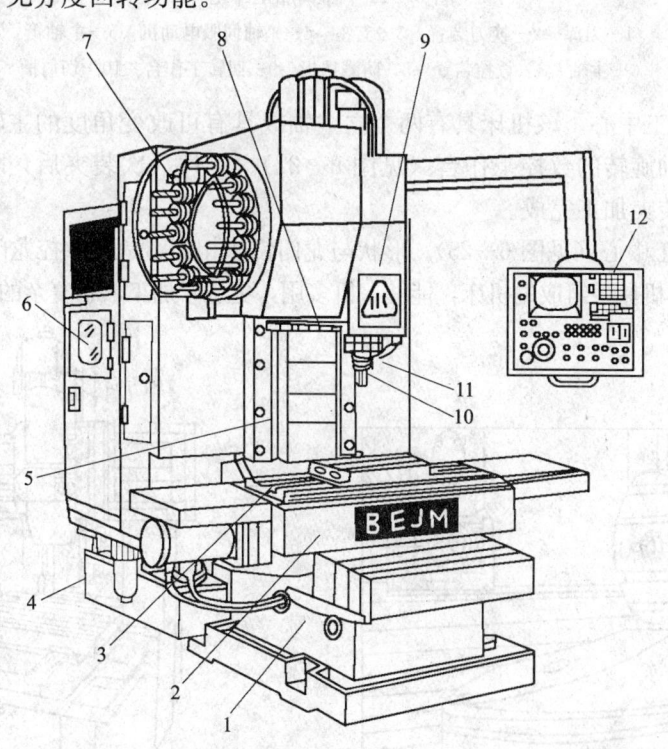

图 6—20 立式加工中心
1—床身 2—滑座 3—工作台 4—润滑油箱 5—立柱 6—数控柜 7—刀库
8—机械手 9—主轴箱 10—主轴 11—驱动电柜 12—控制面板

2) 卧式加工中心（见图6—21）。主轴轴线与工作台工作面平行，工作台可配有分度回转台或伺服电动机控制的数控回转台。机床一般有3～5个运动坐标，适合于箱体类零件加工。

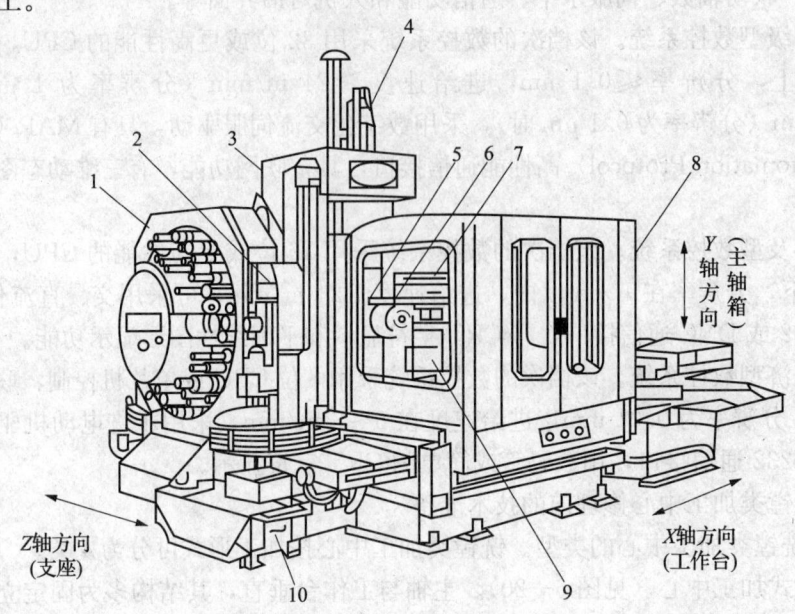

图6—21 卧式加工中心
1—刀库 2—换刀装置 3—支座 4—Y轴伺服电动机 5—主轴箱
6—主轴 7—数控装置 8—防溅挡板 9—回转工作台 10—切屑槽

3) 复合加工中心。该机床具有两个立主轴或具有可改变角度的主轴，或配有可绕水平轴、垂直轴旋转的数控工作台（见图6—22）。工件一次装夹后，除安装面外，其余五面可一次装夹加工完成。

4) 龙门加工中心（见图6—23）。形状与龙门铣床相似，是在数控龙门铣床的基础上，加入刀库和换刀机械手组成的机床，能够一机多用，更适于加工形状复杂的大型零件。

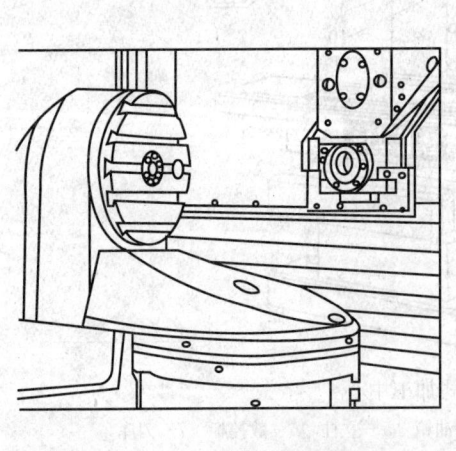

图6—22 数控工作台

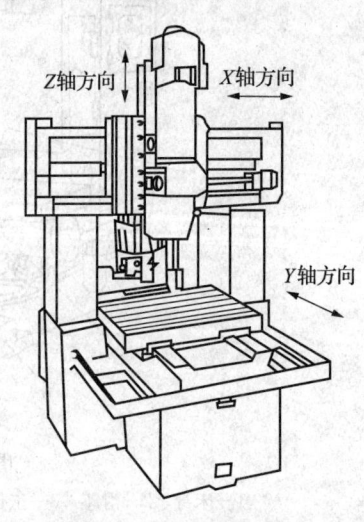

图6—23 龙门加工中心

（2）修理前的技术准备。数控机床的修理工作主要是对机床 4 个系统的修理工作，即数控系统、伺服系统、机械系统和液压系统。

1）机械系统修理前的技术准备。机械系统只占设备总系统的一部分，相对来讲结构比较简单，但精度很高。机械系统要从机械的运动副和传动方面来满足数控机床的关键性精度——定位精度和重复定位精度。这就是数控机床机械系统修理所必须掌握的修理特点。

① 技术资料的准备。包括设备说明书、作业计划书、机械修理工艺、机械总装配图、部件装配图、关键零件的零件图、检测仪器、精密量具清单及使用说明书等。

② 修理前的技术准备。数控机床机械系统主要由主轴箱、传动变速箱、运动副、滚珠丝杠副及换刀机械装置等组成。机械系统的修理要点是主轴箱主轴的回转精度，传动变速箱传动消隙装置的传动精度，运动副的稳定性、可靠性和精密性，滚动丝杠副的传动精度，换刀装置、机械手的灵活性和准确性等，修理的要点也就是修理前技术准备的要点。

a. 主轴箱。主轴箱主轴的传动系统可以保证刀具切削时的刚度和精度。在修理前要做好主轴箱体、主轴结构、传动元件的检查方法及检测量仪的准备，尤其是对主轴箱体孔系的检测和修复、主轴零件的精度检测和修复的应用技术准备。

b. 设备的运动副。设备的运动副一般包括工作台与床身、主轴箱滑板与横梁（或立柱）、刀具与工件的运动。对于数控机床，为保证定位精度和重复定位精度，运动副的结构形式一般从动压润滑的滑动导轨发展为静压润滑导轨或滚动导轨，以满足数控机床对导轨有较高的导向精度、良好的耐磨性、足够的刚度、较少的热变形、运动轻便平衡、良好的工艺性（便于测量、调整、维护）的要求，尤其是滚动导轨在数控机床上得到了广泛的应用。

滚动导轨的技术要求包括：两导轨间的平行度小于 0.003 mm；表面粗糙度一般都是通过刮研来达到，中小型机床为 20~25 点/（25 mm×25 mm），大型机床为 16~20 点/（25 mm×25 mm）；精密机床全部滚动体尺寸误差小于 0.001 mm，每组滚动体尺寸误差小于 0.001 mm；滚柱圆柱度为 0.000 5~0.001 mm。

在数控机床运动副的修理前要做的技术准备有：了解导轨副的结构形式，确定导轨副几何精度及导轨副元件（静压系统中的节流阀，滚动导轨中的滚柱、滚珠、支架等）的修复方法，明确导轨副元件精度，掌握几何精度的测量方法及精密量仪的使用等。

c. 运动传动元件的消隙机构。数控机床控制轴的定位精度和重复定位精度决定了伺服机构的运动精度。机床的定位精度和重复定位精度中，最主要的是机械结构中丝杠螺距误差和反向间隙误差。

产生反向间隙误差的主要原因是驱动件的反向死区、传动链各环节的间隙、弹性变形和接触刚度等，其中有些误差可以通过电气补偿给予解决。而由于工件刚度产生的变形和工件温升及振动产生的精度误差，数控机床（或加工中心）的电气系统是无法进行补偿的，只有在修理过程中通过精度的修复、调整来减小。所以，在数控机床（或加工中心）修理前的技术准备中，要考虑到这方面的问题，尤其是要保证运动传动元件消隙机构的功能，包括滚珠丝杠的消隙机构以及传动元件齿轮、蜗杆副的消隙机构。

精密滚珠丝杠和传动元件自身精度的修复技术及其消隙机构的功能、结构和修复技术，都要在修理前根据设备的具体结构形式进行充分的准备，从而达到修理的质量和周期要求。

2）其他系统修理前的技术准备。数控机床（或加工中心）的其他数控系统、伺服系统属于电气系统，在机械系统修理前的技术准备要很好地配合其他系统的修理。其最终目的是提高零件的加工精度和自动化程度，这是由机械系统配合完成的。

3）数控机床（或加工中心）安装前的技术准备。设备的安装是保证已修理设备的几何精度、传动精度和加工精度，将设备装在固定的生产地点，使其正式投入生产的一个过程。设备在安装前要做好安装技术资料的准备，安装形式（自然调平、强制调平）的物资准备，设备几何精度、复查精度标准的准备，检测量仪、检测方法、检具、工具的准备，起重设备的准备等。

数控机床（或加工中心）从搬运、安装，到设备的空运转试验、工作精度试验、托修单位的最后验收，再到正式投入生产都是很细致、精密、重要的工作。所以，在数控机床（或加工中心）安装前应该做好相当充分的技术准备。

五、新型的设备修理管理

1. 预知性修理

预知性修理就是通过设备故障诊断仪器的测量，预先知道设备的运行状况、传动元件的失效状况、刀具的磨损状况等，然后选取修理作业形式并确定时间。

对于像核反应堆、发电设备等出现故障后会给国家或某个地区的经济建设和人民生活带来很大影响的设备，原则上不允许出现故障。所以随着设备故障诊断技术的不断发展，提出了主动预知性修理的管理制度。主动预知性修理就是采用故障诊断仪器，长期不断地对设备进行监控，随时了解设备运行状况和失效程度，主动地采用修理作业的不同形式，把设备故障解决在出现之前。主动安排修理时间、修理周期，摆脱被动局面。

主动预知性修理可以对一台或几台类型相同的设备进行监控，可以采用几十个甚至更多的传感器在线监测设备的各个关键环节、关键部位，随时采集现状数据或频谱图以供计算机分析、处理并得出结论。

2. 设备维修管理中的计算机应用

（1）计算机辅助备件管理

1）意义。在设备管理系统中，备件管理是重要环节之一，其目标是既能适应生产和设备的动态性需要，又能节约库存投资和库存费用，实现对备件管理的计划性，提高管理水平。

传统管理主要是库存管理（见图6—24），是采用由工作人员登记的台账方式。由于账本多，记录内容多，一致性差，入库、出库操作十分频繁。另外，财务、物资、技术部门对仓库的专项要求和仓库本身的一些特性，如库存余额结算、各类物资统计、各部门资金结算、库存查询等，必须投入相当大的人力进行库存统计工作。这样手工计算多，容易出差错，而且确定合理储备量和采购计划等效率不高。

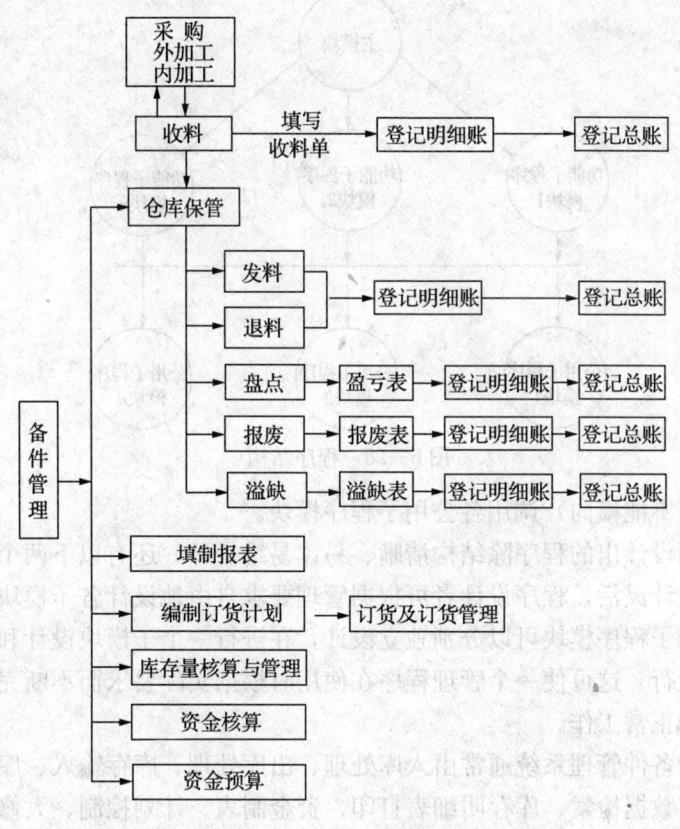

图6—24 传统备件管理业务系统图

计算机辅助备件管理系统，不仅可以完成传统的登记和统计工作，而且能实现过去人力难以办到的工作。主要表现在以下几个方面：

①加强了统计分析功能。运用计算机辅助备件管理系统，就可按照管理人员及备件管理工作的需要，快速系统地进行统计，提供多种信息。

②加强了计划性。计算机系统能及时地、自动地统计各备品配件的库存量、日耗量和月耗量变动曲线，因而能较准确地算出最小库存量。当实际库存数小于或等于此极限时，能及时地发出订货通知单。另外，对于大修、技改等要求的备品配件也可以预先编制订货或制造计划，通过这些功能，使库存维持在最佳水平上，减少流动资金开支，提高资金使用率。

③提高了管理效率。计算机辅助管理系统能将全部库存件的名称、型号及货位（包括设备号、备件登记号、库号、料架号和位号）等信息存入计算机中，通过计算机查询，能方便地查到目标库存件的货位和数量等，提高了效率和准确性，同时还节省了人力。

2）系统设计。就业务而言，备件管理主要是备件的出、入统计汇总和计划的处理。

在实际工作中，以采用积木式结构为佳。因为它能以多层次形式把一个总任务划分成多个子任务来解决。第一层为主程序模块，第二层为功能子程序模块，第三层、第四层等为公用子程序模块（见图6—25）。主程序调用各功能子程序模块，各功能子程序

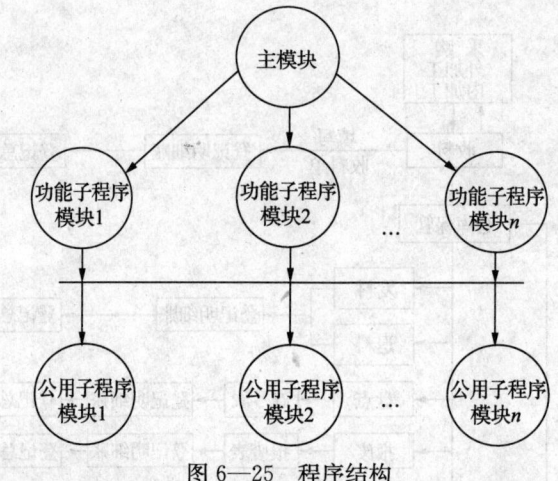

图 6—25　程序结构

模块能纵向（但不能横向）调用各公用子程序模块。

按上述原则设计出的程序除结构清晰、易读易维护外，还有以下两个显著优点：

一是程序设计灵活，程序设计者可根据管理要求自由地设计各子模块。

二是各功能子程序模块可以分别独立设计，在进行一个子模块设计和调试时，不影响程序的正常运行。这可使一个管理程序在使用时根据实际要求而不断完善，同时又不影响整个系统的正常工作。

计算机辅助备件管理系统通常由入库处理、出库处理、库存输入、库存查询、库存数据修改、库存数据检索、库存明细表打印、资金制表、计划控制、大修预订等功能模块组成，如图 6—26 所示。

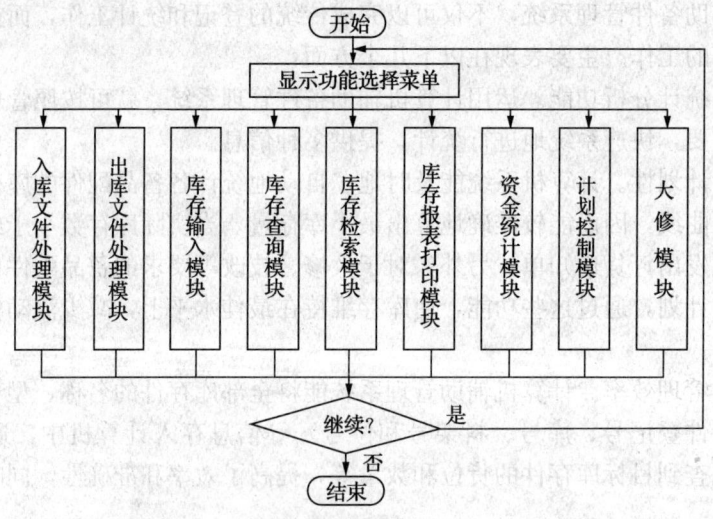

图 6—26　计算机辅助备件管理系统结构框图

当然，图 6—26 中的模块并不是每一个都非要不可的，可以根据实际需要增删合并，只要满足本单位的需要就可以了。因而不存在一个普遍适用的备件管理计算机程序。

下面分别介绍各功能子程序模块的结构与功能。

①入库文件处理模块。此模块的功能，主要是对入库的备件、材料根据入库单据进行数据输入、修改、删除等操作。主要的数据有型号、图号、单价、料单号、入库日期、厂家等。这些数据均按格式化方式输入。为了检查和了解输入文件的记录，还设计有查询公用子程序模块，如图6—27所示。

②出库文件处理模块。此模块的功能与结构设计同入库文件处理模块一样，也有输入、修改、删除和查询4个公用子程序模块。这里的输入是指输入发料单据中的数据，包括登记号、名称、型号、数量、日期、领用部门、单价等。出库文件处理程序结构框图如图6—28所示。

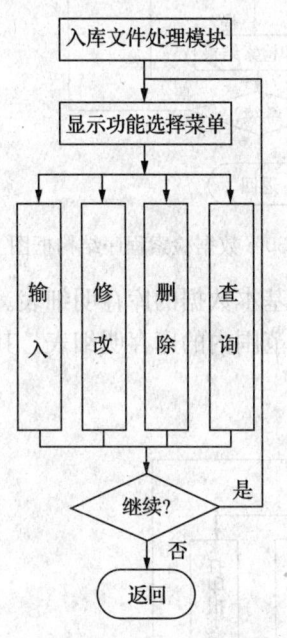
图6—27　入库文件处理程序结构框图

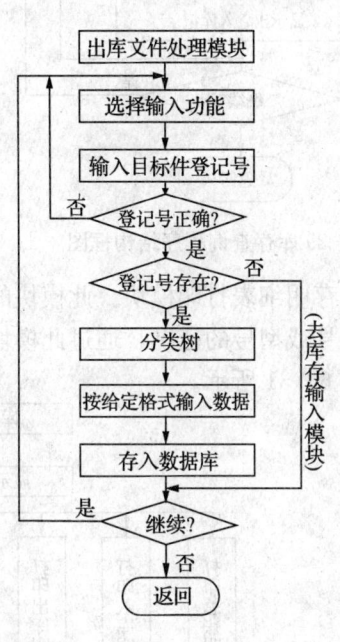
图6—28　出库文件处理程序结构框图

③库存输入模块。此模块的主要功能是将各类库存件的有关数据，如名称、登记号、最低储量、最高储量、单价、库存地址代码等按照固定排列格式输入到数据库中。

④库存查询模块。此模块的主要功能是显示库存主账目以及出、入库记录中的信息。其目的是让管理者和操作者能随时掌握库存情况，检查输入数据的正确性和了解某备件的有关信息。这里采用两种查询途径：一种是按备件登记号查询，另一种按型号代码和图样号查询，系统结构框图如图6—29所示。

⑤库存数据修改模块。其功能是对库存数据各字段包括关键字进行修改，寻找修改记录的方法同查询模块。

⑥库存数据检索模块。此模块的功能是按类别、型号、单价等条件组成数据集合。使用者可按上述任一项要求方便地查出某一零件是否有备件，以及此备件的登记号、货位等信息，为使用其他功能模块提供条件，其结构框图如图6—30所示。

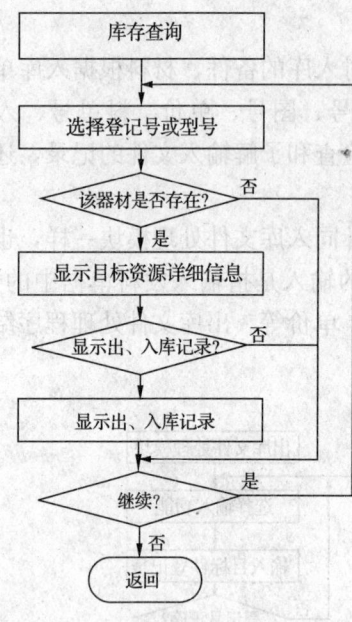
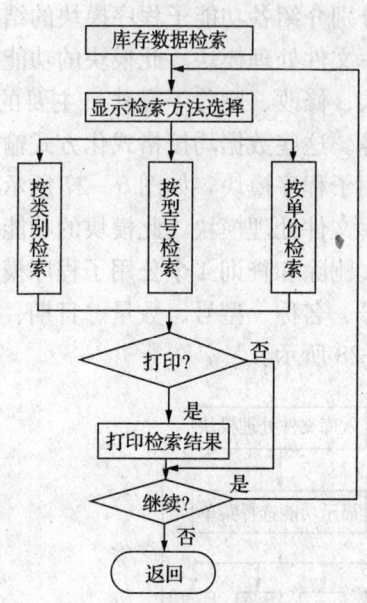

图 6—29 库存查询程序结构框图　　　图 6—30 数据检索程序结构框图

⑦库存明细表打印模块。此模块的功能是按需要打印基本数据的库存明细表。只要给出登记号或型号的范围，通过此模块就可以打印出给定范围内的库存明细表，其结构框图如图 6—31 所示。

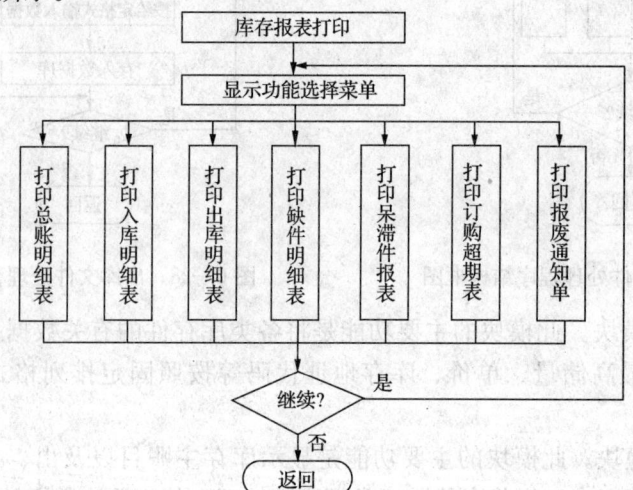

图 6—31 报表打印程序结构框图

⑧资金制表模块。管理者需要知道库存总金额数、各部门每月或每年领用的金额数、库存盘点的盈亏值等经济信息，以便做出经费预算或了解管理效率等情况。本模块主要是打印这一类统计报表，其结构框图如图 6—32 所示。

⑨计划控制模块。计划控制模块的主要功能是打印每月各库存件的平均消耗量报表和发出订货通知单。由此，管理者可根据定货周期预测备件的合理库存量并组织订货。其结构框图如图 6—33 所示。

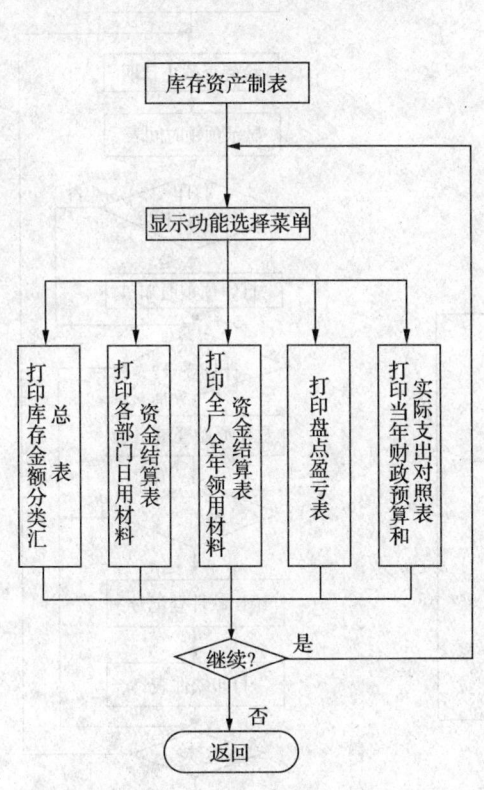

图6—32 统计表打印程序结构框图

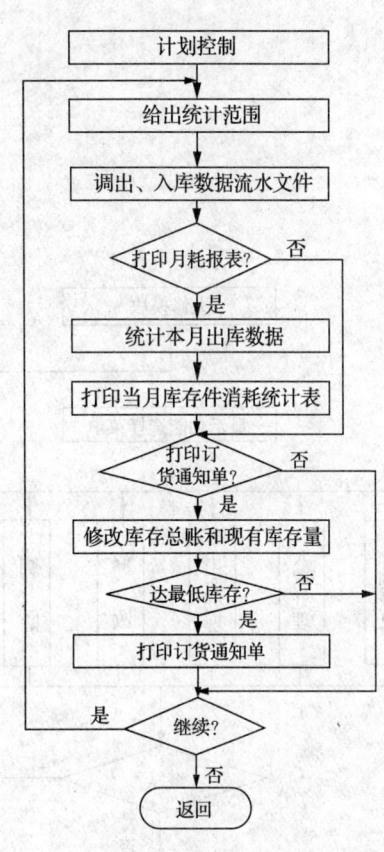

图6—33 计划控制程序结构框图

⑩大修模块。为防止他用,通过此功能模块进行入库处理。除了输入名称、型号、数量、价格等基本数据外,还有需求部门代号、进货日期、预领日期、使用日期、用途等。在物料需要日期之前,打印出"预订领料通知单",将其拨回到一般的库存件中,当发生"不领""少领"或到期无货供应等情况时,系统自动进行记录,以备考核,有助于计划的准确性,或迅速做出反应。其结构框图如图6—34所示。查询功能框图如图6—35所示。

(2) 计算机在辅助修理管理和控制方面的应用

1) 意义。采用计算机辅助管理与控制系统的优点有:

①提高设备的使用率。

②充分发挥维修人员的工作效率,节省人力资源。

③随时对作业进行控制,以求达到最优的结果。

④缩短维修工期,提高维修质量。

⑤增强了职工的经营观点和工作认真负责的态度。

⑥提高图样、资料保存和查阅效率。

⑦减少了库存。

⑧实现控制与维修管理一体化,状态监测技术在设备中应用越来越广。

机修钳工（技师　高级技师）

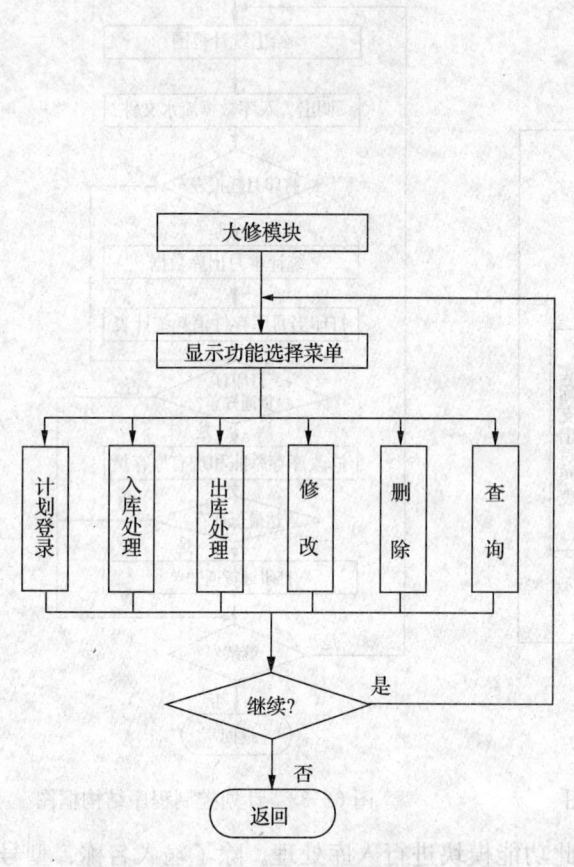

图 6—34　大修处理程序结构框图

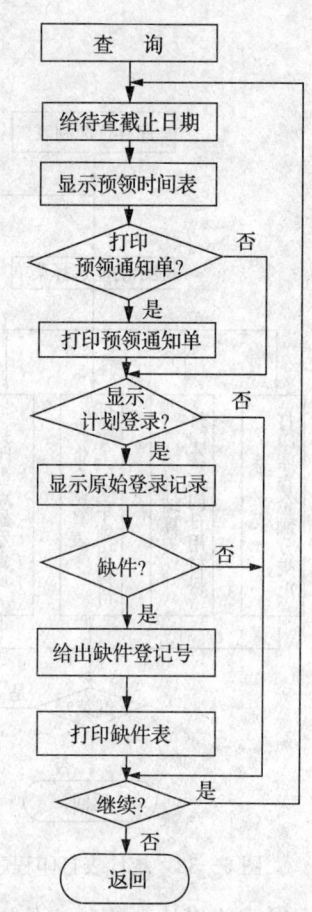

图 6—35　大修模块查询功能框图

⑨节省了费用。

由于上述优点，整个维修费用下降。

2）系统设计。目前，计算机辅助维修管理软件系统通常采用数据库管理方式。成功的数据库管理必须能正确地反映企业的数据活动，因而组织合理的数据集合成为系统设计的关键。将整个维修活动按其基本特征分成 4 个功能块：即维修计划编制与控制模块、材料控制模块、设备及其状态控制模块和费用与经费预算控制模块。软件的总结构关系如图 6—36 所示。若采用微型机，这 4 个功能块可独立成为体系单独设计和执行，因而可以一个模块一个模块地实现，然后再完善补充，最后构成完整的系统。

若采用中型计算机，这些模块可设计成既可独立完成各自的功能，又能互相连接，以借用相关库中的数据。例如，将维修计划编制与控制模块和材料控制模块连接，就可对材料进行预分配；将设备及其状态控制模块连接，能把设备信息存在档案中；费用与经费预算控制模块连接，可以进行计划作业分析和对作业水平进行控制等，这样效率就高得多。

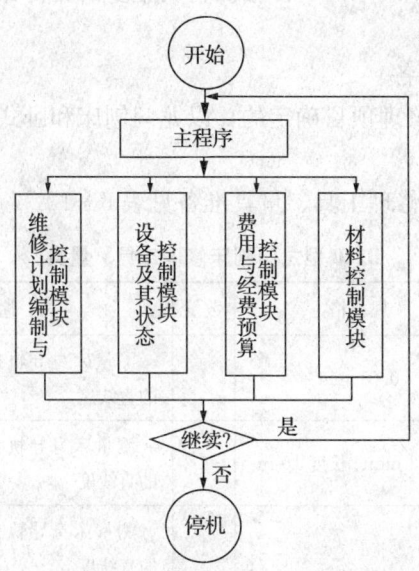

图6—36 计算机辅助维修系统结构框图

第三节 物料、工具准备

→ 能够组织和指导大型精密数控设备安装、修理前的全部物料、工具准备
→ 能够组织、完成作业场地准备工作

一、大型精密设备安装、修理前的物料、工具准备

1. 材料及备件准备

(1) 根据年度修理计划,由设备管理部门编制年度材料需求计划,交材料供应部门进行采购、储备。主管技术人员编的设备修理材料明细表是施工材料领用的依据。

(2) 外购件准备。外购件通常是指滚动轴承、标准件、传动带、密封件、电器元件、液压件等。

(3) 精密备件准备。精密备件准备指对精度较高、储备中极易变形的备件,如5级以上的齿轮,0级以上的蜗杆副、丝杠螺母副,以及精密主轴、镗杆镗套等的准备。

(4) 大型备件准备。大型备件准备指对规格、质量较大的备件,如壳体零件,锻锤锤头、锤杆,冲压设备曲轴、滑枕,长丝杠、齿条,工业炉窑备件,大型铸造设备备件等的准备。这类备件大多采用铸、锻件制造,为了压缩储备资金,减小零件储备占用库房面积和储备中的变形,毛坯或半成品一般采用露天仓库存放。

(5) 复杂备件准备。复杂备件一般指那些既非精密备件,又非大型备件,但结构复杂、加工周期长、制造技术水平高、占用储备资金多的备件，如圆柱凸轮、马氏机构分度盘、非圆齿轮等。

2. 专业工具、量具准备

工、量具准备是根据修理项目确定的，以龙门刨床和卧式镗床为例，一般工、量具准备如下：

(1) B220型龙门刨床修理工具、量具准备见表6—12。

表6—12　　　　　　　B220型龙门刨床修理工具、量具

序号	名　称	规　格	数量	用　途	图　示
1	钢丝显微镜	0.01 mm	1	测量床身导轨在水平面内的直线度	图6—37
2	钢　丝	≤0.3 mm、长度16 m	1	测量床身导轨在水平面内的直线度	
3	光学平直仪	1″	1	测量床身导轨在水平面内的直线度	图6—38
4	床身导轨卡板		1	测量床身导轨	图6—39
5	角度平尺	110°、1 500 mm	1	拖研床身导轨	图6—40
6	V形水平仪座	500 mm	1	测量床身导轨	图6—41
7	V形水平仪座	250 mm	1	测量床身导轨	图6—42
8	垫　铁	200 mm(厚度为 $69^{+0.2}_{-0.1}$ mm)	1	测量平导轨与V形导轨平行度	图6—43
9	圆　柱	ϕ100 mm×500 mm	1	测量V形导轨与平导轨平行度	图6—44
10	角度样板	55°、90°	各1	测量导轨表面的平行度及垂直度	图6—45 图6—46
11	平行平尺	3 000 mm	1	测量立柱导轨表面等距度	图6—47

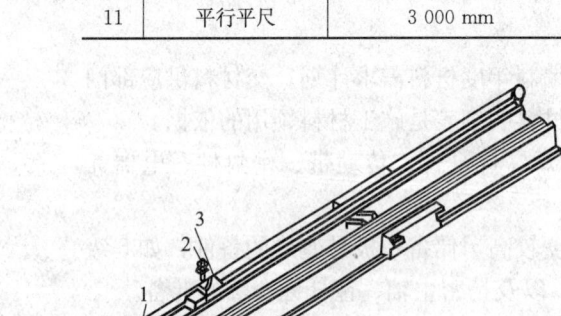 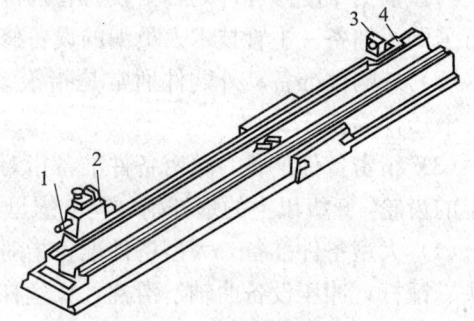

图6—37　钢丝显微镜测量床身导轨示意　　图6—38　光学平直仪测量床身导轨示意
1—钢丝及拉钢丝支架　2—钢丝显微镜　3—水平仪座　　1、4—V形水平仪座　2—光学平直仪　3—反光镜

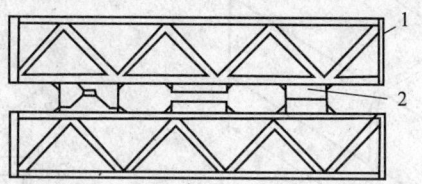

图 6—39 B220 型龙门刨床床身导轨样板
1—ϕ20 管子　2—t10 铁板

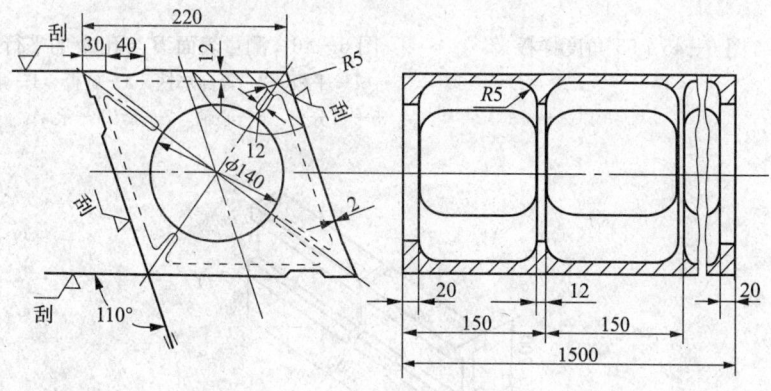

图 6—40　1 500 mm 角度平尺

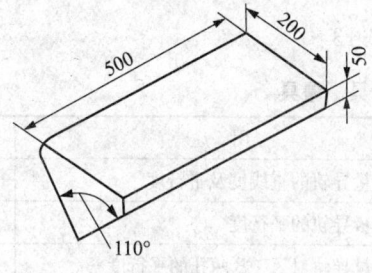

图 6—41　500 mm V 形水平仪座

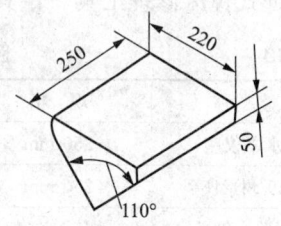

图 6—42　250 mm V 形水平仪座

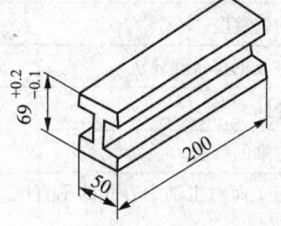

图 6—43　200 mm 垫铁

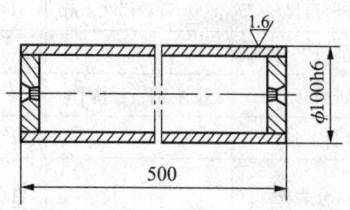

图 6—44　ϕ100 mm×500 mm 圆柱量棒

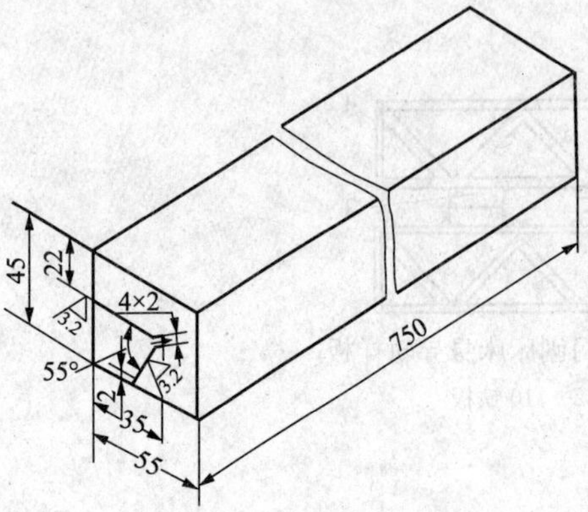

图 6—45 55°角度样板

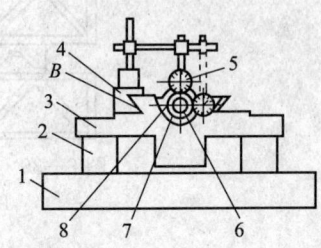

图 6—46 测量表面 B 与孔 A 的平行度误差
1—平板 2—等高垫铁 3—旋板 4—角度板
5—百分表 6—心轴 7—套 8—孔 A

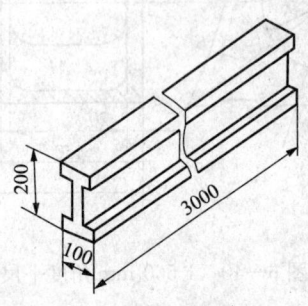

图 6—47 3 000 mm 平行平尺

(2) 卧式镗床修理工具、量具准备见表 6—13。

表 6—13 卧式镗床修理工具、量具

序号	名称	规格	数量	用途	图示
1	水平仪座	250 mm	1	测量导轨的直线度及平行度	
2	55°角形座	250 mm	1	测量导轨的平行度	
3	检验心轴 A		1	测量导轨对 A、B 两孔的平行度	
4	检验心轴 B		1	测量导轨对 A、B 两孔的平行度	
5	等高垫块		1	测量导轨的平行度、直线度	图 6—48
6	方形角尺	500 mm×500 mm	1	测量导轨的垂直度	图 6—49
7	圆刮研工具		1	测量上滑座及工作台圆导轨	图 6—50
8	研磨套	按主轴直径配作	1	研磨主轴外圆	
9	拉套工具		1	拆卸空心主轴的钢套	图 6—51
10	长百分表架		1	测量主轴和 2 面对主轴中心线的垂直度误差	图 6—52
11	检验心轴		1	测量导轨对孔的平行度	
12	主轴尾座校表工具		1	校正主轴和滑座孔同轴	

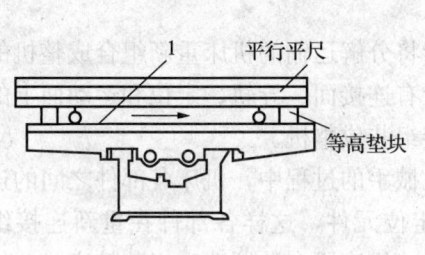
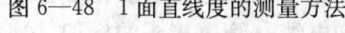

图6—48　1面直线度的测量方法　　　图6—49　下滑座上、下导轨垂直度的测量

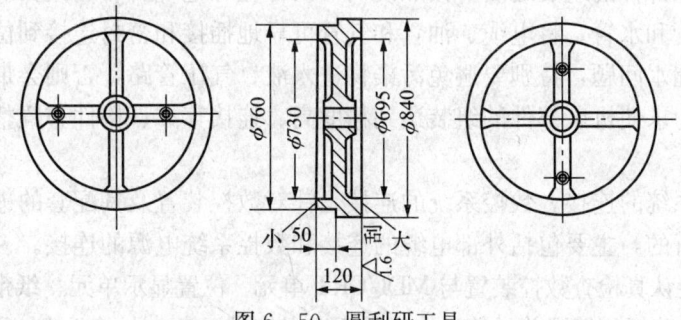

图6—50　圆刮研工具

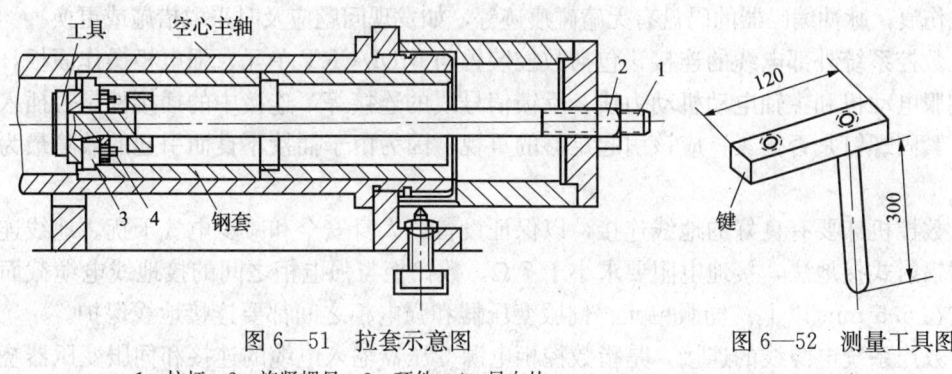

图6—51　拉套示意图　　　　　　图6—52　测量工具图
1—拉杆　2—旋紧螺母　3—环件　4—导向块

二、数控机床安装的调试程序

1. 数控机床的安装

数控机床的安装就是按照技术要求将机床固定在基础上，以获得确定的坐标位置和稳定的运行性能。机床的安装质量对其加工精度和使用寿命有着直接影响，选择机床安装位置应避开阳光直射或强电、强磁干扰，选择环境清洁、空气干燥和温差较小的环境。

（1）机床的基础处理和初就位。机床到货后应及时开箱检查，按照装箱单清点技术资料、零部件、备件和工具等是否齐全无损，核对实物与装箱单及订货合同是否相符，如发现有损坏或遗漏问题，应及时与供货厂商联系解决，尤其注意不要超过索赔期限。仔细阅读机床安装说明书，按照说明书的机床基础图或动力机器基础设计规范做好安装基础。在基础养护期满并完成清理工作后,将调整机床水平用的垫铁、垫板逐一摆放到位,然后吊装机床的基础件(或整机)就位,同时将地脚螺栓放进预留孔内,并完成初步找平工作。

(2) 机床部件的组装。机床部件的组装是指将分解运输的机床重新组合成整机的过程。组装前注意做好部件表面的清洁工作,将所有连接面、导轨、定位和运动面上的防锈涂料清洗干净,然后准确可靠地将各部件连接组装成整机。

在组装立柱、数控柜、电气柜、刀具库和机械手的过程中,机床各部件之间的连接定位均要求使用原装的定位销、定位块和其他定位元件,这样各部件在重新连接组装后,能够更好地还原机床拆卸前的组装状态,保持机床原有的制造和安装精度。

在完成机床部件的组装之后,按照说明书的标注和电缆、管道接头的标记,连接电缆、油管、气管和水管。将电缆、油管和气管可靠地插接和密封连接到位,要防止出现漏油、漏气和漏水问题,特别要避免污染物进入液、气压管路,否则会带来意想不到的麻烦。总之要力求使机床部件的组装达到精度高、连接牢靠、构件布置整齐等良好的安装效果。

(3) 数控系统的连接。数控系统的连接是针对数控装置及其配套的进给和主轴伺服驱动单元而进行的,主要包括外部电缆的连接和数控系统电源的连接。

在连接前要认真检查数控装置与MDI/CRT单元、位置显示单元、纸带阅读机、电源单元、各印制电路板和伺服单元等,注意是否有损伤或污染,电缆捆扎处和屏蔽层有无破损或伤痕,脉冲编码器的码盘有无磕碰痕迹等,如发现问题应及时采取措施或更换。

数控系统外部电缆的连接,包括数控装置与MDI/CRT单元、强电柜操作面板,进给伺服电动机和主轴电动机动力线、反馈信号线的连接等,连接中的插接件是否插入到位,紧固螺钉是否拧紧,应该引起足够的重视,因为由于插接不良而引起的故障最为常见。

数控机床要有良好的地线连接,以保证设备、人身安全和减少电气干扰。地线连接采用辐射式接地法,接地电阻要求小于7Ω,数控柜与强电柜之间的接地线电缆截面积要求在5.5 mm^{2}以上。伺服单元、伺服变压器和强电柜之间都要连接地线保护。

数控系统电源线的连接,是指数控柜电源变压器输入电缆的连接和伺服变压器绕组抽头的连接。机床生产厂家为了适应各国不同的供电制式,一般都使数控系统的电源变压器、伺服变压器有多个抽头,要注意根据本地供电的具体情况正确接线。

2. 数控机床的检查与调试

数控机床的检查与调试,包括电源的检查、数控系统电参数的确认和设定、机床几何精度的调整等,检查与调试工作关系到数控机床能否正常投入使用。

(1) 机床连接电源的检查

1) 电源电压和频率的确认。检查电源输入电压是否与机床设定相匹配,频率转换开关是否置于相应位置。

2) 电源电压波动范围的确认。检查电源电压波动是否在数控系统允许范围内,否则需要配置相应功率的交流稳压电源。数控系统允许电源电压在额定值的-15%~10%之间波动,如果电压波动太大则电气干扰严重,会使数控机床的故障率上升而稳定性下降。

3) 输入电源相序的确认。检查伺服变压器原边中间抽头和电源变压器副边抽头的相序是否正确,否则接通电源时会烧断速度控制单元的熔丝。可以用相序表检查或用示波器判断相序,若发现不对,将T、S、R中任意两条线对调一下即可。

4) 检查直流电源输出端对地是否短路。数控系统内部的直流稳压单元提供+5 V、±15 V、±24 V等输出端电压,如有短路现象则会烧坏直流稳压电源。通电前要用万用表测量输出端对地的阻值,如发现短路必须查清原因并予以排除。

5) 检查直流电源输出电压。可用数控柜中的风扇是否旋转来判断其电源是否接通。通过印制电路板上的检测端子,确认电压值+5 V、±15 V是否在±5%,而±24 V是否在±10%允许波动的范围之内。超出范围要进行调整,否则会影响系统工作的稳定性。

6) 检查各熔断器。电源主线路、各电路板和电路单元都有熔断器装置。当超过额定负荷、电压过高或发生意外短路时,熔断器能够马上自熔断切断电源,起到保护设备系统安全的作用。检查熔断器的质量和规格是否符合要求,要求使用快速熔断器的电路单元不要用普通熔断器,特别要注意所有熔断器都不允许用铜丝等代替。

(2) 参数的设定和确认

1) 短接棒的设定。在数控系统的印制电路板上有许多等连接的短路点,可以根据需要用短接棒进行设定,用以适应各种型号机床的不同要求。对于整机购置的数控机床,其数控系统出厂时就已经决定,只需要通过检查确认已经设定的状态即可。如果是单独购置数控系统,就要根据所配套的机床自行设定,通常数控系统出厂时是按标准方式设定的,根据实际需要自行设定时,一般不同的系统所要设定的内容不一样,设定工作要按照随机的维修说明书进行。数控系统需要设定的主要内容有以下三个部分:

①控制部分印制电路板上的设定。包括主板、ROM板、连接单元、附加轴控制板、旋转变压器或感应同步器的控制板等,这些设定与机床返回参考点的方法、速度反馈用检测元件、检测增益调节、分度精度调节等有关。

②速度控制单元电路板上的设定。这些设定用于选择检测反馈元件、回路增益以及是否产生各种报警等。

③主轴控制单元电路板上的设定。这些设定用于直流或交流主轴控制单元,选择主轴电动机电流极限和主轴转速等。

2) 参数的设定。数控系统的许多参数(包括可编程控制器PLC参数)能够根据实际需要重新设定,以使机床获得最佳的性能和最方便的状态。对于数控机床出厂时就已经设定的各种参数,在检查与调试数控系统时仍要求对照参数表进行核对。参数表是随机附带的一份很重要的技术资料,当数控系统参数意外丢失或发生错乱时,它是完成恢复工作不可缺少的依据。可以通过MDI/CRT单元上的PARAM参数键,显示存入系统存储器的参数,并按照机床维修说明书提供的方法进行设定和修改。

(3) 通电试车。在通电试车前要对机床进行全面润滑。给润滑油箱、润滑点灌注规定的油液或油脂,为液压油箱加足规定标号的液压油。需要压缩空气的要接通气压源。调整机床的水平,粗调机床的主要几何精度。如果是大中型设备,要在初就位和已经完成组装的基础上,重新调整主要运动部件与机床主轴的相对位置。比如机械手、刀具库与主机换刀位置的校正，APC托架与工作台交换位置的找正等。

通电试车按照先局部分别供电试验，然后再做全面试验的程序进行。接通电源后首先查看有无故障报警，检查散热风扇是否旋转，各润滑油窗是否来油，液压泵电动机转动方向是否正确，液压系统是否达到规定压力指标，冷却装置是否正常等。在通电试车过程中要随时准备按压紧急按钮，以避免发生意外情况时造成设备损坏。

先用手动方式分别操纵各轴及部件连续运行。通过CRT或DPL显示，判断机床部件移动方向和移动距离是否正确。使机床移动部件达到行程极限，验证超程限位装置是否灵敏有效，数控系统在超程时是否发出报警。机床基准点是运行数控加工程序的基本参照，要注意检查重复回基准点的位置是否完全一致。

在上述检查过程中如果遇到问题，要查明异常情况的原因并加以排除。当设备运行达到正常要求时，用水泥灌注主机和各部件的地脚螺栓孔，待水泥养护期满后再进行机床几何精度的精调和试运行。

(4) 机床几何精度的调整。数控机床几何精度的调整内容和方法与普通机床基本相同。机床的几何精度主要通过垫铁和地脚螺栓进行调整，必要时也可以通过稍微改变导轨上的镶条和预紧滚轮来达到精度要求。在机床水平和各运动部件全行程平行度允差符合要求的同时，要注意所有垫铁都要处于垫紧状态，所有地脚螺栓都要处于压紧状态，以保证机床在投入使用后均匀受力，避免因受力不均而引起的扭曲或变形。

调整机械手与主轴、刀具库之间的相对位置。用"G28 Y0 Z0"或"G30 Y0 Z0"指令，使机床自动运行到换刀位置，用手动方式分步完成刀具交换动作，检查抓刀、装刀、拔刀等动作是否准确平稳。否则可以通过调整机械手的行程，移动机械手支座或刀具位置，改变换刀基准点坐标值设定，实现精确运行的要求。在调整到位后要拧紧所有紧固螺钉，用几把接近最大允许质量的刀柄，连续重复多次换刀循环动作，直到反复换刀试验证明动作准确无误、平稳无撞击为止。

调整托板与交换工作台面的相对位置。如果机床是双工作台或多工作台，要调整好工作台托板与交换工作台面的相对位置，以保证工作台自动交换时平稳可靠。在调整工作台自动交换运行过程中，工作台上应装有50%以上的额定负载，调好后紧固好相关螺钉。

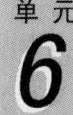

三、特殊环境下设备安装、修理的现场准备

1. 锻造业设备安装、修理的现场准备

(1) 锻造车间平面布置。按企业生产需要，合理编制工艺流程；根据工艺流程和物流需要，绘制车间设备布置图。设备布置图是锻造设备安装的重要文件之一。在绘制平面布置图时应该注意以下几点：

1) 设备基础不宜与建筑物基础和混凝土地面连接。
2) 与设备连接而产生振动的管道不宜直接架在建筑物上。
3) 设备底座边缘到基础边缘应留有一定的距离。

(2) 设备基础施工。设备基础对设备安装质量、设备精度及精度的稳定性，以及加工产品的质量等均有很大影响。如果基础质量达不到规定标准，将使设备产生形变、丧失精度而不能加工出合格产品。因此,必须重视设备基础的设计和施工质量,尤其是大型、精密、重型机床和引进设备的基础更应十分注意质量,严格执行规范和设计技术要求。在锻造设备基础施工中应注意的事项如下:

1) 混凝土及基础钢筋的选用应符合设计规定的要求。
2) 注意主基础、辅助设备及管道的位置,坑、沟、孔的尺寸,灌浆层厚度,以及地脚螺栓、预埋件的位置。
3) 基础完工后的保养期限。

(3) 设备的开箱检查。设备的开箱检查由设备采购、管理部门组织,安装、使用部门参加。对于进口设备的开箱还必须有海关检验代表参加。开箱检查的主要内容包括:

1) 检查外观包装情况。
2) 按装箱单清点零件、部件、工具、附件、备品、说明书和其他技术文件是否齐全,有无缺损。
3) 检查设备的锈蚀情况,如设备有锈蚀,应及时进行处理并防锈。
4) 对设备的备品、备件、工具等应移交有关部门进行保管。
5) 核对设备基础图和电气线路图与设备实际情况是否相符,检查地脚螺栓孔等有关尺寸,检查地脚螺栓、垫铁是否符合要求,检查电源接线口的位置及有关参数是否与说明书相符。
6) 检查后做出详细的记录。对问题严重的情况应拍照或用图示说明,以备查询,并作为向有关单位进行交涉、索赔的依据。
7) 及时将设备随附的原始资料、技术文件归档,填写设备开箱检查验收单,样式见表6—14。

表 6—14　　　　　　　设备开箱检查验收单

编号：

设备名称		型　　号		制造厂	
制造编号		出厂年月		主要规格	
外形尺寸		设备质量		设备净重	
进厂日期		开箱日期		出库日期	
检 查 情 况					
受检部分		检查结果		备　　注	
箱号和箱数以及包装情况,设备名称、型号和规格					
按装箱单清点主机、附件、备件、工夹具有无损坏和锈蚀					
技术资料名称					
结论					
设备使用部门	设备管理部门	安装队	运输队	检查验收日期	

(验收单一式三份,设备使用部门、设备管理部门、设备档案各一份)

机修钳工（技师 高级技师）

2. 精密设备作业场地准备

机械设备中，金属切削机床属于精度较高的设备。其中又有要求更精密的设备，如坐标镗床、螺纹磨床、数控机床等，精密机床精度主要有两个标准，除了切削力以外，加工精度是机床质量的关键标准，而加工精度主要受机床主运动和进给运动的影响。精密机床的精密性也是依靠这两个运动的精密性来保证的。因此精密机床的安装，必须按机床安装说明书的要求，做好基础工作，做好安装的调平和安装后的验收工作。以 T68 型卧式镗床为例，安装修理前主要工、量具准备见表 6—13。

单元考核要点

行为领域	鉴定范围	鉴定点	重要程度
理论知识鉴定考核要点	1. 作业环境准备	1. 劳动保护的意义和含义	★★
		2. 特殊环境下的劳动卫生	★★
		3. 安全文明生产与安全事故分析	★★★
	2. 精密、大型、复杂设备安装和修理前的技术准备	1. 设备技术资料准备	★★★
		2. 修理工艺文件的编号	★★
	3. 精密、大型、复杂设备安装和修理前的物资准备	1. 设备修前检查	★★★
		2. 作业前的物料、工具准备	★★
	4. 数控机床修理前的准备工作	1. 数控机床修理与安装调试程序	★★★
		2. 数控机床修理与安装前的专用工具和检测仪器准备	★★
	5. 特殊环境下设备安装、修理的现场准备	1. 锻造设备安装修理前的现场准备工作要求	★★
		2. 精密设备作业现场准备工作要求	★★
操作技能鉴定考核要点	1. 精密、大型、复杂设备安装和修理前的技术准备	1. 编制龙门刨床的修理工艺规程	★★
		2. 编制坐标镗床的修理工艺规程	★★
		3. 编制滚齿机的修理工艺规程	★★
	2. 数控机床修理前的准备工作	数控机床修理前专用工具、仪器的检查、调整	★★★
	3. 精密、大型、复杂设备安装和修理前的物资准备	精密、大型、复杂设备专用修理工具、量仪的检查和调整	★★★

单元测试题

一、单项选择题（下列每题的选项中，只有 1 个是正确的，请将其代号填在横线空白处）

1. _____ 是以修理周期结构和复杂系统为主要支柱的修理制度。

A. 事后修理　　B. 计划预修制　　C. 预防性修理　　D. 可靠性修理

2. 通过对设备故障诊断仪器的测量,事先知道设备的运行状况、传动元件的失效状况、刀具的磨损状况等,然后选取修理作业形式的修理管理是_____。

　　A. 可靠性修理　　　　　　B. 预防性修理
　　C. 预知性修理　　　　　　D. 主动预知性修理

3. 大型、精密、复杂设备修理前必须预检,预检中要由_____介绍设备当前的技术状态。

　　A. 设备维修人员　　　　　B. 设备维修部门负责人
　　C. 操作人员　　　　　　　D. 操作人员所在部门负责人

4. 检测工具的测量误差应为被测部件精度极限偏差的_____。

　　A. 1/3～1/2　　B. 1/5～1/3　　C. 1/8～1/5　　D. 1/10～1/8

5. 精密机床在机床说明书里有时只给出机床安装的平面尺寸,而不给基础深度尺寸,该尺寸应按安装现场的_____而确定。

　　A. 准备情况　　B. 基础材料　　C. 标准要求　　D. 土质情况

6. 机床横向排列安装,两机床操作者面向同一方向操作时,两机床间最小距离为_____ mm。

　　A. 60～120　　B. 80～300　　C. 300～800　　D. 800～900

7. 安装机床时,垫铁组放置应符合设备文件规定,无规定时应靠近地脚螺栓,其组数至少与地脚螺栓数相等,间距以_____ mm 为宜。

　　A. 200～400　　B. 300～500　　C. 500～800　　D. 600～1200

8. 安装数控机床时,必须对电源电压波动范围进行确认,数控系统允许电源电压在额定值的_____之间波动。

　　A. －15％～10％　　　　　B. －20％～15％
　　C. －25％～20％　　　　　D. －30％～25％

9. 机床组装重要的固定结合面,紧固后用_____ mm 塞尺检验不应插入。

　　A. 0.04　　B. 0.05　　C. 0.06　　D. 0.08

10. 组装液压系统的吸油管应尽量短,吸油高度一般不超过_____ mm。

　　A. 200　　B. 500　　C. 800　　D. 1000

二、判断题（下列判断正确的请打"√",错误的打"×"）

1. 劳动保护的任务仅限于安全生产工作。　　　　　　　　　　　　　　　（　　）
2. 安全技术就是采取各种措施预防和消除可能引起劳动者伤亡事故的隐患和一些对健康有害的影响。　　　　　　　　　　　　　　　　　　　　　　　　（　　）
3. 精密机床的精密性一般不会受到安装质量的影响。　　　　　　　　　（　　）
4. 机床组装缝两边均应放调整垫铁。　　　　　　　　　　　　　　　　　（　　）
5. 机床找平可用紧固地脚螺栓进行调整。　　　　　　　　　　　　　　　（　　）
6. 用平尺和检具移动测量并画运动曲线计算导轨的直线度时,测量间隔应大于平尺或检具的长度。　　　　　　　　　　　　　　　　　　　　　　　　（　　）
7. 要求恒温的精密机床,其安装和检验都必须在恒温条件下进行。　　　（　　）

8. 计算测量数据时应考虑工具或方法本身引起的误差,当这类误差小于被测部件允许量的 1/10～1/3 时可忽略不计。（   ）

9. 模拟导轨工作状态,推动移置导轨与滑动件的结合面,应在导轨镶条压板端部的滑动面间用规定尺寸的塞尺检验,塞尺插入深度不应超过 20 mm。（   ）

10. 立式机床中平衡锤升降距离应符合机床移动部件最小行程的要求。（   ）

三、简答题

1. 简述劳动保护的意义。
2. 简述大型机床设备修理前应准备的技术资料。
3. 简述修复床身导轨面一般采用的方法。
4. 什么是预知性修理?

四、技能题

第 1 题　刮研不等边 V 形垫铁

（1）图样。如图 6—53 所示。

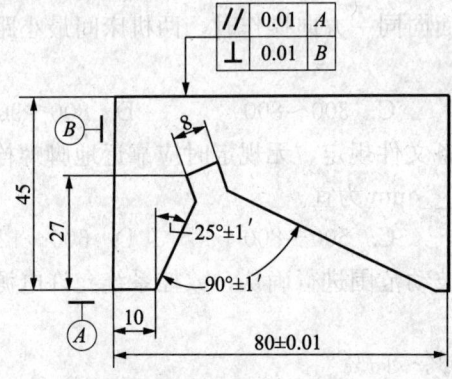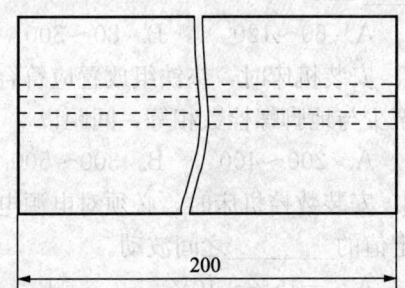

技术要求

1. 200 mm 两端面不加工,其余全部精刮成形。
2. 各加工面研点＞18 点/（25 mm×25 mm）。
3. 全部倒角 C1。
4. 所有刮削面平面度 0.01 mm。

图 6—53　刮研不等边 V 形垫铁

（2）准备工作

1）考场准备

①按图样备料。铣（刨）成形,（80±0.01）mm 留量 0.2 mm,平行度≤0.1 mm。
②刮研平台（带台虎钳）。
③砂轮机、衬垫木块。
④台灯、煤油、计算器。

2）考生准备。平面刮刀、锉刀、油石、显示剂、毛刷、棉纱、软钳口以及平板（300 mm×300 mm）、200～500 mm 刮研平尺、千分尺（50～75 mm、75～100 mm）、百分表（带表架）、量块（一组）、正弦规（200 mm）、25 mm×25 mm 检验方框、圆柱角尺、万能角尺等。

(3) 考核时间：8 h。

(4) 考核评分标准

序号	考核要求	配分	评分标准	实测结果	扣分	得分
1	(80±0.01) mm	10	超差 0.005 mm 扣 1 分，超差 0.02 mm 以上无分			
2	// 0.01 A	10	超差 0.005 mm 扣 1 分，超差 0.02 mm 以上无分			
3	⊥ 0.01 B	10	超差 0.005 mm 扣 1 分，超差 0.02 mm 以上无分			
4	▱ 0.01 7 处	2×7	超差 0.005 mm 扣 1 分，超差 0.02 mm 以上无分			
5	25°±1′	15	超差 1′扣 0.5 分，超差 2′以上无分			
6	90°±1′	15	超差 1′扣 0.5 分，超差 2′以上无分			
7	研点（>18 点） 25 mm×25 mm	2×7	每面任意处 12~18 点扣 1 分，低于 12 点无分			
8	倒角 C1	6	目测均匀一致得满分，任意处有明显缺陷扣 1 分			
9	外观	6	有明显与加工无关痕迹扣 1~6 分			
10	安全操作		违反操作规程酌情扣分			

第 2 题　编制万能外圆磨床床身导轨刮研修复工艺

(1) 准备工作

1) 考场准备

①任意型号万能外圆磨床一台。

②桌椅一套。

2) 考生准备。笔、纸、直尺。

(2) 考核要求

1) 正确选用工具、量具。

2) 工艺说明清晰、具有可行性。

(3) 考核时间：4 h。

(4) 考核评分标准

序号	考核要求	配分	评分标准	扣分	得分
1	垂直平面内的直线度	18	刮削修复工艺完整,测量方法得当得满分;如缺项可酌情扣分		
2	水平面内的直线度	18	刮削修复工艺完整,测量方法得当得满分;如缺项可酌情扣分		
3	与滑鞍座导轨的垂直度	18	刮削修复工艺完整,测量方法得当得满分;如缺项可酌情扣分		
4	导轨平行度	18	刮削修复工艺完整,测量方法得当得满分;如缺项可酌情扣分		
5	接触点	10	刮削修复工艺完整,测量方法得当得满分;如缺项可酌情扣分		
6	刮装置液压缸的结合面	18	刮削修复工艺完整,测量方法得当得满分;如缺项可酌情扣分		

单元测试题答案

一、单项选择题

1. B 2. C 3. C 4. B 5. D 6. D 7. C 8. A 9. A 10. B

二、判断题

1. × 2. √ 3. × 4. √ 5. × 6. × 7. √ 8. √ 9. √ 10. ×

三、简答题

1. 答:劳动保护的意义,概括地讲就是保护劳动者在劳动过程中的安全和健康,保护好每一个劳动者,这是保护好高素质生产力的基础。要为劳动者创造安全、卫生、舒适的劳动条件,预防和消除劳动生产过程中的伤亡事故、职业病和职业中毒,保持和提高劳动者持久的劳动能力,不断促进劳动生产率的提高,促进生产劳动与经济建设的和谐发展。

2. 答:(1) 设备说明书,设备总装图,传动系统、液压系统和电气系统图,与修理项目有关的零部件图。

(2) 设备精度标准、修理项目的精度及相关部位的精度标准。

(3) 修理前的检查记录、修理和零部件更换记录、设备修理记录。

(4) 制定修理工艺规程,规程中应详细说明修理步骤、方法、精度标准以及检测方法、工量具等相关技术资料。

作业前准备

3. 答：一般有两种方法。一种是用导轨磨床进行机械加工，另一种是手工刮削。若导轨面有严重的损伤（如啃痕、拉毛、划伤等现象）则必须先经过精刨加工后再采用导轨磨床加工或刮削。

4. 答：预知性修理就是通过设备故障诊断仪的测量，预先知道设备的运行状况、传动元件的失效状况、刀具的磨损状况等，然后选取修理作业形式并确定时间。

四、技能题（略）

第 7 单元

作业项目实施

- 第一节　设备维修/263
- 第二节　设备可维修系统的可靠度和有效度/291
- 第三节　设备大修及设备精化/296

本单元的重点是大型、精密、复杂设备和数控机床在安装和修理中常用的精密仪器和使用方法。目前，各种先进的测量仪器正广泛地在生产实际中得到应用。高级技师应掌握本工种一些较先进的检测仪器，为维修工作提供可靠的检测依据。本单元还着重分析了典型机床各类误差的原因、检测和修理方法，介绍了机床的数字化改造、新材料、新工艺、新技术的应用实例，以及有关管道的安装、损坏形式和修理方法等。为拓宽高级技师参与管理的思路，介绍了有关维修理论的新知识。本单元部分内容是在技师层次上的进一步提高，尽量体现高级技师在本工种技术上的全面性。

第一节　设备维修

培训目标

→ 能够组织和指导有关人员解决设备维修中的技术难题
→ 能够采用先进的维修模式，组织完成设备维修各个环节的工作
→ 能够主持处理设备维修中的重大质量问题

一、设备修理的组织模式与规范

1. 设备修理的组织模式

(1) 集中模式。集中模式的特点，是集中企业维修资源，成立企业专业修理车间（包括机修和电修），负责整个企业的设备维修工作。其优点是：

1) 能合理使用维修资源。

2) 便于有计划地组织备品、备件的制造和供应。

3) 有利于保证检修质量和提高工效，集中化程度越高，资源（尤其是人员）的利用率也越高。

4) 有利于推行设备维修经济责任承包制。

5) 易于控制设备及修理经费。

其缺点是反应慢，处理设备临时故障不够方便。一般来说，集中化程度越高，反应速度越慢，不利于调动车间参加设备维修的积极性，有可能造成生产与设备修理的矛盾或脱节。选择集中模式的企业，其设备维修作业计划要制定得很周密。这只有设备数量不多，生产规模较小或车间比较集中的企业易于做到。

(2) 分散模式。分散模式的特点，是将设备维修工作分散到各车间，在车间内成立设备维修工段或维修组，负责完成本车间主要甚至全部维修工作。采用分散模式，维修工人接近现场，情况掌握及时，反应快；组织修理工作方便、灵活；有利于发挥车间的主动性和积极性，生产与设备检修、设备使用及设备维护结合紧密。但是，分散模式不利于实现维修人员专业化修理和采用高效率的修理技术装备，难以保证修理工作高质量完成；修理任务不易均衡，维修人员闲忙不均；由于不能集中使用，使维修资源得不到充分利用；维修费用也难以控制。

分散模式一般适用于生产规模大、车间比较分散的大型联合企业。分散模式如图7—1所示。

(3) 混合模式。把集中和分散两种维修组织模式结合起来，构成既有集中，又有分散的检修组织模式，称为混合模式。其特点是企业设专业化的修理车间，负责企业大、中型或重要设备的维修工作；同时，各车间也设置由专业维修人员组成的维修工段或维修组，负责各自车间全部或部分主要设备的维修工作。这种模式避免了上面两种模式的缺点，发扬了它们的优点。目前，我国多数企业采用的是这种模式。混合模式如图7—2所示。

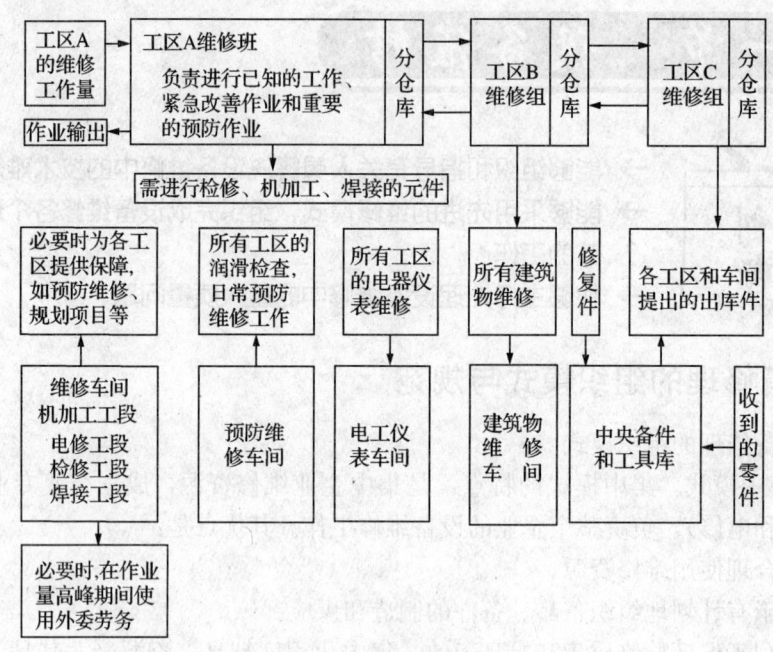

图 7—1 分散模式

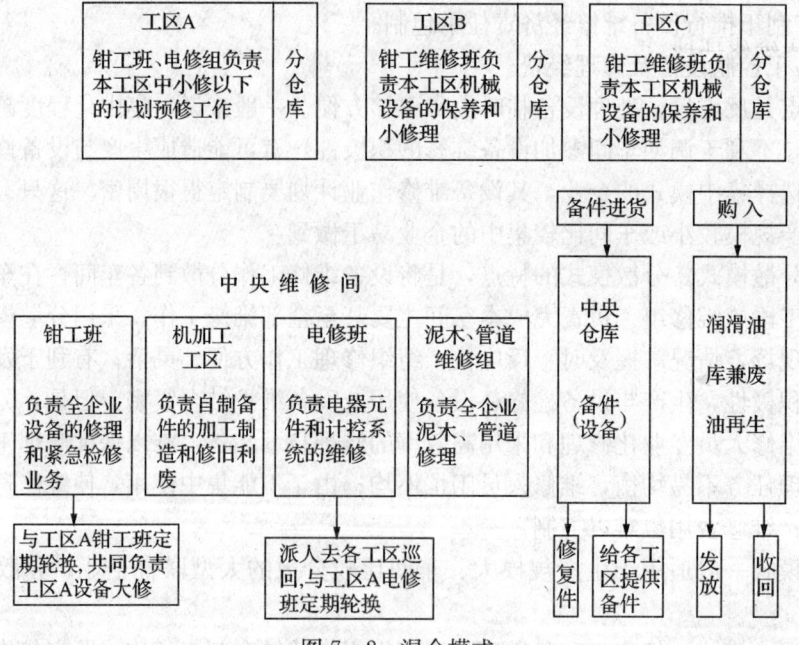

图 7—2 混合模式

一些大型联合企业，如某些有色金属联合公司，除下属厂、矿采用混合维修模式外，还在公司或矿务局一级设立机修厂、电修厂、汽修厂，甚至某些专业修理公司。承担本企业内工作量大、工期紧迫的重、大型设备的大修理工作以及为全公司加工制造批量大或难度大的备件，这是混合模式的一种扩展。

因为分散模式和混合模式会产生各子系统控制这一复杂的问题，对周转速度慢、单价高的备件和工具应采取集中管理方式,对用量大、单价低的备件和工具以采用分散保管方式为宜。

新建企业采用混合模式时,一般宜先充实基层,以分散为主,集中为辅;然后,逐步集中,过渡到以集中为主,分散为辅的混合模式。

2. 设备修理的规范

设备修理的规范,主要是指企业设备维修系统中各机构维修专业人员的定员问题。通常确定维修资源(设备)规范的程序如下:

(1) 根据工作量总体模型,掌握定员单位工作量的变动情况以及峰值工作量。

(2) 制定各工种的设备修理劳动量定额(确定工作量定额的方法很多,如采用设备修理复杂系数法等)。

(3) 估计停机损失和设备修理劳务费用。停机损失主要包括故障停机时间内造成的产品损失和作业人员以及机器停歇等超额支出损失。劳务费用主要指人员增加引起的常年工资、福利费用等支出。

(4) 在停机损失和劳务费用损失之间做适当的平衡,以确定合理的维修人员规模。通常设备停机损失是考虑的主要因素,当停机损失大时,也许不得不使定员偏高一些。

(5) 人员规模确定后,实施中应经常对设备维修工作的有关参数,如紧急修理反应时间、人均修理产值、人员利用效率等进行统计和分析,适时调整维修系统结构、维修人员规模或维修计划。

二、设备质量问题分析

1. 尺寸链原理在机床修理中的应用

(1) 完全互换法。装配精度完全依赖于零件加工精度的装配方法,即为完全互换法。根据完全互换法的要求解有关的装配尺寸链,叫完全互换法解尺寸链。计算的一般步骤如下:

【例题】 如图 7—3 所示为某双联转子泵的轴向装配关系简图。其中 $A_1=41$ mm,$A_2=A_4=17$ mm,$A_3=7$ mm,根据技术要求,冷态下的轴向装配间隙应为 $0.05\sim0.15$ mm,用完全互换法解此尺寸链。

解 1) 根据题意画出装配尺寸链简图,校验各环基本尺寸。其中 A_0 为封闭环,A_1 是增环,A_2、A_3 及 A_4 是减环。

$$A_0 = A_1 - (A_2 + A_3 + A_4)$$
$$= 41 - (17 + 7 + 17)$$
$$= 0$$

可见各组成环的基本尺寸确定无误。

2) 确定各组成环尺寸的公差。首先求出封闭环公差 $\delta_0 = 0.15 - 0.05 = 0.10$ mm。根据

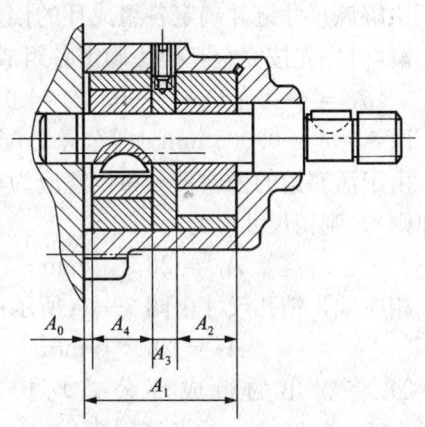

图 7—3 双联转子泵轴向装配关系简图

$\delta_0 = \sum\limits_{m+n} \delta_i = \delta_1 + \delta_2 + \delta_3 + \delta_4 = 0.10$ mm，合理分配各组成环公差。组成环公差分配如下：

$$\delta_2 = \delta_4 = 0.018 \text{ mm} \quad \delta_3 = 0.015 \text{ mm}$$

则
$$\delta_1 = \delta_0 - (\delta_2 + \delta_3 + \delta_4)$$
$$= 0.10 - (0.018 + 0.015 + 0.018) = 0.049 \text{ mm}$$

3) 确定组成环的极限尺寸。一般来说，对相当于轴的被包容尺寸，可注成单向负偏差，即 $-\delta$ 的形式；对相当于孔的包容尺寸，可注成单向正偏差，即 $+\delta$ 的形式；对于孔心距或一般长度尺寸，可注成对称偏差，即 $\pm\delta/2$ 的形式。

显然，如果各待定组成环的极限尺寸都按上述方法确定时，封闭环公差大小和位置往往不能恰好满足要求，而应从各组成环中保留一个组成环，其大小由封闭环极限尺寸来确定，此环称为协调环。一般由便于制造及可用通用量具测量的尺寸充当。

所以：
$$A_2 = A_4 = 17^{\ 0}_{-0.018} \text{ mm}$$
$$A_3 = 7^{\ 0}_{-0.015} \text{ mm}$$
$$A_{1\max} = A_{0\max} + (A_{2\min} + A_{3\min} + A_{4\min})$$
$$= 0.15 + (17 - 0.018 + 7 - 0.015 + 17 - 0.018)$$
$$= 41.099 \text{ mm}$$
$$A_{1\min} = A_{0\min} + (A_{2\max} + A_{3\max} + A_{4\max})$$
$$= 0.05 + (17 + 7 + 17) = 41.050 \text{ mm}$$

即
$$A_1 = 41^{+0.099}_{+0.050} \text{ mm}$$

经计算可知，若尺寸链各环均按上述计算所得的极限尺寸制造时，则在装配时不需任何选择和修配，就能保证达到所要求的轴向间隙。

(2) 选择装配法。选择装配法是将尺寸链中组成环的公差放大到经济可行的程度，然后选择合适的零件进行装配，以保证规定的装配精度，即封闭环精度。

选择装配法有直接选配法和分组选配法两种。分组选配法是大批量生产中，装配精度要求很高，组成环数较少时，为达到装配精度常用的方法。

【例题】 如图 7—4 所示为某发动机内直径 28 mm 的活塞销与活塞孔的装配示意图，装配技术要求规定，销与销孔在装配时，应有 0.01～0.02 mm 的过盈量。用分组装配法解该尺寸链并确定各组成环的偏差值。轴、孔的经济公差均为 0.02 mm。

解 1) 先按完全互换法确定各组成环的公差和偏差值

$$\delta_0 = (-0.01) - (-0.02) = 0.01 \text{ mm}$$

取 $\delta_1 = \delta_2 = 0.005$ mm（等公差分配）

由于活塞销的公差带分布位置应为单向偏差（基轴制原则），则销尺寸应为：

$$A_1 = 28^{\ 0}_{-0.005} \text{ mm}$$

相应地，销孔尺寸由图 7—5a 所示可知为：

$$A_2 = 28^{-0.015}_{-0.020} \text{ mm}$$

2) 将得出的组成环公差均扩大四倍，得到 $4 \times 0.005 = 0.02$ mm 的经济制造公差。

3) 按相同方向移动制造偏差，得销极限尺寸为

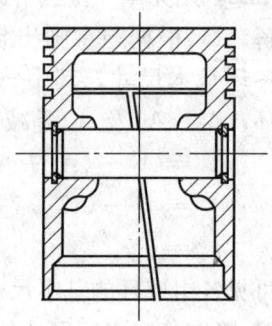

图 7—4 活塞与活塞销装配简图

$\phi 28_{-0.02}^{0}$ mm，销孔极限尺寸为 $\phi 28_{-0.035}^{-0.015}$ mm，如图7—5b所示。

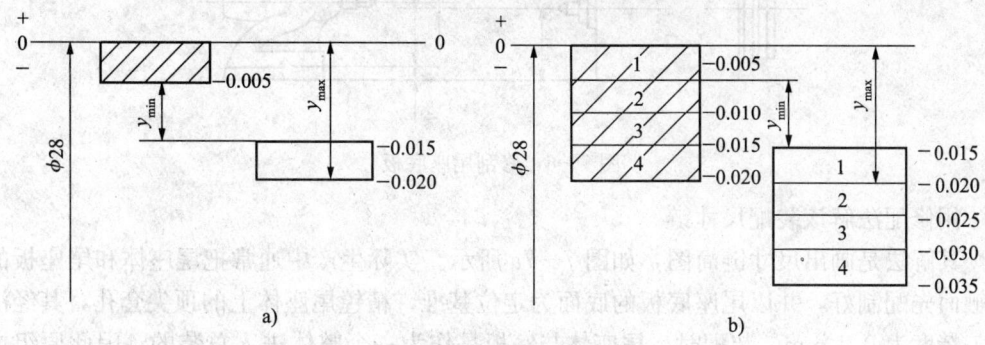

图7—5 销子与销孔尺寸公差带

4）制造后，按实际加工尺寸分四组，如图7—5b所示。装配时，大尺寸的孔与大尺寸轴配合，小尺寸孔与小尺寸轴配合。各组配合的过盈见表7—1，因分组公差与允许公差相同，所以符合装置要求。

表7—1　　　　　　　活塞与活塞销孔的分组尺寸　　　　　　　　　　　mm

组别	活塞销直径	活塞销孔直径	配合情况	
			最小过盈	最大过盈
1	$28_{-0.005}^{0}$	$28_{-0.020}^{-0.015}$	0.010	0.020
2	$28_{-0.010}^{-0.005}$	$28_{-0.025}^{-0.020}$		
3	$28_{-0.015}^{-0.010}$	$28_{-0.030}^{-0.025}$		
4	$28_{-0.020}^{-0.015}$	$28_{-0.035}^{-0.030}$		

应注意，采用分组装配法时，装配质量不决定于零件的制造公差，而决定于分组公差，故配合零件的表面粗糙度、相互位置及形状公差，应与分组相适应，否则达不到较高的装配质量。

（3）修配法。修配法就是在装配时，根据实际测量的结果，用修配的方法改变尺寸链中某一预定组成环的尺寸，使封闭环达到规定的精度。

采用修配法时，尺寸链各尺寸均按经济公差制造。装配时，封闭环的总误差有时会超出规定的允许范围，为了达到规定的装配精度，必须把尺寸链中某一零件加以修配，才能补偿。要进行修配的组成环叫做修配环，也叫补偿环。通常，选择容易加工、修配，并且对其他尺寸没有影响的零件尺寸作为修配环。

修配法解尺寸链的主要任务是确定修配环在加工时的实际尺寸，保证修配时有足够的而且最小的修配量。根据修配环对封闭环尺寸变化的影响不同，分两种情况进行：

1）修配环和封闭环尺寸变小。如图7—6所示，为保证卧式车床前后顶尖中心线等高的尺寸链，根据精度要求只许尾座高出 0~0.006 mm。其中 $A_1 = 202$ mm，$A_2 = 46$ mm，$A_3 = 156$ mm。组成环经济公差分别为

$$\delta_1 = \delta_2 = 0.1 \text{ mm（镗模加工）}$$
$$\delta_2 = 0.5 \text{ mm（半精刨加工）}$$

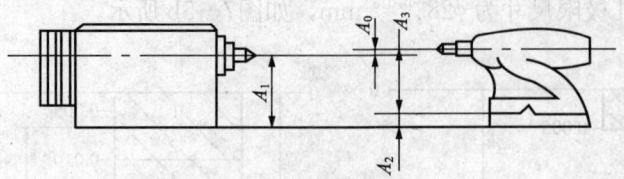

图 7—6 修刮尾座底板

用修配法解该装配尺寸链。

其解法是画出尺寸链简图，如图 7—7a 所示。实际生产中通常把尾座体和尾座板的接触面先配制好，并以尾座底板的底面为定位基准，精镗尾座体上的顶尖套孔，其经济加工精度为 0.1 mm。装配时，尾座体与底板是作为一个整体进入总装的，因此原组成环 A_2 和 A_3 合并成一个环 $A_{2,3}$，如图 7—7b 所示。此时，装配精度取决于 A_1 的制造精度 ($\delta_1 = 0.1$ mm) 及 $A_{2,3}$ 的制造精度 (δ_2 也等于 0.1 mm)。

选定 $A_{2,3}$ 为修配环。

根据经济加工精度，确定各组成环的制造公差及公差带分布位置：

$$A_1 = (202 \pm 0.05) \text{mm}$$

$$A_{2,3} = A_2 + A_3 = 46 + 156 = 202 \text{ mm}$$

对 A_1 及 $A_{2,3}$ 的极限尺寸进行分析可知：

$$A_{1\min} = 201.95 \text{ mm}$$

$$A_{2,3\max} = 202.05 \text{ mm}$$

图 7—7 车床前后顶尖中心线等高尺寸链简图
a) 原尺寸链 b) 转化后尺寸链

此时要满足装配要求，$A_{2,3}$ 有 0.04～0.10 mm 的刮削余量，刮削后 A_0 为 0～0.06 mm。

$$A_{1\max} = 202.05 \text{ mm}$$

$$A'_{2,3\min} = 201.95 \text{ mm}$$

此时则已没有刮削余量。

为了保证必要的刮削余量，就应将 $A_{2,3}$ 的极限尺寸加大，为使刮削量不致过大，又应限制 $A_{2,3}$ 的增大值。一般认为最小刮削余量为 0.15 mm 即可。这样，为保证当 $A_{1\max} = 202.05$ mm 时仍有 0.15 mm 的刮削余量，$A'_{2,3} = 202.05 + 0.15 = 202.20$ mm。

考虑到 $A_{2,3}$ 的制造公差，则

$$A'_{2,3\max} = 202.20 + 0.10 = 202.30 \text{ mm}$$

所以修配环的实际尺寸应为

$$A'_{2,3\max} = 202^{+0.30}_{+0.20} \text{ mm}$$

刮削余量示意图如图 7—8 所示。

从图 7—8 知，当 $A'_{2,3\max} = 202.30$ mm，$A_{1\min} = 201.95$ mm，若要满足装配要求，$A'_{2,3\max}$ 应刮至 $201.95 \sim 202.30$ mm，刮削余量为 $0.29 \sim 0.35$ mm，此余量就为最大刮削余量。

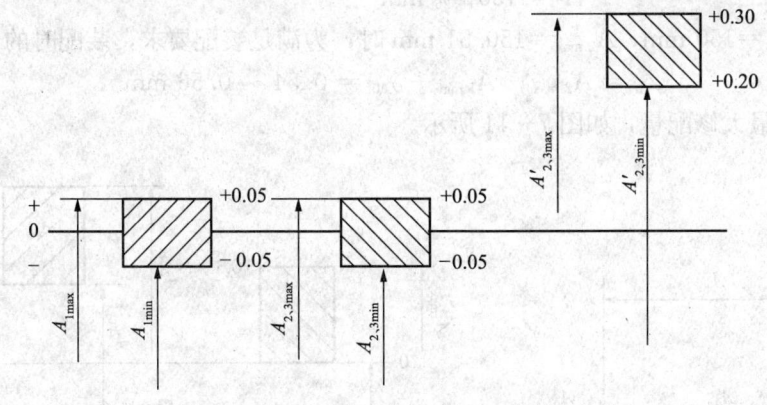

图 7—8　刮削余量示意图

2）修配环和封闭环尺寸变大。如图 7—9 所示为某机床摇杆滑块机构简图。摇杆槽和滑块配合间隙要求为 $0.03 \sim 0.05$ mm。装配时，取滑块为修配环来保证装配精度，解该装配尺寸链（设 $A_1 = A_2 = 150$ mm，A_1、A_2 经济加工精度分别为 $\delta_1 = 0.31$ mm，$\delta_2 = 0.25$ mm）。

其解法是画尺寸链简图，A_2 为修配环，如图 7—10 所示。

按经济加工精度确定各组成环的极限尺寸

$$A_1 = 150^{+0.31}_{0} \text{ mm}$$

这个尺寸链的特点是修配环被修配，封闭环随之增大，如图 7—10 所示。当装配中所得实际封闭环数值小于规定封闭环的最小值 0.03 mm 时，可以通过修配滑块使间隙逐渐增大，达到 $0.03 \sim 0.05$ mm 为止。相反，如果装配后得到封闭环数值达到允许的最大值（即 $A'_{\max} > 0.05$ mm），则已不能靠修配来满足要求。

当 $A_{1\max} = 150.31$ mm 时，允许靠修配法来满足装配要求。

$A_{2\min}$ 应为：

$$A_{2\min} = A_{1\max} + A_{0\max}$$

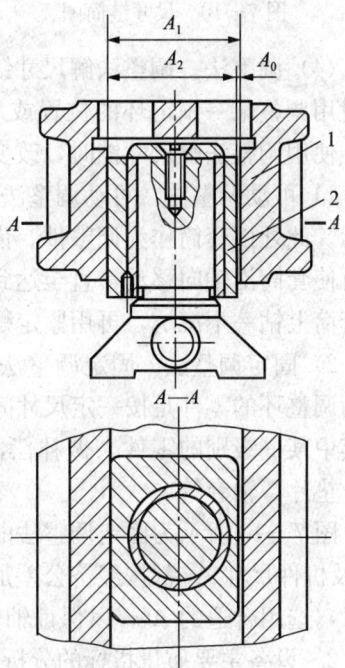

图 7—9　摇杆滑块机构剖面图
1—摇杆　2—滑块

$$= 150.31 - 0.05$$
$$= 150.26 \text{ mm}$$

考虑到 $\delta_{A0} = 0.25$ mm，所以：
$$A_{2\max} = A_{2\min} + \delta_{A0} = 150.26 + 0.25$$
$$= 150.51 \text{ mm}$$
$$A_2 = 150^{+0.51}_{+0.26} \text{ mm}$$

当 $A_{1\min} = 150$ mm，$A_{2\max} = 150.51$ mm 时，为满足装配要求，装配时的修配量为
$$Z_k = A_{2\max} - A_{1\min} + \delta_{A0} = 0.54 \sim 0.56 \text{ mm}$$

这就是最大修配量，如图7—11所示。

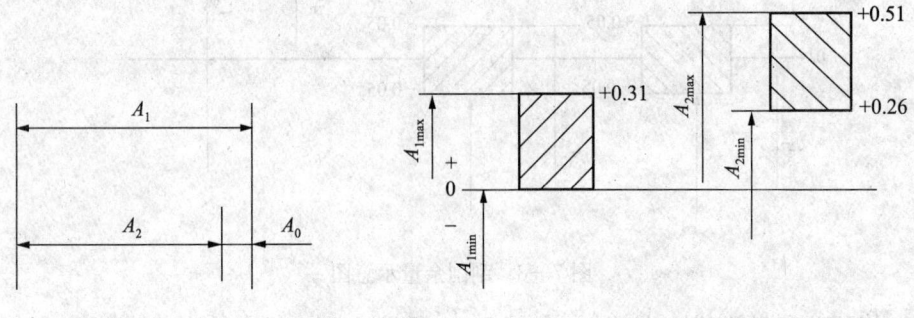

图7—10 尺寸链简图　　　　图7—11 修配量示意图

(4) 调整法。调整法解尺寸链，是对尺寸链的各组成环规定经济的加工精度，在装配时用调整某一预定环的位置或尺寸的方法来保证封闭环的精度。这个预定环叫调整环。使用调整法解尺寸链时，改变调整环尺寸的方法有两种：

1) 可动调整法。可动调整法是用改变零件位置来达到装配精度的方法，如图7—12所示。此处以套筒作为调整件。齿轮轴向尺寸 A_1、机件尺寸 A_2 均按经济公差加工，装配时使套筒沿轴向移动，直至达到规定的间隙为止。然后通过机床上预先做好的螺孔，在套筒上钻一个沉坑，再用紧定螺钉固定套筒位置。

2) 固定调整法。固定调整法是在尺寸链中选定一个或加入一个零件作为调整环。作为调整环的零件是按一定尺寸间隔级别制成的一组专用零件，根据装配时的需要，选用其中某一级别的零件来做补偿，从而保证所需的装配精度。经常使用的调整件有垫圈、垫片、轴套等。

图7—13所示为固定调整法的实例，其中 A_3 为固定调整件的尺寸，齿轮轴向尺寸 A_1 及机件尺寸 A_2 都按经济公差加工。将固定调整件 A_3 按一定尺寸间隔制成一组，装配时，选用合适的 A_3，以保证轴向间隙的要求。

2. 设备主要质量指标的分析与检验

(1) 机床传动链精度的检测与提高其精度的方法。机床传动精度是指在机床传动链中，各环节精度对刀具与工件间相对运动的均匀性和准确性的影响程度。它是评定机床一项主要的性能指标，特别对传动链较多的机床（如齿轮加工机床），是直接影响其加工质量的重要因素。

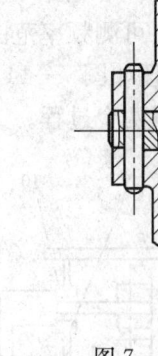

图 7—12　可动调整法解尺寸链　　　　图 7—13　固定调整法解尺寸链

1) 产生机床传动链误差的原因。首先是机床传动链各传动件（如齿轮、蜗轮、蜗杆、丝杠等）的制造和安装误差。其次是在传动链中换置机构实际传动比与理论传动比之间的误差，以及链连接的误差等。此外，工件在机床上的安装误差和运动误差，也会影响工件加工精度。

2) 传动误差。在传动链中传递误差是由主动件给被动件的，并向着一端执行件传递和积累。即各个运动件的误差都按一定的传动比依次传递，最后集中反映到末端件上，使刀具或工件产生传动误差。如齿轮传动中，如果主动件在与公法线方向成 ψ 角的方向内有传动误差 $\Delta S_n = \Delta S \cdot \cos\psi$，若回转半径为 r_p 则角度误差为 $\Delta \psi_n = \Delta S_n / r_p$。这种角度误差与角位移一样，按传动比依次传动到末端件。当不考虑传动轴因刚度不够而引起的变形时，装在同一根轴上的两个传动件，其角度误差相符，而线性误差与其本身的回转半径有关。由此可以计算出传动件的角度误差乘上该传动件至末端件之间的总传动比，就等于末端件的角度误差。如果总传动比大于 1，即升速传动时，则到末端件的误差就被放大。若传动比小于 1，为降速传动时，则到末端件的误差就被缩小。传动链中所有传动件的误差，包括传动轴及轴承的误差，都按这个规律传动到末端件上。

以上所述只是静态下机床传动链传动误差，而在实际传动中，特别是在负载状态下，各传动件都会在不同程度上引起变形从而影响传动精度，其值又是变化的，属于传动精度的动态特性，需用检测方法测定。机床传动精度的检测仪器种类很多，下面仅举两例简要说明检测方法。

① 磁分度式传动精度检查仪。磁分度式测量法利用两个频率相同的交变电压的相位差，这种交变电压由两个精密等距磁化了的磁盘或一个磁盘和一个与之感应的测量齿轮来提供，通过检测传动链磁信号达到测量传动精度的目的。

磁分度式传动精度检查仪有绝对式和差频式两类，分述如下。

a. 绝对式磁分度传动精度检查仪。这种传动精度检查仪是将两个已录好磁的标准磁盘分别装在被测传动链的两端，将圆分度误差的机械量转换为电量，在相位计上进行比较，并用记录器画出误差曲线。这种仪器具有动态、连续和自动测量的特点。

b. 差频式磁分度传动精度检查仪。差频式检查仪如 DJ—60 型传动链动态精度测试仪,可用来测量大型精密滚齿机。使用这种仪器可以在机床正常状态下直接测出传动链的运动误差、累积误差和周期误差值。

这种仪器的测量精度为±0.5″(角度),可测传动比为1:50~1:1 000,被测机床工作台直径为800~5 000 mm,可测频率范围为0.001~4 Hz。

DJ-60型检查仪的工作原理如图7—14所示。仪器安装在被测传动链的两个末端件上。仪器的工作分录磁和测量两个过程。

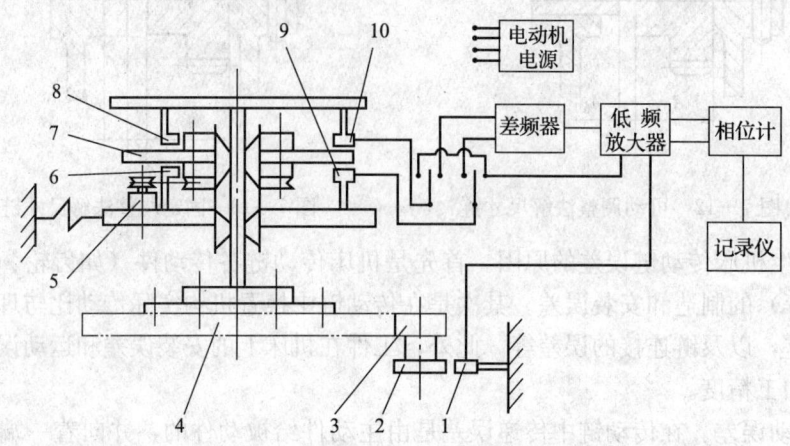

图7—14 DJ-60型检查仪工作原理图
1—发信头 2—发信齿轮 3—传动链始端 4—传动链终端 5—电动机 6—下制动器
7—磁盘 8—上制动器 9—固定磁头 10—上磁头

录磁过程:先用上制动器8,使磁盘7和传动链终端4相连。传动链旋转后,将发信齿轮2和发信头1的信号通过低频放大器放大,再送给固定磁头9。当旋转一整圈后,就录完下磁道。然后切断上制动器8而接通下制动器6,则磁盘7被固定不动。再将发信头1的信号经低频放大器放大,送给上磁头10,当上盘回转一整周后,便录完上磁道。然后,切断下制动器6,录磁即告完成。这样,上、下磁道便录上相同的磁波数,但磁波是不均匀分布的,因为它包括有被测传动链的误差和发信齿轮的分度误差。

测量过程:磁盘7由辅助电动机带动回转(6~8 r/min)。开动被测传动链,则上磁头10和固定磁头9产生相对运动,使两个磁头上所拾出的磁信号频率不相同,它们之间的关系如下。

设磁盘7转速为ω(r/s),发信齿轮2转速为ω_2(r/min),被测传动链传动比为i,发信齿轮齿数为z。则发信头1的信号频率$f_1=\omega_2 z$(Hz)。被测传动链终端4的转速为$\omega_4=\omega_2/i\pm\Delta\omega_4$(r/min),这里$\Delta\omega_4$为被测传动链误差引起的传动链终端4的转速变化,加速为正,减速为负。

因为磁盘7上、下磁道的磁波数为$N=iz$,所以固定磁头9的拾磁频率为$f_9=N\omega=iz\omega$(Hz)。

上磁头10的拾磁频率为:

$$f_{10}=\left(\omega\pm\frac{\omega_2}{i}\pm\Delta\omega_4\right)N=\left(\omega\pm\frac{\omega_2}{i}\pm\Delta\omega_4\right)iz$$

$$= iz\omega \pm \omega_2 z \pm \Delta\omega_4 \, iz (\text{Hz})$$

其中 $\pm \omega_2 z$ 的正、负号表示被测传动链终端 4 的回转方向与磁盘 7 的回转方向相同或相反。

把这两个频率信号同时送至差频器，这时差频器的输出频率为：

$$f_n = f_{10} - f_9 = iz\omega \pm \omega_2 z \pm \Delta\omega_4 \, iz - iz\omega$$
$$= \pm \omega_2 z \pm \Delta\omega_4 \, iz = f_1 \pm \Delta\omega_4 \cdot N = f_1 \pm \Delta f (\text{Hz})$$

由上式可知，差频率 f_n 等于发信器频率 f_1 与反应传动链误差频率变化的 Δf 之和。当选择的磁波波长大于 4 倍被测传动链误差所折合的波长时，则 Δf 通过相位计将以相位的变化表现出来，再用记录仪器将被测传动链误差的相位变化如实地记录下来，即得被测传动链的动态误差曲线。

由于磁盘 7 是利用机床传动进行录磁的，所以在其磁波分度中包含有被测传动链的误差。在测量时，这一放磁误差将作为谐波分量叠加在测量主信号中。这样，要用它直接测量同样大小的误差显然是不可能的，必须采取措施来消除这一误差。其措施是：在测量时，将磁盘 7 的回转速度提高到 $6\sim8$ r/s，则由于被测传动链的误差带来的磁盘分度误差的高频率提高到约 $6\sim8$ Hz，这就比实际需要测量的误差频率高了很多。同时，在记录仪的前面装设一个滤波器，就可以将这项误差消除。这个滤波器应该有对高频信号限制的特性，但不影响传动链低频误差的测量。

为了能区分出被测传动链中运动误差、累积误差和周期误差，可借助相位计中的滤波器把不同的误差频率分选出来，进行分别记录，测出该传动链的运动误差、累积误差和周期误差的变化规律，再经过定标，就可以得出误差的具体数值。

DJ－60 型传动链动态精度测试仪的一个特点是利用被测传动链来录制分度用的磁盘。这种方法虽然简单方便，但是磁波分度误差较大，其原因有两方面：一是发信齿轮的分度误差和安装偏心，二是被测传动链本身的误差。这两方面的因素都将直接反映为磁波的分度误差。因此除了上面谈到的对仪器本身给予考虑之外，在使用这种仪器时，对其安装、调正等方面也要加以考虑，以使录磁的磁波分度误差尽可能地被消除。

差频式测量法与绝对式测量法相比较，其优点是不必专门制造特种磁波数的精密大磁盘，同时由于采用了现场录磁、放磁的方式，降低了对磁盘安装和调正的要求，仪器在被测传动链的地方狭小时，很难进行测量。在测量高速传动链的蜗杆、蜗杆形砂轮齿轮磨床的传动精度时，由于磁盘转速不宜过高，所以只能采用绝对式仪器进行测量。

②光栅式传动精度检查仪。光栅式测量法的工作原理如图 7—15 所示，它是利用光栅的莫尔效应，传动链两端元件上分别装置两个圆形的光栅 1，对光栅产生的交变电压在相位计中进行比相，从而测定传动链两端执行件的相对回转误差。

这种测量仪如 CDY－I 型传动链测试仪，是采用了细节距圆光栅，并用光学纤维导光束照明。仪器由光栅式角度传感器、电子分析仪、笔式记录仪及精密联轴器等部分组成。如图 7—16 所示。

CDY－I 型传动链测试仪具有体积小、精度高、惯量小、对驱动转速均匀性要求不高和能在水平或垂直位置使用等特点。因此这种仪器适用于传动元件如圆柱齿轮副、锥齿轮副、蜗轮副以及各种非渐开线齿轮副的配对误差测量。

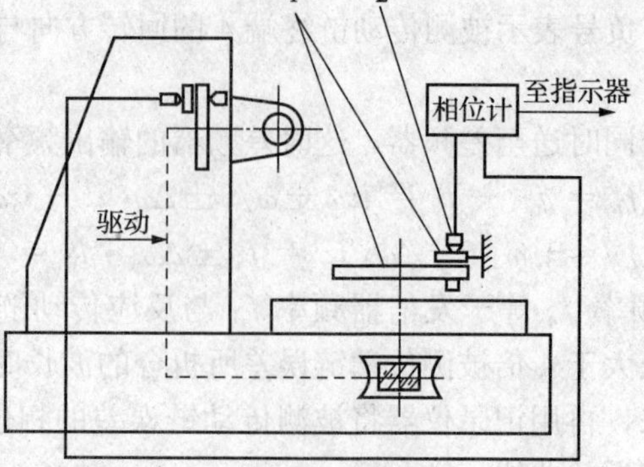

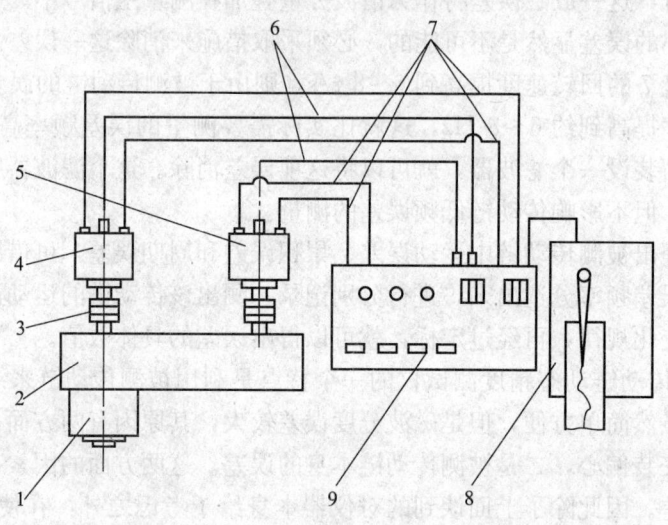

图7—15 光栅式测量法的工作原理
1—光栅 2—光电管

图7—16 CDY—Ⅰ型传动链测试仪连接示意图
1—驱动电动机 2—被测传动链 3—精密联轴器 4—主动传感器 5—从动传感器
6—电缆 7—纤维导光束 8—记录仪 9—电子分析仪

这种仪器的最小分辨率为0.5″(角度);测量范围(满量程记录纸宽40 mm)为1~64″(角度/mm),分7个量程为40″、80″、160″、320″、640″、1 280″、2 560″(角度);角位移传感器精度为±1.5″(角度);传动比范围1∶1~999∶999。

仪器的结构及原理如图7—16所示。在测量时,两个传感器4、5分别用两精密联轴器3与被测传动链2的高速轴和低速轴相连接。传感器4、5用装在电子分析仪9内的灯泡通过纤维导光束7照明,传感器的电源及信号通过电缆6与电子分析仪9相连。根据被测传动链的传动比以及误差大小在电子分析仪9上选择合适的齿数比及量程。在测量过程中,传感器4、5把轴的回转运动转换成一系列电的正弦信号,其频率比即表示实际的传动比。这些信号与电子分析仪9中的理论传动比进行比较后其偏差送入记录仪8,就可以在动态过程中连续地记录下误差曲线。

3)提高机床传动链传动精度的方法。以齿轮加工机床的传动链为例,影响传动精度的零件有传动轴、轴承、齿轮、蜗轮、蜗杆、齿条（轴）等，尤其以各传动系统的蜗轮、蜗杆的影响最大。在制造和维修工作中提高传动链中主要零件的精度，是提高传动精度最直接的方法，在机床设计上应尽量减小传动比和传动链数以最大限度地解决传动链传动精度问题。常采用以下措施来减小传动链误差：

①尽可能减少传动链中的元件数目，缩短传动链，以减少误差来源。

②提高传动元件，特别是末端传动元件的制造精度和安装精度。

③消除齿轮传动间隙。

④采用传动误差校正装置。

（2）机床基础零件精度检测。机床基础零件精度检测，以床身导轨和工作台为例，主要有以下精度检测要求：

1）床身导轨直线度检验

①用自准直仪检验导轨直线度。自准直仪又称自动准直仪或自准直测微平行光管，是一种精度较高的测量仪器，其测量精度为微米级。自准直仪的构造和光路如图7—17所示。它由物镜、自准直测微目镜（包括斜面是半透明的胶合直角棱镜组成与光轴成45°放置的半透明反射镜、十字分划板、角度分划板、测微机构和目镜）及照明器三部分组成。反射镜是自准直仪的一个必备附件。

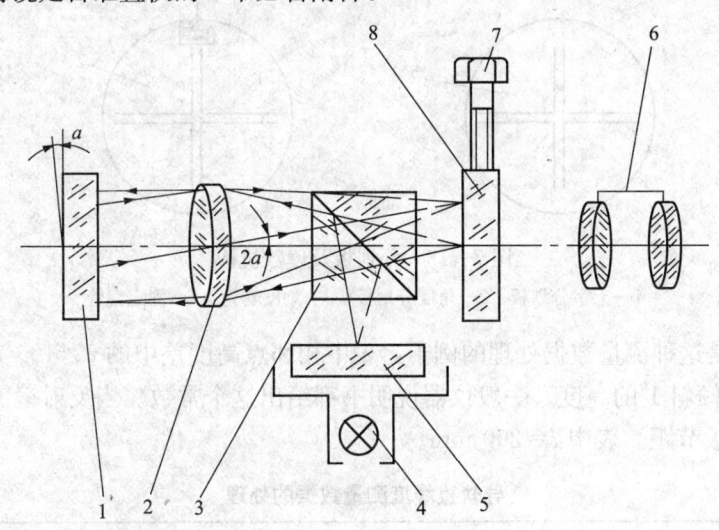

图7—17 自准直仪原理图

1—反射镜 2—物镜 3—棱镜组 4—照明器 5—十字分划板
6—目镜 7—测微螺钉 8—角度分划板

在自准直仪中，由照明器4发出的光线，照亮十字分划板5，并由棱镜组3的45°斜面（此面镀有折光膜，使射到它上面的光线部分反射、部分透射）反射到物镜2。由于十字分划板5位置相当于物镜2的焦面位置，所以光线透过物镜2后，就以平行光束投射到反射镜1上。由于折光膜的作用，在目镜6视场中也能看到十字刻线像。如果反射镜1与光轴垂直，则反射回的光线在其焦面（角度分划板处）生成的十字刻线像与前述十字刻线像重合。由于导轨有直线度误差，在各测点反射镜1与光轴将倾斜，则反射回的光线通过物镜 2 后,在其焦面上(角度分划板 8)所成像的位置将发生改变。反射镜 1 相对于光轴的倾角 α 可通过测微螺钉 7 在垂直方向移动角度分划板 8 而测得。

测量时,将自准直仪放在床身导轨一端,将反射镜 1 放在专用的桥板(或溜板)上,按桥板节距长将导轨划分成若干段,由近及远地移动桥板,逐段进行检验。记录下每段的倾角 α 值,进行必要的数据处理,即可画出坐标曲线图。连接曲线两端点,曲线上各点到端点连线的坐标值的最大代数差即为直线度误差。如将目镜 6 由垂直位置旋转 90°后(见图 7—18),就可检验导轨在水平面内的直线度误差。所以自准直仪可测量垂直平面内和水平面内的直线度误差。

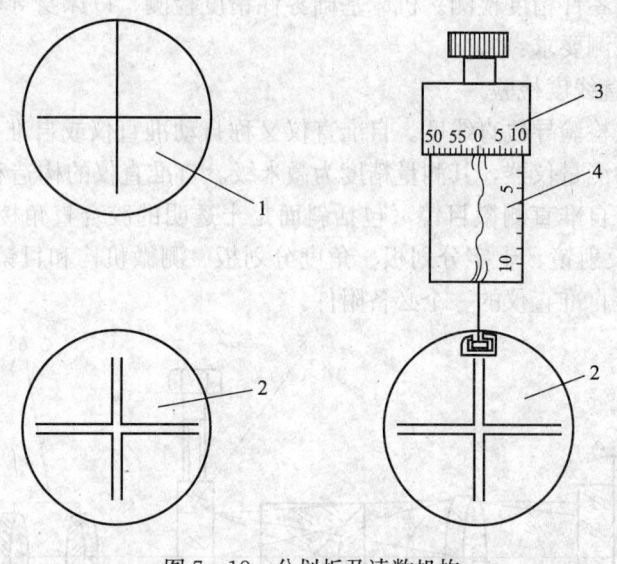

图 7—18 分划板及读数机构
1—十字分划板 2—角度分划板 3—刻度套管 4—固定套管

表 7—2 是这种测量数据处理的例子,表中相邻点高度差中的 $5 \times 10^{-3} l$ 是反射镜底边长为 l 时,倾斜 1″ 的高度,一般仪器说明书都给出这个常数。当反射镜需放在桥板上时,l 即为桥板节距。表中 $l = 200$ mm。

表 7—2　　　　　导轨直线度测量数据的处理　　　　　μm

测量点 i	反射镜位置	各点读数 α_i (s)	与初读数差 $\beta_i = \alpha_i - \alpha_i$ (s)	相邻点高度差 $i\Delta h_i = 5 \times 10^{-3} l \beta_i$	累积高度差 $\Delta \sum_{i=1}^{n} h_i$	修正量 $\Delta i' = \dfrac{i}{n} \Delta n$	直线度误差 $h_i = \Delta i - \Delta i'$
0			0	0	0	0	0
1	0~1	$\alpha_1 = 11.6$	0	0	0	+0.09	−0.09
2	1~2	$\alpha_2 = 10.7$	−0.9	−0.9	−0.9	+0.18	−1.08
3	2~3	$\alpha_3 = 9.6$	−2.0	−2.0	−2.9	+0.28	−3.18
4	3~4	$\alpha_4 = 11.5$	−0.1	−0.1	−3.0	+0.37	−3.37
5	4~5	$\alpha_5 = 12.9$	+1.3	+1.3	−1.7	+0.46	−2.16
6	5~6	$\alpha_6 = 14.7$	+3.1	+3.1	+1.4	+0.55	+0.85

续表

测量点 i	反射镜位置	各点读数 α_i (s)	与初读数差 $\beta_i = \alpha_i - \alpha_i$ (s)	相邻点高度差 $i\Delta h_i = 5\times 10^{-3}l\beta_i$	累积高度差 $\Delta\sum_{i=1}^{n} h_i$	修正量 $\Delta i' = \dfrac{i}{n}\Delta n$	直线度误差 $h_i = \Delta i - \Delta i'$
7	6~7	α_7=13.5	+1.9	+1.9	+3.3	+0.64	+2.66
8	7~8	α_8=12.2	+0.6	+0.6	+3.9	+0.73	+3.17
9	8~9	α_9=10.8	−0.8	−0.8	+3.1	+0.83	+2.27
10	9~10	α_{10}=9.8	−1.8	−1.8	+1.3	+0.92	+0.38
11	10~11	α_{11}=12.0	+0.4	+0.4	+1.7	+1.01	+0.69
12	11~12	α_{12}=11.0	−0.6	−0.6	Δn=+1.1	+1.10	0

以导轨的测量点为横坐标，累积高度差为纵坐标，则误差曲线如图7—19所示。连接曲线两端点，第八点和第四点误差曲线到两端点连线的误差为+3.17 μm和−3.37 μm，导轨直线度误差 $\delta = |\delta_8| + |\delta_4| = 3.17+3.37 = 6.54$ μm。

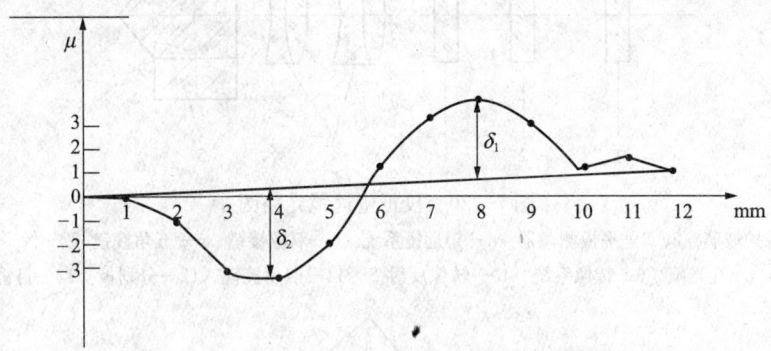

图7—19 用平行光管测量的导轨直线度误差曲线

②用校正望远镜检验机床导轨直线度。国产的GJC—Ⅰ型校正望远镜是一种高精度的光学准直测试仪器，它可以同时测出在水平面内和垂直平面内的偏移量，并能直接从仪器上读出误差的线性值。这种仪器特别适用于测量大型机床的长导轨及导轨上运动部件的运动直线度误差。

图7—20为校正望远镜的光路图。图中1为保护玻璃，2和3为水平和垂直方向的平板测微器，2可测水平偏移量，3可测垂直偏移量，4为望远镜系统，5为双像棱镜，6为五角棱镜，通过4、5、6可使标靶在像平面处（即点7处）产生双像，以使仪器在测量范围内测标的成像大小基本保持一致。转像系统前组和小孔光阑8同时移动，以便对不同距离的标靶进行调焦，提高了测量精度。通过转像反射镜10和转像系统9的后组，在分划板处二次成像，供目镜13观察。

平板测微器的原理如图7—21所示。当光线成一定角度时，经过平行平板的折射后，出射光线与入射光线便会产生平行偏移。根据折射定律：

$$\sin\alpha = n\sin\alpha'$$

$$AB = \frac{d}{\cos\alpha'}$$

$$a = AB\sin(\alpha - \alpha')$$

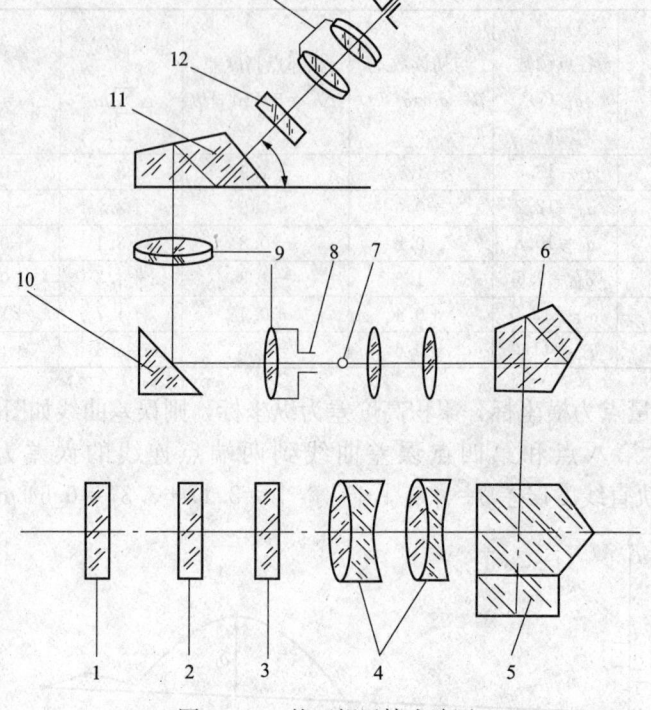

图 7—20 校正望远镜光路图

1—保护玻璃　2、3—平板测微器　4—望远镜系统　5—双像棱镜　6—五角棱镜　7—像平面处　8—小孔光阑　9—转像系统　10—转像反射镜　11—四角棱镜　12—分划板　13—目镜

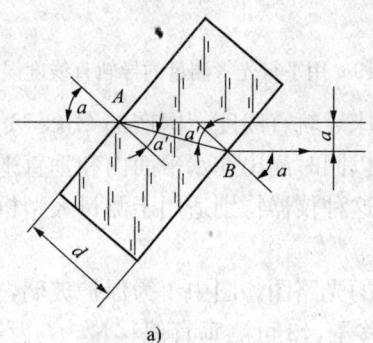

a)

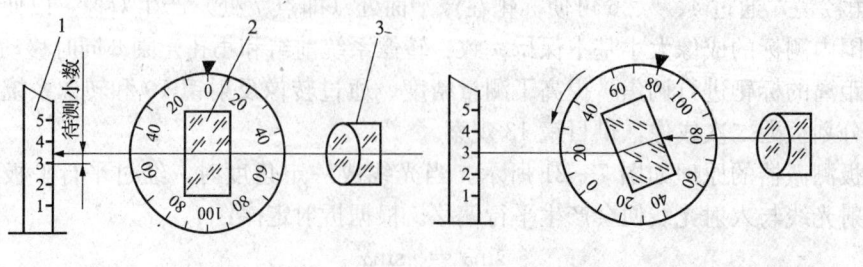

b)　　　　　　　　　　c)

图 7—21 平板测微器原理图
1—标尺　2—测微玻璃板　3—物镜

经数学变换得

$$a = d\sin\alpha\left(1 - \frac{\cos\alpha}{n^2 - \sin^2\alpha}\right)$$

当 α 角较小时，$\cos\alpha \approx 1$，$\sin\alpha \ll n^2$，化简后得

$$a = d\left(1 - \frac{1}{n^2}\right)\sin\alpha$$

式中 d（平板玻璃的厚度）和 n（平板玻璃的折射率）是已知的，一定的转角 α 对应一定的平行偏移量。该校正望远镜的测微鼓轮就是利用这个关系而设计的。

为了提高校正望远镜的瞄准精度，还采用了双像棱镜，如图 7—22 所示。不在光轴上的一点 A，从下方进入屋脊棱镜 $abcdefgh$，由 B 点分成两路：一路透过 $aefg$ 面向上经 C、D、E 至 A_1，形成 A 点的第一个像点；另一路在平面 $aefg$ 反射后向右，经 F、G 至 A_2，形成 A 点的第二个像点。这样，不在光轴上的一点 A，通过双像棱镜后，就产生两个像点 A_1、A_2。测量时通过调整水平、垂直测微器而测得 A 点对中心的水平、垂直偏移量。

用校正望远镜进行测量时，把校正望远镜固定在导轨一端外面的支架上，在导轨另一端外面的支架上固定照明器，标靶固定在沿导轨滑动的专用桥板上。测量时，调整照明器，使

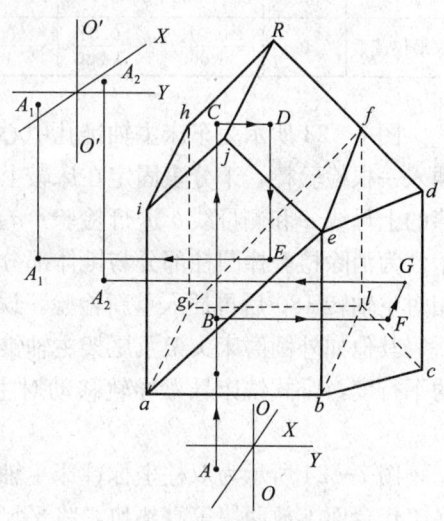

图 7—22 双像棱镜光路图

光轴尽量与被测导轨平行，并处在标靶的高度范围内，调整校正望远镜使标靶在导轨两端的读数大致相等。移动带标靶的桥板逐点进行检验，并从测微鼓轮上读出偏移量（正负值），误差以读数的最大代数差计。

2）床身导轨平行度检验。形位公差中规定在给定方向上平行于基准平面（或直线、轴线）相距为公差值的两平行平面之间的区域即为平行度公差带，如果给定两个互相垂直方向时，则平行度公差带为一个平行于基准轴线的四棱柱面区域。此外机床上还包括直线运动和平面（线）之间的平行度。平行度的允差与测量长度有关，例如在 300 mm 上为 0.02 mm 等；测量较长的导轨时，还要规定局部允差。对直线运动和直线自身或相互间的平行度，一般应在两个相互垂直的平面内测量。

利用水平仪和桥板检验 V 形导轨与平导轨在垂直平面内的平行度。检验时，将水平仪横向放在专用桥板（或滑板）上，移动桥板逐点进行检验，其误差用角度偏差值表示，如 0.02 mm/1 000 mm 等。水平仪在导轨全长上测量读数的最大代数差，即为导轨的平行度误差。

例如，有一床身导轨全长为 2 m，其平行度允差为：1 m 长度上为 0.02 mm/1 000 mm；在全长上为 0.03 mm/1 000 mm。

现用水平仪精度为 0.02 mm/1 000 mm，检验桥板每 250 mm 移动一次，可取得 8

个读数,见表7—3。从表中可看出,在1 m长度上的最大平行度误差在3~6位置处,误差为 $\frac{0.01}{1\,000} - (-\frac{0.01}{1\,000}) = \frac{0.02}{1\,000}$,精度合格;全长上的平行度误差为2~8位置处,其误差值为 $\frac{0.015}{1\,000} - (-\frac{0.015}{1\,000}) = \frac{0.03}{1\,000}$,精度也未超差。

表 7—3　　　　　　　　　导轨平行度检验数据　　　　　　　　　mm

位置序号	1	2	3	4	5	6	7	8
距离	0~250	250~500	500~750	750~1 000	1 000~1 250	1 250~1 500	1 500~1 750	1 750~2 000
水平仪读数	0	$-\frac{0.015}{1\,000}$	$-\frac{0.01}{1\,000}$	$-\frac{0.005}{1\,000}$	0	$+\frac{0.01}{1\,000}$	$+\frac{0.005}{1\,000}$	$+\frac{0.015}{1\,000}$

图7—23所示为车床主轴锥孔中心线对床身导轨平行度的检验方法。在主轴锥孔里插入一根检验棒,千分表固定在床鞍上,在指定长度内移动床鞍,用千分表分别在检验棒的上母线a和侧母线b进行检验。a、b的测量结果分别以千分表读数的最大差值表示。为消除检验棒圆柱部分与锥体部分的同轴度误差,第一次测量后,将检验棒拔出,相对主轴转180°后再插入重新检验。误差以两次测量结果的代数和之半计算。

其他如外圆磨床头架及尾架主轴锥孔中心线、砂轮架主轴中心线对工作台导轨移动的平行度,卧式铣床悬梁导轨移动对主轴锥孔中心线的平行度,都与上述检验方法类似。

图7—24所示为双柱坐标镗床主轴箱水平直线移动对工作台面平行度的检验方法。在工作台面上放两块等高垫块,将平尺放在等高垫块上且平行于横梁。将测微仪固定在主轴箱上,按图示方法移动主轴箱进行检验,测微仪的最大差值就是平行度误差。为了提高测量精度,必须用块规塞入测头与平尺表面之间进行测量,以防止刮研平尺刀花带来的测量误差。要消除平尺工作面和工作台面间的平行度误差,可在第一次测量后,将平尺调头再测量一次,两次测量结果的代数和之半就是平行度误差。

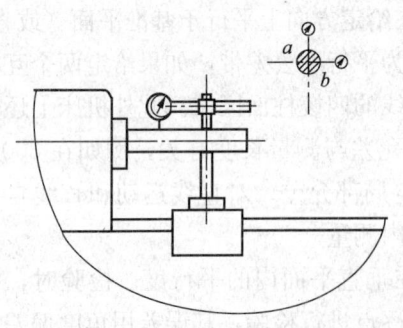
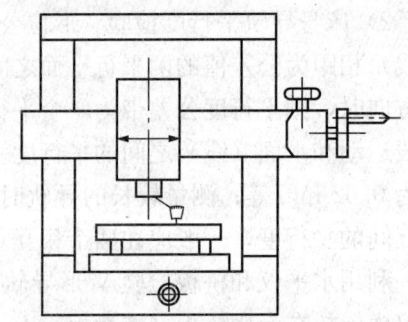

图7—23　主轴锥孔中心线对导轨平行度的检验　　图7—24　主轴箱移动对工作台面平行度的检验

图7—25所示为无心磨床砂轮轴线与导轮轴线平行度的检验方法。检验时,以托架定位槽导向面作为两者的基准,分别检验两个轴线与导向面的平行度,然后进行换算。图7—25a所示为检验托架定位槽导向面与砂轮轴线的平行度。在砂轮的定心锥面上紧密地套一根检验轴套,在托架定位槽上紧靠一个专用滑块,将千分表固定在专用滑块

上，并使千分表测头顶在检验轴套的表面。移动专用滑块，分别在上母线 a 和侧母线 b 上检验。a、b 处千分表读数的最大差值，就表示砂轮轴对托架定位槽导向面在垂直平面内和水平面内的平行度误差。为了将砂轮轴锥部和圆柱部分的同轴度误差消除，应将砂轮回转轴回转180°，再用同样方法检验一次。两次测量结果代数和的一半就是平行度误差。

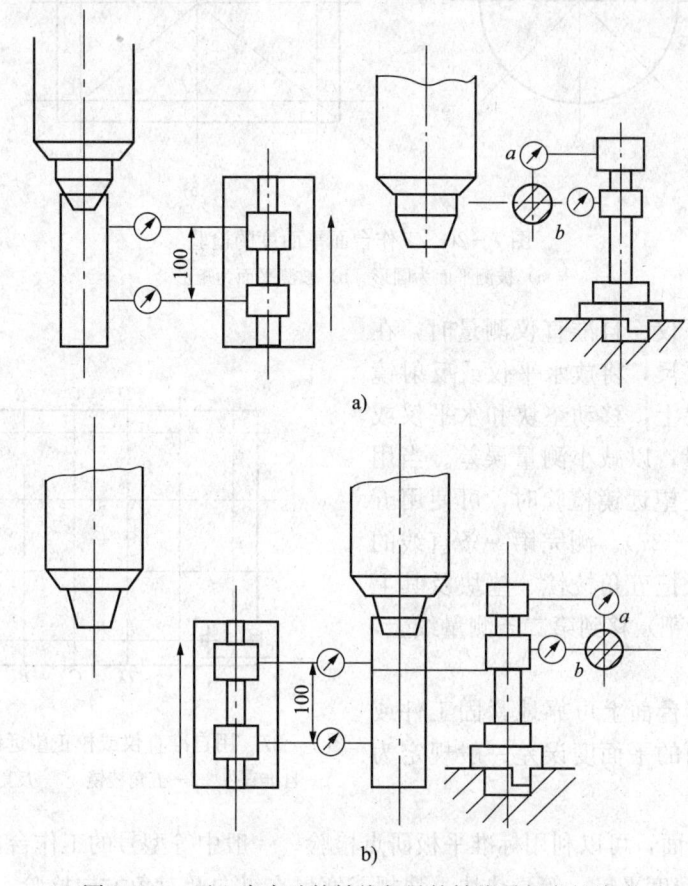

图7—25 无心磨床砂轮轴线与导轮轴线平行度的检验
a）检验托架定位槽导向面与砂轮轴线的平行度 b）检验托架定位槽导向面对导轮轴线的平行度

图7—25b所示为检验托架定位槽导向面对导轮轴线的平行度，方法和误差计算也均同上述。

砂轮轴线平行度误差，按母线 a、b 分别计算，即将上述两项检验结果的代数和作为平行度误差值。

3）工作台面平面度检验。机床工作台面是用来固定工件或夹具的基准面，在我国机床精度标准中，规定为测量工作台面在各个方向（纵、横、对角、辐射）上的直线度误差后，取其中最大一个直线度误差作为工作台面的平面度误差。

测量时，沿各规定方向测量其直线度误差，如图7—26所示。当被测平面为矩形时，测量方向应包括三个纵向、三个横向（当被测平面纵向或横向大于1 600 mm时，在横向或纵向应各测4～5个方向）及两对角线方向；当被测平面为圆形时，应在间隔为45°的四条直径方向上检验。

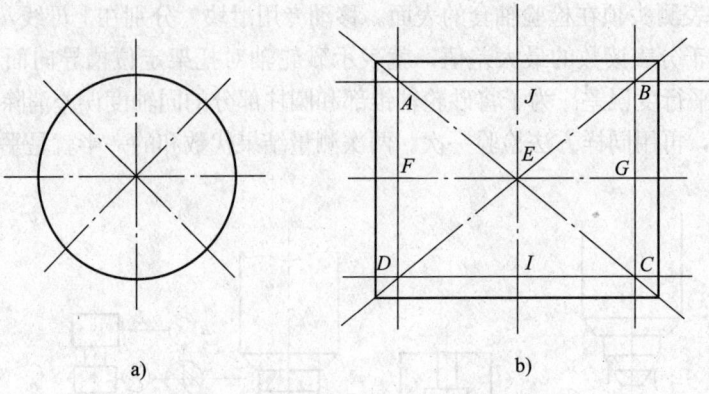

图 7—26 工作台面平面度的检验
a) 被测平面为圆形　b) 被测平面为矩形

如使用水平仪、自准直仪测量时,在规定方向放一平尺,将放水平仪或反射镜的垫块靠在平尺上,移动垫块和水平仪或反射镜进行测量,以减小测量误差。当用自准直仪或校正望远镜检验时,可使用五角棱镜(见图 7—27)。测完第一条直线的直线度误差后,把五角棱镜、垫块及其上的反射镜(或标靶)移到第二条测量线上,依次测量即可。

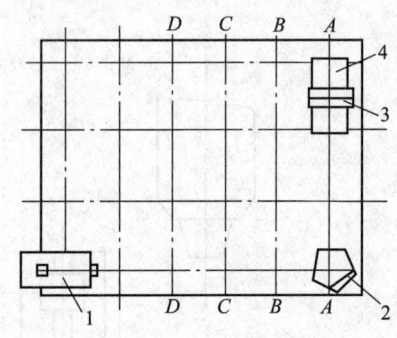

图 7—27 用自准直仪或校正望远镜检验平面度
1—自准直仪　2—五角棱镜　3—反射镜　4—垫块

为了在工作台面上可靠地紧固工件或夹具,工作台面的平面度误差一般规定为中凹。

对中小型台面,可以利用标准平板研点检验。一般中等型号的工作台,可采用相应长度的 0~1 级精度平尺、等高垫块、块规或塞尺在纵向及对角方向检验。

(3) 机床部件之间位置精度的检测与修理。以导轨或部件间的垂直度检验为例,机床滑板的导轨,如车、铣、镗床滑板等,一般都制成上下互相垂直的十字导轨,以便于在工件加工时能加工出互相垂直的工件表面。又如横梁类零件,它本身在立柱上做垂直移动,而刀架又在它的导轨上做水平移动,因此也要求横梁的两导轨面互相垂直。对立柱类零件,则要求其安装表面与导轨面在纵、横两个方向保持垂直。

图 7—28 所示是检验工作台侧基准面对工作台台面的垂直度。工作台放在检验平板上,把框式水平仪放在工作台台面上,记下读数;然后将水平仪的侧面紧靠在工作台侧基准面上,再记下读数。水平仪读数的最大代数差值就是侧基准面对工作台台面的垂直度误差。两次测量时水平仪的方向不能变,若将水平仪回转 180°则改变了工作台台面的倾斜方向,当然读数也就错了。

图 7—29 所示是检验铣床工作台纵向移动和横向移动的垂直度。将方尺或角尺卧放在工作台面上,千分表固定在主轴上,其测头顶在方尺检验面 b 上移动工作台,使方尺

的检验面 b 和工作台移动方向平行。然后变动千分表的位置,使其测头顶在方尺的另一检验面 a 上,移动工作台进行检验,千分表读数的最大差值就是垂直度误差。

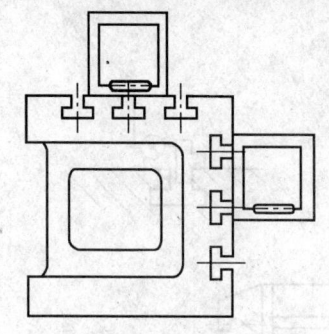

图 7—28 用水平仪检验工作台侧基准面
对工作台台面的垂直度

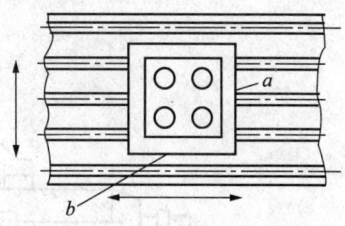

图 7—29 工作台纵向移动和横向
移动垂直度检验

图 7—30 所示是卧式镗床主轴箱垂直移动对工作台面的垂直度检验。将角尺放在工作台上,千分表固定在主轴箱上,使测头顶在角尺的检验面上。移动主轴箱,分别在纵、横向(如图中 a、b 两个方向)直立平面内检验,纵、横向误差分别计算,千分表读数的最大差值就是垂直度误差。注意检验时,工作台应夹紧在零位,上、下滑座也应夹紧,立柱上端只允许偏向工作台。

图 7—31 所示是检验卧式镗床主轴旋转中心线对立柱导轨的垂直度。在工作台上放一角尺,使角尺检验面和横向直立平面平行。在主轴上固定一个角形表杆,将千分表固定在角形表杆上,使千分表测头顶在角尺检验面上,移动主轴箱,调整角尺检验面和移动方向(即导轨)平行。将主轴箱夹紧在立柱导轨的中间位置上,主轴伸出 5 倍主轴直径。旋转主轴 180°检验,千分表读数的最大差值就是垂直度误差。

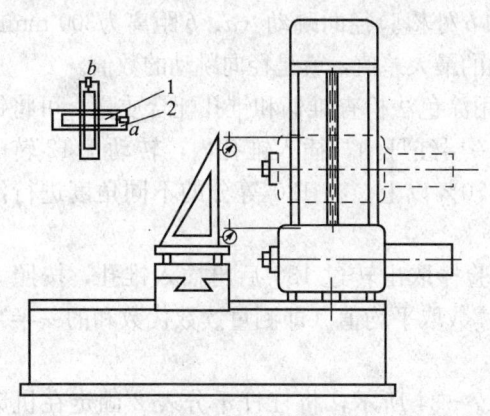

图 7—30 卧式镗床主轴箱垂直移动对工作
台面的垂直度检验
1—角尺 2—平尺

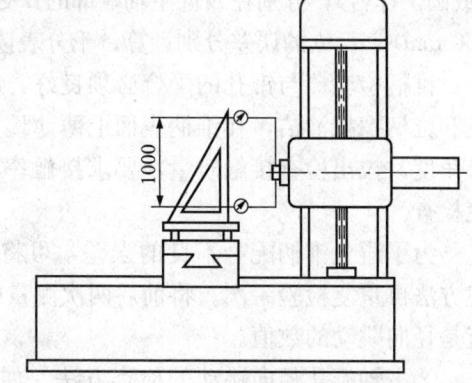

图 7—31 镗床主轴旋转中心线对立柱
导轨的垂直度检验

图 7—32 所示为卧式铣床主轴中心线对工作台中央 T 形槽垂直度的检验方法。在主轴锥孔中紧密地插入一个角形表杆,将千分表固定在表杆上,并使千分表的测头顶在一个专用滑块的检验面上,此滑块的凸缘紧靠在中央 T 形槽 a 端的一侧。旋转主轴,

并把滑块移到中央 T 形槽 b 处检验。千分表在 a、b 两点读数的最大差值就是垂直度的误差。中央 T 形槽的两侧面都要检查，误差以大的一侧计，a、b 距离取 300 mm。

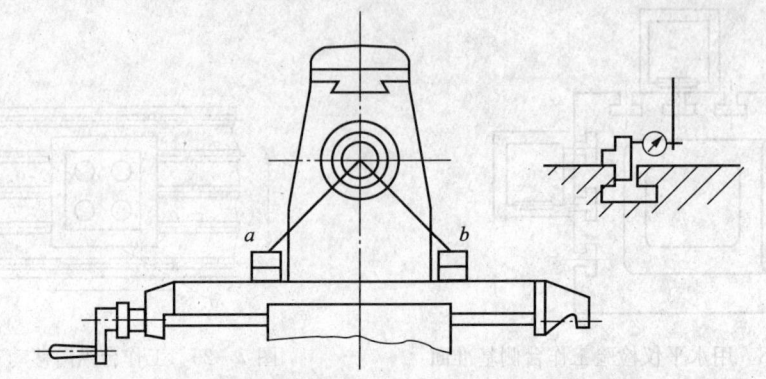

图 7—32 主轴中心线对工作台中央 T 形槽垂直度检验

（4）机床主轴、工作台回转精度的检测与修理。当机床主轴箱、旋转工作台等装配完成后，就要对主轴或旋转工作台的有关旋转精度进行检查并给予调整。各个检查部位的径向跳动和轴向（或端面）窜动是必须检查的内容。

1）径向跳动的检查方法

①主轴（或圆工作台）锥孔中心线径向跳动的检查方法。根据工件加工工艺的不同要求，机床主轴设计方案是不同的。如普通车床、卧式镗床、卧式铣床和内圆及外圆磨床等主轴是卧式的，摇臂钻床、立式平磨床、立式铣床、花键铣床等的主轴是立式的，滚齿机、插齿机的回转工作台是带锥孔的，坐标镗床的圆工作台也带锥孔。

检查主轴（或圆工作台）锥孔中心线的径向跳动如图 7—33 所示。在锥孔中紧密地插入一根锥柄检验棒，将千分表固定在机床上，使千分表测头顶在检验棒表面，旋转主轴（或圆工作台），分别在靠近主轴端部的 a 处和 b 处检验径向跳动（a、b 距离为 300 mm 或 150 mm）。a、b 的误差分别计算。千分表读数的最大差值，就是径向跳动的数值。

锥柄检验棒与锥孔的配合必须良好，应用涂色法检查锥柄和锥孔配合质量。可将锥孔和锥柄擦拭清洁，在锥柄表面上薄薄地涂一层红丹油，插入锥孔内，转动 1/12 转的小角度，拉出检查接触质量，要求接触率在 70% 以上。在 120°等分的不同角度进行涂色检查。

为了避免锥柄配合不良的误差，可将检验棒取出转过 180°后再插入锥孔，按照上述方法再重复检验一次。将前后两次测量的读数取平均值（即测量读数代数和的一半），就是径向跳动的数值。

②主轴锥孔径向跳动的检查方法。如图 7—34 所示，将杠杆千分表 2 固定在机床上，使千分表测头顶在主轴锥孔的内表面上，旋转主轴检查。千分表读数的最大差值，就是径向跳动的数值。这种检查方法在检查内圆磨头主轴锥孔时采用。

2）端面跳动和轴向窜动的检查方法。对一般主轴上支承夹具或支承刀具的端面，要检查它的端面跳动，检查方法如图 7—35 所示。使千分表测头顶在主轴轴肩支承面靠近边缘的地方，旋转主轴，分别在相隔 180°的 a 点和 b 点检验。a 和 b 的误差分别计算。千分表两次读数的最大差值，就是支承面跳动的数值。

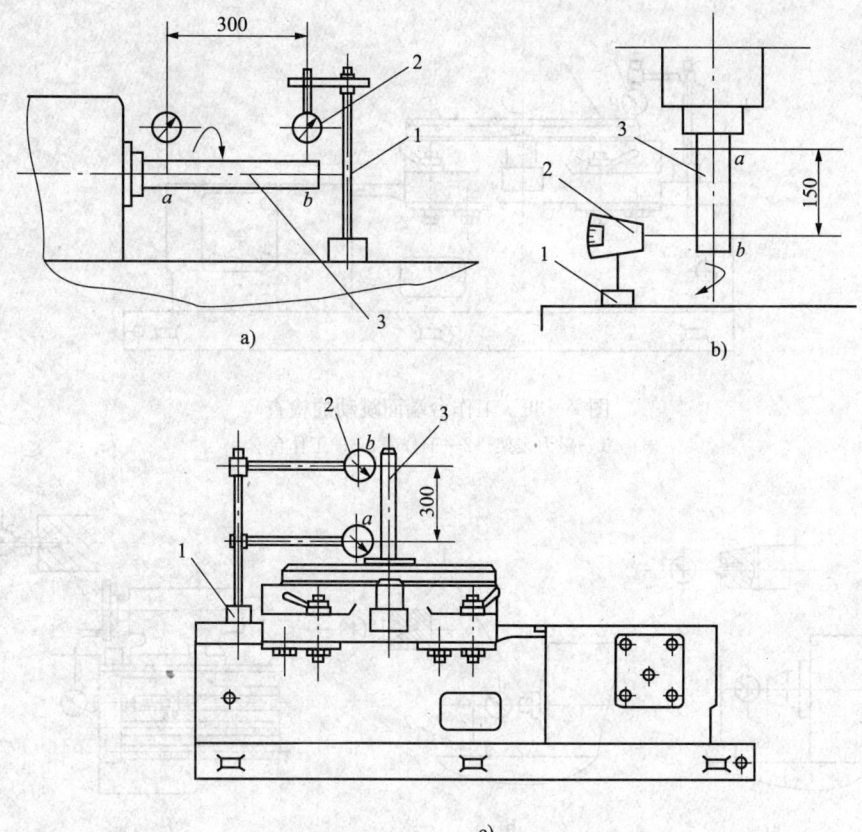

图 7—33　主轴（或圆工作台）锥孔轴线径向跳动的检查方法
1—磁力表架　2—千分表　3—检验棒

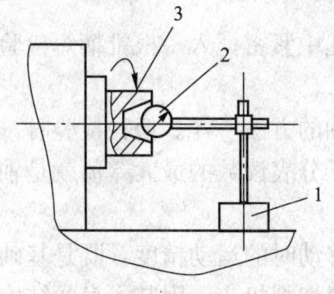

图 7—34　主轴锥孔径向跳动的检查方法
1—磁力表架　2—杠杆千分表　3—内圆磨头主轴

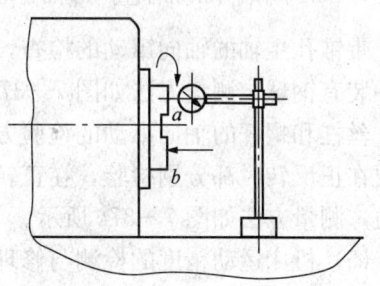

图 7—35　主轴端面跳动的检查

工作台端面跳动的检查方法和检查主轴端面跳动一样，如图 7—36 所示。将千分表 2 固定在机床上，测头顶在工作台面靠近边缘的地方，旋转工作台，在相隔 180°的 a 点和 b 点检验。a、b 两点的误差分别计算。千分表读数的最大差值，就是端面跳动的数值。

主轴轴向窜动的检查如图 7—37a 所示。将平头千分表固定在机床上，使千分表测头顶在主轴中心孔上的钢球上（钢球用黄油粘住），旋转主轴检查。千分表读数的最大差值，就是轴向窜动的数值。

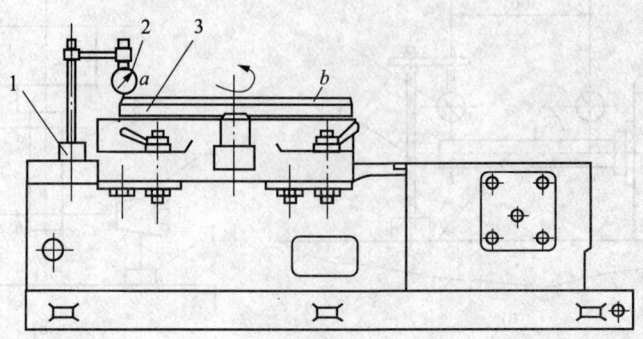

图 7—36 工作台端面跳动的检查
1—磁力表架 2—千分表 3—工作台

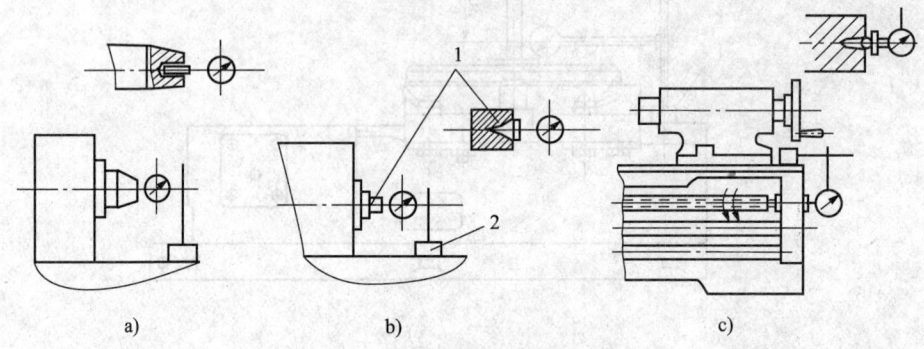

图 7—37 主轴轴向窜动的检查
1—锥柄短检验棒 2—磁力表架
a) 主轴轴向窜动的检查 b) 带锥孔主轴轴向窜动的检查 c) 丝杠和蜗杆的轴向窜动的检查

带锥孔主轴的轴向窜动的检查,应在主轴锥孔中紧密插入一根锥柄短检验棒,中心孔中装有钢球,测量方法如图 7—37b 所示。

丝杠和蜗杆的轴向窜动的检验方法和检验主轴的方法一样。但在检验时,丝杠和蜗杆要在正反转时都分别检验,在正转或反转时,千分表读数的最大差值就是轴向窜动的数值。测量方法如图 7—37c 所示。

(5) 机床运动精度的检测与修理。机床部件移动时的运动精度,既是基础零件单项精度的反映,又是机床加工精度的基础。各种金属切削机床,因其本身的结构、加工方式等的不同,也有各种不同的精度要求。因此,要根据机床的不同特点和本企业的具体条件,合理地选择一种能如实反映工件加工精度的检验方法。机床专业标准中的各种机床的精度标准,其检验项目大都属于机床部件的运动精度标准。

1) 工作台部件移动在垂直平面内直线度的检查方法。以龙门刨床工作台移动在垂直平面内的直线度检查为例。如图 7—38 所示,在工作台面的中央位置上,和工作台移动方向平行放一个水平仪。移动工作台,每隔 500 mm(或小于 500 mm),工作台自一个极端位置移至另一极端位置,在工作台全部行程上,记录水平仪每挡位置的读数。将水平仪读数依次排列,画出工作台的运动曲线。

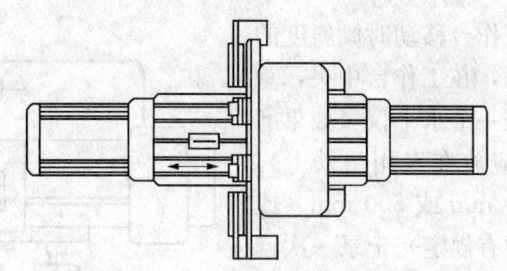

图 7—38 龙门刨床工作台移动在垂直平面内的直线度检查

在每 1 m 行程长度上的运动曲线和它两端点连线间的最大坐标值,就是每米长度上的直线度误差。

作相互平行的直线夹住运动曲线,距离最小的两条平行线(包容线)间的坐标值,就是导轨全部行程长度上的直线度误差。

注意:检查龙门刨床工作台在垂直平面内的直线度之前,首先应调整好机床的安装水平。

2) 部件移动在水平面内直线度的检查方法。以卧式镗床工作台移动在水平面内直线度的检查方法为例。如图 7—39 所示,在工作台旁放一根平尺,当检验纵向时,使平尺平行于床身导轨(见图 7—39a);当检验横向时,使平尺平行于滑座导轨(见图 7—39b)。将千分表固定在工作台上,使千分表测头顶在平尺检验面上,移动滑座或工作台调整平尺,使工作台在行程两端时千分表的读数相等,移动滑座或工作台,分别在纵向或横向的全部行程上检验。在检验纵向时,工作台应在滑座导轨中间夹紧;检验横向时,滑座应当夹紧在床身导轨中间。千分表读数的最大差值,就是直线度误差。

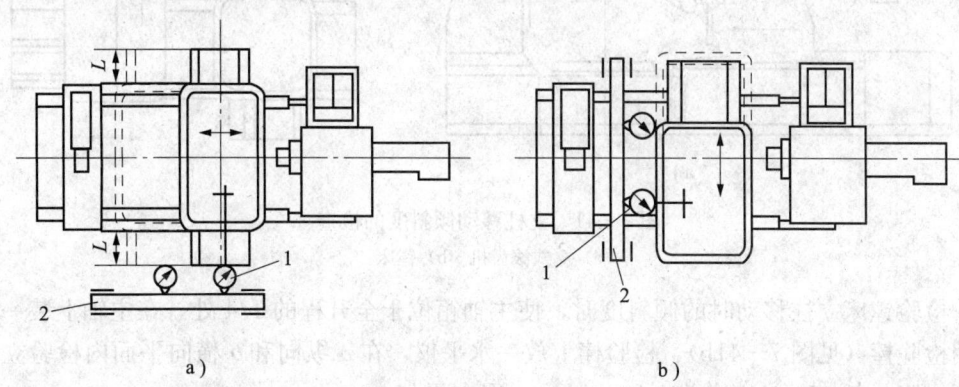

图 7—39 卧式镗床工作台移动直线度的检查
a) 纵向移动,检验水平面内直线度 b) 横向移动,检验水平面内直线度
1—千分表 2—平尺

如果滑板调整间隙的塞铁调整太松或接触不良,往往在滑板正反向移动时,千分表指针出现不同读数。这个误差如大于该项允差之半时,应调整塞铁或重新刮研塞铁,使接触良好后再重复检验。

3) 部件移动时倾斜度的检查方法

① 工作台移动时倾斜度的检查。这种方法用于外圆磨床、螺纹磨床、拉刀磨床、龙

门刨床和龙门铣床等工作台移动时倾斜度的检验。如图7—40所示,在工作台中央,垂直于工作台移动方向放一个水平仪(如果磨床是斜台面,水平仪应放在专用垫铁上)。移动工作台,每隔250 mm或500 mm(或小于此值,检验标准中有规定)记录一次读数,短床身在工作台全部行程上至少记录三个读数。水平仪在每米行程上和全部行程上读数的最大代数差,就是工作台移动时的倾斜度误差。

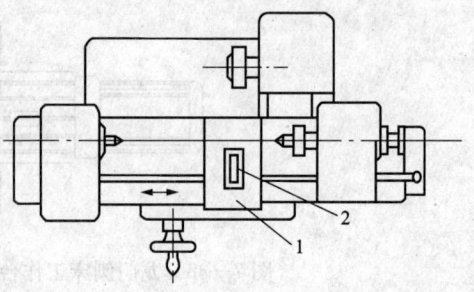

图7—40 工作台移动时的倾斜度的检查
1—水平仪专用垫板 2—水平仪

②立柱移动时倾斜度的检查。立式滚齿机立柱移动时倾斜度的检查如图7—41a所示。在立柱导轨上端的纵向和横向平面上分别紧靠水平仪 a 和 b。移动立柱,在立柱全部行程的两端和中间位置上检验。检验时,当立柱位于上述三个位置时,分别用手持水平仪靠在立柱导轨上端两个方向,依次记下水平仪在每一位置上的读数,然后取下水平仪。a、b的误差分别计算,水平仪读数的最大代数差,就是立柱在移动时的倾斜度误差。

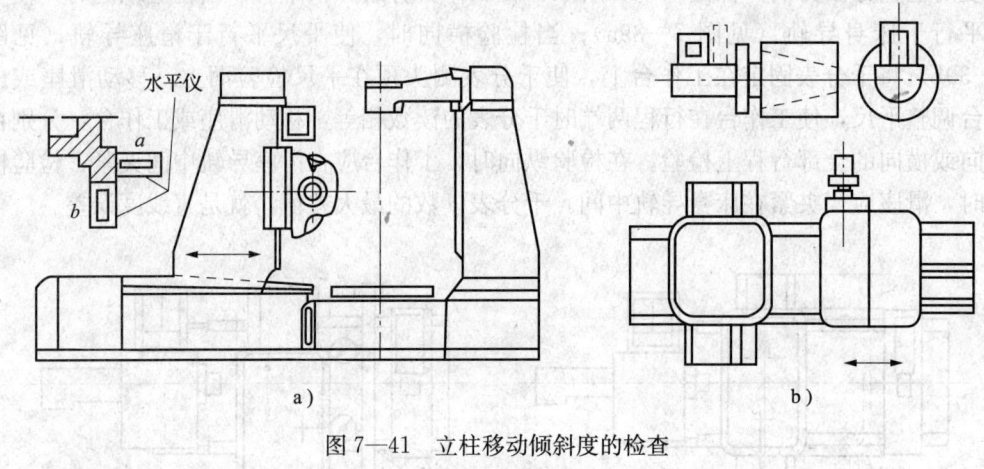

图7—41 立柱移动倾斜度的检查
a) 立式滚齿机 b) 镗床

检验镗床立柱移动时的倾斜度时,使主轴箱位于全升程的1/4处。在主轴上装一个专用检验棒(见图7—41b),检验棒上放一水平仪,在 a 纵向和 b 横向平面内检验立柱的倾斜度,每250 mm或500 mm记录一次水平仪读数。在纵向与横向全部行程上至少各记录3个读数。水平仪每米行程上和全部行程上读数的最大代数差,就是立柱移动时的倾斜度误差。

③横梁移动时倾斜度的检查。这种方法多用于龙门刨床、龙门铣床、立式车床等横梁移动时的倾斜度检查。如图7—42所示,在横梁导轨的中央位置,平行于横梁放一水平仪。移动横梁,每隔500 mm(或小于500 mm)记录一次读数,在横梁全

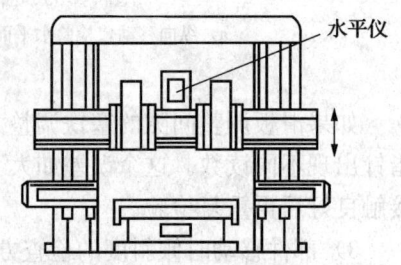

图7—42 横梁移动时倾斜度的检查

部行程上至少记录3个读数。在横梁全部行程上检查，检查时，两垂直刀架（或铣头）应移至横梁上相对称的位置。而横梁的移动方向，只能由下往上，不能往返。

(6) 定位精度和分度精度的检查与修理。对坐标镗床，它的定位精度要求是比较高的，所以要检查工作台或镗头箱在移动定位后的坐标精度。坐标镗床的主要附件水平转台或万能转台，对分度精度也有较严格的要求。其他如铣床用的分度头，其分度精度也有一定的要求。在检查这两项精度时，通常都要用到光学仪器和精密量具，现分别介绍检查的方法。

1) 坐标定位精度的检查。国内生产的各式坐标镗床，其定位系统有光学的和机械的（即丝杠和校正尺），采用的定位系统虽不同，但定位精度的测量方法是一样的。

图7—43所示是坐标镗床工作台纵向移动定位精度的检查。在机床工作台上，沿纵向移动方向放置一个精密的刻线尺（刻线尺的刻线精度应带误差鉴定表，鉴定精度在0.000 5 mm以内），刻线尺放在工作台的中间，高度应在工作台至垂直主轴端面最大距离的1/3～1/2处。将读数显微镜（其读数精度为0.001 mm、…、0.002 mm）固定在主轴套筒上，通过显微镜能清晰地观察到刻线尺上的刻线，使工作台在规定长度上移动进行检查（一般规定每移动10 mm读数一次）。在读数时，工作台应夹紧。误差是任意两次定位时读数的实际差值的最大代数差。

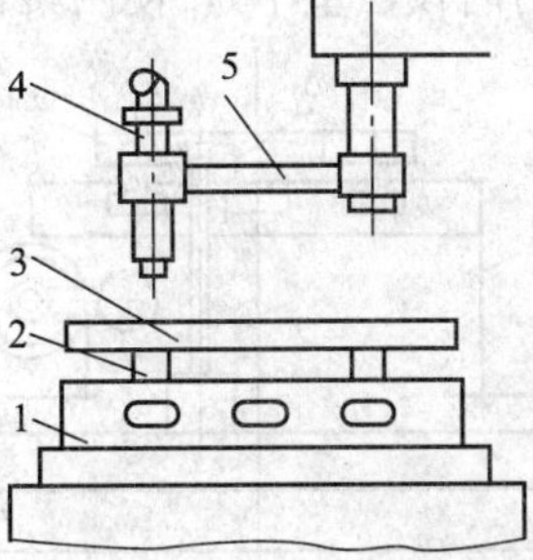

图7—43 坐标镗床测量定位精度
1—平行平尺　2—等高垫块　3—标准刻线尺
4—读数显微镜　5—专用卡箍

在测量时，镗床的其余移动部件，如横梁、主轴箱等均应锁紧，以防止松动而影响测量精度。

测量坐标镗床的定位精度，是在机床修理现场进行的。室内温度和周围环境的变化，对定位精度的准确性会有影响，因此，对坐标镗床的修理场地有下列要求：

① 要远离振源。坐标镗床修理场地，与铁路、公路、锻锤、冲压机床、振实式造型机和其他冲击振动大的设备距离越远越好。

② 回避直射阳光。门窗的位置要不使阳光直射到机床，但光线必须要充足。

③ 保持20℃±1℃的恒温和小于55%的相对湿度。机床不得放在暖气、热风器、冷风器附近，局部冷热会引起机床变形而使测量不准。

2) 分度精度的检查方法

① 回转工作台分度精度的检查方法。一般回转工作台是铣床的附件，分度精度较低，故可采用如图7—44所示的八方检具。八方检具的外接圆直径为250 mm。在工作台锥孔中紧密插入八方检具的定位心轴，以保证工作台回转中心与八方检具外接圆中心重合。

将被检工作台固定于检验平台上，将千分表底座上的凸键靠紧在检验平台上导向槽的侧面（没有导向槽时可用平尺代替），使千分表测头顶在八方检具的一边上，沿导向槽移动千分表座，使千分表在 a、b 两处的读数相同（靠转动蜗杆手柄来调整）。然后将工作台转过45°，千分表在另一边的全部长度上检验，依次检验各边。千分表在任一边两端读数的最大差值，就是分度精度的误差。

这种方法在测量分度精度不高的情况下采用，测量误差在$4'\sim 8'$范围内，不需要贵重的检验仪器。

②用精密水平转台对比检查回转工作台分度精度的方法。这种检查方法，虽不及用经纬仪测量精确，却比用经纬仪检查要方便，操作简单，效率较高。其检查方法如图7—45所示。

将精密水平转台1置于平板上或机床工作台面上，用水平仪检查，使转台处于水平状态。将被检查水平转台2叠放在精密转台上，用千分表找正两转台工作面的相互平行度（不平行时设法垫平），使两转台定位孔回转中心线重合。用螺钉固定两个转台连成一体。

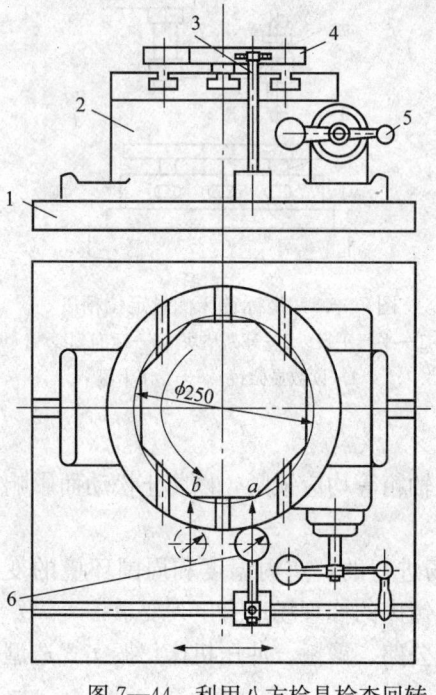
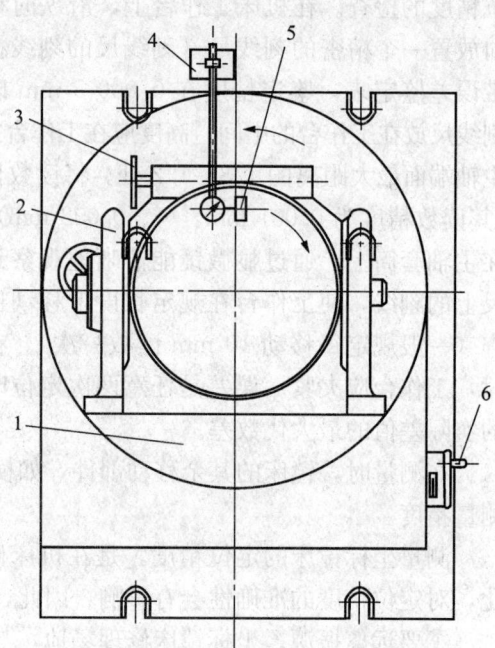

图7—44 利用八方检具检查回转
工作台的分度精度
1—检验平板 2—被检查的回转工作台 3—千分表架
4—八方多面体 5—手柄 6—千分表

图7—45 用精密水平转台对比检查
回转工作台分度精度
1—精密水平转台 2—被检查水平转台
3、6—手轮 4—千分表架 5—定位块

在被检查水平转台2台面上固定一个定位块5，将千分表固定在平板上（当在机床工作台面上检查时，可将千分表固定在机床主轴上），使千分表测头顶在定位块5侧面上。调整精密水平转台1、被检查水平转台2的游标刻线和千分表的指针，使三者都处于零位上。转动被检查水平转台2的手轮，使转台顺时针旋转一定的整度数，然后转动精密水平转台1的手轮，使被检查水平转台2在精密水平转台1上逆时针转回。当转至定位块5侧面与千分表测头触及而千分表指针回至零位时（起始位置），转台即应停止转动。此时，记录两转台的刻线读数，两者的差值即被检查水平转台2的分度误差。

用这种方法检查，应每隔10°、6°、1°分别进行。

第二节 设备可维修系统的可靠度和有效度

→ 了解设备可维修理论在生产实践中的应用
→ 能够对机械设备或零部件可靠性的相应能力做出正确评估

一、可维修系统的可靠度

所谓可维修系统是指设备各系统出现损坏现象，可经过维修恢复其应有精度和功能，反之为不可维修系统。实际上设备各系统基本上都是可维修的（除非整个系统出现全部报废的严重损坏）。一般不可维修多指损坏就废弃的，或损坏后虽然可修理，但修理成本大于更换新件的，以经济合理性考虑，也按不可维修处理。

机械设备或零部件在规定的时间和规定的工作条件下保持与完成规定功能的能力，称为可靠性。对可靠性必须进行试验、分析和研究才能得出正确的评估。

1. 设备可靠性的表述

衡量机械设备可靠性的相应能力的以数量表示的量称为特征量。主要特征量有可靠度、失效率、故障率、平均故障间隔时间、平均寿命、有效度等。任何一个特征量只能表示可靠性的某一特征方面，不同的机械设备必须使用不同的特征量来描述。

2. 可靠性在设备维修中的应用

（1）提高系统和零部件的可靠性。在串联系统中，串联的单元越多，可靠性越差；反之，系统越简单，机械工作越可靠。所以，机械设备中可有可无的零部件应尽量舍去，尽可能将几个零件合并成为一个零件。

在并联系统中，并联的单元越多，机械设备的可靠性越好。一般来说，非工作储备系统的可靠度高于工作储备系统的可靠度。

不论串联或并联系统，提高其中任何一个零件的可靠度都可提高系统的可靠度。提高可靠性的主要措施有：

1）机械传动系统力求结构简单、传动链短、零件数少、调整环节少，连接可靠。
2）找出系统中最低可靠度的零部件，设法提高它的可靠度。
3）尽量选用可靠度高的标准件。
4）对紧固件（螺栓、螺母等）应采取防松措施（如防松垫圈）以增加其可靠度。
5）手动操作装置应有联锁机构，防止误操作。避免采用容易出现疏忽、维护不易和操作繁杂的结构。

6) 结构布置要便于检查和修理,如油面指示器便于观察油面,机床模块式结构(例如卧式车床的主轴箱、进给箱、溜板箱、交换齿轮箱各成一独立的整体模块)便于分部件拆卸、维修等。

7) 合理规定设备维修周期。维修周期过长,导致润滑油变质、配合面磨损加大、配合松动,可靠度下降;维修周期过短,设备停歇时间增加,维修成本上升。

8) 必要时增加备用系统,如双列滚动轴承、重要的液体动压滑动轴承有两套系统。

9) 在关键设备或设备关键部位,设置状态(如振动、温度、噪声等)监测系统或装置,设备出现异常状况时及时报警。

10) 设置过载保护装置和自动停机装置,将设备的紧急停车按钮或总停钮布置在最醒目的位置。

(2) 根据可靠性规律制定相应的设备维修制度。故障率呈正指数型的机械设备有明显的耗损故障期,应在耗损期到来之前及时进行维修,这就是设备维修系统中长期采用的定期检修制度。没有耗损故障期的机械设备,每次检修以后还要经过一段磨合期,磨合期出现的早期故障反而降低了设备的可靠性,因此不用定期检修。

故障率呈常数型的机械设备,其可靠性只受随机因素影响,定期检修不能预防设备的随机故障。通过分析随机因素,尽量减少随机因素发生的概率,关键部位采用联锁系统能减少故障的发生。

二、维修性理论

设备维修工作贯穿于机械设备的整个寿命周期,做好设备维修工作3个条件,又称维修3要素,即机械设备的维修性、维修人员的素质和技术以及维修的保障系统,包括人力、技术、测试装置、工具、备件、材料等。

1. 维修性概述

(1) 维修性。指机械设备在规定的条件下,在规定的时间内,按规定的程序和方法进行维修时,保持或恢复到规定状态的能力。

(2) 规定条件。指选定了合理的维修方式,准备了维修用的测试仪器及装备和相应的备件、标准、技术资料,由具有一定技术水平和良好劳动态度的维修人员进行操作。

(3) 规定时间。指机械设备从寻找、识别故障开始,直至检查、拆卸、清洗、修理或更换、装配、调试、验收,最后达到完全恢复正常功能为止的全部时间。

(4) 维修和维修性。它们是两个不同的概念,维修是指包括保养、修理、改装、翻修、检查等一切与设备维护和修理有关的活动,而维修性是指机械设备在维修方面所具有的特性和能力。维修性反映了设备出现故障以后进行维修的难易程度,是维修需要付出工作量大小、费用高低以及维修手段的先进性的综合体现。维修性关系到机械设备的可靠性、经济性、安全性和有效性,是机械设备3项基本性能参数之一,它和使用性能同样重要。

2. 影响维修性的主要因素和提高途径

(1) 影响维修性的主要因素。影响维修性的主要因素,主要有设计方面因素、维修保养方针和体制、维修保养人员的水平和劳动情况等。

(2) 提高维修性的主要途径

1) 简化结构,便于拆装。结构简单的机械设备不仅故障少,而且一旦发生故障,检查、判断、修复也容易。大量采用标准件,提高机械设备零部件的通用性,可以减少设备停机维修时间。

2) 提高可达性。维修人员在检查、拆卸处理中,应能对故障部位直接看到、直接接触到,并有足够的操作空间,取出零件时应有适当的通道。

3) 保证维修操作安全。维修人员在操作时,应避免被划伤、砸伤、挤伤,也没有被电击、烫伤的危险。

4) 按规定使用和维修。要按使用说明书规定的内容进行使用、润滑、调试、保养,按编制的维修技术指南和维修标准进行维修,按机械设备本身特点采取最合理的维修工艺、材料和方法,取得最好的维修效果。

5) 部件和连接件易拆易装。采用整体式安装单元(模块化)、设置定位装置和识别标志、配备可靠适用的专用拆装工具等,都有利于实现易拆易装。

6) 零部件的无维修设计。可靠性、维修性的理想极限是无维修设计,即不需要维修的零部件。目前主要有不需润滑的固定关节、自润滑轴承、塑料轴承以及不需调整的利用弹簧张力或液压的自调刹车闸等,将零部件设计为具有一定寿命,到时予以报废处理。

3. 维修思想

维修思想是指导维修实践的理论。

(1) "事后维修为主"的维修思想。它以机械设备出现功能性故障为基础,有了故障才去维修,准备工作不可能充分,十分被动,难以取得完善的维修效果。

(2) "以预防为主"的维修思想。它以机件的磨损规律为基础,以机械磨损曲线中的第三阶段(急剧磨损阶段)起点作为维修的时间界限,是一种以定期全面检修为主的维修思想。其实质是根据量变到质变的发展规律,把故障消灭在萌芽状态。把维修工作做在故障发生之前,使机械设备始终处于良好的技术状态。定期维修是预防性维修的基本方式。

预防性维修对很多故障的认识无能为力,使维修工作存在盲目性,随着维修技术的发展,出现了更合理、更科学、更经济、更符合客观实际的新的维修思想。

(3) "以可靠性为中心"的维修思想

1) 产生的主要原因。很多故障不可能通过缩短维修周期或扩大修理范围来解决,反而会因频繁地拆装而出现更多的故障,增加维修工作量和费用。并不是维修工作做得越多越好,不合理的维修,反而会使设备的可靠性下降。

设备的可靠性取决于设计制造水平和使用维修水平及工作环境两大因素。前者是内在的、固有的因素,起决定性的作用,称为固有可靠性。后者通过前者起作用,称为使用可靠性。有效地进行维修只能保持和恢复设备固有的可靠性,而不能改变它。

复杂的机械设备只有少数机件有耗损故障期,一般机件只有早期故障和偶然故障期,可靠性与时间无关。

定期维修方式采取分解检查,它不能在机械设备运行中鉴定其内部零件可靠性下降的程度，不能客观地确定何时会出现故障。

复杂机械设备的故障多数是随机性的，因而是不可避免的。预防维修对随机故障是无效的，只对耗损故障（如机械磨损）才有效。

2) 基本要求。"以可靠性为中心"的维修思想的形成是视情维修方式的扩大使用，采用逻辑分析判断的方法，以最低的费用实现机械设备固有的可靠性水平。

分析机械设备的可靠性，必须要有一个较完善的资料、数据收集与处理系统，尤其要重视故障数据的收集与统计工作。根据实践中取得的大量数据进行可靠性的定量分析，并按故障后果等确定不同的维修方式，分析和了解使用、维修、管理水平，发现问题有针对性地采取各项技术和管理措施。

(4) 维修方式及选择

1) 维修方式

①事后维修。又称故障维修、损坏维修，即当机械设备发生故障或损坏，造成停机之后才进行维修，达到修复原来功能的目的。事后维修必须充分准备人力、工具、备件等维修资源，以便有效地处理设备故障。事后维修的修理内容、修理时间长短都带有很大的随机性，是一种落后的维修方式。若不能采用其他维修方式时，事后维修为一种不得已而采取的维修方式。

事后维修适用于以下情形：机件发生故障，但不影响总成和系统的安全性；故障是偶然性的且规律不清楚，或虽属耗损型故障，但用事后维修方式更为经济。

②定期维修。又称计划维修、计划预修或时间预防维修。它以使用时间作为维修的期限，不管设备实际技术状态如何，都要进行规定的维修工作。它是一种以防止突发性事故为目的带有强制性的预防维修方式，维修活动尽量安排在生产空隙离线进行，并对维修资源提前做好充分的准备。

定期维修的依据是机件的磨损规律，即故障率随时间上升到进入急剧磨损期时，立即进行更换或修理。它适用于以下情形：故障机件带有明显的时间相关性，故障特征随时间变化，主要故障模式是磨损且有一定的规律性；在使用期限内，机件出现预期的耗损故障，并可根据磨损预测出即将发生故障的时间。

对一些重要的机件很难检查和判断其技术状况时，定期维修则是有效的维修方式。

定期维修的优点是容易掌握维修时间，易于实现计划和组织管理，有较好的预防故障的作用。缺点是对磨损以外的其他故障模式，如疲劳、锈蚀等无法考虑，不能针对实际情况进行维修，只能采取一刀切的大拆大卸的方法。因此，对难以更换的部件，这种维修方式不理想，所以复杂的成套机械设备很少采用。

③视情维修。又称按需预防维修或状态监测维修。它是根据机械设备在线监测和诊断装置预报的实际情况来确定维修时机和内容。在线监测包括状态检查、状态校核、趋向监测等项目，它们都是以在线方式进行的。

视情维修是一种最有效的维修方式，它适用于以下情形：属于耗损故障的机件，且具有磨损等缓慢发展的特点，能估计出量变到质变的时间；难以依靠人的感官和经验去发现故障，又不允许对机械设备任意解体检查；机件故障直接危及安全，且有可监测的极限参数；除本身有测试装置外，必须有适当的监控或诊断手段，能评价机件的技术状态，指出是否处于正常状态，以决定是否立刻维修。

视情维修的优点是可以充分发挥机件的潜力，提高机件预防维修的有效性，减少维修工作量及人为差错。缺点是投资和经常性费用高，要求有必要的诊断条件。

④机会维修。它是与视情维修和定期维修同时进行的一种有效的维修活动，即在要进行定期维修或排除故障时正好实施这种维修可获得较好的有效度。

2) 维修方式的选择

①维修决策的基本要求。可靠度不得低于允许的最小值。维修费用为最少或不得大于某个预定的维修费用限额。维修方式的选择应考虑故障发生后的安全性、经济性。

②3种主要维修方式的特征。各种维修方式都有一定的适用范围。维修方式的发展趋势是从事后维修逐步走向计划的定期检查，并按检查结果安排近期的计划维修。对一些精密、关键设备，则随着状态监测技术的发展，逐步走向视情维修。

(5) 维修制度。维修制度是在一定的维修理论和思想指导下制定出来的一整套规定，它包括维修计划、类别、方式、时机、范围、等级、组织和考核指标体系等。实施合理的维修制度有利于安排人力、物力和财力，及早做好修前准备，适当地进行维修工作，提高机械设备的技术状态、可靠性和使用寿命，缩短维修停歇时间，减少维修费用和停机损失。目前维修制度主要有以下几种：

1) 计划预防维修制。机械设备维修过程中的计划预防维修除了大修、中修、小修、项修，还有设备改造和计划外维修等几种不同层次或类别。

①设备改造。设备改造又称设备精化，是用新技术、新材料、新结构和新工艺，针对原有设备的薄弱环节，以提高其功能、精度、刚度、生产率和可靠性为目的的改造工作。其工作量大小取决于原机械设备的结构对实行改造的适应程度，也取决于要将原有设备功能提高到何种水平的目标。

②计划外维修。因突发性故障或事故而必须对机械设备进行的一种维修层次。计划外维修的次数和工作量越小，表明设备的管理水平越高。

2) 以状态监测为基础的维修制。这种维修制的特点是修理周期、程序和范围都不固定，要依照实际情况灵活规定。它的基础是推行点检制，对机械设备进行日常点检、定期点检和精密、关键部位点检，然后将状态检测与故障诊断提供的信息进行分析处理，判断劣化程度，在故障发生前进行针对性的维修。

实行以状态监测为基础的维修应具备的条件：

①要有充分的可靠性试验数据、资料和作为判别机件状态的依据。

②要求设计制造和维修部门密切配合，制定机械设备的维修大纲。

③具有必要的检测手段和标准。

3) 针对性维修制。这种维修制是按综合管理原则和以可靠性为中心的维修思想，有针对性地采用不同的维修方式，并充分利用决策技术、计算机技术和状态监测、故障诊断技术等，使维修工作科学化，实现设备寿命周期费用最经济、综合效益最高的目标。

①针对性维修制的特点。吸收并改进了分类管理办法，强化了重点机械设备、重点

部位的维修管理,并按其特点和状态采取不同的维修方式,充分发挥各种方式的适用性和有效性,以获得最佳的维修效果;在各种维修方式中,将状态监测、视情维修作为主要推广方式,实施点检制,体现以可靠性为中心的思想,把维修工作重点放在日常保养上,尽量做到有针对性;重视信息作用,应用计算机技术实行动态管理,并进行适时决策。

②针对性维修制的内容。推行点检制,对机械设备进行分类,有针对性地采用多种维修方式;改进计划预防维修,对实行状态监测、视情维修方式的机械设备采用维修类型决策,有针对性地进行项修或大修;建立一套维修和检测标准,确定工时定额;进行计算机辅助动态管理。

4)操作维护制度

①日常维护。主要由机械设备操作人员进行。班前检验,班后清扫,保证机械设备处于良好的技术状态。

②定期维护。又称一级保养,以操作人员为主,维修人员辅助进行。其内容包括保养部位和重点部位的拆卸检查,油路和润滑系统的清洗与疏通,调整检查部位的间隙,紧固各部件和零件,电气部件的保养维修等。一般维修周期为 2~3 个月或实际开动台时为 500~700 h。

第三节 设备大修及设备精化

单元 7

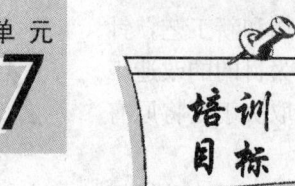

→ 掌握管道安装的方法
→ 能够组织完成数控设备机械系统的修理工作
→ 能够协同相关工种完成数控设备的大修工作
→ 能够主持完成设备改造及精化工作

一、管道安装

1. 管道的连接方法

管道上的管子与管子、管件与阀门等之间的连接方式有下列几种:

(1) 法兰连接。这种连接方式在管道安装工程中应用极为广泛,其优点是结合强度高、装拆方便,适用于各种工作状况,并且已经实现标准化,可根据管子公称通径和公称压力进行选择。

1) 高压管道的法兰连接。高压管道(比如合成氮工厂中合成工段、精炼工段等管道上的法兰)多采用钢制螺纹连接法兰,螺纹通常为二级精度和 $R_a1.6\ \mu m$ 的表面粗糙度值,并且不应有伤痕、毛刺和裂纹。

高压管端密封面有两种形式:锥面密封与平面密封。锥面密封的管端表面为锥面(其斜面与管端约成 20°角),安装前应严格检查锥面的加工精度和表面粗糙度及表面质量。与锥面相接的垫圈为凸面透镜式垫圈,垫圈表面与管端锥面均应用涂色法进行研磨检查,要求每平方厘米有 3~5 个色斑点。将垫圈装入两个锥面管端之后,应对称成十字交叉式地拧紧双头螺栓上的螺母，并用内径千分尺测量螺栓拧紧之后的弹性变形（也称伸长量），其变形值不得大于 0.000 3 倍螺栓长度。如果管道工艺温度高，要控制螺栓变形量在 0.000 3~0.000 5 倍螺栓长度范围内。对于平面密封的管端表面连接时，一端法兰内管端凸出来，另一端法兰内管端凹进去，它们均为平面，并用平面垫圈连接密封，垫圈厚度视管径而定。法兰连接之后，也按同样方法测量法兰螺栓的弹性变形量。

2) 中低压管道的法兰连接。中低压管道的法兰连接多采用焊接形式，在连接这种法兰时，必须注意下列问题：

①法兰密封表面加工光滑。

②两对接法兰的端面之间应相互平行。

两对接法兰端面之间平行度偏差的测量方法如图 7—46 所示，测量时应在法兰最大圆周方向上测量。

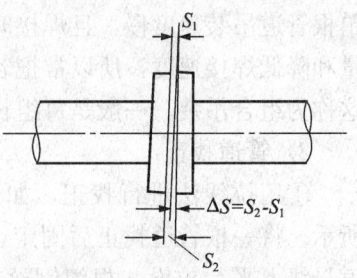

图 7—46　两对接法兰端面平行度偏差的测量方法

③法兰端面与管道中心应垂直，其垂直度偏差应不大于表 7—4 的规定。垂直度通常用法兰尺检查，并用塞尺测量圆周方向上法兰端面和法兰尺之间的间隙值，此间隙即为法兰端面与管道中心线间隙垂直度的偏差。测量方法如图 7—47 所示。

表 7—4　　　　　　法兰端面与管道中心线之间的垂直度偏差　　　　　　mm

管道公称通径	500	450	400	350	300	250	200	150	125	100
工作压力≤4 MPa	±3	±3	±3	±2.5	±2.5	±2	±2	±2	±2	±2
>4 MPa	±2.5	±2.5	±2.5	±2	±2	±1	±1	±1	±1	±1

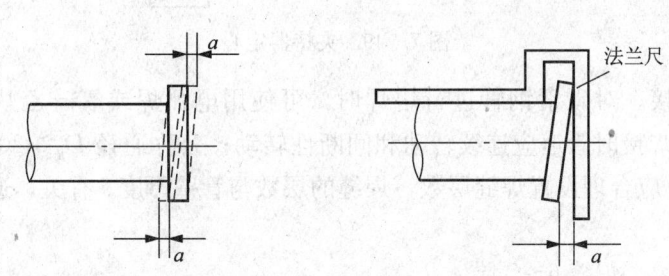

图 7—47　法兰端面与管道中心线垂直度偏差的测量方法

④法兰上相邻螺栓孔之间距离偏差。此偏差应严格控制和检查，若其过大会造成螺栓无法连接或产生附加安装应力。螺栓孔之间距离偏差 ΔA 是按直线距离进行测量的，当管道公称通径≤125 mm 时，ΔA≤±0.5 mm；当公称通径>125 mm 时，ΔA≤±1 mm。

⑤法兰螺栓孔与管道横截面上中心线间轴向偏移应严格控制和检查，当螺栓孔直径≥41 mm 时其偏移量不超过±2 mm，34 mm 时不超过±1.5 mm，27 mm 时不超过±1 mm，23 mm 时不超过±1 mm，18 mm 时不超过±1 mm。

(2) 焊接连接。采用焊接进行管道连接是比较常用的方法，焊接分熔焊、钎焊和胶合法三种。钢管用熔焊，有色金属管道用钎焊，胶合法用于聚氯乙烯管道和酚甲醛塑料管的管道连接。

在焊接钢管前，应清理和打磨管端焊接部位，使管道边缘和靠近边缘宽度不少于10 mm 的管内外表面露出金属光泽。

1) 管道组合。管道组合方法对焊接速度和质量均有很大影响。有些管道是架空的，单根管道吊装速度慢，且焊接时由于管道架空，连接组合时需要仰焊操作，影响焊接质量和降低焊接速度，所以常把若干单根管道在地面上组合好，焊接后一次吊装到空中，这称为组合吊装，一般是每组长 20～30 m 吊装一次。

2) 管道找正

①用拉线法进行找正，如图 7—48 所示。将一根管道找正后固定，在此管道母线上平行拉设一根细钢丝 1，使钢丝 1 与管外壁贴合，然后将组合管 2 依此与固定管 3 对口合拢，使外壁与细钢丝 1 找正重合。

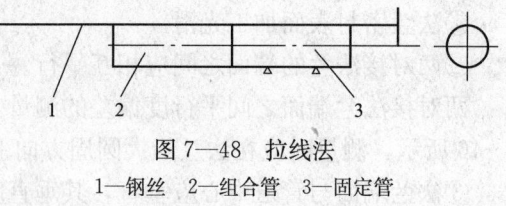

图 7—48 拉线法
1—钢丝 2—组合管 3—固定管

②用夹持器定心，如图 7—49 所示，此法用在小直径管道上，对于直径较大的管子，可采用有孔眼的特殊箍将管道对正，沿着这些孔对管道进行点焊，然后将特殊箍取下进行正式焊接。

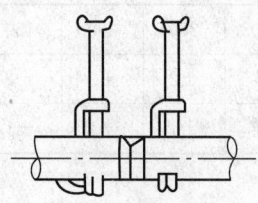 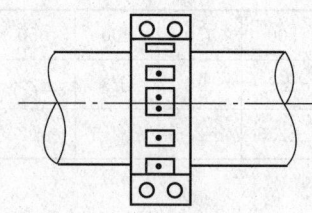

图 7—49 夹持器定心

3) 管道焊接。对碳素钢管进行熔焊时，可使用电弧焊或氧－乙炔焊。公称通径 $D_g \leq 150$ mm，焊接时管道应连续转动和间断性转动；公称通径 $D_g > 200$ mm，焊接时不应转动管道，应合理设置焊缝层数，焊缝的层数与管壁厚度 s 有关，通常，按下列原则考虑：

$s=20$ mm　　　焊缝 6～7 层
$s=14$ mm　　　焊缝 5～6 层
$s=10$ mm　　　焊缝 4 层
$s=6$ mm　　　　焊缝 3 层
$s=3$ mm　　　　焊缝 2 层

在焊接时，管道边缘坡口角度及焊接接头的力学性能应符合有关规定，强度极限应大于母材的强度极限。

多层焊时，在堆焊下一层以前，应把焊缝每一层焊渣和金属碎屑清扫干净，铲掉含有裂纹、气孔、空隙的焊缝层。焊接时，如外界气温低，应立刻往管道上盖土（焊接接头除外），减小金属温度应力。气温在零下时，在焊缝处应考虑保温，延缓冷却过程。手工焊时，焊缝内堆焊各层，其叠合部分彼此不应重合，第一层焊缝应呈凹面，并保证把焊缝根部全部焊透，第二层要填满焊缝的 70%～80%，焊缝的最后一层（第三层或第四层以上）应全部填满焊缝，并保证自焊缝到母材是圆滑的。

对于手工焊、熔剂层下的自动焊、气焊应检查焊接质量，检查方法如下：
①应按工序操作检查焊接质量。
②使用磁力探伤仪和 γ 射线透视。
③也可从被检查的接头上切下试件进行拉力、弯曲力学性能试验。

高压管道焊接后，应进行焊缝热处理（退火），以消除焊接时产生的焊接内应力。

不锈钢管道通常用不锈钢焊条采用电弧焊焊接，热影响区小，金属结构变化小，焊接后也进行热处理。如为 1Cr18Ni9Ti 不锈钢，可不进行热处理，因为这种不锈钢中含有钛，焊接过程中可使铬保留在奥式体中，不致发生晶间腐蚀。

有色金属与塑料管的焊接头形式如图 7—50 所示。图中 1 为铝管道和铝管道对接平焊示意图，2、3、4 为铜管或铅管管端扩张和缩小的插套焊接示意图，5 为有色金属高强度焊接时的加套管焊接示意图。

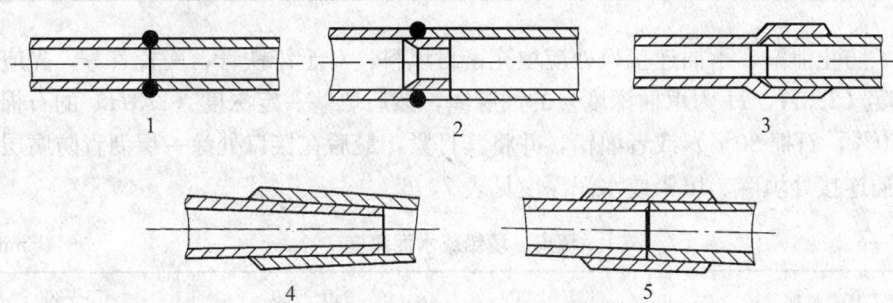

图 7—50　有色金属与塑料管的焊接头形式

铅管与铝管焊接时所用的焊条与管道材质相同，采用熔焊法，铜管焊接时可用钎焊或熔焊。钎焊时使用焊剂，焊剂是用来连接金属质点的附加材料，应根据不同的熔化温度采用不同的软焊剂和硬焊剂。

对于聚氯乙烯管道，可用图 7—50 中的 1、3 所示方法接合，并以 87% 的二氯乙烷、13% 的过氧乙烯树脂组成的胶合剂涂在接合处并压紧干燥。胶合法焊接酚甲醛塑料管时，可用图 7—50 中 1、3 所示的方法。胶合时，用调有酒精的酚甲醛树脂浆作为嵌条，在半小时内由 60℃ 加热到 130℃ 即成。

必须注意：焊接硬聚氯乙烯管道时，为了使焊接的管道得到最好的机械强度和最高的效率，焊接开始前要利用变阻器、球阀和减压阀调节供热量和速度，喷嘴外 5～6 mm 气流温度为 260～270℃ 为最好。焊接时采用空气压缩机供给空气作为热媒，空气在装有电热丝的特制焊枪内加热，焊接速度应尽量快，而不应停滞在某一点上，否则会使材料高温分解，失去化学稳定性并变色、炭化。焊接时采用直径为 2.8～3.6 mm 以过氯乙烯树脂加塑化填料制成的专用焊条作添加剂。

(3) 螺纹连接。对于水、煤气钢管(一般水管道、蒸汽管道及压缩空气管道),常采用螺纹连接,管两端外部都有管螺纹,通过内牙管可以使管子与管子或管子与管路附件相连接。为了密封,须在连接处加填料。

(4) 承插连接。对于铸铁管、陶瓷管、玻璃管及塑料管,常采用承插连接,其连接方式如图7—51所示。

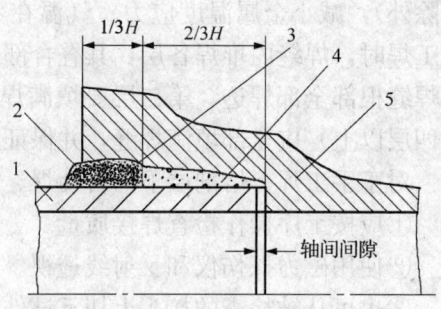

图7—51 承插连接
1—插口 2—沥青层 3—石棉水泥或铅
4—油麻绳 5—承口

承插连接时,要考虑到管道工艺反应产生的热量,为了补偿这一热量而引起的热伸长,连接处插口和承口间应留有一定的轴向间隙,间隙值的大小与管道直径有关,见表7—5。

表7—5　　　　　　　承插连接轴向间隙　　　　　　　　　　mm

管道直径	900～1 000	700～800	300～600	100～250	50～75
轴向间隙	8	7	6	5	4

为了防止泄漏,承插连接口处应填充密封填料,对于铸铁管、陶瓷管等,先应塞填一定深度($2/3H$,H为承插深度)的油麻绳,然后填塞一定深度($1/3H$)的石棉水泥(水泥70%,石棉30%)或者灌铅,并将其打紧,最后在接口处涂一层沥青防腐层。承插连接处填麻、填铅或水泥深度见表7—6。

表7—6　　　　　　填麻、填铅或水泥深度　　　　　　　　mm

管道直径	800～1 000	350～700	75～300
填麻深度	70	60	50
填铅或水泥深度	35	30	25

这种连接方法虽然不太可靠,不能承受较高压力,但两管在稍有变位时不会泄漏。

2. 管架的安装

(1) 支架的安装。在安装管道支架时,在同一管道两个补偿器中间只能安装一个固定管托,在补偿器两侧只能各安装一个活动管托,以确保管道上的补偿器自由伸缩。在支架上安装活动管托时,应考虑到管路的膨胀方向,即先以支架中心线为基准,将管托沿管道膨胀相反方向移动一个等于管道膨胀量的距离,使管道在膨胀后管托中心线能与支架中心线相重合,从而保证支架在工作时只承受垂直的正压力,活动管托滚动件应能自由滚动。

当确定水平轴向应力时,固定支架上的应力可用下式求出:

$$\sigma = 0.5p + qr(z_1 - z_2)$$

式中　σ——固定支架上水平轴向应力,kg/mm^2;

p——由补偿器产生的应力，kg/mm^2；

q——1 m 长度的管道和绝缘的质量，kg；

z_1、z_2——从支架至补偿器的直线平均距离，m；

r——支架滑动系数。

（2）吊架的安装。安装吊架时，应使吊架向管路膨胀的相反方向倾斜，其倾斜距离应等于管路膨胀量的一半，从而确保吊架在工作时受力不致过大。普通吊架的吊杆长度应大于或等于 60 倍膨胀量，弹簧吊架的吊杆长度应大于或等于 20 倍膨胀量。

当安装回折管式补偿器上的弹簧吊架时，为了减小管道截面 A、B 上的压力（见图7—52），即在管道工作时 A、B 截面不再受到 ACB 段弯管重力的作用，安装时应将弹簧从自由长度 L_0 压缩到 L_2，L_2 的值可按下式算出：

$$L_2 = L_0 - (\Delta_1 + \Delta_2)$$

式中 Δ_1——由 ACB 段弯管重力使弹簧压缩的长度；

Δ_2——该补偿器在工作时垂直向上膨胀的长度。

因此，安装这种补偿器时弹簧总压缩量为 $\Delta_1 + \Delta_2$，管路工作时补偿器垂直向上膨胀了 Δ_2，此时弹簧长度为 $L_1 = L_2 + \Delta_2$ 或 $L_1 = L_0 - \Delta_1$，而 L_1 较自由长度 L_0 缩短 Δ_1，也就是说，此时弹簧仍有一个向上的弹力，这力正好平衡 ACB 段弯管重力，所以截面 A、B 上不再承受 ACB 段弯管的重力所引起的压力的作用，而只受到管路膨胀时弯曲应力和剪力的作用。

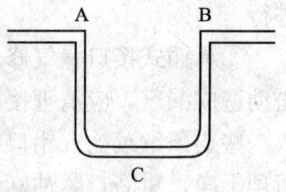

图 7—52 管道示意图

在安装弹簧吊架时，须对弹簧压力的调整装置进行校核，弹簧下面的支承结构应和受力方向垂直，弹簧在使用时的压缩值不得超过最大容许载荷下压缩值的 0.9 倍，如果管道受热时，弹簧伸胀，则冷态下该弹簧的承载（压缩）值按强度计算最好不低于其最大容许载荷的 50%。

可按下列公式计算弹簧最大容许载荷：

$$P = 0.392\,6 \frac{d^3}{D} R$$

式中 P——最大载荷，kg；

d——弹簧丝直径，cm；

D——弹簧圈平均直径，cm；

R——最大容许扭转应力，等于 7 000 kg/cm^2。

弹簧承受载荷时的弯曲及压缩值按下式测定：

$$\Delta = \frac{\pi R D^2}{Gd} \cdot n$$

式中 Δ——弹簧压缩值，cm；

G——滑动修正值，等于 750 000 kg/cm^2；

n——弹簧工作圈数。

3. 管道的常见损坏形式和修理方法

以燃气、燃油管道为例,常见的损坏形式和修理方法如下:

(1) 燃气管道的修理

1) 漏气的修理。管道的漏气通常是由于焊口、接头或附属设备松动破裂,管道本身的腐蚀穿孔,管道开裂或折断因素而引起的。发现漏气后,应根据管子的材质、漏气原因、泄漏的严重程度等因素,确定修理作业方案。

①钢管裂纹的修理。裂纹不大,管道又在运行中时,可采用临时卡箍将裂纹处箍严。焊补方法有两种:将管道停运,用电弧焊焊接或带气补焊。漏气量很少时,可直接焊补。裂纹较宽、泄漏量大时,应将煤气压力降到 0.2～3 kPa,最好通入蒸汽,然后进行焊接。电焊机的零线应挂在裂纹附近 1 m 内、中间不带有法兰的地方。

②管道局部腐蚀的修理。腐蚀面积不大时,可采用挖补法进行焊补。因局部腐蚀引起刚度不够时,可在管道竖向焊补加强角钢或在横向加焊类似法兰的加强圈加固。大面积腐蚀时,可采用管段更换法,但修理一定要在停气或燃气降压并采取安全有效措施后进行。

③承插式接口漏气修理。首先要了解接口填料的类别,再选择修理方法。承铅接口松动造成漏气,应清理接口处泥土,用灰凿、锤子捻紧铅口,在铅口出现凹陷时,可加入一些铅条继续捻入铅口中,直至不漏为止。水泥接口漏气,应将接口处水泥部分全部清理干净,重新打紧油麻后,再将水泥填料装入承插口内,重新捻口,并覆盖湿草袋养护。

④管道阀门漏气的修理。填料处漏气,应关闭阀门,更换旧填料。法兰结合后漏气,应紧固螺栓或更换垫圈,加工法兰,重新组合。闸板处漏气,则应研磨。

2) 管道堵塞的修理

①燃气管道积水阻塞的修理。燃气管道积水是正常的,它一般流入排水器和管道最低点。所以,要在中、高压管道最低处设置与管道压力等级相适应的各种排水器,定期或连续放水。燃气凝结水不得就地排放,必须回收集中处理合格后再排放。

②燃气管道渗水的修理。用堵漏法修理。

③燃气管道积萘的修理。因燃气中含有萘蒸气,萘蒸气随温度降低而凝固,附着在管壁上,使管道流通截面减小或完全堵塞。可采取喷雾法进行处理,即将加热的石油、挥发油或粗制混合二四苯等喷入管道内,使萘溶解在液体中,经排水器排出。也可以采用热熔法处理,因 70℃ 以上的水可以溶解萘,所以可分段在管道内灌入热水或通入蒸汽,将溶解的萘由排水器排出。

④其他杂质堵塞的修理。燃气发生炉附近管道被焦油堵塞、输气管道末端被铁屑堵塞时,可采用分段清理法,用绞车通过人力拉动特制的刮刀及圆盘钢丝刷沿管道内壁将杂物、铁锈刮松刷洗出来。但清理后必须对管道做气密试验。

(2) 燃油管道的修理。燃油管道包括长距离输送原油、石油产品和天然气的管道,企业内部的输油管网,比如油田的油气集输管道及炼油厂、化工厂、油罐区等内部管道。内部输油管网的修理方法主要包括:

1) 油罐的修理。首先对油罐进行排除积油操作。采用水浮法清除出油口以下的积油，然后用蒸煮法，即油罐加水，水位超过加热器后加热煮沸，同时从罐顶用胶管送入蒸汽，在罐高 1/2 处进行吹扫，将罐壁残油清理干净，必要时可加入烧碱蒸煮。通风换气，检验氧气及可燃气体达到要求后，才可进行动火（焊接等）修理。

2）油罐加热器的修理。油罐加热器是很重要的附属设备，需要经常的维护和修理。常见故障有列管式加热器表面结焦，这会严重影响传热效果。修理方法是当油位低于罐内加热器时，继续通入蒸汽加热，将敷在加热器表面的油层烤焦炭化并使其结成焦渣，然后停止加热器运行，按油罐修理方法清罐修理。常见故障还有加热器的漏油和损坏，这是由于加热器中凝结水排出管壁产生水击现象而造成的漏油和损坏。修理方法是将加热器露出油面，通蒸汽检查出泄漏处后进行修理。

3）燃油管道的修理。燃油管道长期预热、吹扫，热胀冷缩现象比较频繁，并受硫化物等腐蚀物质侵蚀，管道易损坏的地方有焊接接头、弯管的凸面、法兰与管道的结合处等。尤其是套管传热的油管道，会出现内油管的穿孔漏油现象。管道的修理一般采用焊接方法，但要注意最关键的安全问题。焊接前必须对管道严格吹扫，清除油管内残油。焊接处应远离油罐 10 m 以上，并且在通往油罐的管道上加设盲板，截住与油罐的通道。

轻质油品管道主要是在每年夏季（干土期）和冬季（冻土期）各检测一次接地电阻和跨接电阻。单独接地电阻不大于 100 Ω，跨接电阻不大于 0.03 Ω，否则应进行修理。修理时，应把管段及与其相连的油罐、管件、附件中的油料全部放空，切断所有的联系。不能有漏油、漏气现象，必须用盲板封堵，才能动火修理。焊管的一端必须与大气相通。在室内或井内要用临时管把废气引至室外或井外。焊接位置在坑内或井内时，应先用蒸汽吹刷被焊管件及洒在地面上的可燃介质，3 h 后取样化验，确认安全后才允许焊接，焊前必须再吹刷一次。如果焊接时间超过 4 h，则从施焊开始，每 4 h 检测一次。

二、桥式起重机的大修

1. 桥式起重机大修的主要项目和修理方法

这是将设备卸到地面后的全面修理，根据具体情况也可不卸到地面，但必须全面修理。大修主要解决以下几个重大问题：

(1) 起重设备主梁架的变形问题。主梁架变形情况有 4 种：主梁下挠、主梁侧弯、腹板呈波浪形、主梁对角线相对差超差。

1) 主梁下挠。主梁正常应为上拱，主梁上拱示意图如图 7—53 所示。

$$h = L_Q/1\,000^{+0.4}_{-0.1} L_Q/1\,000$$

上拱曲线应呈抛物线，任一点拱值为：

$$h_x = h\left[1 - \left(\frac{2x}{L_Q}\right)^2\right]$$

式中　h——主梁中间部位上拱度，mm；

　　　L_Q——起重设备跨度，mm；

　　　h_x——测量点的拱度值，mm；

x——测量点距跨度中心的距离，mm。

桥式起重设备的上拱值达不到标准规定的要求，即为下挠现象。主梁的下挠变形，常伴随发生主梁侧弯和腹板呈波浪形，统称为主梁架的变形。

起重设备的主梁下挠后，将使受力状况进一步恶化，承载能力下降，大、小车运行性能均受影响。若提升额定负荷小车位于跨度中部，主梁在水平线下超过(L_Q/700) mm，或无负荷小车位于桥架一端，主梁在水平线以下超过(L_Q/1 500) mm 时，则应修复主梁的下挠度。

桥式起重设备下挠度修理方法：

①预应力拉杆法矫正主梁下挠。如图 7—54 所示，在主梁下盖板两端焊接支座，通过两支座安装若干个拉杆，旋紧拉杆螺母，使拉杆受预加负荷。主梁受到弯曲力矩，下盖板压缩，上盖板拉伸，从而消除下挠度，使主梁上拱。

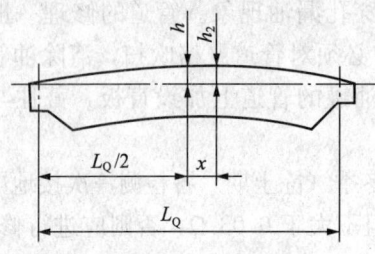

图 7—53 主梁上拱示意图

图 7—54 预应力拉杆修复下挠示意图
1—主梁 2—拉杆 3—支座 4—螺母

②火焰矫正法。当金属构件受热区处于压应力状态时，则会产生压缩性变形。火焰矫正法即用这种特性对金属构件进行局部、不均匀的加热和冷却，用所产生的变形来补偿和矫正已产生的永久变形。

采用火焰矫正法，加热温度在 200～800℃时最为适宜。火焰矫正的部位要进行合理的选择，切忌在同一部位反复多次矫正，并不应在主梁同一截面布置对称的加热区，火焰矫正后也不允许浇水急冷，主梁跨度中间部位不允许加热烘烤。实施火焰矫正法需要丰富的实践经验，掌握构件变形的规律，关键是火焰烘烤位置、加热区数量。可采用千斤顶的预应力辅助加热的方法，较快、较准地进行矫正，并且残余应力较小。

③加固焊接矫正法。由于火焰矫正会增加设备的残余应力，有可能再次出现下挠和其他变形，所以为了保证设备的长期使用，在主梁变形火焰矫正后，有必要对主梁进行适当的加固，这也就是加固焊接矫正法（其原理与火焰矫正一样）。

加固的方案通常是在原主梁的下盖板下面满焊上一对槽钢，再加上一块通常为满焊的盖板，盖板的厚度和槽钢的规格可按推荐标准，依据设备的起重量来选择。焊接槽钢时，若主梁上拱度较小，可将主梁从中间顶起再进行焊接；上拱度较大时，焊前可在主梁中部配压重后再焊槽钢。

因槽钢焊接较长，可用两个电焊工从主梁中间，以同样的电流、同样的速度向两端进行满焊，以便较好地达到矫正一致。

2) 主梁侧弯。设备端梁的弯曲也能导致主梁弯曲,所以在修复主梁侧弯时,要全面进行检查分析,找出变形原因再进行修理。矫正的方法如图7—55所示。

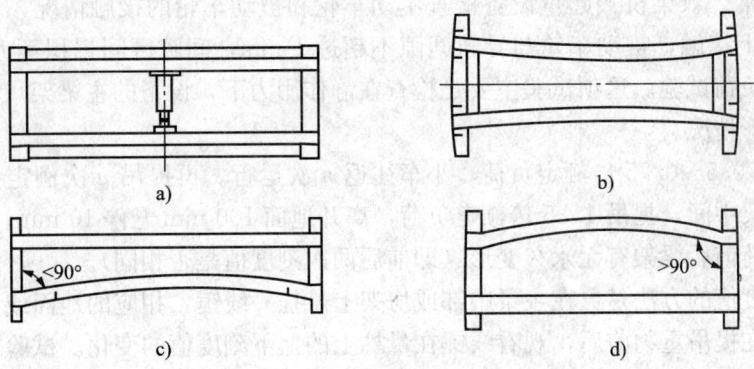

图 7—55 主梁侧弯的矫正示意图
a) 割开走台板施顶法 b) 端梁弯曲矫正法 c) 单梁内弯矫正法 d) 单梁外弯矫正法

3) 腹板呈波浪形。腹板呈波浪形与主梁的下挠度有着相互影响,所以矫正腹板波浪形时要考虑到主梁下挠度的变形。

修理的方法多用火焰加热配用锤击的方法。首先是修理凸峰,以 50～100 mm 直径并呈现螺旋轨迹的火焰加热修理部位至 200～800℃时,立即用平锤进行锤击,先锤击加热边沿,再锤击中间凸峰处,略带凸起就停止,因冷却后还要收缩,凸峰消除后,凹处也会随之减轻。

4) 主梁对角线相对差超差。主梁对角线相对差超差,即主梁架由矩形变为平行四边形,会引起大车运行啃轨。修理的方法是加热主梁与端梁的连接处,并用拉具帮助矫正。当主梁与端梁垂直时,则应用加热法修理端梁。

(2) 车轮啃轨。啃轨又称咬道,它是指设备大车或小车的车轮轮缘与导轨侧面的严重抵触,导致运行中摩擦阻力加大,产生振动和响声,并造成车辆过早损坏。

啃轨的原因主要是车轮偏斜(如水平和垂直偏斜),是由于主梁的变形而产生的,解决主梁的变形是根本性的问题。但在不能进行主梁变形修理时,则可采用移动小车轨道、调整车轮的方法。尤其是两个主动轮的水平、垂直偏斜量力求相同,并且要注意两个轮的偏斜方向应相反。

(3) 小车"三条腿"的修理。小车"三条腿"是指小车的 4 个车轮有 1 个悬空或轮压很小的故障。其修理方法是调整小车 4 个车轮安装水平面内的一致性,或是加垫调整导轨的局部凹陷。

2. 桥式起重机定期负荷试验

定期负荷试验是对起重设备必须经常定期做的一项确保安全运行的工作。

(1) 试验前的准备。关闭电源,检查各连接部位的紧固情况;检查提吊机构的状况;检查电气系统中的绝缘电阻;检查设备负荷试验及试验场地的安全防护措施,尤其是参加试验人员的高空作业、触电等防护措施;准备试验重物。

(2) 无负荷设备空车试验。主要是检查设备的行走机构是否正常运行。用手转动各制动轮，所有传动机构运动应平稳无卡住现象。分别开动各机构，从低速到额定速度运行，平稳无冲击和振动现象。各种开关试验灵活可靠。大、小车全行程往返 3 次试验，动作平稳正常。双梁桥式起重设备检查主动车轮和被动车轮的接触情况，主动车轮应在导轨全长上接触，被动车轮与导轨间隙不超过 1 mm，间隙区间累积不大于 2 m。

(3) 静负荷试验。这项试验主要是检查在静作用力下，设备的主梁架（桥架）的承载能力和变形情况。

1) 提吊 0.5~0.75 倍额定负荷，小车往返 n 次运行。再提吊 n 次额定负荷后，将小车停在主梁中间，提吊 1.25 倍额定负荷，离开地面 100 mm 悬停 10 min。卸去负荷，检查提吊负荷前后梁架有无永久变形（即前后两次刻度值是否相同）。

观察刻度值的方法是：在主梁中部或房架上悬挂一线锤，相应的地面或主梁中部安置一量柱。在提吊重物前后，观看线锤在量柱上的上下刻度值的变化。试验要反复进行两次。

2) 上述试验结束后，将小车开至主梁端部，检测主梁架上拱度。要求：

$$\Delta = L_Q/1\,000 \pm 0.3 L_Q/1\,000$$

式中　Δ——上拱度，mm；

　　　L_Q——起重设备的跨度，mm。

3) 检查主梁的拱度（弹性变形），即将小车放置在主梁架端部，在主梁中部放置量柱，测出主梁架刻线值（相对于零点），然后将小车开至中部，并提吊额定负荷离地面 100 mm，检查此时主梁架受重力的下挠度刻线值，要求下挠度刻线值 $\delta \leqslant L_Q/700$（mm）。

4) 静负荷试验后，全面检查金属构件的焊接质量和机械的连接质量，并检查电动机、制动器、卷筒轴承座及各减速器的固定螺钉是否松动，若松动应予紧固。

(4) 动负荷试验。提吊 1.1 倍额定负荷，分别开动各机构（也可同时开动两个机构）进行反复运转试验，各机构每次连续运转时间不宜过长，累积开动时间应不少于 10 min。各机构运动应平稳，制动装置、安全装置、限位装置的工作应灵敏、准确、可靠。各轴承及电气元件温度应在规定范围之内。

负荷试验应做好记录，将试验中所发现的问题与日常点检及定期检查记录相结合，总结出设备的常发事故、频发事故。根据设备的运行状况安排修理作业内容，包括小修或项修，必要时进行大修理。

三、X52K 型铣床的数字化改造

1. 普通机床数字化改造方案的确定

(1) 数控机床改造的一般步骤。将普通机床改造成为数控机床是一项技术性很强的工作，必须根据加工对象的要求和工厂的实际情况，制定出切合实际的技术改造方案。机床改造设计的一般步骤如下：

1) 对加工对象进行工艺分析，确定工艺方案。被加工工件既是机床改造的依据，又是机床改造以后加工的对象，不同技术要求的工件，其加工方法不同，对机床的要求也不相同。

2) 分析被改造的机床，确定被改造机床的类型。在确定机床改造方案时，可根据制定的工艺方案初步选定被改造机床的类型，然后对被选定的机床进行认真分析，了解被改造机床的技术规格、技术状况、各部之间联系尺寸等，分析机床能否适应改装要求以及经济性等，最终确定被改造机床的型号。

3) 拟定技术措施，制定改造方案。根据加工对象的要求和被改造机床的实际情况，拟定应该采取的技术措施。在制定改造方案的过程中，应充分进行技术经济分析，力求使改造后的机床不仅满足技术性能的要求，还能获得最佳的经济效益，使技术的先进性与经济的合理性较好地统一起来。

4) 进行机床改造的技术设计。

5) 绘制机床改造工作图。

6) 整机安装和调试。

(2) 数控机床改造主要技术方案的选择。技术方案的拟定是机床改造工作中最重要的一环，其方案的选择和确定不仅影响被改造的机床能否满足技术要求，而且影响到改造效果和经济性，必须在认真调查研究的基础上，进行充分的论证。以下就技术方案拟定过程中的几个问题做一些讨论。

1) 控制系统与自动化程度。数控机床由于其在机床上的先进性和经济上的合理性，近年来已在国内外得到大力发展，各种新型的数控机床不断出现，但因全功能数控机床的控制系统造价较高，目前主要适用于单件、小批量生产中加工精度较高、形状比较复杂的零件。随着经济型数控机床自动化功能的增加，在一定程度上，采用经济型数控系统的机床完全能替代全功能数控机床的工作。经济型数控系统具有结构简单、操作方便、价格便宜等优点，近年来在我国已在数控机床改造当中得到广泛的应用。

2) 控制类型。通常控制系统按照有无检测反馈装置分为开环系统和闭环系统，开环系统无位置检测反馈装置，其加工精度由执行元件和传动机构来保证，定位精度一般为± 0.01 mm，少数可达± 0.005 mm。它的优点是系统结构简单，调试维修方便，工作稳定可靠，成本较低，适合于精度一般的中小型机床，也是目前在数控改造中应用最广泛的一种控制系统。

3) 伺服驱动系统。伺服驱动装置系统的选择和决定，不仅直接影响到改装后机床的工作性能，而且在机床改造费用中占较大比重，对机床改造成本往往起决定作用。

目前，在数控机床改造中常用的驱动器件是步进电动机、电脉冲马达、直流伺服电动机、交流伺服电动机，这些驱动器件配以适当的功放装置，组成伺服驱动系统。

各种步进电动机，特别是近年来出现的混合式等新型步进电动机，其性能更好，价格便宜，应用于数控机床改造中经济型数控机床的开环系统和闭环系统中。

2. 步进电动机的选择

在机床数控改造中，合理地选用步进电动机是比较复杂的问题，也是机床改造设计能否取得成功的关键。

(1) 步进电动机的选型。首先，根据步进电动机启动矩频特性和进行矩频特性，初步选择步进电动机型号。这两种矩频特性的好与不好主要表现在两个方面：一是在频率范围内,步进电动机所提供的力矩的大小;二是随着频率的增加,力矩的变化是否平缓。把两种矩频特性比较好的步进电动机作为初选电动机。

步进电动机型号选定后,一些参数就确定下来了,可根据步进电动机工作方式确定步距角。

(2) 步进电动机选用的基本原则

1) 步距角 α。步距角应满足:

$$\alpha \leqslant \frac{\alpha_{\min}}{i}$$

式中　i——传动比;

　　　$\alpha_{\min}$——系统对步进电动机所驱动部件的最小转角。

2) 精度。步进电动机的精度可用步距误差或累积误差衡量。累积误差是指转子从任意位置开始,经过任意步后,转子的实际转角与理论转角之差的最大值。用累积误差衡量精度比较实用,所选用的步进电动机满足:

$$\Delta\theta_m \leqslant i[\Delta\theta_s]$$

式中　$\Delta\theta_m$——步进电动机的累积误差;

　　　$[\Delta\theta_s]$——系统对步进电动机所驱动部件的转角。

3) 转矩。为了使步进电动机正常运行(不失步、不越步)、正常启动并满足对转速的要求,必须考虑:

①启动力矩。一般启动力矩选取为:

$$M_q \geqslant \frac{M_{i0}}{0.3 \sim 0.5}$$

式中　M_q——电动机启动力矩;

　　　M_{i0}——电动机静负载力矩。

根据步进电动机的相数和拍数,启动力矩选取见表7—7。$M_{\max}$为步进电动机的最大静转矩,是步进电动机技术数据中给出的,见表7—8、表7—9、表7—10。

②运行力矩。在要求的运行频率范围内,电动机运行力矩应大于电动机的静载力矩与电动机转动惯量(包括负载的转动惯量)引起的惯性矩之和。

表7—7　　　　　　步进电动机相数、拍数和启动力矩

运行方式	相数	3	3	4	4	5	5	6	6
	拍数	3	6	4	8	5	10	6	12
$M_q/M_{\max}$		0.5	0.866	0.707	0.707	0.809	0.951	0.866	0.866

③启动频率。由于步进电动机的启动频率随着力矩和转动惯量的增大而降低,因此相应负载力矩和转动惯量的极限启动频率应满足:

$$f_i \geqslant [f_{0q}]_m$$

式中　f_i——极限启动频率;

　　　$[f_{0q}]_m$——要求步进电动机最高启动频率。

表 7—8 反应式步进电动机技术指标

序号	型号	步距角 (°)	最大静转矩 (N·cm)	主要技术数据 最高空载启动 (step/s)	运行频率 (step/s)	相数	电压 (V)	相电流 (A)	外形尺寸 (mm) 外径	长度	轴径	重力 (N)	备注
1	28BF001	3/6	1.8	1 800		3	27	0.8	28	30	3	0.75	
2	36BF002—1	3/6	5	1 900		3	27	0.5	36	42	4	2	002—Ⅱ为双轴伸
3	36BF003	1.5/3	8	3 100		3	27	1.5	36	45	4	2	003—Ⅰ为双轴伸
4	45BF003—1	1.5/3	20	3 700	12 000	1	60	2	45	82	4	3.6	
5	45BF005—1	1.5/3	20	2 000		3	27	3.5	45	58	4	4	
6	45BF006	1.875/3.75	25	2 500		3	27	2.5	45	58	4	4	
7	55BF001	7.5/15	38	750		3	27	2.5	55	72	6	8	
8	55BF002	7.5/15	25	850		3	27	2.5	55	62	6	6.5	
9	65BF002	7.5/15	25	350		3	24	1	55	62	6	7.2	双轴伸
10	55BF003	1.5/3	70	1 800		3	27	3	55	72	6	8.3	
11	55BF004	1.5/3	50	2 200		3	27	3	55	62	6	6.5	
12	55BF004—1	1.5/3	50	550		3	27	0.5	55	60	6	8	
13	55BF005	3.75/7.5	35	1 300		4	30	3	55	60	6	7	
14	55BF009	0.9/1.8	80	2 500		4	27	3.5	55	72	6	7.8	009—Ⅰ为双轴伸
15	70BF001	1.5/3	40	4 000	16 000	5	60	3.5	70	90	8	16	
16	70BF003	1.5/3	80	1 700		3	27	3	70	63	8	12	
17	70BF004	0.9/1.8	90	2 100		4	27	3	70	63	8	12	

续表

序号	型号	步距角 (°)	最大静转矩 (N·cm)	最高空载启动 (step/s)	运行频率 (step/s)	相数	电压 (V)	相电流 (A)	外形尺寸 (mm) 外径	外形尺寸 (mm) 长度	外形尺寸 (mm) 轴径	重力 (N)	备注
18	75BF001	1.5/3	40	1 750		3	24	3	75	55	6	10	
19	75BF001—1	1.5/3	40	1 750		3	24	3	75	55	6	10	
20	75BF003	1.5/3	90	1 250		3	30	4	75	77	8	15.8	
21	75BF003—1	1.5/3	90	1 250		3	30	4	75	77	8	15.8	双轴伸
22	75BF004	1.5/3	50	2 500	16 000	3	80	5.8	75	77	6	12.5	
23	90BF001	0.9/1.8	400	2 000	8 000	4	80	7	90	148	9	45	
24	90BF002	0.75/1.5	400	3 800	16 000	5	80	7	90	148	9	45	
25	90BF003	1.5/3	200	1 500	8 000	5	60	5	90	125	9	42	003—Ⅰ为双轴伸
26	90BF004	0.75/1.5	250	4 000	10 000	5	60	7	90	118	9	30	004—Ⅰ为双轴伸
27	90BF006	0.36/0.72	220	2 400	7 000	5	24	3	90	70	9	30	
28	90BF004	0.75/1.5	800	1 500		3	80	6	110	160	11	60	
29	110BF004	0.75/1.5	500	500		3	30	4	110	112	11	55	004—Ⅰ为双轴伸
30	130BF001	0.75/1.5	950	3 000	16 000	5	80/12	10	130	165	14	100	
31	150BF002	0.75/1.5	1 380	2 800	8 000	5	80/12	12	150	155	φ181；10 K	140	
32	150BF003	0.75/1.5	1 570	2 600	8 000	5	80/12	13	150	180	φ181；10 K	165	003—Ⅰ为双轴伸
33	200BF001	0.17	1 680	1 100	11 000	5	24	4	200	100	φ181；10 K	20.6	

表 7—9　　　　　　　　　　　混合式步进电动机技术指标

型号	相数	步距角(°)	相电压(V)	相电流(A)	最大静转矩(N·cm)	定位转矩(N·cm)	每相电阻(Ω)	每相电感(mH)	转子转动惯量(kg·cm²)	分配方式
39BYG001	4	3.6	12	0.16	53	2.45	75	70	17	双四拍
39BYG001-1	4	3.6	12	0.16	53	2.45	75	70	17	双四拍
39BYG002	4	1.8	12	0.16	58.8	2.45	75	65	17	双四拍
39BYG002-1	4	1.8	12	0.16	58.8	2.45	75	65	17	双四拍
42BYG111	2	0.9	12	0.24	78	>2.45	28	22	27	双四拍
42BYG121	2	1.8	12	0.24	78	>2.45	28	65	17	双四拍
42BYG131	4	1.8	12	0.16	49	>2.45	75	65	17	双四拍
42BYG131-1	4	1.8	12	0.16	49	>2.45	75	65	17	双四拍
42BYG008	4	1.8	32	0.38	76.5	>15	17	13.7	17	双四拍
57BYG008	4	1.8	4	1.3	490	20	3.1	4.5	115	双四拍

表 7—10　　　　　　　　　　　五相混合式步进电动机技术指标

型号	步距角(°)	最大转矩(N·cm)	静转矩(N·cm)	转子转动惯量(kg·cm²)	最高运行频率(kHz)	最高启动频率(kHz)	最大相电流(A)	每相电阻(Ω)	每相电感(mH)
86BYG007		110	120	0.7		2.4	1.25	2.1	7.0
86BYG007-1		200	220	1.2		1.9	1.15	3.5	15
86BYG007-Ⅱ	0.72/0.36	300	360	1.8	30	2.5	2.8	1.0	4.6
110BYG007		630	680	7.5		1.8	5.0	0.3	1.9
110BY007-1		945	1 030	11.5		1.8	5.0	0.37	3.4

四、设备修理工作中新技术、新工艺、新材料的应用

1. 新技术应用（刷镀技术）

（1）刷镀的特点与适用范围

1）特点

①刷镀不仅能增大零件的局部尺寸，还可提高零件的耐磨性（如镀铬、镀铁、镀铜）、抗腐蚀性（如镀锌、镀镍）和表面导电性（如镀银）。

②由于刷镀过程是在低温下进行，因而基体金属性质几乎不受影响，原先的热处理效果不会改变，零件也不会因受热而发生变形。

③镀层与基体间的结合强度高，与热喷涂相比，修复部位的抗冲击性较好。

2）适用范围

①修复磨损量不大的机械零件，特别是精密零件或量具，恢复其几何形状和尺寸。

②修复大型、贵重零件机加工中尺寸超差或修补其表面划伤、凹坑及斑蚀等。

③修补槽镀产品的缺陷或完成槽镀难以完成的作业。

④修复日常生活中的家用器具,如自行车钢圈、台灯杆、电风扇、折叠桌椅等金属器件。

⑤改善材料的表面性能,如改善钎焊性,作为零件局部渗碳、渗氮等的保护层及喷涂层的过渡层等。

⑥在工艺美术、建筑装潢等领域的广泛应用,如在某些工艺品、餐具上镀金。

小面积、薄覆盖层修复时,采用刷镀的方法可以收到良好的效果。但是在镀覆大面积、大厚度的工件和大批量生产时,其经济效益就不如槽镀,这是刷镀的局限性。

(2) 设备

1) 刷镀电源。刷镀电源按输出额定电流的大小分成几个等级,构成一个系列。常用的有10型、30型、60型和150型。

刷镀层厚度用所耗的电量来控制,其关系式为:

$$\delta = \frac{Q}{cs}$$

式中 δ——刷镀层厚度,μm;

Q——刷镀时消耗电量,$A \cdot h$;

s——刷镀面积,dm^2;

c——刷镀液耗电系数。

安培小时计的分辨率为 0.001 $A \cdot h$,即消耗 1 $A \cdot h$ 电量,计数器走 1 000 个字。若刷镀时安培小时计总走字数为 z 个,则 $\delta = z \times 10^3 / (cs)$。因此,只要控制安培小时计的走字数 z,就可以控制刷镀层的厚度。

2) 刷镀笔。刷镀笔是刷镀的主要工具,它主要由导电柄和阳极组成,其结构如图 7—56 所示。

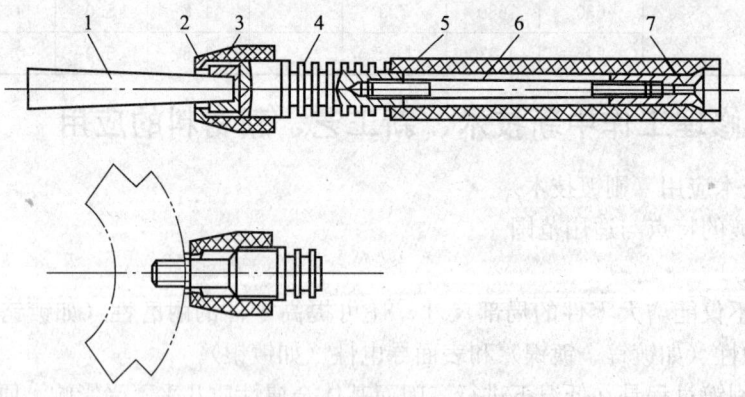

图 7—56 刷镀笔结构图

1—阳极 2—O型密封圈 3—锁紧螺母 4—柄体 5—绝缘套 6—导电螺栓 7—电源插座

(3) 刷镀溶液。刷镀溶液是刷镀过程的主要物质,其性能及质量的好坏,对刷镀层质量有关键性影响。常用的有预处理溶液和金属刷镀溶液两种。

1) 预处理溶液

①电净液。电净液具有较强的去污能力和轻度除铁锈能力,各种金属材料都可由电

净液清洗。

②活化液。活化液是用于对金属表面进行活化处理的溶液。活化液的性质、使用范围及工艺条件见表7—11。

表7—11　　　　　　　　活化液的性质、使用范围及工艺条件

名称	性质	使用范围	工艺条件
1号	无色透明酸性溶液 pH＝0.2	不锈钢、高碳钢、高合金钢或旧的镍、铬层等	电压6～20V正接或反接
2号	无色透明酸性溶液 pH＝0.6～0.8	铝及铝合金。对钢腐蚀快，可用于去毛刺等	电压8～20V正接
3号	淡绿色透明酸性溶液 pH＝4	高碳钢、铸铁、特种合金钢。一般不单独使用，主要用于去除其他活化液活化后残留于表面的杂物	电压15～25V正接
4号	无色透明酸性溶液	用于其他活化液活化后仍难镀的金属材料。常用于去毛刺或剥蚀镀层	电压6～14V反接

注：刷镀笔接正极为正接，接负级为反接。

2) 金属刷镀溶液。金属刷镀溶液物化参数及用途见表7—12。

表7—12　　　　　　　　金属刷渡溶液物化参数及用途

镀液名称	颜色	pH值(26℃)	金属离子含量(g/L)	密度(g/cm³)	工作电压(V)	阴阳极相对运动速度(m/min)	耗电系数 C	主要用途及性能
快速镍	蓝绿色	～7.5	50	1.15	8～20	9～24	0.104	在铁、铝、铜和不锈钢上都有较好的结合力，用来恢复尺寸和作耐磨层
特殊镍	深绿色	＜2	85	1.23	10～18	5～10	0.744	适用于铸铁、合金钢、镍、铬、铜、铝等材料的过渡层或耐磨表面层
低应力镍	绿色	2～4	75	1.20	10～16	6～10	0.214	镀层组织致密，镀层内具有压应力，可作防护镀层用组合镀层的"夹心层"
半光亮镍	绿色	2～4	62	1.20	6～20	6～15	0.122	镀层表面光洁，抗腐蚀性和耐磨性较好
镍—钨	深绿色	2～3	85	1.30	10～15	4～12	0.214	镀层致密，耐磨性很好，具有一定的耐热性能，可作耐磨表面

(4) 镀层质量

1) 刷镀层与基体金属的结合强度。金属刷镀层在各种钢、铸铁、铝、铜等常用金属材料上均有良好的结合强度。

2) 刷镀层组织结构和硬度

①刷镀层组织结构。金属刷镀溶液种类很多，不同镀液所获得的镀层组织结构不同。

②刷镀层硬度。一般来说，镍及其合金的刷镀层硬度较高，可达 40～65HRC，能满足多数零件的使用要求，因而多用来修复零件的耐磨处或用来强化零件的表面。

3) 镀层的耐磨性。一般认为，快速镍、特殊镍和镍－钨合金的耐磨性与 20Cr 渗碳、42CrMo 渗氮、45 钢淬火的耐磨性相差不大。环块试验机和滑动磨损试验的试验结果表明，镍－钨合金镀层的耐磨性比快速镍镀层要高一些。

(5) 影响刷镀层质量的主要因素

1) 工作电压和电流。一般来说，电压低时，电流小，沉积速度慢，获得的镀层光滑细密、内应力小；而电压高时，沉积速度快，生产率高，但容易使镀层粗糙、发黑，甚至烧伤。

2) 阴阳极相对运动速度。阴阳极相对运动速度过低，易使镀层粗糙、脆化，有些镀层会发黑甚至烧伤；相对运动速度过高，会使电流效率和沉积速度降低，甚至不能沉积金属，并加剧阳极包套的磨损。

3) 镀液和工件温度。工件最好和镀液都预热到 50℃左右起镀，但一般不许超过70℃。

4) 镀液的洁净。各种镀液不能交叉使用。更换镀液时应清洗各部位。一般全部使用旧镀液或在新镀液中渗入 50%左右旧镀液，都会使刷镀生产率降低。

2. 新工艺应用（不停机堵漏工艺）

(1) 不停机堵漏技术的应用范围及特点。不停机堵漏技术，是在设备系统不停机（工）的状态下，对设备的局部泄漏点进行堵漏。用粘接剂密封，依靠系统热量迅速固化，从而完全止住泄漏，保证设备正常运行。

1) 常用范围

①石油和化工设备。

②冶金设备。

③矿山设备。

④城市煤气系统配管、水管，大中型工厂所用的输送各种气体、液体的设备及管道。

2) 特点

①能显著提高经济效益。

②处理及时，灵活方便。

③能消除事故隐患，避免事故发生。

④堵漏时不需要系统降压、停机，有时堵漏前不需要对泄漏处进行除锈和去污处理。

⑤利用被堵设备和流体介质温度，往往使密封用粘接剂迅速固化，提高了工作效率。

(2) 几种堵漏方法

1) 直管和容器的堵漏

①单纯粘接法。选择合适的粘接剂或自制胶泥，对泄漏点直接堵塞，使粘接剂或胶泥固化后粘接强度大于泄漏点压力即可。它适用于低压或负压的液体和气体。

②夹具法。根据泄漏点的实际情况，设计制作金属夹具，利用拧紧金属夹具上的螺钉将填料或粘接剂箍缚在管道泄漏处的方法称为夹具法。

圆形夹具的结构有整体式和剖分式两种，如图7—57所示。圆形夹具堵漏操作方便，效果可靠，具有永久性。

T形螺栓夹具堵漏如图7—58所示。夹具材料一般可用低碳钢，对腐蚀性介质进行堵漏时，可采用不锈钢特殊材料。它适用于中、高压的管道和容器的泄漏。可承受7MPa以上的压力，应急效果好，修补操作方便，但需制作专门的夹具。

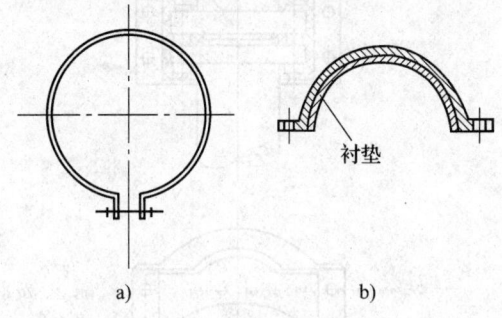
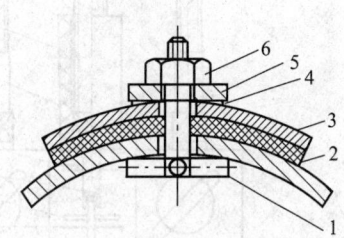

图7—57 管道堵漏的圆形夹具
a) 整体式 b) 剖分式

图7—58 T形螺栓夹具堵漏
1—T形活络式螺栓 2—玻璃布 3—外覆钢板
4—涂胶石棉垫 5—钢垫片 6—螺母

③磁铁压固。粘贴法堵漏如图7—59所示，适用于表面较平整的小孔隙泄漏。引流放大法堵漏如图7—60所示。

复粘法与前面粘贴法相同，等粘接剂固化后取下磁铁，再用耐高温、耐压力的粘接剂涂覆在外表层以提高粘接强度。这种方法适用于油面或高温处堵漏。

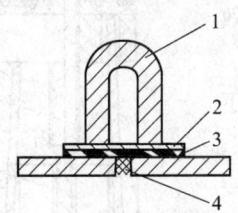
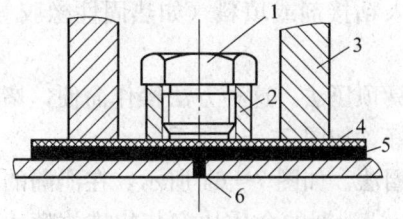

图7—59 粘贴法堵漏
1—磁铁 2—非磁性材料
3—粘接剂 4—细软棉纱

图7—60 引流放大法堵漏
1—闷头螺栓 2—内螺纹短节 3—磁铁
4—橡胶 5—粘接剂 6—漏洞

④机械压固。双压法如图7—61所示，其机构是双压法堵漏工具的一种。这种堵漏方法泄漏介质一般不与粘接剂接触，因此，选择粘接剂时可以不受介质特性的限制。

二步法堵漏过程分为两步，第一步与双压法相同，即用铝铆钉堵住泄漏点，周围涂上厚厚的一层粘接剂,而不再对粘接剂施加压力。待其固化后即可拆除堵漏工具。

2) 法兰的堵漏

①金属罩法。采用这种方法,是将泄漏的法兰部位罩住(将钢管与金属罩的接触部位焊死,再在两半金属罩之间加充塞物),金属罩形式如图7—62所示。这种方法适用于中、高压泄漏场合,堵漏效果好,但局限于焊接的材料,在严禁明火的场合不能使用,操作安全性欠佳。

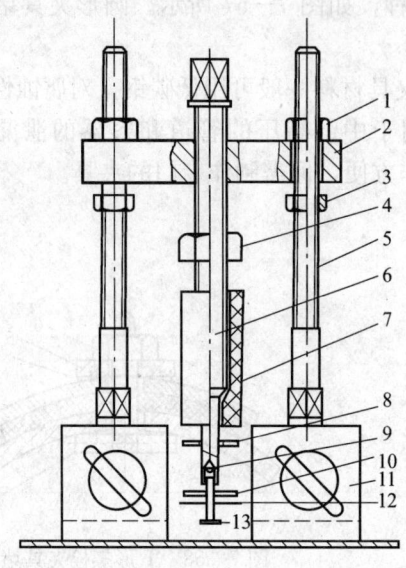

图7—61 双压式堵漏工具

1、3、4—螺母 2—固定板 5—丝杆 6—主螺杆
7—下降套 8—橡胶垫 9—钢珠 10—薄铁圈
11—磁铁 12—涂胶布层 13—铆钉

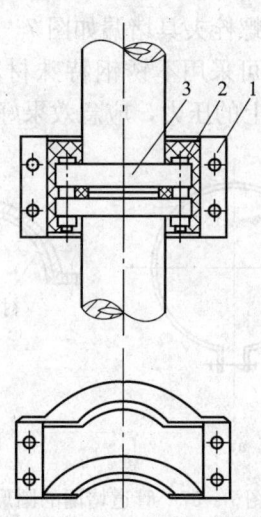

图7—62 焊接金属罩堵漏

1—金属罩 2—充塞物 3—法兰

②缠绕加固法。在泄漏的法兰周围先牢固地缠绕上金属或玻璃钢带,然后从卸下法兰螺栓的孔内向法兰结合部位的间隙中注入粘接剂或填料(如热固性橡胶等),形成堵漏效果。

③工具顶压法。这种方法操作简便,堵漏效果迅速,工具通用性好,如图7—63所示。

④夹圈法。如图7—64所示,在泄漏的法兰外面套上一个夹圈2,让泄漏的介质从安装的排放嘴4流出。当从注料口3注入粘接剂料时,在注枪的压力下,粘接剂料充满整个缝隙,待其固化后,即形成密封堵漏的作用。

⑤套环注入堵漏法。这种方法可在高压、高温状态下发挥较好的堵漏效果。但制作套环工序较复杂,因而成本高,一般仅用在比较重要的场合,如图7—65所示。

3) 堵漏材料。常用的密封填料和充塞物见表7—13。

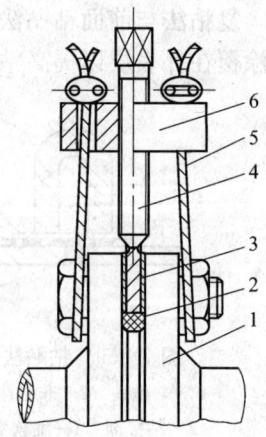

图7—63 工具顶压法堵漏

1—法兰 2—充塞物
3—卡块 4—顶压螺杆
5—绳 6—三孔杠杆

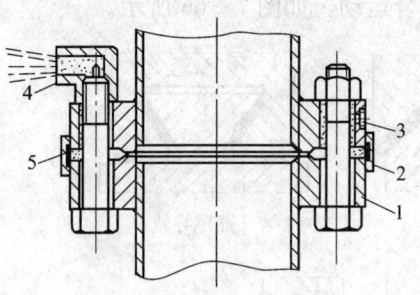
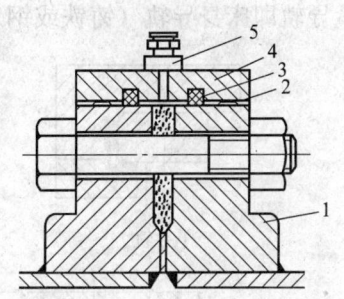

图 7—64 夹圈法堵漏　　　　　图 7—65 套环注入堵漏示意图
1—法兰　2—夹圈　3—注料口　　1—法兰　2—固定衬垫的行架环（金属爪）
4—排放嘴　5—衬垫　　　　　　3—衬垫　4—套环　5—单向阀

表 7—13　　　　　常用密封填料和充塞物

类 别		材 料	主 要 性 能
纤维	矿物纤维	石棉	柔软，耐高温、耐冲击性好，多孔质，气密性不好
	人造纤维	玻璃纤维、石墨纤维、陶瓷纤维	
弹塑性体	橡胶	天然橡胶、合成橡胶	天然橡胶机械强度好，弹性、耐低温性及耐冲击性较好，合成橡胶一般耐油性、耐臭氧、耐水性好
	塑料	塑料、尼龙、聚乙烯、酚醛塑料	润滑性较好，耐磨性高，耐蠕变性较差
无机材料	石墨	天然石墨、焙烧炭	润滑性好，耐高温、耐蚀性好，膨胀性好
	工程陶瓷	氧化铝瓷、氧化硅、滑石瓷、硼化铬	硬度、耐磨性好，耐高温
金 属 材 料		铅、铝、锌、锡、铜、喷涂粉末	耐油，耐高温性较好，柔软性较好

3. 新材料应用（贴塑导轨）

（1）贴塑导轨的应用及修理

1）主要特点。这是一种金属对塑料的摩擦形式，属滑动摩擦导轨。导轨的一个滑动面上贴有一层抗磨软带，另一个滑动面通常是高分子复合材料。塑料导轨材料含有固体润滑剂微粒，具有良好的自润滑性质。同时它具有刚度好，动、静摩擦因数差值小，耐磨性好，无爬行，减振性好等特点。贴塑导轨还具有施工简单和维修方便等优点。

2）贴塑导轨的工艺过程

①表面处理。由于分子结构上的特点，一般软带表面具有不可粘性，严重影响其应用，故必须对其表面进行处理及配套专用粘接剂方可使用。

②粘接剂。粘接剂是一种以双组酚 A 型环氧树脂为主剂、异氰酸脂为固化剂，并有液体橡胶为增韧剂的双组酚室温固化的粘接剂。

③粘接工艺。塑料软带通常情况下是粘接于机床的动导轨即工作台或滑板上，使它

与支承导轨即床身导轨（铸铁或钢）的表面配合运动，如图7—66所示。

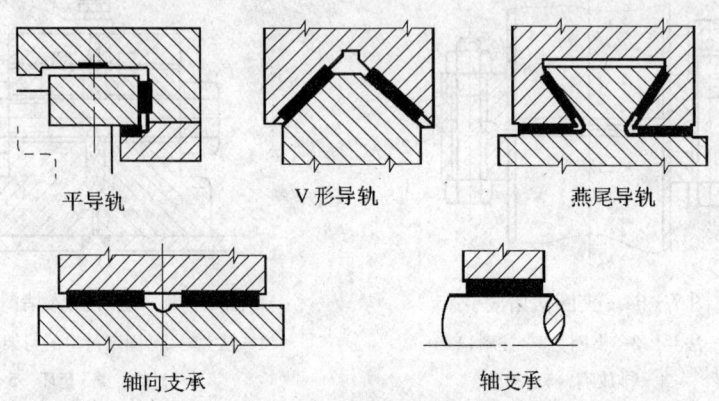

图7—66 软带应用部位

粘接时，先用清洗剂（如丙酮、三氯乙烯和全氯乙烯）彻底清洗被粘贴导轨面，切不可使用汽油或酒精，因为它们会在被清洗表面残留一层薄膜，影响粘接效果。清洗后用白色的擦布反复擦拭，直至擦不出任何污迹为止。另外，塑料软带的粘贴面（黑褐色表面）也应该用清洗剂擦拭干净。然后用配套的粘接剂分别均匀涂敷在软带和导轨粘接面上，为了保证粘接可靠，被贴导轨面应纵向涂抹，而塑料软带的粘接面则沿横向涂抹。粘贴时，从一端向另一端缓慢挤压，以利赶跑气泡，粘贴后在导轨面上施加一定压力加以固化。为保证粘接剂充分扩散和硬化，一般在室温下固化时间在24 h以上。通常情况下粘接剂用量约500 g/m²，粘接层厚度约0.1 mm，接触压力为0.05～0.1 MPa（见图7—67）。

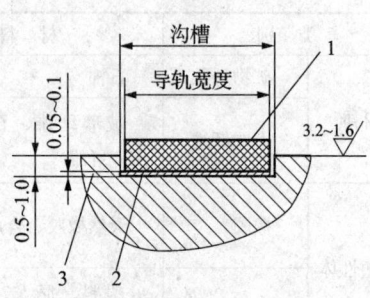

图7—67 贴塑导轨的粘接
1—导轨软带 2—粘接材料 3—粘接层厚度

④制作油槽。在软带上开油槽，油槽的形状因要求而异（见图7—68）。V形油槽应为倒角状，底部内角为圆角，避免产生局部的应力集中。进油孔应位于油槽的中央，其直径尺寸应略大于油槽的宽度。

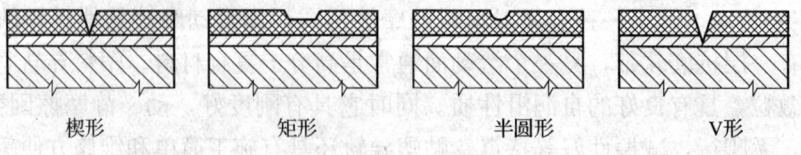

图7—68 油槽形状

⑤精加工。对于贴塑导轨均需要进行精加工，通常采用手工刮研方法。刮研的目的主要有：改善接触情况，工作台或滑板导轨面与相配的床身导轨面配刮，要达到8～10点/（25 mm×25 mm），导轨中间部分接触较轻一些。改善润滑性能，由于贴塑导轨表面经过刮研后，其表面所形成的低凹部分容易储存润滑油，移动部件在运动中则形成一层油膜，有效地改善了导轨润滑性能。

3) 贴塑导轨的维修。支承导轨的材料，一般采用铸铁或镶钢。为了提高导轨的耐磨性，导轨应淬硬。由于软带的硬度低于金属，故磨损往往发生在软带上，维修只需要更换软带。软带备有各种厚度规格，可根据需要选取。

(2) 注塑导轨的应用及修理。注塑涂层材料是由环氧树脂为基材的填有某些填料的糊状混合物和环氧树脂呈液态状固化剂组成。这种材料固化后具有摩擦因数低、耐磨性高、收缩率小、成形性好、与金属附着力强、有足够的硬度和强度、施工工艺简单、维修方便等优点，因此得到广泛的应用。

1) 预加工。涂层材料应注射在机床导轨副的短导轨面上，而对其相配的导轨面（支承导轨面）则需要用周边导轨磨削工艺方法加工，表面粗糙度要求为 $R_a 0.8\ \mu m$。为了保证涂层材料能和导轨不同金属材料（如铸铁、钢或铜等）牢固地结合在一起，需要对其进行预加工，不同导轨的加工形式如图 7—69 所示。

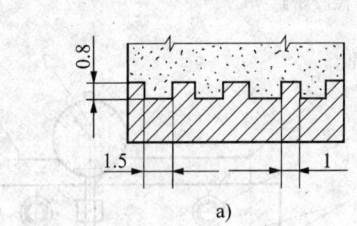 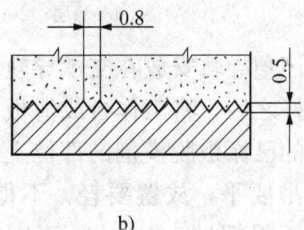

图 7—69 导轨的加工形式
a) 用梳刀刨 b) 用尖刀刨

①用梳刀刨。适用于基体材料是灰铸铁、球墨铸铁、钢等情况。
②用 60°尖刀刨。适用于灰铸铁材料。
③用端面铣。用盘铣刀进行端面铣削，对钢或铜也适用，但铣削后需进行喷砂处理。刀具一般采用 60°三角不重磨刀片，背吃刀量 $a_p = 0.3 \sim 0.4$ mm，进给量 $f = 3 \sim 3.5$ mm/r。

2) 注塑工艺过程。掌握注射塑料导轨工艺技术，对保证注塑导轨的质量非常重要。可按下列工序进行：

①用脱模剂涂敷支承导轨面。首先将支承导轨面用丙酮清洗干净，去除油污和脏物。然后用毛刷将脱模剂均匀地涂敷在上面，约等 10 min 左右吹干，干燥后的脱模剂呈乳白色。用一块软质擦布在干燥的脱模剂表面轻轻擦拭，直到其表面不再有强光闪烁为止。

②清洗被涂层导轨表面。为了使涂层材料能够牢固地附着在导轨表面上，清洗工序是十分重要的，最好采用丙酮清洗，切不可用汽油或酒精，因为效果不好。清洗后的导轨面不能再用手触摸，以防弄脏。

③粘贴密封条。为了防止涂层材料在注塑过程中从导轨两侧间隙中流失，同时保证注塑导轨具有一定厚度，导轨的两侧需要加工成支承边形式（见图 7—70a）或者采用橡胶密封条用 502 胶粘贴（见图 7—70b），两种边缘密封方式则根据具体结构需要而异。采用支承边密封方式的优点是注塑时调整精度方便，缺点是涂层导轨面高出支承边的高度尺寸受到一定限制，一般只有 0.05～0.10 mm，因为高度尺寸过大，涂层材料

就会从导轨边缘流失。采用橡胶密封条密封方式的最大优点是可保证较厚的涂层厚度，在同样条件下其磨损期限较长，缺点是注塑时调整比较困难。

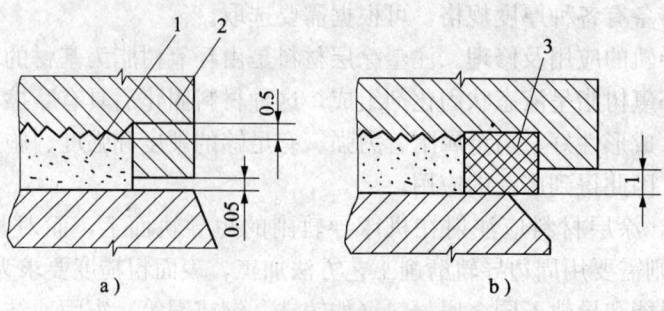

图7—70 截面密封方式
a) 支承边形式 b) 橡胶密封条形式
1—涂层 2—支承边 3—橡胶密封条

④翻转被注塑导轨安放在支承导轨上。橡胶密封条粘贴好之后，将工作台或滑板翻转安放在支承导轨的已涂敷脱模剂的部位上。在安放过程中，起吊要平，放置要轻，不得偏斜，其最大偏斜量不得超过 0.5 mm，否则就可能损坏密封条。

⑤调整注塑夹具。为了保证被注塑导轨的位置精度，必须认真地对其进行精度调整。对于中小型机床的注塑是通过安装在滑板或工作台两端的专用夹具进行调整（见图7—71）夹具用螺钉4和工作台或滑板8连接在一起，压板2经修磨后与工作台或滑板8用螺钉4紧固，压板2和床身导轨1之间的间隙控制在0.05～0.10 mm。调整时，首先将置于注塑夹

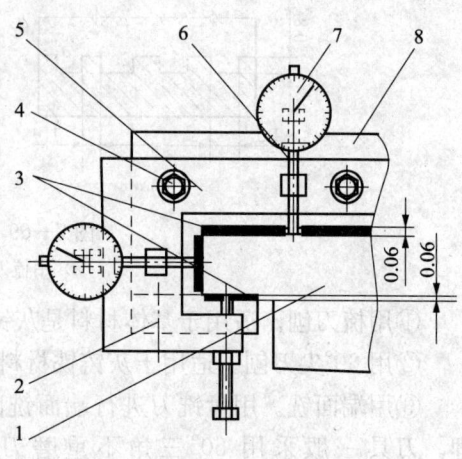

图7—71 滑板注塑调整示意图
1—导轨 2—压板 3—密封条 4—螺钉
5—注塑夹具 6—调整螺钉 7—百分表 8—滑板

具5上的垂直和水平位置的百分表7调整至零位，然后通过夹具上的调整螺钉6调整被注塑导轨的抬起量（涂层导轨厚度），一般为0.06 mm，两只百分表的偏摆数值应一致，最终将锁紧螺母紧固。应该特别注意的是，在紧固锁紧螺母时，切不可用力过大，以免造成那些较长的导轨的弯曲变形，以致在注塑结束后，松开调整螺钉6时导轨又恢复到原来形态，造成涂层厚度不均的现象。

⑥搅拌注塑材料。注塑材料在注塑前需要认真搅拌，通常情况下，固化剂是按照注塑材料的不同包装重量按比例已配好，搅拌时只需将固化剂直接混合，用一根塑料棒在包装盒中一起搅拌即可。

另外一种比较好的方法是用一个夹紧在台式钻床中的搅拌器（见图7—72），以200～300 r/min速度搅拌，搅拌的时间为2 min，因为搅拌时间过长，就会使涂层材料温度升高而影响其性能。另外，搅拌时特别应注意的是容器底部的注塑材料一定要和固化剂搅拌均匀，否则，注塑后部分材料就不能完全固化，致使注塑导轨出现部分地方达

不到最佳力学性能的现象。

⑦注塑。注入涂层材料是通过专用压注器进行的。压注器如图7—73所示,首先,将后盖3旋下,丝杠2、手把1和活塞5也同时取下,将已搅拌好的材料倒入储料筒4中(见图7—74),材料的残存气体在倒入过程中会自动排出,当材料灌满后,压上活塞5,旋进后盖3,开始注塑。先将压注器接头旋入注塑螺孔中,然后转动手把1,涂层材料就会缓缓地流向导轨间,此时应注意观察注塑夹具上的百分表,每只百分表的偏摆量不得大于0.01 mm。如果偏差数值过大,就应该立即调整注塑压力即减缓压注器手把的手旋速度。当涂层材料整齐地从被注塑导轨缝隙整个宽度方向溢出时,则表明整个过程结束。

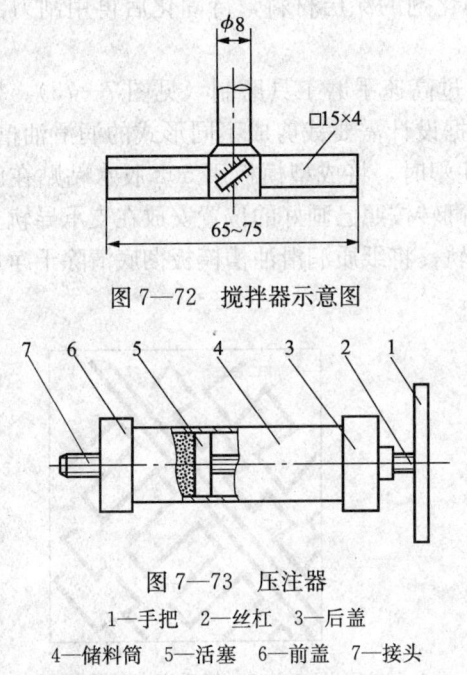

图7—72 搅拌器示意图

图7—73 压注器
1—手把 2—丝杠 3—后盖
4—储料筒 5—活塞 6—前盖 7—接头

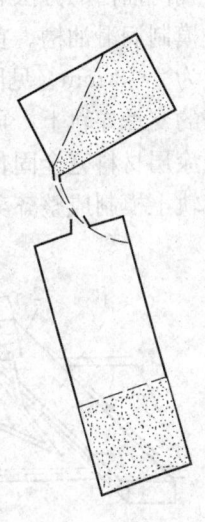

图7—74 倒入方法示意图

为了保证注塑导轨质量,按不同导轨长度对涂层的厚度(不包括齿槽)按表7—14选择。

表7—14　　　　　　　　　　涂层厚度表　　　　　　　　　　mm

导轨长度	涂层厚度	备注
400以下	2	
400~1 200	2.5	
1 200以上	2.5	增加一个出气口

⑧固化。涂层导轨的固化时间在室温条件下一般不少于16 h,在这段时间里,涂层导轨不允许有任何受压和振动。因此,一般应该安排在下午注塑,经过一夜时间的固化,次日便可拆除导轨注塑夹具。

⑨清理注塑器具。在注塑过程中不可避免地会使注塑夹具和压注器等工具粘上涂层材料。因此，在注塑工作结束后，所有器具应立即用丙酮清洗干净。

⑩分离被涂层导轨。首先，松开所有的紧固螺钉和调整螺钉，拆下注塑夹具，然后用一小型千斤顶或用一根撬杠，在被注塑导轨的适当位置上微微撬动，直至听到分离的声音，即可用吊车吊离。

⑪清除橡皮密封条。清理被涂层导轨，将其所有橡胶密封条拆下，对注塑导轨的四周和边角处多余的注塑材料用刮刀去除，最终用丙酮将涂层导轨彻底清洗干净。

⑫修补涂层导轨面，制作润滑油槽。经涂层后的导轨面上，有时会出现一些小的气孔，这就需要进行修补。首先用小刮刀或手电钻将出现气孔的部位清除干净，然后用丙酮擦洗，略等片刻，再补上适量的含有固化剂的涂层材料，待固化后再用刮刀刮平即可。

制作润滑油槽的方法有两种：一种通过高速手磨工具磨制（见图7—75）。另外一种方法是模制润滑油槽。首先用硬纸板根据设计需要裁剪成不同形式的润滑油槽模板，一般厚度为2～3 mm（见图7—76）。在注塑时，将成型模板用502胶水粘贴在已涂敷过脱模剂的支承导轨上，再将被涂层导轨翻转按照已画好的位置安放在支承导轨上进行注塑。当涂层材料完全固化后，分离开导轨，将纸质润滑油槽模板彻底清除干净，即会在涂层导轨上模制成整齐美观的润滑油槽。

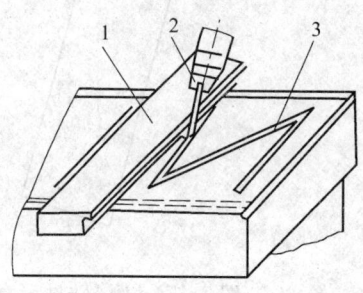

图7—75 手磨工具磨制润滑油槽
1—直尺 2—手动磨具 3—润滑油槽

图7—76 纸质润滑油槽模板

⑬手工刮研。手工刮研涂层导轨的目的主要是为了改善接触性能和润滑性能，经过手工刮研，导轨面的刀痕所形成的凹下部分可以存油，并在运动中形成油膜改善润滑性能。

3) 涂层导轨副的维修。由于涂层导轨副具有摩擦因数小、耐磨性好等优点，在正常使用情况下，其磨损量微乎其微。支承导轨常常采用铸铁经高频淬火，硬度值在53HRC以上。也可以采用镶装淬硬钢导轨，其硬度值在58HRC以上。无论采用何种材料导轨，均需要周边导轨磨削，磨削后其表面粗糙度值为$R_a 0.4\ \mu m$。在涂层导轨副中，由于硬度高、表面粗糙度值很小，使得导轨副中涂层导轨磨损量很小，其精度寿命可保持在三班运行10年以上。

在设备大修中，如果发现支承导轨面已有严重磨痕，涂层导轨两侧支承边已与塑料导轨面呈一平面，即涂层导轨已有严重磨损现象，就必须重新修磨支承导轨和重新注塑涂层，其修理方法如下：

①修磨支承导轨。按照出厂装配要求对支承导轨进行周边导轨磨削，对于普通机床导轨直线度允差为 0.01 mm/1 000mm，对于高精度数控机床导轨直线度允差为 0.005 mm/1 000 mm，表面粗糙度值为 $R_a 0.4\ \mu m$。

②涂层导轨的重新注塑。首先用錾子清除已磨损的涂层导轨，根据导轨原齿槽面的损坏情况，必要时需重新加工齿槽和支承边。齿槽面加工时应尽量粗糙些（$R_a 6.3 \sim 12.5\ \mu m$），以增加对涂层材料的附着力。另外一种方法是对已清除了塑料的导轨基体进行喷砂处理，砂粒直径为 0.25~0.5 mm，同样可达到较好的效果。在上述工作完成后，按照注塑工序重新注塑。

五、设备的节能技术改造实例

1. B220 型龙门刨床采用交流变频调速系统改造为龙门刨铣磨多功能机床

以 B220 型龙门刨床为例，原机床主传动系统采用的电动机扩大机、发电机、电动机组双电动机拖动方式，总装机容量为 355 kW，电耗高、噪声大、占地面积大。利用 VVVF 变频器对主传动系统进行改造，配以交流电动机、测速器组成闭环调速系统，由微型计算机控制 PLC 可编程控制器来完成龙门刨床工作台速度工艺流程及其他控制功能，如图 7—77 所示。

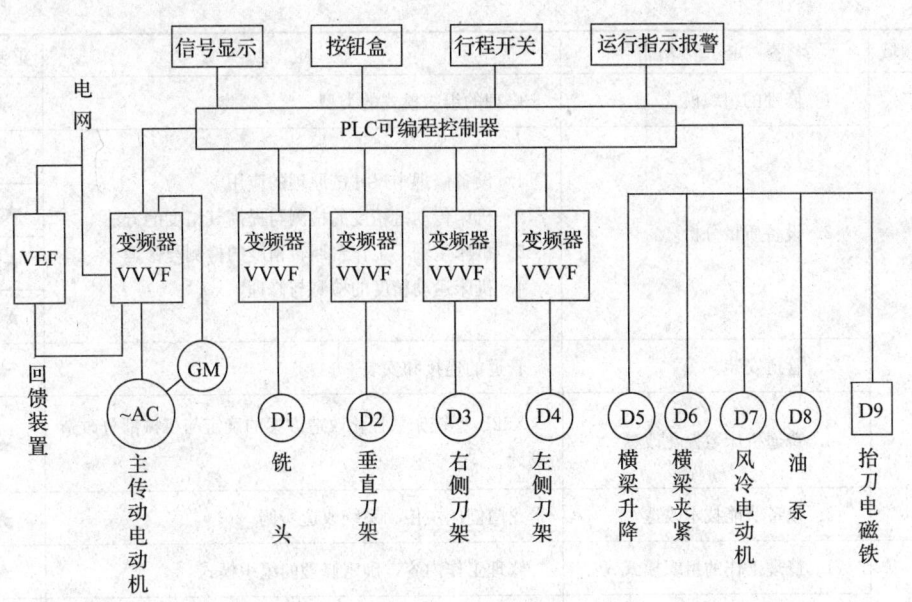

图 7—77 B220 型龙门刨床控制系统图

工作台主传动用变频驱动交流电动机代替原来的 K—F—D 系统中的机组，实现无级变速。左右侧刀架、垂直刀架分别由变频器驱动普通异步电动机实现进刀量的无级变速，铣头的主轴转速由变频器控制电动机实现无级变速。电控部分采用可编程无触点控制。工作台换向制动采用能量回馈装置，制动速度快，能量又回馈给电网。工作台的减速、换向采用高性能电子组合开关控制，寿命是机械组合开关的 5 倍，故障率仅为机械组合开关的 1/100。

2. 改造后龙门刨、铣、磨多功能机床的主要技术参数

(1) 工作台行程速度

1) 刨削 5~70 m/min 无级变速。

2) 铣削 0.08~2 m/min 无级变速。

3) 磨削 1~3 m/min 无级变速。

(2) 刨刀架进给范围

1) 垂直刀架：垂直 0.2~25 mm/次，水平 0.4~50 mm/次。

2) 侧刀架：垂直 0.4~50 mm/次。

(3) 刨刀架配变频铣头

1) 铣头主轴转速范围：72~540 r/min 无级变速。

2) 铣削横进刀量：0.04~1.6 m/min 无级变速。

3) 铣削纵进刀量：0.04~1.6 m/min 无级变速。

(4) 静差度≤3%（低速时）。

(5) 换向距离≤250 mm。

单元考核要点

行为领域	鉴定范围	鉴定点	重要程度
理论知识鉴定考核要点	1. 修理的组织模式	修理的组织模式的类型	★★
	2. 设备质量分析	1. 设备修理中尺寸链原理的应用	★★★
		2. 机床传动链精度的检测与提高其精度的方法	★★★
		3. 机床主轴、工作台回转精度的检测与修理	★★★
		4. 机床运动精度的检测与修理	★★★
	3. 管道安装	管道的连接和安装	★★
	4. 普通机床数控化改造	X52K 型铣床数控化改造方案的确定与机械部分改造设计	★★
	5. 设备节能技术改造	龙门刨床主传动系统改造实例	★★
操作技能鉴定考核要点	1. 修理工作的组织模式	修理工作内容，确定修理的组织模式	★★
	2. 复杂设备主要部件修理	1. Y38—1 型滚齿机床身修理	★★★
		2. 工作台部件与分度蜗轮副的修理	★★★
		3. 刀架立柱的修理	★★★
		4. 机床加工质量分析及故障消除方法	★★★

单元测试题

一、**单项选择题**（下列每题的选项中，只有1个是正确的，请将其代号填在横线空白处）

1. 下列机床中，传动链较多的机床是_____。
   A. 卧式车床　　　B. 立式车床　　　C. 镗床　　　D. 齿轮加工机床
2. 焊接硬聚乙烯管道时，自焊枪喷嘴外5~6 mm处气流温度以_____℃为最好。
   A. 250~260　　　B. 260~270　　　C. 280~290　　　D. 290~300
3. 对碳素钢管道进行多层焊时，第二层焊要填满焊缝的_____。
   A. 30%~50%　　　B. 50%~70%　　　C. 70%~80%　　　D. 80%~90%
4. 管道的组装吊装，一般是_____ m为一组吊装一次。
   A. 5~10　　　B. 10~15　　　C. 15~20　　　D. 20~30
5. 采用火焰矫正桥式起重机主梁时，加热温度在_____℃最为适宜。
   A. 200~500　　　B. 200~600　　　C. 200~700　　　D. 200~800
6. 对桥式起重机的动负荷试验，应提吊_____倍的额定负荷，分别开动1~2个机构进行反复运转试验。
   A. 1　　　B. 1.1　　　C. 1.5　　　D. 2
7. 机床数控化改造的依据是_____。
   A. 改造机床的类型　　B. 改造控制类型　　C. 伺服驱动系统　　D. 被加工工件
8. _____是由机械设备在线监测和诊断装置预报的实际情况来确定维修时机和内容。
   A. 事后维修　　　B. 定期维修　　　C. 视情维修　　　D. 机会维修
9. 在传动链中，各运动件的误差都按一定的传动比依次传递，以最后集中反映到末端件上，能使末端件的误差被缩小的条件就是总传动比_____。
   A. 小于1　　　B. 小于、等于1　　　C. 大于　　　D. 大于、等于1

二、**判断题**（下列判断正确的请打"√"，错误的打"×"）

1. 在机床精度标准中，规定为测量工作台在各方向上的直线度误差后，取其中最大一个直线度误差作为工作台的平面度误差。（　　）
2. 反应速度快，能及时处理设备临时故障的修理组织模式是集中模式。（　　）
3. 选择装配法是将尺寸链中组成环的公差放大到经济可行的程度，然后选择合适的零件进行装配，以保证规定的装配精度，即封闭环精度。（　　）
4. 刷镀工艺最好让零件和镀液在室温下起镀。（　　）
5. 贴塑导轨的特点是无须再进行精加工。（　　）
6. 对刷镀来说，电压低时，电流小，沉积速度慢，获得的镀层光滑细密，内应力小。（　　）
7. 用单纯粘接法应使粘接剂或胶泥固化后的粘接强度大于泄漏点压力，适用于中、

高压管道和容器的泄漏。　　　　　　　　　　　　　　　　　　　　　　　（　）

8. 在检验卧式镗床主轴箱垂直移动对工作台面的垂直度时，工作台应夹紧在零位，上下滑座也应夹紧，立柱上端只允许偏向工作台。　　　　　　　　　　　（　）

9. 在机床几何精度检验中，对于主轴的回转精度要进行动态的径向和轴向误差测量。　　　　　　　　　　　　　　　　　　　　　　　　　　　　　　　（　）

10. 检验双柱坐标镗床主轴箱水平直线移动对工作台的平行度时，测微仪的最大差值就是平行度误差。　　　　　　　　　　　　　　　　　　　　　　　　（　）

三、简答题

1. 设备修理的集中组织模式有什么优点？
2. 装配时怎样用调整法解尺寸链？
3. 测量坐标镗床的定位精度对修理现场有哪些要求？
4. 简述用火焰矫正法修理桥式起重机主梁下挠度的原理和方法。

四、技能题

第1题　刮研V形垫铁

(1) 图样。如图7—78所示。

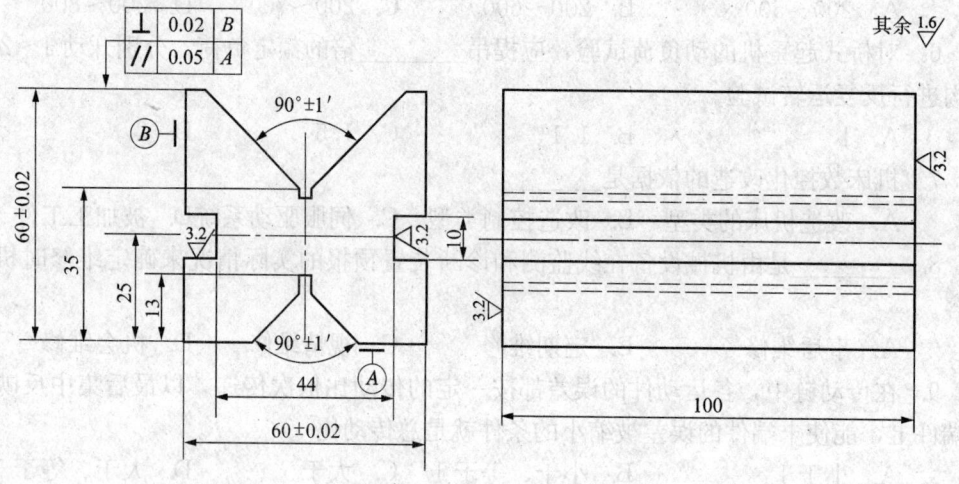

技术要求

1. 精刮 (60±0.02) mm 四个面、90°V形面四个面，研点＞18点/ (25 mm×25 mm)。
2. 90°V形面与 (60±0.02) mm 两侧面对称度 0.02 mm，且与上、下面平行度 0.02 mm。
3. 外形棱边倒角 C0.5。
4. 所有刮削平面度 0.01 mm。
5. 考核时间：10 h。

图7—78　刮研V形垫铁

(2) 准备工作

1) 考场准备

①按图样备料。铣（刨）成形，(60±0.02) mm 留量 0.2 mm，垂直度 0.02 mm，

表面粗糙度值 $R_a 3.2\ \mu m$；$90°\pm1'$ 两 V 形面与 60 mm 两侧对称度 0.02 mm，表面粗糙度值 $R_a 3.2\ \mu m$。

②刮研平台（带台虎钳）。
③砂轮机、衬垫木块。
④台灯、煤油、计算器。

2）考生准备。平面刮刀、锉刀、油石、显示剂、毛刷、棉纱、软钳口以及平板（300 mm×300 mm）、200～500 mm 刮研平尺、千分尺（50～75 mm、75～100 mm）、百分表（带表架）、量块（一组）、正弦规（200 mm）、25 mm×25 mm 检验方框、圆柱角尺、万能角尺、测量柱（$\phi 25$ mm×120 mm）等。

（3）考核时间：10 h。
（4）考核评分标准

序号	考核要求	配分	评分标准	实测结果	扣分	得分
1	(60±0.02) mm	10×2	超差 0.01 mm 扣 1 分，超差 0.02 mm 以上无分			
2	90°±1′	10×2	超差 1′扣 0.5 分，超差 4′以上无分			
3	90°V 形面与底面平行度	5×2	超差 0.01 mm 扣 1 分			
4	⊥ 0.02 B	5	超差 0.01 mm 扣 1 分，超差 0.02 mm 以上无分			
5	// 0.01 A	5	超差 0.01 mm 扣 1 分，超差 0.02 mm 以上无分			
6	90°V 形面对称度	10×2	超差 0.01 mm 扣 1 分，超差 0.05 mm 以上无分			
7	平面度	1×8	超差 0.01 mm 扣 1 分，超差 0.02 mm 以上无分			
8	研点	1×8	18 点以下至 12 点扣 0.5 分，12 点以下无分			
9	外观、倒角 C1	4	有明显缺陷、倒角过大或不均匀扣 1～4 分			
10	安全操作		违反操作规程酌情扣分			

第 2 题　修理万能外圆磨床滑鞍座导轨

（1）准备工作
1）考场准备
①万能外圆磨床一台。
②刮研平台、平板。
③吊链、龙门架。
④砂轮机、衬垫木块。
⑤煤油。
⑥棉纱。

2）考生准备。平面刮刀、锉刀、油石、显示剂、拆卸工具一套、锤子、旋具、塞尺、研磨滚柱器、百分表及表架、25 mm×25 mm 检验方框、毛刷等。

(2) 考核要求

1) 刮滑鞍导轨面：接触点 10～12 点/(25 mm×25 mm)，0.03 mm 塞尺插入 ≤20 mm。

2) 刮进给螺母装置面：全长平面度 0.02 mm，接触点＞8 点/(25 mm×25 mm)。

3) 研磨滚动导轨滚柱面圆度≤0.003 mm。

(3) 考核时间：8 h。

(4) 考核评分标准

序号	考 核 要 求	配分	评 分 标 准	扣分	得分
1	刮滑鞍导轨面：接触点 10～12 点 (25 mm×25 mm)，0.03 mm 塞尺插入 ≤20 mm	50	接触点 8～10 点/(25 mm×25 mm) 扣 10 分；＜8 点/(25 mm×25 mm) 无分；滑鞍导轨面密合程度 0.03 mm 塞尺插入 ≤25 mm 扣 10 分，＞25 mm 无分		
2	刮进给螺母装置面：全长 0.02 mm，接触点＞8 点/(25 mm×25 mm)	20	全长接触点 6～8 点/(25 mm×25 mm) 扣 5 分，＜6 点/(25 mm×25 mm) 无分		
3	研磨滚动导轨滚柱面圆度≤0.003 mm	30	超差 0.001 mm 扣 5 分，超差＞0.003 mm 以上无分		
4	安全操作		违反操作规程酌情扣分		

单元测试题答案

一、单项选择题

1. D 2. B 3. C 4. D 5. D 6. B 7. C 8. C 9. A

二、判断题

1. √ 2. × 3. √ 4. × 5. × 6. √ 7. × 8. √ 9. × 10. √

三、简答题

1. 答：(1) 能合理使用维修资源。

(2) 便于有计划地组织备品、备件的制造和供应。

(3) 有利于保证检修质量和提高工效。集中化程度越高，资源（尤其是人员）的利用率也越高。

(4) 有利于推行设备维修经济承包制。

(5) 易于控制设备及修理经费。

2. 答：用调整法解尺寸链时，改变调整环尺寸的方法有两种：可动调整法和固定调整法。

3. 答：测量坐标镗床的定位精度，是在机床修理现场进行的，室内温度和周围环境的变化，对定位精度的准确性会有影响。因此，坐标镗床的修理场地应注意下列要求：

(1) 要远离振源。坐标镗床修理场地，应与铁路、公路、锻锤、冲压机床、振实式造型机和其他冲击振动大的设备距离越远越好。

(2) 回避直射阳光。门窗的位置要不使阳光直射到机床，但光线必须要充足。

(3) 保持 20℃±1℃ 的恒温和小于 55% 的相对湿度。机床不得放在暖气、热风器、冷风器附近，局部冷热会引起机床变形而使测量不准。

4. 答：原理：当金属构件受热区处于压应力时，会产生压缩性变形。火焰矫正法即用这种特性对金属构件进行局部、不均匀的加热和冷却，用所产生的变形来补偿和矫正已产生的永久变形。

方法：采用火焰矫正法，加热温度在 200～800℃ 时最为适宜。火焰矫正的部位要进行合理的选择，切忌在同一部位反复多次矫正，并不应在主梁同一截面布置对称的加热区，火焰矫正后也不允许浇水急冷，主梁跨度中间部位不允许加热烘烤。实施火焰矫正法需要丰富的实践经验，掌握构件变形的规律，关键是火焰烘烤位置、加热区数量。可采用千斤顶的预应力辅助加热的方法，较快、较准地进行矫正，并且残余应力较小。

四、技能题（略）

第 8 单元

作业后检查

- 第一节　设备运行检查/333
- 第二节　企业技术改造项目验收/373

本单元主要分三部分。第一部分着重叙述设备生产线的试验要求及对不同生产规模的生产线的试验方法。第二部分是大型、精密、复杂设备的运行试验方法以及主要精度试验步骤、测量仪器的应用等。这些内容是高级技师应掌握的重点部分,因为检测不仅是机床验收的测量手段,也是设备维修时提供误差和诊断故障的手段。作为高级技师应了解本单位设备在检测时所需的较先进的仪器,不能仅限于本教材的内容。第三部分是机床运行试验的实例,主要是介绍机床验收、试车检查的全过程。

第一节　设备运行检查

→ 能指导设备生产线修理和安装后的整体运行试验工作
→ 能协助完成企业投产过程中的设备验收工作

一、设备生产线的试验

1. 工序检验与整条生产线工艺检验

(1) 工序检验。在生产线上各台设备分别完成不同的工序，检查这些工序工作精度主要是尺寸精度和形位精度的检查，尤其是零件精度的最后完成工序。一般生产线零件超差有两个主要原因：一是零件定位（夹具定位）不准确，主要是定位元件磨损，但这一类磨损比较缓慢，可采用定期检验控制其定位精度，一旦出现接近零件超差的磨损时，应及时予以调整和修复。二是刀具的尺寸磨损，这种磨损对生产线上零件加工的精度影响较快，一般在加工一定件数后就要抽验一次。

(2) 对每道工序工艺和整条生产线工艺的检验。生产线投入生产，其环境条件、生产节拍都与设备在修理基地修理后的工作精度试车不完全一样，所以要进行小批量的生产试运行。单台设备的工序工艺和整条生产线的工艺流程，都要通过正常生产线的小批量试生产进行检验。

1) 在对生产线修理过程中，有些设备已做改进，其性能、加工范围和精度有所提高。而有些设备在修理时会造成刚度减弱、精度降低，在小批量生产时，则要进行一些工序、工位的调整。有的设备根据具体情况，在设备安装就位时已做了一些调整，调整后的设备生产适应能力也要通过小批量的生产来验证。

2) 以正规的生产节拍进行小批量试生产时，还会发现一些工序工艺项目的不适应。要进行工件或刀具转速的调整、进给量的调整等。

3) 因为生产线上某些设备的加工精度提高或降低，所以要对测量检具进行调整，如塞规、卡规等。

4) 根据整条生产线的生产节拍去调整单台设备的生产节拍。

2. 小批量生产检验

生产线的零件工序检验有以下 3 种：

(1) 自检。这是操作工人在加工完一件零件后自行对零件的检查，采用工序所配的量具、检具，如在设备上安装百分表，以调好的百分表数值直接对零件加工部位进行检查；还可以采用塞规、卡规对本工序加工部位进行检查。自检的项目一般都是零件的普通精度。

(2) 抽检。这是对加工零件控制精度的检验保证，即在自检的基础上，由专业检验人员对零件的控制精度进行抽检，一般情况下可巡回抽检或在检验室采用专用检具或量具进行检查。

(3) 全检。这是对关键尺寸或形位误差进行的检验，即对该道工序的每件加工工件都要进行精度检查。有的零件检查后还要进行分组以供分组装配。

对于小批量试生产的零件检验应采取全检，即每道工序的工艺精度都要有加工检验和记录，以分析生产线的工艺合理性和准确性，从而分析生产线中每道工序工艺的合理性和可靠性。

3. 满负荷生产检验

满负荷生产是对系统工程能力的检验。供应部门、技术部门、辅助生产部门、生产部门等必须为了生产做组织、协调工作，以满足满负荷生产的要求。满负荷生产是根据企业的具体情况而制定的有关数量、质量、总产值及利润的计划。所以满负荷生产是在允许的最快生产节拍前提下所能完成的最大产量的生产。

如曲轴生产线一个月的产量为 2 600 件，按每月 26 个工作日，每天应生产 100 根曲轴。材料供应，锻件的生产，相应的刀，辅具供应，辅助材料的供应、毛坯和成品的运输等都应保证每天 100 根曲轴的出产。在其他部门可以保证的情况下，生产单位如何利用设备组织生产劳动则成为关键。

满负荷生产可以反映产品质量和生产的稳定性。从质量管理的角度，常用工程能力指数来表示。从工程能力指数的分析也可分析出设备的状况，这也是对修理生产线设备的一种验证方法。

工程能力指数是指稳定的生产过程的精度能满足产品质量要求的程度，也称工序能力系数，它直接反映工序状况。

工程能力是指工序能够稳定地生产某种质量的产品的能力，在机械工业中，一般用实际尺寸分布范围（即加工精度）来表示。在质量管理中，允许实际加工尺寸在 $\pm 3\sigma$ 的范围内波动，因为造成在 $\pm 3\sigma$ 范围内的尺寸差异的因素很多，如设备的振动、工模具的磨损等。

偶然性差异指在 $\pm 3\sigma$ 范围内的差异。系统性差异指在 $\pm 3\sigma$ 范围以外的差异。偶然性差异一般从技术上比较难找到原因，即使有可能，从经济上考虑也不必要。系统性差异是可以找到原因的，如设备严重磨损、工模具严重松动和磨损、原材料混号、工人误操作、量具不准、工艺选择错误等较明显的影响，找出原因便可及时解决。

工程能力指数用 C_p 值表示：

$$C_p = T/B = T/6\sigma$$

式中　T——质量标准（公差中心与加工件尺寸分布中心的差）；

　　　B——工程能力（加工精度）；

　　　6σ——工程能力。

通过数理统计和数理分析，可以利用公式进行运算，取得 C_p 值后，就可以根据工序能力指数判定标准表来鉴定工序的工作状态。工序能力指数判定标准表见表 8—1。

表 8—1　　　　　　　　　　　工序能力指数判定标准表

C_p 值	判　　断
$C_p > 1.33$	工序能力充分满足公差要求，但过大时应进行调整，尽量避免加工精度过高造成浪费
$C_p = 1.33$	理想状态
$1 < C_p < 1.33$	较理想状态，当 C_p 值接近 1 时，则有发生不合格品的可能性，应加强管理
$C_p < 1$	生产不稳定，工序能力不能满足公差要求，应采取措施提高工序能力，对零件进行全检

在生产线满负荷生产的过程中，常采用工序能力指数进行计算、对比（与标准）、分析，以此来检验设备的运行状况。

二、精密、大型、复杂设备的运行试验

1. 机床试验的类型

（1）机床验收试验。验收试验是为了检验新机床和修理后的机床是否符合规定的技术要求，其主要内容包括机床运转试验、噪声试验、爬行试验、几何精度和工作精度与载荷试验等。对有些机床的静刚度、抗振性及主传动的空载功率等也要进行抽查试验。

（2）新产品样机试验。这种试验与验收试验所不同的是，它要全面评估机床设计和制造工艺的技术水平是否达到预定的要求，同时还要找出需要改进的措施。其试验的项目和内容要比验收试验更广泛，测试的方法也更先进，试验的数据也更精确。

（3）机床研究试验。这是一种研制新型机床过程中，对准备采用的新结构、新材料、新系统等，在尚无先例可借鉴的情况下所进行的研究性试验。

2. 机床试验的条件、项目和内容

（1）机床试验的条件和试验前的准备工作

1）机床试验的条件。机床试验应在下述试验条件下进行：

①试验场地的面积一般不小于 50 m^2，被试验机床安装位置距离墙壁不得小于 2 m，在机床四周 2 m 范围内没有任何障碍物。

②机床安装位置避免阳光直射，并不受气流的影响。

③地基应符合机床说明书中的要求，支承点不得有虚浮现象，地脚螺钉的夹紧力应保持均匀。

④对于有恒温要求的机床，试验时室温应保证为 20℃±1℃；用线纹尺检验定位精度时，在试验过程中，室温波动不应超过±0.2℃。对于无恒温要求的机床，在试验过程中，室温波动不应超过±2℃。对温度波动不敏感的试验项目，如噪声、刚度和振动等，当条件不具备时，允许室温波动不超过±5℃。

2）机床试验前的准备工作。在样机试验之前，必须按照 GB/T 9061—2006《金属切削机床　通用技术条件》先行验收合格，在验收试验的基础上再进行样机试验，并作如下准备工作：

①按照机床说明书要求调整机床水平，保证不超过 0.02～0.04 mm/1 000 mm，按照出厂检验单冷检几何精度，记录数据。

②按照机床说明书要求注入润滑油，油量应符合要求，润滑油牌号应符合说明书规

定，不得以其他油脂代替。

③试验所用测试仪器和量仪，均应在试验前经过标定，要有检验合格证。对于有恒温条件的应先行静置24 h。

④被试验的机床必须进行高速空运转温升试验，绘出主要发热源和部件的高速温升曲线，并观察其工作是否正常。

⑤除特殊规定外，机床应在中速（1/2最大转速）空运转1 h后再进行试验。与测试结果无关的运动不必运转。

(2) 样机试验的项目和试验程序。样机试验的项目和试验程序如下：噪声试验、空运转振动试验、热变形试验、静刚度试验、主传动系统的功率和效率试验、切削抗振性试验、激振试验、定位精度试验、主轴回转精度试验、爬行试验、传动精度试验、加工精度试验、可靠性试验。

各类机床所应进行的样机试验项目见表8—2。但也可根据各类机床样机试验规范细则和试验单位的具体条件，因地制宜地选择上述试验项目或增加新的项目。表中※为应该进行的试验项目，(※)为可供选择的试验项目。数控机床以外的其他自动化机床，也应进行可靠性试验。

表8—2 　　　　　　　　　　各类机床试验项目

机床类别	噪声试验	空运转振动试验	热变形试验	静刚度试验	功率与效率试验	切削抗振性试验	激振试验	定位精度试验	回转精度试验	爬行试验	传动精度试验	加工精度试验	可靠性试验
车床	※	※	※	※	※	※	※	※	(※)	※	※	※	
精密车床	※	※	※	※	※	※	※	※	※		※	※	
自动车床	※	(※)			※							※	※
铣床	※	※	※	※	※	※	※	(※)	(※)		※	※	
镗床	※	※	※	※	※	※	※	※				※	
钻床	※	※			※							※	
磨床	※	※	※	※	※	※	※		※			※	
齿轮加工机床	※	※	※	※	※	※		※			※	※	
螺纹加工机床	※	※	※	※	※	※		※			※	※	
数控机床	※	※	※	※	※	※	※	※	※	※	※	※	※

(3) 试验的内容

1) 机床噪声试验。机床噪声试验的内容，包括测定机床总噪声水平（噪声评价）和寻找机床的主要噪声源。为测定总噪声水平，推荐采用声功率试验的工程法。在试验条件不具备的情况下，允许按照《金属切削机床噪声声压级测量方法》（GB/T 16769—1997）测量机床噪声的声压级（A声级）。为了更确切地反映出噪声的总能量和有利于制定抑制噪声的对策,在测试仪器允许的条件下,应对噪声进行频谱分析,找出机床的主要噪声源。

2) 空运转振动试验。机床的零部件由于制造精度不良、回转体不平衡、液压系统油液的脉动和周期切削力等,将激起机床结构系统的强迫振动,从而影响加工工件的质量,如影响圆度和表面粗糙度;即使某些绝对振动的振幅远远小于刀具和工件间的相对振幅而并不严重影响加工精度,也会使操作者感到不安,因此,应进行空运转的绝对振动试验和相对振动试验。

空运转绝对振动试验的敏感点应靠近切削位置,或较能正确反映切削点振动的位置,可只测量若干高速级的绝对振动值。

对于精密机床,应在静止和空运转状态下测量主轴箱的绝对振动。测量静止状态下的绝对振动,是为了测定外界振动对精密机床的影响。

3) 热变形试验。机床因受热变形而引起的几何精度与定位精度的变化,往往超过规定公差的若干倍,因此它已成为机床制造业中普遍重视的问题。

热变形试验可以分为直接试验法和间接试验法。前者指在典型切削工艺条件下加工一批典型工作,直接测定机床受热引起的综合变形,可作为"加工精度"试验项目处理;后者则指在机床运转或模拟状态下,测量机床的几何精度变化,主要测定主轴和定位元件的位移,以及热检几何精度的指定项目。

4) 静刚度试验。静刚度通常是指系统上作用力与引起作用力方向的位移之比。机床在切削力作用下必将产生一定的弹性位移。机床静刚度试验是将切削力模拟为静力,观察机床在静态切削力作用下的变形情况。机床验收时,以此位移量的大小作为评价静刚度的依据。

为了评价机床的综合刚度,某些机床的样机试验应进行弹性位移分配试验,即在模拟静态切削力的情况下,将机床各部件的位移值折算到加载位置,观察各部件的位移在总位移量中所占的分量,用以分析各部件刚度及其对机床综合刚度的影响。

提高机床薄弱环节的静刚度,对提高机床综合刚度的效果是很显著的。机床零件静刚度的试验与改进,则属于研究试验的内容。

5) 主传动系统的功率和效率试验。机床电动机的输出功率,除了一部分作为切削时的有效功率外,其余部分就成为机床传动链中的摩擦损耗。因此,这项试验适用于传动链较长的主传动系统。

试验内容包括逐级测定机床空载时的消耗功率,加载时电动机、机床的输出功率,电动机效率,主传动系统效率以及机床的总效率。

6) 切削抗振性试验。切削抗振性试验是在规定的切削条件下(包括工件材料和刀具材料与几何参数等),以极限切削宽度 b_{lim} 和切削过程中的功率利用率作为评价指标进行的。切削过程中的功率利用率,表征了在单位时间内机床可以进行工作的金属切除率,也就是粗加工工序时机床的潜在生产率。

试验内容包括满功率切削试验、有限功率(≤0.7电动机额定功率)切削试验和极限切削宽度试验。由操作者通过触觉、听觉以及观察切削表面的波纹和敏感方向的振幅来判断颤振的起始点。

7) 激振试验。激振试验是在工件和刀具之间，利用激振器模拟与切削力大小和方向相似的作用力进行激振，通过对机床系统的频率响应，测定被测机床的动态特性。对于新产品样机试验，可用类比法评价机床的抗振性是否符合要求；在机床研究试验中，则应通过有限元计算和模型试验来评定和提高机床的动态特性。

8) 定位精度试验。机床的定位误差对机床（特别是精密机床和高精度级多坐标工作的机床）的加工精度有直接影响，它综合反映了机床测量系统、进给系统、伺服系统和构件系统的精度及各种特性的影响。

定位精度试验包括直线坐标定位精度试验和回转坐标定位精度试验。试验内容有全程定位精度、重复定位精度、原点复归精度以及微量位移精度等的测量与分析。

9) 主轴回转精度试验。主轴在轴承中回转时，由于零件精度和装配质量等原因，轴的瞬时回转轴线往往与理想回转轴线不一致，因而产生回转运动误差。通过对轴的运动轨迹进行连续的动态测量，可以测出这种运动误差。分析这种误差，将有助于预测机床所能达到的加工精度，探寻提高主轴回转精度的措施。

10) 爬行试验。爬行试验又称运动不均匀性试验。机床进给系统的移动部件，在以较低速度做直线运动时，往往产生进给速度的周期变化，即所谓爬行现象。对于要求工作运动平稳的机床，如磨床、龙门铣床等，需要进行此项试验。这项试验的目的是，检验机床移动部件相对于导轨瞬时相对速度的波动值是否在允许的范围之内和确定产生爬行现象的临界速度。

11) 传动精度试验。传动精度试验只在封闭传动链的传动比要求稳定的机床上进行，主要是齿轮和螺纹加工机床。这些机床的连续分度运动要求传动链具有精确的传动比，以保证工件的加工精度。传动精度不仅是机床精度的评价指标，而且通过试验与分析，可以找出产生传动误差的轴系或元件，从而采取必要措施，以便提高传动精度或补偿误差。

12) 加工精度试验。工件的加工精度包括尺寸精度、位置精度和表面粗糙度，它综合地反映了机床的工作精度以及非机床因素产生的误差，如工件、加工方法、测量方法和操作等。

加工精度试验分为典型试件法和统计分析法。前者是在规定的工作条件下精加工典型试件，以其加工精度作为判断依据；后者是选择一定批量（25～50 件）的试件，通过顺序精加工后对试件误差进行统计分析，找出成批精加工的系统性误差的变化趋势和偶然性误差。

13) 可靠性试验。所谓可靠性，就是在规定的条件下和规定的时间内，机床完成规定功能的能力。可靠性试验仅对自动化机床和数控机床进行。

机床应连续 8 h 空运转自动工作循环而无故障，每循环之间的休止不得超过 1 min。达不到 8 h 无故障条件时，必须重做试验，直到满足这一条件为止。根据机床自动化循环的复杂程度，连续空运转时间可延长到 16 h 或 24 h。

自动循环包括机床的所有功能及工作范围，即应在增加困难条件下进行试验。在试验过程中应随时观察记录机床的工作情况。

3. 机床几何精度检验

检验机床几何精度的仪器种类很多,在中级工以后的教材里已陆续作了介绍,本节只介绍一种激光准直仪检验机床导轨直线度的方法。

(1) 激光准直仪的原理与结构。激光准直仪一般由氦氖激光器、发射望远镜、光电目标靶、显示器或记录装置等组成,如图8—1所示。

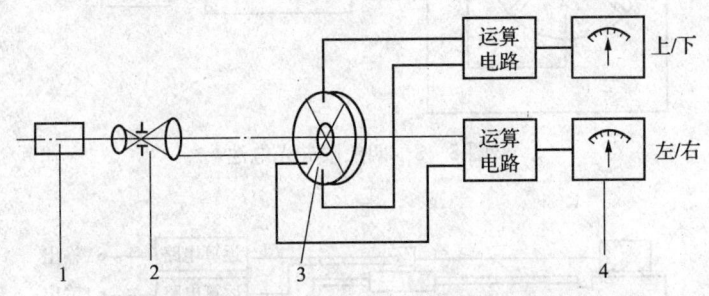

图8—1 激光准直仪示意图
1—氦氖激光器 2—发射望远镜 3—光电目标靶 4—显示器

由激光器1发出的激光束,经发射望远镜2准直,变为直径为10 mm左右的光束,然后射向光电目标靶3,靶上装有指示象限的光电元件,当光束的中心对准靶3的中心时,光电元件的输出为零,如果光电目标靶发生偏移,则光电元件就发出偏离信号,然后通过显示器4或记录装置记录偏移量的大小和方向。

1) 准直用氦氖激光器。在测量过程中,要求激光器能输出可见光,以便于观察和调整,所以一般都采用激光波长为 $0.632\,8\mu m$ 的氦氖激光器作为光源。这种激光器所输出的激光束,在传输相当长的距离内各截面的光强在径向方向都是呈正态分布的,因此光束分布中心的连线可以构成一直线,这就是激光准直仪的基准线。激光器本身还可保证光源稳定,不随时间变化而偏移。

2) 发射望远镜。发射望远镜是由物镜 L_2、目镜 L_1 及光阑 A 所组成,如图8—2所示。发射望远镜的主要作用是缩小发散角及加大光束直径。加光阑的目的是进一步改善光束的质量,并减少杂散光,使光斑的边缘整齐清晰。

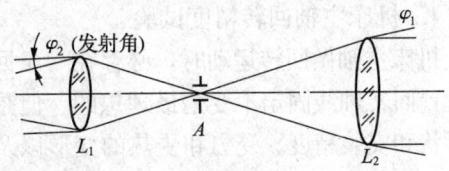

图8—2 发射望远镜系统

3) 光电目标靶。为了定量地指示偏移量,需要在目标靶上装光电探测器,把所接收的光信号转换成电信号,然后用显示器显示出来。最常用的光电探测器是四象限硅光电池,如图8—3所示。图中1、2、3、4是四块对称的硅光电池,其分界线呈十字形,上下相对应的两个光电池接成差动式,用来检测垂直方向的位移;左右相对的两个光电池同样接成差动式,用来检测水平方向的位移。四个硅光电池需经严格挑选,以保证它们的光电特性相同,配置位置也应十分准确。

(2) 应用实例。图8—4所示为应用激光准直仪测量车床床鞍运动的直线度。为了避免外来振动的影响,准直仪1固定在床身4上,在床鞍3上安放有光电目标靶2,其输出经运算电路,用记录装置记录下来。

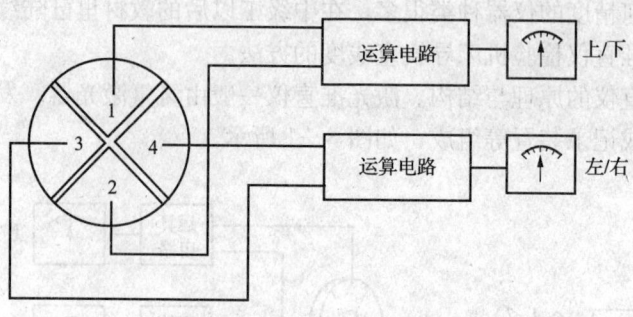

图 8—3 四象限硅光电池

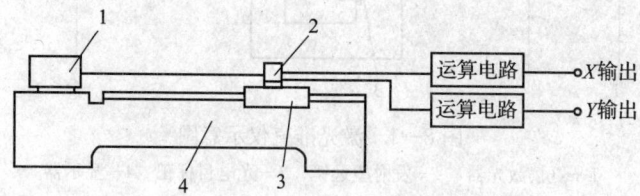

图 8—4 用激光准直仪测量导轨直线度
1—激光准直仪 2—光电目标靶 3—床鞍 4—床身

图 8—5 所示是利用激光准直仪测量导轨的垂直度。测量时需增加一个光学附件——五角棱镜，这种棱镜有一特性，即无论五角棱镜放置是否准确，它的入射与出射光始终保持 90°，这样可以避免由于五角棱镜安装误差所造成的测量误差。

此外，激光准直仪还可以应用于大型设备的安装和装配。

4. 机床主轴回转精度试验

机床主轴做回转运动时，必存在一条回转轴线，在空间位置回转轴线固定不变是最理想的。但是由于主轴轴承的形状和安装精度、受力和受热的变形以及润滑等因素的影响，都会使主轴在回转时的轴线不稳定，回转中心的实

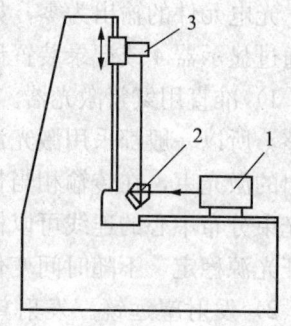

图 8—5 用激光准直仪测量导轨垂直度
1—激光准直仪 2—五角棱镜 3—光电目标靶

际位置每瞬时都在变化，其变化规律有周期性的，也有随机性的。这会影响工件的加工精度和表面质量，所以，特别是对精密机床，主轴回转精度是机床精度一项重要的指标。

（1）主轴回转运动精度。主轴某一瞬时的回转中心叫做瞬时回转中心，它随时间与主轴回转角的不同而变化，即瞬时回转中心的变化量是时间与回转角的函数，可以下式表示：

$$\delta = f(t, \psi)$$

式中 t——时间；

ψ——主轴回转角度。

瞬时回转中心的变化范围叫做主轴回转精度，它是以瞬时回转中心与理想回转中心的分散度来表示的；而主轴回转运动的误差，则是以瞬时回转中心与理想回转中心之间的相

对位移来表示的,它随测量位置和方向的不同而异,所以主轴回转精度误差是向量。

主轴回转精度是指主轴的实际回转位置与理论回转位置相接近的程度,但在实际测量中,总是以工件与刀具之间的相对位置变化来测定和分析的,因此,实际上定义的主轴回转精度是主轴回转精度同机床结构振动的总和。

(2) 主轴回转误差运动。为了便于分析研究,可将主轴回转误差运动分解为三种基本运动:

1) 纯轴向运动。纯轴向运动是指主轴回转轴线平行于理论回转轴线并沿轴向方向的漂移运动。如图 8—6a 所示,ab 沿 Y 轴方向漂移到 $a'b'$,其纯轴向运动误差以 ΔY 表示。

2) 纯径向运动。纯径向运动是指主轴回转轴线平行于理论回转轴线并沿 OX 或 OZ 方向的漂移运动,其误差以 ΔR 表示,如图 8—6b 所示。

3) 纯角度运动。纯角度运动是指主轴回转轴线与理论轴线成倾斜角的运动,即绕 OX 轴、OZ 轴的角度漂移运动。角度漂移运动本身是空间的运动,所以可同时绕 OX 和 OZ 两轴转动,如图 8—6c 所示。

上述三种纯运动同径向振摆、轴向窜动及端面振摆不同,后三者实际上是前三者不同的组合形式,并包括有测量部位本身的各种误差。

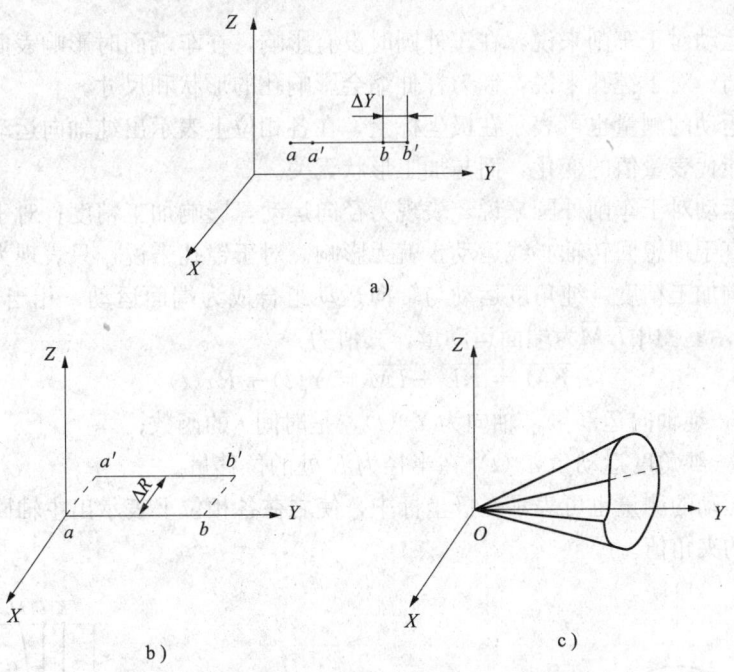

图 8—6 主轴回转误差运动的基本运动
a) 纯轴向运动 b) 纯径向运动 c) 纯角度运动

纯径向运动是不便于测量的,只能测量在理想回转轴线上某一点处的垂直剖面内的误差运动,称为径向误差运动,它是纯径向运动和纯角度运动的合成。对于车床类机床来说,工件旋转,刀具固定,如图 8—7 所示。当主轴的回转轴心线在垂直方向(OY)上偏离了 h 距离,因此造成工件的径向尺寸误差为 ΔR,则:

$$(\Delta R + R)^2 = R^2 + h^2$$

得：

$$\Delta R \approx \frac{h^2}{2R}$$

式中 R 为工件的半径。

设 $R=50$ mm，$h=0.01$ mm，则：

$$\Delta R = \frac{(0.01)^2}{2 \times 50} \text{ mm} = \frac{0.0001}{100} \text{ mm}$$

(3) 误差敏感方向。由以上分析可以看出，主轴在做回转运动时，OY 方向的误差运动对于加工的影响无足轻重。但是在 OX 方向上，即刀尖至工件的理想回转轴心这一距离如果有任何误差，都将直接反映在工件上。因此，对车床来说，就称这个固定的方向为敏感方向。在镗床类机床中，刀具旋转，工件固定，刀具在任何径向的误差运动都直接反映到工件上，因此，刀尖至理想回转轴心的连线即为敏感方向，对镗床类机床的主轴回转运动精度的测量必须在这个随主轴一起回转的误差敏感方向上进行。

对于径向误差运动的测量，当表示在极坐标上，便在不同相位上表现出回转轴心线偏离理想轴心线的放大了的距离，这个图像最好能和工件加工后在同一横剖面上的形状相似。

纯轴向运动对于车削来说，在车外圆时没有影响，在车端面时影响表面粗糙度和端面形状的凹凸。对于镗孔来说，镗刀杆伸缩会影响孔的形状和尺寸。

纯轴向运动的测量也可表示在极坐标上，在各相位上表示出纯轴向运动放大了的位移量，但只能代表量值的变化，而与加工形状无关。

纯角度运动对于车削外圆来说，表现为径向运动，影响加工精度；对于车端面，只要刀具沿垂直于理想回转轴心线运动，就无影响。对于镗孔来说，只表现为径向运动的一部分，影响加工精度。纯角度运动与轴向运动组合成为端面运动，相当于端面振摆，如图 8—8 所示。图中 $\overline{KM}$ 为端面运动量，其值为：

$$\overline{KM} = \overline{KL} + \overline{LM} = Y(t) + Ra(t)$$

式中 $\overline{KL}$——纯轴向运动量，轴向为 $Y(t)$，是时间 t 的函数；

$\overline{LM}$——纯角度运动量 $\alpha(t)$ 在半径为 R 处的位移量。

纯角度运动的测量也可表示在极坐标中，使之在各相位上表示出主轴回转轴心线与理想轴心线的夹角值。

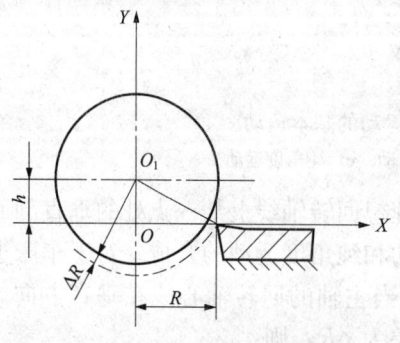

图 8—7 车削时径向误差

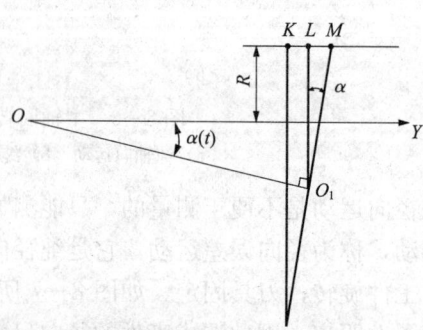

图 8—8 端面运动

5. 机床传动精度试验

对传动链较多的复杂机床（如滚齿机）传动精度的试验方法和对试验的分析处理简述如下：

（1）滚齿机传动仪的试验方法。滚齿机传动仪主要用于测量滚齿机传动链的动态精度或分别测量平均累积误差和周期性误差，并可将得到的误差曲线描绘在记录纸上。仪器的测量精度可达±1″（角度），能满足一般精度的滚齿机的测量。此外，如果增加适当夹具，还可以测量蜗轮副、齿轮箱或其他连续旋转机构的传动精度。

1）仪器的工作原理。滚齿机传动仪的工作原理如图8—9所示。在大磁盘8和小磁盘3的周缘上，录制有标准等分的磁波。两个磁盘分别装在被测传动链9的输入和输出端。在滚齿机上，大磁盘8被安装在工作台5上，小磁盘3被安装在滚刀轴2上。当机床开动时，工作台5和滚刀轴2都要旋转，分别带动大磁盘8和小磁盘3转动。低频磁头7和高频磁头1各自固定在其托架上，并与两个磁盘靠得很近。当磁盘以一定的速度回转时，每转过$360°/10\,000$，在不动的磁头上就感应出一个交变的电信号输出。低频磁头及高频磁头发出的信号频率是不同的，转速比较低的工作台发出的信号频率较低，转速比较高的滚刀轴发出的信号频率则较高。如果滚刀轴2到工作台5的减速比为i，则信号频率也就提高到i倍。这两个频率不同的信号，送入相位计加以放大、整形、分频等处理，使两个信号的频率完全一样，然后进行相位的比较，就可以把两个磁盘在运转过程中相对不均匀性的误差反映出来，其结果可以在示波器上观察，并在记录仪上记录出误差曲线。

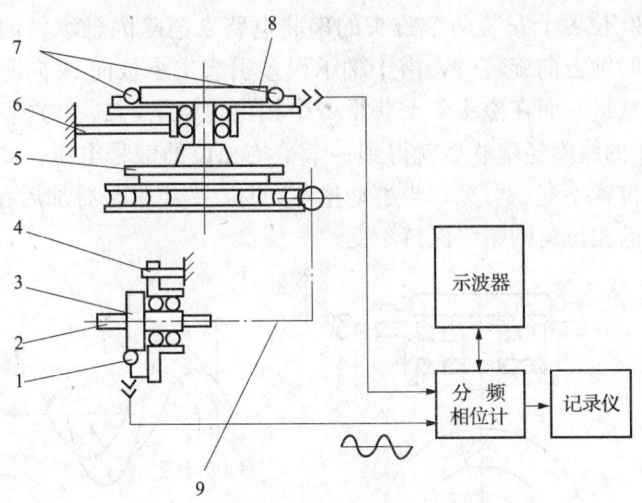

图8—9 滚齿机传动仪工作原理图

1—高频磁头 2—滚刀轴 3—小磁盘 4—挡杆 5—工作台 6—钢带
7—低频磁头 8—大磁盘 9—传动链

当传动链没有误差时，小磁盘所发出的信号经分频后同大磁盘所发出的信号频率完全相同，没有相位差，在记录纸上画得的将是一条直线。

当传动链有一定误差时，则大、小磁盘的转速相对地产生变化，从而导致两个输出信号之间的相位差发生变化，在示波器上就可以看到其波形在左右摆动，在记录器上则可以画出一条有运动误差的曲线来，如图8—10所示。通过电路滤去长周期分量，在记录器上就可以只记下短周期误差（或周期误差）；若滤去短周期分量，则在记录器上只记下长周期分量（或累积误差）。

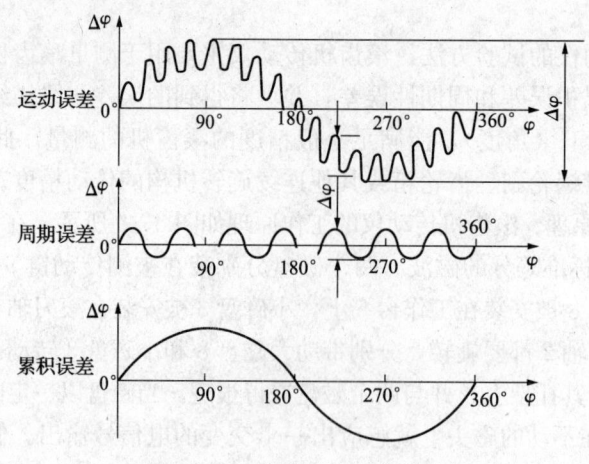

图8—10 传动误差的典型形式

2）仪器的结构特点。从这种仪器的测量原理中可以看到，测量时磁头对磁盘的周向位置是很重要的。例如，因大磁盘的直径为300 mm，若磁头切向位移（如图8—11A向）为0.001 mm时，就会引起1.3″（角度）的测量误差，而仪器的测量精度为±1″（角度）。因此，磁头相对磁极位置的精度除由仪器的支承结构和高精度轴承来保证外，还采用在相对180°位置上安装两个磁头的串联电路来消除因轴承径向振摆所引起的误差。当磁盘依顺时钟方向旋转时，由于轴承误差引起支承板向A向游动，在磁头1上获得一个相位角减量，而在磁头4上获得一个相位角增量，二者方向相反，量值相等。所以把磁头1、4的线圈经串联后就得到一个平均相位的信号电压，如图8—11右侧所示，相位零值的位置不变。可见，当游动量不同时，两组信号叠加后在大小上虽然有所不同，但叠加后的相位角则始终保持不变。

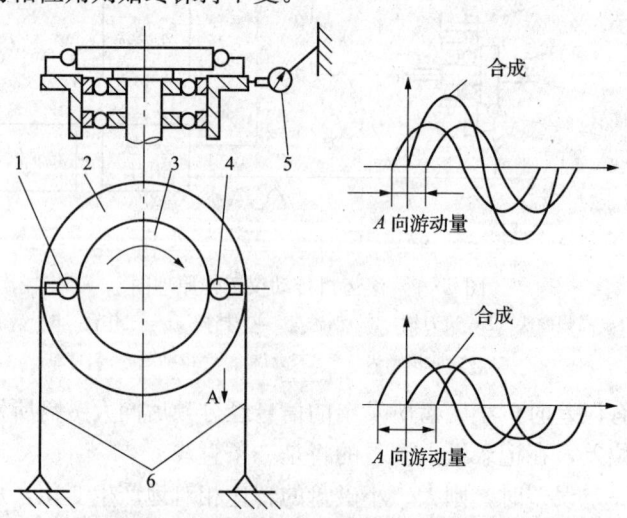

图8—11 两磁头180°串联以消除因轴承误差等引起的误差
1、4—磁头 2—支承板 3—磁盘 5—千分表 6—钢带

由于大磁盘安装时，难以保证磁盘 3 的中心与被测件回转中心（工作台的旋转中心）完全重合。因此，采用了两条等长的钢带 6，使支承结构为平行四边形的两臂，这时磁头支承板 2 只能平移不能转动，如图 8—12 所示。由于支承板平移对测量没有影响，就可以保证测量精度。图 8—11 中的千分表 5 用来进行找正。

3）试验方法。首先将大磁盘安装在滚齿机的工作台上，装上钢带，使其高低合适，左右对称，并控制其不等长在 5 mm 之内，钢带张紧要适当。调整大磁盘中心与工作台回转中心同心，同时将小磁盘安装在直径 27 mm 的滚刀轴上。然后，按图 8—13 所示连接仪器电气线路。

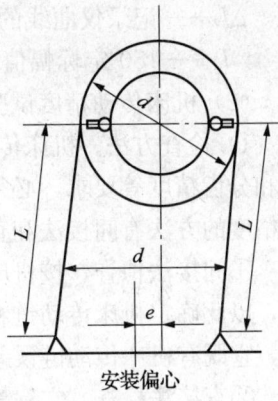

图 8—12 支承板的定位

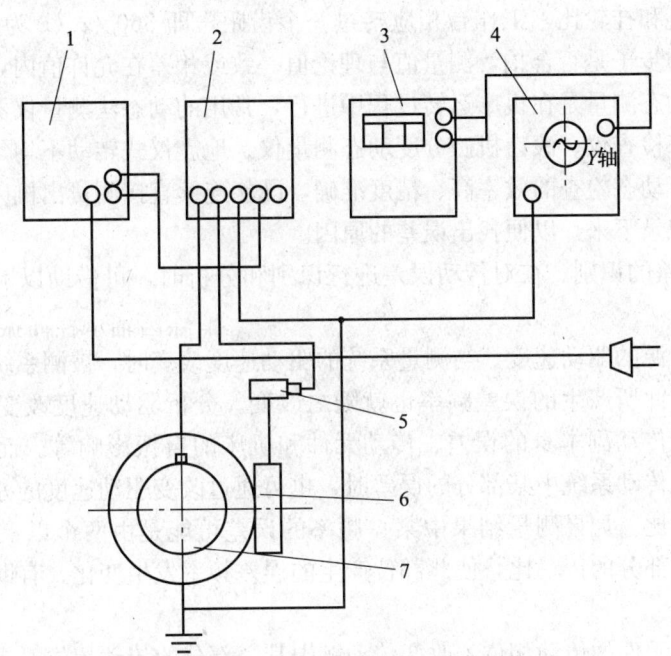

图 8—13 电气部件连接图
1—记录仪（背视图） 2—相位计（背视图） 3—相位计
4—示波器 5—小磁盘 6—蜗轮副 7—大磁盘

在测量之前，按照仪器使用说明书中给定的数据和被测传动链的精度要求，适当地选择滚刀轴转速、传动比、减频倍数、相位计的测量倍率以及记录仪的量程。然后，接通电源、开动机床，检查高频道、低频道和触发的工作是否正常，再开始正式测量。

在测量时，将相位计误差旋钮分别置于"运动""周期""累积"位置。接通记录仪电源，进行测量记录。每种误差记录，工作台应旋转 2～3 周，并观察重复性是否良好。

记录下测量曲线后，就要进行曲线定标。被测机床的传动误差 δ 值可按下试计算：

$$\delta = 65 \times \frac{\Delta L}{L} \times 相位计量（1、2、4、8）\times 记录仪量程（1、2、10）$$

式中 δ——被测误差值，($''$)（角度）；

ΔL——记录仪曲线的幅值；

L——180°定标幅值。

(2) 机床传动精度试验分析

1) 检查方法。机床传动链较多的齿轮、螺纹加工机床，为能获得正确的螺距、齿形和分齿精度等要求，必须保证其传动链有一定的精度。在生产实践中，检查机床传动链精度的方法有间接法和直接法两种。

①间接法检查。按机床说明书的规定加工一个工件，然后对工件进行规定精度的检测，以此确定机床传动链精度是否能保证加工精度。这种方法只能反映加工的综合误差，它既有机床传动链误差，也包括了其他因素的误差。

②直接法检查。它有静态测量和动态测量两种方法。静态测量是使机床合成运动相应地各走一步停下，在静止状态下测定各走一步是否合拍。如滚齿机滚刀主轴转动一周，通过传动链和挂轮比，工作台相应转过一个齿距，即 $360°/z$（z 为齿数），逐步测量这两个部件的步子是否合拍，测量值与理论值一致或相差在允许值内，说明该项传动链精度合格。动态测量是在机床运转过程中进行，常用的动态法测量仪器有电磁分度差额式传动链动态检查仪、滚齿机磁分度动态测量仪、地震仪式转动不均匀检查仪、光栅动态检查仪等。动态检查的效率高、精度准确，既能连续直接测量出机床传动误差，又能将误差自动记录下来，以便找出误差的原因。

2) 传动误差的识别。在对传动误差进行识别和分析时，可借助以下几个常用的测量技巧：

①改变动力源的驱动速度。当测量系统的驱动速度改变时，被测系统中各部分的转速随之改变，因此所产生的误差频率也就随之改变。分析驱动速度改变前后的测量结果，有助于辨认传动副本身的误差、传动元件和机床的自振影响等。而且，为了"显示"或"隐没"传动系统中某部分的误差时，也可通过改变驱动速度的办法来实现。

②改变传动比。如果测量结果中某一频率的误差可能是由两个以上的部位所产生时，则可改变各部分的传动比，使此部位产生的误差频率发生变化，有助于从测量结果中辨别误差源。

③改变传动元件的传动相位。改变传动链中某一部分的传动相位，或改变传感器对传动副的相对安装相位，则可在记录结果中辨认各误差成分的相对"移动"，或误差成分相对于每周一次的标记信号的相对"移动"，从而辨别误差发生源。

④用人为误差来确定误差相位。在传动元件表面上人为地制造一些误差（如贴金属片或打毛刺等），以这些误差在记录结果中的反映作为"标记"，来确定曲线上的误差与实际零件误差的相位的相互对应关系。

6. 机床定位精度试验

检验机床的定位精度应尽可能地接近于工件的加工精度，而不仅是检验工作台本身所能达到的定位精度，但是由于切削过程和工件等的变化很大，难以一一规定，因此，常对机床部件本身的定位精度进行检验，并应进行多次检验，以求得检验数据的稳定性。

(1) 坐标全程定位误差测量。在直线坐标全程 L_{max} 内选择 m 个测定点，其间距可参考表 8—3。

表 8—3	坐标全程定位误差测量		mm
坐标全程	$L_{max}<500$	$500 \leqslant L_{max} <2\,000$	$L_{max} \geqslant 2\,000$
测点间距	50	100	250

对于 360°回转坐标，可在全范围内选择 12~24 个测量位置。在仪器允许条件下的实际测量点间距，最好选取不等距间隔。应按正反两个方向移动部件来测定 m 个点的定位误差，其测量次数为：正向 $n=5$ 次，反向 $n=5$ 次。对自动进给定位的机床，在测量中应包括快速行程。

在测量中，应尽量缩短测量时间，避免环境温度波动的影响；在有恒温要求时，每次测量中环境温度变化速率不超过±0.2℃。

(2) 重复定位精度和失动量的测量。对有坐标定位的数控机床，除进行前述的全程定位误差测量外，还应单独测量其重复定位精度和失动量。

重复定位精度是指机床移动部件向同一给定位置重复定位时定位精度的一致性。对于直线坐标，应在全行程两端及中央选择三个测点，每点试验重复 7 次，取最大的误差分散宽度为测试结果。对于回转坐标，任选三个位置，重复试验次数和测试结果选取与直线坐标相同。

由于传动件如齿轮、丝杠等的弹性变形和它们之间存在着间隙以及接触变形等原因，使移动件从相反两个方向多次趋近同一位置定位时，位置误差的平均值对于正反两个方向是不相同的，从而出现一个反向不灵敏区，其效果相当于部件移动量的减少，因而也称为失动量。测量失动量时，应遵循如图 8—14 所示的方式。

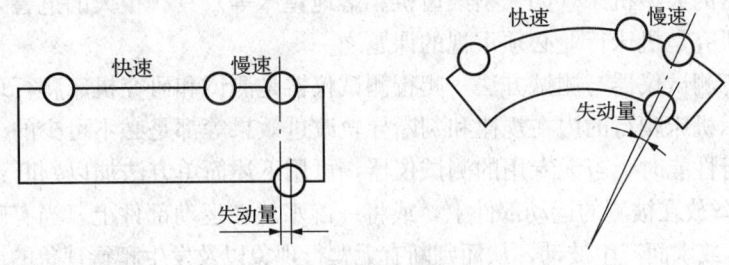

图 8—14 失动量的测量方式

重复定位精度和失动量测量中，应包括快速行程。

对无坐标定位而只有若干固定位置的部件，如碰块、回转刀架、马氏机构等，则只测定其单向重复定位精度，并对所有固定位置进行试验，试验测量次数不少于 25 次，取其标准偏差的 6 倍为测试结果。

(3) 原点复归精度测量。对设有原点的数控机床才进行本项试验。试验从任意可回归原点的位置开始，向坐标原点返回，共进行 7 次，取误差最大分散宽度为测量结果。部件返回原点时的运动需包括快速行程。

(4) 微量位移精度试验。只有在必要时才进行微量位移精度试验，它是针对具有自动定位的机床，特别是针对具有轮廓切削功能的机床而进行的一项试验。

微量位移精度试验定位点的间隔和数目的选择有两种：一种是以机床能给出的最小

位移指令（例如一个脉冲当量）所对应的位移为间隔，共选择 20 个定位点；另一种以传动丝杠螺距的 2 倍为测量行程，然后分隔成 20 个定位点。两种方法都需要进行正反向测量重复 7 次。试验区域应位于直线坐标行程的两端和中央；对于回转坐标，则可任取三个测量位置。

7. 机床爬行试验

（1）爬行对机床性能的影响。机床运动部件爬行对机床加工性能影响很大，主要有以下几个方面：

1) 影响加工件的精度。加工件的几何尺寸靠工件和刀具间相对尺寸来保证，在加工过程中，工件和刀具间的相对尺寸需由它们之间的相对运动来实现。如果运动中出现爬行现象，就会降低加工件的精度。例如磨床做切入磨削时，要求砂轮架横向进给运动的速度为每分钟十分之几乃至百分之几毫米的情况下，爬行现象往往十分严重，若不注意消除，将会大大影响加工精度。

2) 影响定位精度。精密机床的定位精度是一项重要技术指标，如坐标镗床的定位精度以微米计，无论是采用手动定位或自动定位，都要求精确控制工作台或主轴箱的运动以实现高的定位精度。数控机床的加工过程往往是连续定位的过程，定位精度更有着直接的影响。机床的定位运动大多是在低速条件下进行的，最容易出现爬行现象。

3) 影响加工表面的波度和表面粗糙度。影响加工表面波度和表面粗糙度的因素很多，从机床爬行的因素来分析，由于部件运动速度的不均匀性，特别是在时快时慢的运动状态下，爬行是导致较大的表面波度、较高的表面粗糙度值的主要因素之一。

从以上三个方面来看，爬行现象对精密机床（如坐标镗床、螺纹磨床、外圆磨床等）和较精密的大型机床（如大型滚齿机、落地镗床等）具有很大的危害，所以对机床爬行的试验研究是机床行业必须重视的课题之一。

（2）爬行测试仪器与测试方法。爬行测试仪器是测试和研究机床爬行现象的重要工具，对于提示机床爬行的内在规律和判断导轨改进效果等都是必不可少的。在测定机床运动部件爬行性能时，若无专用的测试仪器，可用下述简单方法加以判断：

1) 将棉丝放在被测的运动部件上，或将一碗水放在运动部件上，当有爬行时，棉丝即产生抖动，或水面产生波动，从而判断有无爬行现象以及发生爬行现象的严重程度。

2) 将水平仪放在被测的运动部件上，当运动部件产生速度变化时，水平仪的水泡即来回游动，从水泡游动的量值就可观察有无爬行现象和爬行量值大小的变化。

3) 利用机械式测长仪来测定爬行。如用千分表来测量，其最大优点是设备简单、经济方便。在测量时，千分表的安装位置一般应使读数随部件移动位移而递减。这种方法可以判别百分之几毫米级的爬行量，但精度不高，也不能自动记录，所以不能对爬行规律进行比较详细的分析研究。此外，利用千分表测定的行程也较短，一般在 10 mm 以内。

为了定量地掌握爬行量值的大小及其特性，应尽可能地使用测试仪器进行测量。但是，目前用于测试机床爬行的专用仪器很少，通常是用一般的位移传感器、速度传感器和加速度计配合放大、记录仪器来进行测量，也可以利用光栅技术、激光技术和电磁技术来进行测量。

① 利用相对式位移传感器测量。这类传感器的灵敏度和精度都较高，可配合记录仪直接记录出 $s-t$ 曲线，如图 8—15 所示。电容式位移传感器是通过电容片间相对位置的变化来测定位移量，其测量范围也很小，一般不超过几毫米。电感式位移传感器是利用衔铁和感应线圈之间相对位置变化而使感应电动势变化来测定位移量，如差动变压器式位移传感器，其行程较大，有的可达±25 mm 的线性测量范围。

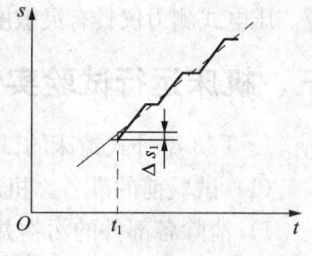

图 8—15　用相对式位移传感器测量

② 利用相对式速度传感器测量。用这种传感器测量爬行，可直接得到 $v-t$ 曲线，由于摩擦力的动态特性与运动部件相对于其支条件的相对速度有关，所以这种传感器特别适用于测量时快时慢的爬行现象，记录的曲线直观，数据处理也较方便。这种传感器如 CD-4 型速度传感器，其测量行程可达 30 mm，灵敏度为 60 mV/（mm·s）；这种传感器的缺点是对外界磁场的抗干扰性能较差，其测量下限主要取决于传感器周围空间 50 Hz 电源磁场干扰的屏蔽能力。

8. 机床切削力的测定

切削力是描述切削过程、研究金属切削机理的重要参数，也是衡量机床性能和效率的重要依据。研究与测定切削力的仪器是测力仪。

(1) 对测力仪性能的基本要求

1) 测力仪应有足够的灵敏度，能测量切削力的瞬时变化。测力时应能测出所测力的 1% 的变化，读数和记录应稳定可靠，重复性好。

2) 测力仪应有足够的刚度和较高的自振频率，在切削力的作用下引起刀尖位置的变化应尽可能小，以免引起切削过程的变化。测力仪的自振频率应是切削力变化频率的 4～8 倍以上。

3) 测力仪应能同时测出各切削分力，且应有足够的灵敏度和很小的相互干扰。

4) 测力仪的结构要简单，便于制造和调整，能同标准的记录仪配套使用。

5) 有些测力仪（如铣削和磨削测力仪），要求当切削力作用点位置改变时，不产生测量误差。

(2) 测力仪的测力方法

1) 电阻式测力仪。电阻式测力仪是目前测力仪中使用得最多的一种，车、钻、铣和磨削等测力都有使用。其优点是测量灵敏高，可测切削力的瞬时值，应用电补偿原理消除了切削分力的相互干扰，使测力仪结构大为简化，并可同标准动态应变仪配套使用等。这种测力仪可同时测出三个方向的切削分力，灵敏度较高。

近年来由于半导体应变片的出现，应变片的灵敏系数由 2～2.5 提高到 150～200，使测力仪的刚度提高了一个数量级，自振频率可达数千赫，适于进行动态测量。

2) 压电晶体测力仪。近年来压电测试技术发展很快，压电传感的应用越来越广。当压电晶体受到机械应力作用时，在其表面就产生电荷，表面上所形成电荷密度的大小与所施加的机械应力大小成严格的线性关系，这种现象称为正压电效应。压电晶体测力仪的测力原理主要根据于正压电效应。石英晶体的电效应转变为机械效应的过程，称为逆压电效应。压电式测力仪具有灵敏度高和受力变形小等突出的特点，所以很有发展前途。

三、机床运行试验实例

1. T68型卧式镗床的试车检查

（1）试验前的准备。机床在装配完成后，应做好以下准备工作：

1）清除各部件的污物并用汽油或煤油清洗。

2）用0.03 mm塞尺检查各固定结合面的密合程度，要求插不进去。

3）用0.04 mm塞尺检查各滑动导轨的端面，其插入深度应小于20 mm。

4）检查手柄是否装配齐全，并要求回转、操作轻便、定位正确。

5）接好机床的电源引入线和接地线。

6）主轴箱的润滑油必须纯净、无酸性，不许使用含水分和杂质的机械油，加油数量按油位标示。注油前需将主轴箱底部滤油器的污物除去，油泵应运转正常，输油应畅通无阻，并检查各润滑油路装置是否正确，油路是否畅通。

7）按照润滑图（见图8—16）和油质、品种及数量，在润滑处加润滑油。

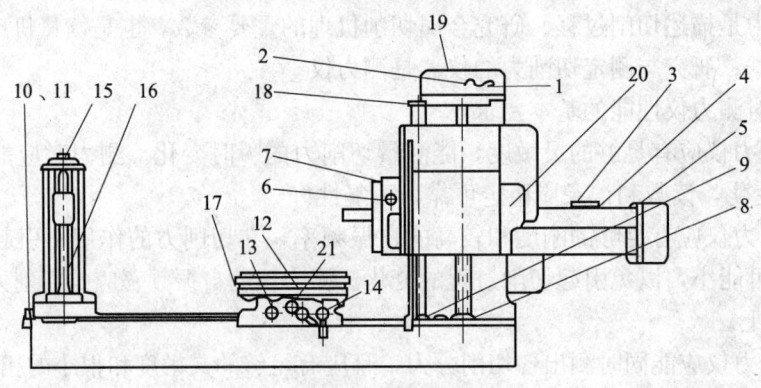

图8—16　润滑图

1、2—平衡重锤滑轮　3—主轴箱机构　4—主轴滑座轴承　5—主轴移动丝杠轴承　6—径向刀架装置　7—空心主轴前轴承　8—主轴箱升降丝杠　9—快速移动传动装置　10、11—床身光杠轴承　12—回转工作台枢轴　13—工作台机构　14—滑座滑泵　15—刀杆支架丝杠轴承　16—后主柱机构　17—回转工作台钢球支承座　18—光杆轴承　19—平衡重锤动滑轮轴承（两处）　20—从动带轮轴承　21—工作台横向移动丝杠后轴承

8）电气设备的启动、停止、反向、制动和调速要求平稳。

①电气操纵机构中每一操纵机件的作用是否符合旋转方向。

②主轴速度变换和进刀量变换机构在变换过程及变换发生障碍时（顶齿）不能切断主电动机电路，直至滑移齿轮进入正常啮合为止。这两个机构的手柄在变换完成后都应紧密地接触终端处开关的触头。

③进给手柄应能灵活地启动进刀机构；快速移动装置在不超过负荷时，不应自动停止进刀；扳动进刀手柄和操纵手柄之前，主轴应能移动。

④主电动机制动装置应能保证正常的制动。

⑤主电动机和主轴箱的连接V带的松紧必须适当。

⑥手摇机构要正常。

⑦检查自动联锁装置

　　a. 当自动进刀或快速自动移动时，精密移动的操纵手柄应能自动脱开。

　　b. 当主轴操纵手柄处于机动进或退位置时，相应的操纵手柄应能自动脱开停止手动。

　　c. 当操作错误使两个手柄同时接通时（除主轴和平旋盘进刀手柄），自动联锁装置应能接通电路。

　　d. 当快速自动移动和机械进刀同时发生时，联锁装置应能切断电路。

⑧检查主轴速度及进给速度变换时的实际转数和进刀量与全系列铭牌转数和进刀量是否相符。

⑨在小负荷情况下保险机构不应脱开，保证正常进刀。

⑩快移装置保险离合器在小负荷情况下，不应打滑中断快速移动。

⑪下滑座中的分配手柄与三只离合器的相关位置必须正确无误。

9）电气互锁装置应保证正常动作。

10）上、下滑座及主轴箱夹紧装置应调节适当。

(2) 空运转试验。机床主传动机构需从低速起至高速，依次运转，每级速度的运转时间不得少于2 min。在最高速时使主轴轴承达到稳定温度，此时运转时间不得少于30 min。

在最高速度运转时，主轴轴承应能温度稳定；滑动轴承温升不超过35℃，滚动轴承温升不小于40℃，其他结构温升不超过30℃。

进给机构应做低、中、高速的空运转试验。快速机构应做快速空运转试验20 min。

在所有速度下，工作机构应平稳、正常、无冲击，噪声要小。

空运转试验合格后，把装有电动机的专用内圆磨头固定在工作台上，精磨镗杆的内锥孔至要求。

(3) 机床负荷试验。负荷试验应注意试件材料与刀具的正确选用，在一般情况下应力求不超负荷。试件材料为铸铁（50～180HB）。

1）最大切削抗力试验。用钻头钻孔，见表8—4。

表8—4　　　　　　　　　　最大切削抗力试验

进给部件	钻孔直径(mm)	主轴转速(r/min)	进给量(mm/r)	钻头长度(mm)	切削抗力(kN)	离合器工作情况
主轴	50	50	0.74	大于100	小于19	正常
工作台			0.72			
主轴			1.43	不规定	大于21	脱开
工作台			1.42			

2）主轴最大转矩和最大功率试验。用主轴铣削，见表8—5。

表 8—5　　　　　　　　　主轴最大转矩和最大功率试验

进给部件	铣刀直径 (mm)	铣削宽度 (mm)	铣削深度 (mm)	主轴转速 (r/min)	进给量 (mm/r)	铣削长度 (mm)	主轴转矩 (N·m)	功率 (kW)
主轴箱 工作台	200	180	10	64	2	300	1 100	7.75

3) 平旋盘最大转矩试验。用平旋盘铣削，见表 8—6。

表 8—6　　　　　　　　　　平旋盘最大扭矩试验

进给部件	铣刀直径 (mm)	铣削宽度 (mm)	铣削深度 (mm)	平旋盘转速 (r/min)	进给量 (mm/r)	铣削长度 (mm)	平旋盘转矩 (N·m)
工作台	300	280	10	16	2.9	300	2 200

(4) 机床工作试验

1) 用主轴悬臂镗孔，分别以主轴和工作台进给各镗一孔，见表 8—7。

表 8—7　　　　　　　机床工作试验（用主轴悬臂镗孔）

进给部件	镗孔直径 (mm)	主轴转速 (r/min)	进给量 (mm/r)	切削深度 (mm)	镗孔长度 (mm)
主轴 工作台	100	64	1.03	2×7.5	300

2) 用平旋盘车法兰端面，刀具为镶刃 G8 镗刀，见表 8—8。

表 8—8　　　　　　　机床工作试验（用平旋盘车法兰端面）

车削直径 (mm)	平旋盘转速 (r/min)	进给量 (mm/r)	切削深度 (mm)	切削断面 (mm)
100~300	40	1.03	8	8.2

3) 用平旋盘铣削，刀具为端面铣刀，刃数为 10，镶 G8 硬质合金，见表 8—9。

表 8—9　　　　　　　机床工作试验（用平旋盘铣削）

进给部件	铣刀直径 (mm)	铣削宽度 (mm)	铣削深度 (mm)	平旋盘转速 (r/min)	进给量 (mm/r)	铣削长度 (mm)
工作台	300	280	7	20	1.42	300

(5) 机床工作精度试验。工作精度检验标准可按照 GC15—60 第 22 项进行，关于精镗孔、精铣平面、精车端面的表面粗糙度及铣削接缝可按下述规定进行：

1) 精镗孔、精铣平面、精车端面的切削规范不做规定，表面粗糙度要求为 $R_a 1.6 \mu m$ 以上。

2) 用上滑座横向进给和主轴箱上升铣削平面时，两次进刀间接缝处的平行度允差为 0.03 mm。

（6）机床几何精度检查。机床几何精度在各部件组装时应分别调好，并在空运转试验前和工作精度试验前各检查一次。

检查前，机床的安装水平应复验在 0.04 mm/1 000 mm 以内。机床几何精度检查可按机床出厂精度检查表逐项进行，如有超差可以进行调整，但必须重新再做相关联的空运转试验以及工作精度检查。

机床几何精度检验示例见表 8—10（检验 6~21 因篇幅有限，不详细介绍）。

说明：

1) 标准 GC15-60 适用于前立柱固定的和前立柱可移动的卧式镗床。

2) 机床如因结构特殊，不能在规定长度上测量误差时，可按能够测量的最大长度折算。折算结果小于 0.005 mm 时，仍按 0.005 mm 计。

3) 对于加强主轴的机床，精度检验的方法及允差和基本型机床相同。

4) 在检验机床精度前，首先要调整好机床的安装水平。在床身导轨上放一个专用检具，在检具上放两个水平仪 a 和 b，它们的读数都不允许超过 0.04 mm/1 000 mm。

表 8—10　　　　卧式镗床精度标准（GC15—60）

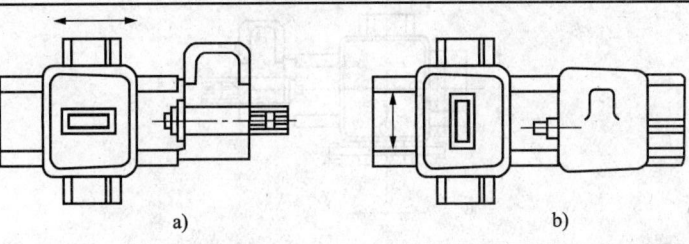

a)　　　　　　　　　　b)

检验1	检验方法	允差
工作台移动垂直平面内的直线度	1. 将工作台移至滑座导轨的中间位置上。在工作台上和床身导轨平行放一个水平仪。工作台纵向移动，每隔 500（或小于 500）mm 记录一次水平仪读数，在工作台的全部行程上至少记录 8 个读数 2. 移动工作台，使工作台位于床身导轨的中间位置。在工作台上和床身导轨垂直放一个水平仪，横向移动工作台。每隔 500（或小于 500）mm 记录一次水平仪读数。在工作台的全部行程上至少记录 3 个读数 当检查工作台横向移动时，滑座应当夹紧在床身导轨的中间 将水平仪读数依次排列，分别画出工作台纵向和横向的运动曲线 a、b 的误差分别计算。在每 1 m 行程上运动曲线和它的两端点连线间的最大坐标值，就是 1 m 行程上的直线度误差 在全部行程上运动曲线和它的两端点连线间的最大坐标值，就是全部行程上的直线度误差	1. 在工作台每 1m 行程上为： 0.01 mm 在工作台的全部行程上为： ≤2 m　0.03 mm ≤3 m　0.04 mm ≤4 m　0.05 mm ≤6m　0.06 mm 导轨只许凸起 2. 在工作台每 1 m 行程上为： 0.02 mm 在工作台的全部行程上为： ≤2 m　0.05 mm

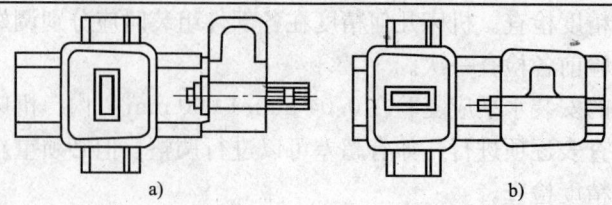

a) 　　　　　　　b)

检验 2	检验方法	允　差
工作台移动时的倾斜	当检验1合格后，将水平仪原位转动90°。移动工作台分别在 a（纵向）和 b（横向）检验工作台移动时的倾斜。每隔500（或小于500）mm 记录一次水平仪的读数。在工作台的纵向全部行程上至少记录8个读数，横向至少记录3个读数 a、b 的误差分别计算。水平仪在每1m行程上和全部行程上读数的最大代数差，就是本项检验的误差 当检验工作台横向移动时，滑座应夹紧在床身导轨中间	a 及 b 在工作台每1m行程上为： 0.02 mm 在工作台全部行程上为： ≤3 m　0.03 mm ≤4 m　0.04 mm ≤6 m　0.06 mm

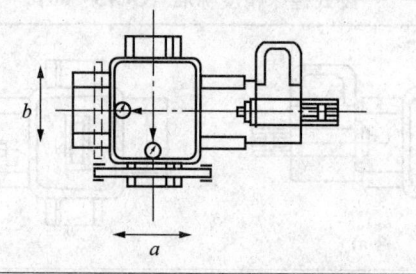

检验 3	检验方法	允　差
工作台移动在水平面内的直线度	在工作台旁放一根平尺。使平尺 a 和床身导轨平行，b 和滑座导轨平行。将千分表固定在工作台上，使千分表测头顶在平尺检验面上。移动滑座或工作台调整平尺，使工作台在 a（纵向）和 b（横向）行程两端时，千分表在平尺两端的读数相等。移动滑座或工作台，分别在纵向或横向的全部行程上检验 当行程大于2m时，改用装在工作台上的显微镜和沿移动方向绷紧的钢丝（直径≤0.3 mm）检验。显微镜的镜头应当垂直。移动滑座或工作台调整钢丝，使工作台在 a（纵向）和 b（横向）行程两端时，显微镜镜头的刻线与钢丝同一侧母线重合。移动滑座或工作台，分别在纵向或横向移动时，滑座应当夹紧在床身导轨中间 分别画出工作台纵向和横向的运动曲线。a、b 的误差分别计算 每1m行程上运动曲线和它的两端点连线间的最大坐标值，就是每1m行程上的直线度误差 作相互平行的直线夹住运动曲线，距离最小的两条平行线间的坐标值，就是全部行程上的直线度误差	a（纵向）在工作台每1m行程上为： 0.02 mm 在工作台全部行程上为： ≤2 m　0.03 mm ≤3 m　0.04 mm ≤4 m　0.05 mm ≤6 m　0.06 mm b（横向）在工作台每1m行程上为： 0.04 mm 在工作台全部行程上为： ≤2 m　0.05 mm

作业后检查

续表

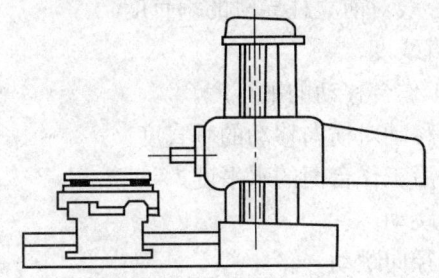

检验4	检 验 方 法	允差(mm)		
工作台面的平行度	在工作台面上如图所规定的方向，放两个高度相等的量块，在量块上放一根平尺。用量块和塞尺检验工作台面和平尺检验面之间的间隙	主轴直径(mm)		
		≤100	≤160	>160
		在每1m测量长度上为：		
		0.03	0.04	0.05
		工作台面只许凹		

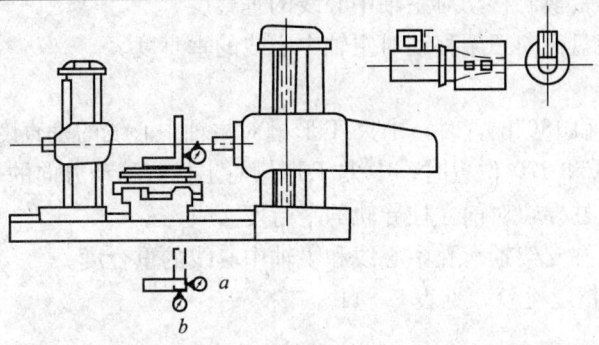

检验5	检 验 方 法	允差(mm)		
主轴箱垂直移动的直线度	在工作台面上沿 a（纵向）和 b（横向）放一个角尺将千分表固定在主轴箱上，使千分表测头顶在角尺检验面上 移动主轴箱，调整角尺，使主轴箱在行程两端时，千分表在角尺检验面上的读数相等。移动主轴箱分别检验 a 和 b 当主轴箱行程大于1.6m时改用水平仪检验。在主轴锥孔中紧密地插一根专用检验棒，在检验棒上放两个水平仪 a 和 b，a 和纵向平面平行，b 和横向平面平行。移动主轴箱分别在 a（纵向）直立平面内和 b（横向）直立平面内检验。每隔500（或小于500）mm，记录一次水平仪读数。在主轴箱全部行程至少要记录5个读数 分别画出主轴箱纵向直立平面和横向直立平面内的运动曲线。a、b 的误差分别计算 在每1m行程运动曲线和它的两端点连线间的最大坐标值，就是每1m行程上的直线度误差 作相互平行的直线夹住运动曲线。距离最小的两条平行线间的坐标值就是全部行程上的直线度误差	主轴直径(mm)		
		≤100	≤160	>160
		a 及 b 在主轴箱每1m行程上为：0.03 主轴箱行程上为：		
		≤1.5 m		
		0.03	0.04	0.05
		≤2 m		
		—	0.05	0.06
		≤3 m		
		—	0.06	0.08
		≤5 m		
		—	0	0.10

单元 8

检验6：主轴箱垂直移动对工作台面的垂直度。
检验7：主轴旋转中心线对前立柱导轨的垂直度。
检验8：主轴移动的直线度。
检验9：工作台面对工作台移动的平行度。
检验10：工作台纵向移动对横向移动的垂直度。
检验11：工作台转动后工作台面的水平度。
检验12：主轴的径向跳动。
检验13：主轴锥孔的径向跳动。
检验14：主轴的轴向窜动。
检验15：
①平旋盘端面的跳动。
②平旋盘定位凸台的跳动。
检验16：工作台对主轴中心线的平行度。
检验17：工作台横向移动对主轴中心线的垂直度。
检验18：平旋盘径向刀架移动对主轴中心线的垂直度。
检验19：
①工作台在0°和180°位置时，中央T形槽对主轴中心线的垂直度。
②工作台在90°和270°位置时，中央T形槽对工作台移动方向的平行度。
检验20：后立柱导轨对前立柱导轨的平行度。
检验21：后立柱支架轴承孔中心线和主轴中心线的重合度。
（7）机床工作精度检验。见表8—11。

表8—11　　　　　　　　机床工作精度检验

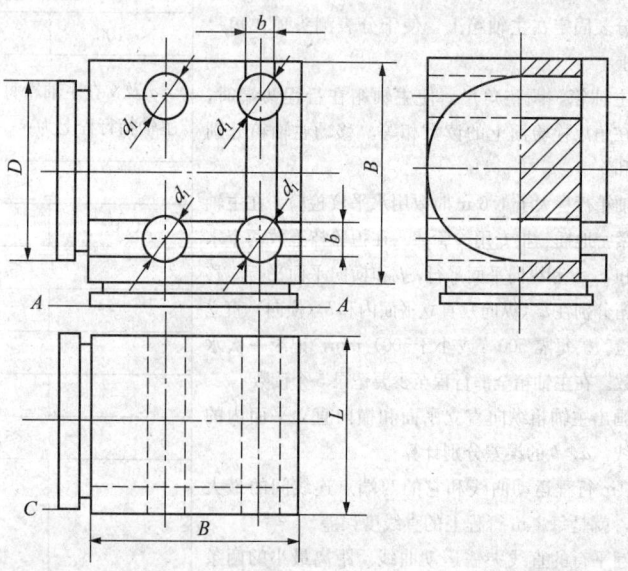

续表

工作精度检验	检验方法	允差（mm）		
		主轴直径（mm）		
		≤100	≤160	>160
1. 精镗外圆的圆柱度 2. 精车端面的平行度 3. 精镗孔后几何形状的正确性 4. 用水平和垂直送刀铣槽，槽对孔 d 和孔 d_1 的垂直度	1. 在平旋盘径向刀架上装镗刀，用工作台（或前立柱）送刀精镗外圆后，检验圆柱度 2. 在平旋盘径向刀架上装镗刀，用平旋盘刀架径向送刀精车端面后，检验平行度 3. 在镗杆上装镗刀，用主轴送刀镗孔 d，用工作台（或前立柱）送刀镗孔 d_1，精镗后检验圆柱度、圆锥度、孔 d_1 和 d 的平行度 4. 用精铣刀借工作台（或前立柱）和主轴箱送刀精铣两个槽 精铣后检验对孔的垂直度	1. 0.025 2. 在试件直径 D 上（mm）	1. 0.03	1. 0.04
		300	500	
		0.02	0.03	
		端面只许凹 3. a. 圆柱度		
		0.02	0.025	0.03
		b. 圆锥度在 L 长度上（mm）		
		200	300	400
		0.02	0.03	0.04
		c. 在 300 测量长度上为：0.03 4. 在 300 测量长度上为：0.03		

2. M120W 型万能磨床的试车检查

（1）机床空运转试验

1）空运转试验前的准备

①清除各部件及油池中的污物，并用煤油或汽油清洗。

②用手动检查机床全部机构的动作情况，保证机构工作正常。

③检查各润滑油路装置是否正确、油路是否畅通，油管不得有弯扁现象。

④按机床润滑部位的要求，在各处加注规定的润滑油（脂）。

⑤床身油池内，按油标指示高度加满油液。油液的油质须符合说明书中的规定，一般使用纯净中和矿物油，黏度为 3°E（50℃），即 3 号锭子油或 20 号机油。

⑥将操纵手柄位于关闭位置，特别是将砂轮架快速进刀的操纵手柄位于退出位置。紧固工作台的换向撞块，以防止各运动部件在动作范围内相撞。

⑦启动油泵电动机，注意运转方向是否正确，按说明书中规定调整主油路和润滑油路的压力至要求。

⑧液压系统中的管接头不得有泄漏现象，尤其是低压区更为重要，以免空气进入。

2）空运转试验

①转动工作台的操纵手柄，以低速（约 0.1 m/min）及短行程运动，观察换向是否正常。然后调整至最大行程位置，以低速运行数十次后，再逐渐转至最高速度运行。在

运行时，观察换向是否正常，有无冲击或显著停滞现象，并利用工作台快速在全行程上移动，以排除系统中残留空气。当工作台换向时发现有冲击或显著停滞时（在非停留位置），可调整操纵箱两侧调节螺钉调整：一般当产生冲击现象时将螺钉拧入，而有停滞时则相反。调整时，必须注意所调整的调节螺钉是否为控制相应调整的一端，当调整就绪后，应重新锁紧，并进行观察是否有变异。要求工作台往复运动，在各级速度下（最低 0.07 m/min）不应有振动以及显著的冲动和停滞现象。工作台在往复运动中，左右行程的速度差不得超过 10%；液压系统工作时，油池温度一般不超过 60℃，当环境温度≥38℃时，油温不得超过 70℃。

②慢速液动工作台，将左右的换向撞块固定在适宜的位置上，然后快速引进砂轮架，要求重复定位精度不得超过 0.003 mm；自动进刀的进刀量误差不得超过刻度值的 10%。

③检查磨削内孔时，砂轮架快速进刀的安全联锁装置是否可靠。

④启动砂轮架电动机时，先不要安装传动带，以观察其运转方向。等校正电动机方向正确后，装上传动带，然后用点动法启动砂轮架电动机，使砂轮架轴承形成油膜后，做正式启动。一般空运转时间不少于 1 h。要求砂轮架及头架的轴承温升不得超过 20℃。内圆磨具的轴承温升不超过 15℃。

机床其他各项空运转试验，则应符合 JB 1379—1974 金属切削机床通用技术要求。

(2) 机床工作精度试验。机床工作精度试验，一般都在空运转试验之后，并确认砂轮架轴承等主要部件运转到稳定温度时以及液压系统处于正常之后方可进行。

机床工作精度试验项目与要求见表 8—12。

表 8—12   工作精度试验项目与要求

序号	试验内容	试验方法与要求	试切工件图
1	外圆磨削（用顶尖装夹法）	在机床上不用中心架磨削装夹在顶尖间的一根试棒，磨削后的精度要求： 圆度 0.003 mm 圆柱度 0.005 mm 表面粗糙度值 R_a 0.2 μm	
2	外圆磨削（用卡盘装夹法）	不用中心架磨削，棒料装在卡盘上，磨削后的精度要求： 圆柱度 0.005 mm 锥度 0.007 mm 表面粗糙度值 R_a 0.2 μm	
3	内孔磨削	用卡盘装夹套筒磨内孔精度要求： 圆柱度 0.005 mm 表面粗糙度值 R_a 0.4 μm	

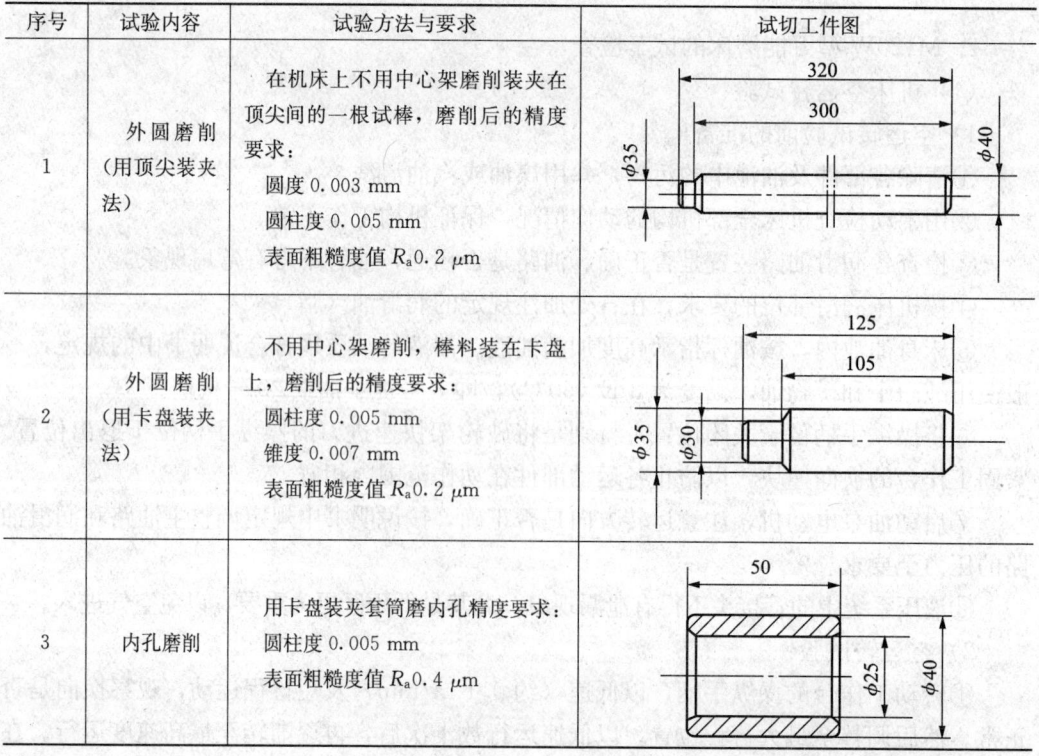

(3) 机床几何精度的检查。机床几何精度检查在各部件组装时应分别调好，并在空运转试验前和工作精度试验后各进行检查一次。

机床的安装水平应纵向为 0.02 mm/1 000 mm，横向为 0.04 mm/1 000 mm 以内。

机床的几何精度检查应按 JB 1379—1974 逐项进行。如有超差，可以加以调整，但必须重新做相关的空运转试验，以及重新进行工作精度的检查。JB 1379—1974 与机床出厂合格证明书的某些项目精度要求如有差别，可根据本单位工艺要求，选择二者中任何一种。

说明：

1) JB 1379—1974 适用于最大磨削直径 50～800 mm，最大磨削长度 250～5 000 mm，工作台移动普通精度的外圆磨床和万能外圆磨床。

2) 检验机床精度前，首先要调整好机床的安装水平。在纵向和横向均不应超过 0.04 mm/1000 mm。

3) 凡不能在规定长度上测量误差时，可按能够测量的最大长度折算，折算结果小于 0.005 mm 时，仍按 0.005 mm 计。

1) 机床精度检验。见表 8—13，检验 6～16 因篇幅有限不详细介绍。

表 8—13　　　　外圆磨床精度检验

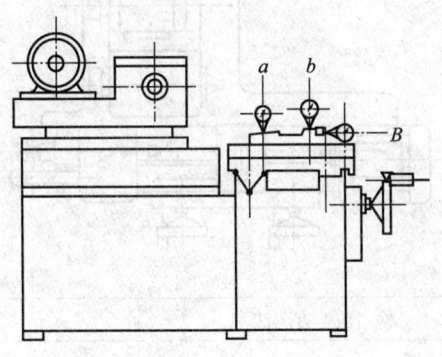

检验 1	检 验 方 法	允差（mm）			
头架和尾架导向面对工作台移动的平行度	安置千分表，使表头分别顶在上表面 a 和侧表面 b 上，移动工作台检验。1 m 长度上和全部长度上的误差以千分表读数最大差计 注：检验时紧固上、下工作台	1 m 长度上： a) 0.02　b) 0.015 工作台全部长度上：			
		≤1 m	≤2 m	≤3 m	≤3 m
		a)			
		0.02	0.03	0.04	0.05
		b)			
		0.015	0.02	0.03	0.04

机修钳工（技师　高级技师）

续表

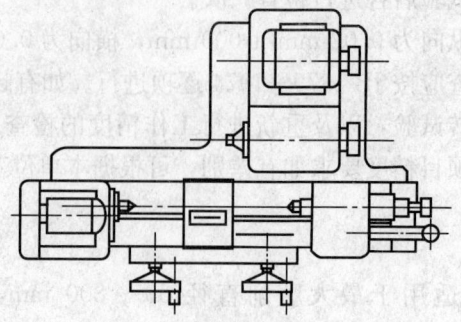

检　验 2	检　验　方　法	允差（mm）			
工作台移动在垂直平面内的直线度	工作台中间放一个随机所附的桥板，桥板中间与工作台移动方向平行放一个水平仪，移动工作台，在最大磨削长度的两端和中间三个位置检验。误差以水平仪读数最大代数差计	最大磨削长度上			
		≤1 m	≤2 m	≤3 m	>3 m
		0.05	0.06	0.08	0.10

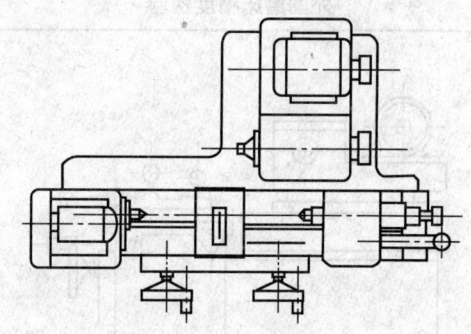

检　验 3	检　验　方　法	允差（mm）			
工作台移动时的倾斜度	同检验 2，将水平仪回转 90°检验	最大磨削长度上			
		≤1 m	≤2 m	≤3 m	>3 m
		0.03	0.04	0.05	0.06

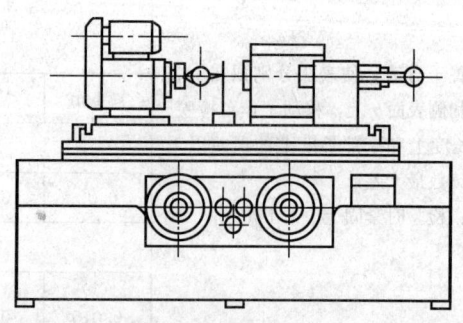

续表

检验 4	检 验 方 法	允差（mm）	
头架主轴的轴向窜动	头架主轴锥孔中插一个检验工具，安置千分表，使表头顶在检验工具中心孔中的钢球表面上，移动主轴检验。误差以千分表读数最大差计	最大磨削直径（mm）	
		≤320	>320
		0.005	0.008

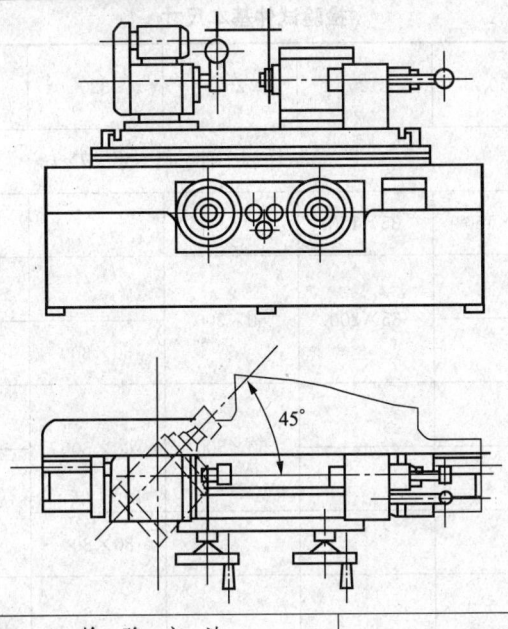

检验 5	检 验 方 法	允差（mm）		
头架回转时主轴中心线的不等高度	头架主轴锥孔中插一个检验工具，砂轮架上固定千分表，使表头顶在检验棒表面上，记录一次读数，然后回转头架至45°位置，移动工作台和砂轮架，再检验一次。误差以千分表在检验工具同一点上两次读数差计	最大磨削直径（mm）		
		≤200	≤320	>320
		0.015	0.02	0.03

注：1. 检验时紧固头架。
2. 如不能按上述方法检验时，允许在工作台上放置桥板和千分表检验。

检验 6：头架主轴中心线的径向跳动。

检验 7：头架主轴中心线对工作台移动的平行度。

检验 8：尾架套筒中心线对工作台移动的平行度。

检验 9：头架主轴和尾架套筒中心连线对工作台移动的平行度。

检验 10：砂轮架移动对工作台移动的垂直度。

检验 11：砂轮主轴的轴向窜动。

检验 12：砂轮主轴定心锥面的径向跳动。

检验 13：砂轮主轴中心线对工作台移动的平行度。

检验 14：砂轮主轴中心线对头架主轴中心线的不等高度。

检验15：内圆磨具支架孔中心线对工作台移动的平行度。

检验16：内圆磨具支架孔中心线对头架主轴中心线的不等高度。

2) 试件精度检验

① 不用中心架磨削顶尖间试件，精磨后分别检查。试件基本尺寸及精度检验见表8—14、表8—15。

表8—14　　　　　　　　　　检验试件基本尺寸　　　　　　　　　　　　　mm

最大磨削直径	50	125	200	320	500	800
最大磨削长度	试 件 尺 寸 $d \times L$					
250	20×150	35×150				
350		35×300	50×300			
500				60×300		
750			50×500	60×500		
1 000					100×800	
1 500				80×800		
2 000				100×1 000	120×1 000	
3 000						
4 000				80×1 800	220×1 800	
5 000						

表8—15　　　　　　　　　　试件精度检验（一）　　　　　　　　　　　　mm

最大磨削直径		
	≤320	>320
a) 圆度		
允差	0.003	0.005
试件长度		
≤500	≤1 000	>1 000
b) 圆柱度		
允差	0.006	0.008	0.001 2
c) 表面粗糙度值 $R_a 0.2 \mu m$		

②不用中心架磨削装在卡盘上的试件，精磨后分别检验，见表8—16。

表8—16　　　　　　　　　　试件精度检验（二）　　　　　　　　　　mm

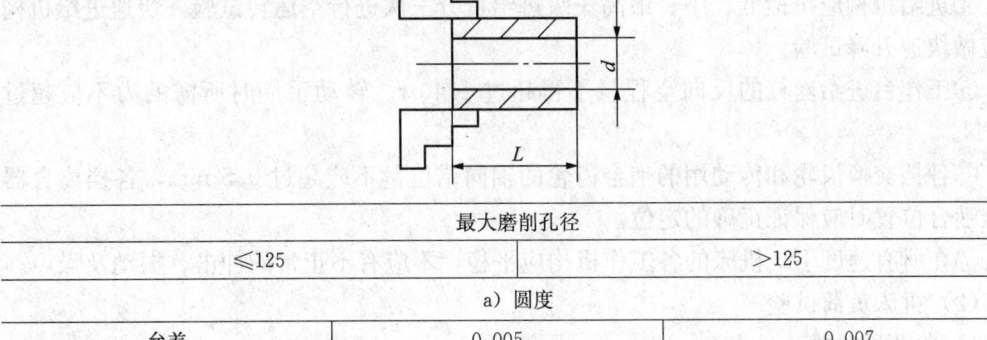

最大磨削直径		
≤200	≤320	>320
试件尺寸 $d×L$		
$\phi30×75$	$\phi50×150$	$\phi100×300$
a) 圆度		
允差	0.005	0.007
b) 表面粗糙度值 $R_a 0.2\mu m$		

注：d＝最大磨削孔径的一半，L＝最大磨削孔径。

③不用中心架磨削卡盘上的内圆试件，精磨后分别检验，见表8—17。

表8—17　　　　　　　　　　试件精度检验（三）　　　　　　　　　　mm

最大磨削孔径	
≤125	>125
a) 圆度	
允差	0.005	0.007
b) 表面粗糙度值 $R_a 0.4\mu m$	

注：1. 测量圆柱度不应少于5个点。
　　2. 全部试件材料45钢，不淬硬。

3. Y38—1型滚齿机的试车检查

（1）机床空运转试验

1）试验前的准备

①机床总装配及调整后，应清除污物，用煤油将各部位清洗擦净。

②电气系统要完全干燥，电器限位开关装置要紧固，电源须接通地线，以防漏电发生伤亡事故。

③主电动机V带要调整得松紧适度，过紧会增加电动机负荷，过松会造成重切削时停车。

④工作台及刀架滑板等各导轨的端部，用 0.04 mm 的塞尺检查，其插入深度应≤20 mm。

⑤机床各固定结合面的密合程度，用 0.03 mm 的塞尺检查，应插不进。

⑥机床各挂轮的侧隙调整要适当，挂轮板要紧固。

⑦机床罩壳应装好。

⑧各操纵手柄必须转动灵活，无阻滞现象。检查各传动机构、脱开机构的位置是否正确；快速机构用手做转动试验，并扳在停车位置。

⑨检查各润滑油路装置是否正确，油路是否畅通。用 10 号机油注满所有的润滑孔和油箱。刀架及工作台分度蜗轮副的润滑油应注入油室至油标红线位置。各滑动导轨的润滑，可用油枪从各球形油眼注入润滑油。润滑油应当清洁、无杂质。

2）空运转试验的方法

①主轴以 $n=47.5$ r/min、$n=79$ r/min 及 $n=192$ r/min 三种转速依次运转，在各种规定转速下运转 0.5 h。最高转速运转足够的时间，使主轴承达到稳定温度为止，但不得少于 1 h。

②在最高转速下，主轴箱轴承的稳定温度不应超过 55℃，其他机构的轴承温度不应超过 50℃。

③工作台的运转速度按 $z=30$、$K=1$ 的分齿挂轮选搭，根据主轴转速依次运转，使工作台由 1.6 r/min 依次变速到 6.5 r/min，并检验分度蜗杆蜗轮副在运转中啮合的情况。

④进给机构应按最低、中、最高三级进给量分三次进行空运转试验。快速进给机构也应做快速升降试验。

⑤工作台进给丝杠的反向空程量不得超过 1/40 r。转动手柄时所需的力不应超过 120 N。

⑥各挡交换齿轮和传动用的啮合齿轮的轴向错位量不应超过 0.5 mm，各挡离合器在全啮合位置时应保证正确的定位。

⑦在所有速度下，机床的各工作机构应平稳，不应有不正常的冲击、振动及噪声。

(2）机床负荷试验

1）负荷试验规范见表 8—18。

表 8—18　　　　　　　　负荷试验规范

切削次数	齿数	模数 (mm)	外径 (mm)	齿宽 (mm)	转速 (r/min)	切削速度 (m/min)	进刀量 (mm)	切削深度 (mm)	备注
1	35	8	296	60	64	25.15	2	17.2	第一次滚切时的外径
2	30	8	256	60	64	25.15	2	17.2	第二次车削时的外径
3	25	8	216	60	64	25.15	2	17.2	第三次车削时的外径

注：试坯材料为 HT150。

2）进行负荷试验时，所有机构（包括电气和液压系统）均应工作正常。机床不应有明显的振动、冲击、噪声或其他不正常现象。

3）负荷试验以后，最好将修理过的主要部件拆洗一次并检查使用情况。

（3）机床工作精度试验。机床的工作精度试验应在机床空运转试验、负荷试验及经调整到几何精度要求后进行。切削要在主轴等主要部分运转到温度稳定时进行。

1）直齿工作精度试验。所用齿坯尺寸见图8—17，规范见表8—19。

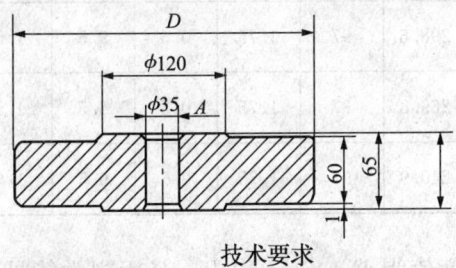

技术要求
1. 径向跳动：0.04。
2. 端面跳动：0.03。
3. 材料：HT150，硬度180~220HB，硬度不均匀度不得大于20HB。
4. 铸件本身不得有砂眼或缩孔。
5. 齿面表面粗糙度值$R_a1.6\ \mu m$，其余$R_a6.3\ \mu m$，倒角$C1$。
6. 精度不做检查。

图8—17 精切齿坯加工图

表8—19　　　　　　　　　　直齿轮精切试验规范表

齿　　　数	\multicolumn{2}{c}{$z=87$}	
模　　　数	$m=5$	
精度等级	按齿轮精度标准7级	
切削规范	粗切	精切
转速（r/min）	155	155
吃刀深度（mm）	10	1
进给量（mm）	2	0.5

精度按机床GC30—60标准中工作精度要求进行检验。

2）斜齿工作精度试验。所用齿坯尺寸见图8—18，试验规范见表8—20。

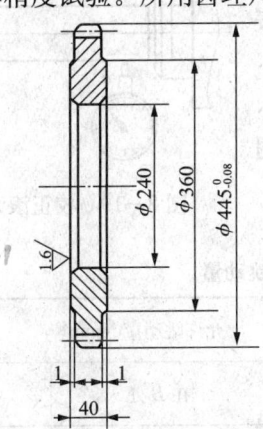

技术要求
1. 径向跳动：0.045。
2. 端面跳动：0.045。
3. 材料：HT150，硬度180~220HB，硬度不均匀度不得大于20HB。
4. 铸件本身不得有砂眼或缩孔。
5. 倒角$C1$。

图8—18 精切斜齿轮齿坯加工图

表 8—20　　　　　　　　　　斜齿轮精切试验规范表

切削次数	螺旋角	模数(mm)	齿数	外径 D	转速(r/min)	进刀量(mm)		吃刀深度(mm)		备注
						粗切	精切	粗切	精切	
1	30°	5	50	298.6	97	1.75	0.5	9.5	1.5	第一次切削后车成本例外径
2	30°	5	45	269.8	97	1.75	0.5	9.5	1.5	第二次切削后车成本例外径
3	30°	5	40	240.9	97	1.75	0.5	9.5	1.5	

该齿轮齿面的表面粗糙度值为 $R_a1.6\mu m$ 以上，且无视觉能见的颤痕。其他项目，如相邻周节差、周节累积误差、齿形误差及螺旋角误差等均不进行检验。

3) 精切试验前的机床调整

① 仔细检查分度及进给挂轮的安装是否正确。

② 精切斜齿轮时，差动挂轮应进行精确计算，一般应精确到小数点后第五位到第六位。

③ 所选用的齿轮，不允许有凸出的高峰、毛刺，用前要清洗齿槽、内孔和齿面，安装间隙要适当。

④ 机床刀架板转角度误差不大于 $6'\sim10'$。

4) 刀具的安装与调整

① 滚刀心轴应符合加工的精度要求。

② 滚刀心轴安装于机床主轴之前必须擦净锥体、外圆和端面，并检查有无毛刺、凸边等。

③ 将滚刀心轴装入主轴孔内，用拉杆拉紧，如图 8—19 所示，用百分表在 A 和 B 处检查径向跳动，在端面 C 处检查端面跳动。其要求见表 8—21。如果滚刀心轴径向跳动或轴向窜动较大，为了消除跳动量，可将滚刀心轴旋转 180° 安装，使其达到要求为止。如果滚刀心轴轴向窜动超差，可调整主轴的轴向精度或轴向间隙。

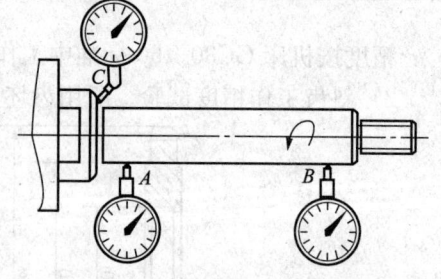

图 8—19　校正滚刀心轴示意图

表 8—21　　　　　　　　　　滚刀心轴的允许跳动量

加工齿轮精度	允许跳动量(mm)		
	在 A 处	在 B 处	在 C 处
7—6—6	0.015	0.02	0.01

滚刀装上滚刀心轴后必须校正台肩径向跳动（见图 8—20），其允许跳动量不大于 0.025 mm。

④滚刀垫圈两端面平行度不得大于 0.005 mm，表面粗糙度值在 $R_a0.8\mu m$ 以上，安装前必须擦清污垢，装夹时垫圈应尽可能少用，以免增加平行度累积误差。

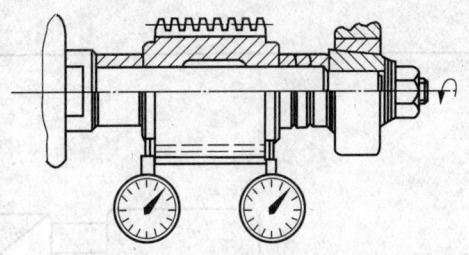

图 8—20 校正滚刀径向跳动示意图

⑤滚刀精度的选择：粗滚选用 A 级或 B 级，精滚以 AA 级精度为宜，但不允许用同一把滚刀作粗、精加工用。

⑥切齿时滚刀必须对准工件中心。

5）工件及夹具的安装和调整

①滚齿夹具的端面跳动量应在 0.007～0.01 mm 内。

②齿坯安装后需校正外圆，使齿坯与机床回转工作台的轴心线重合，其允差应小于 0.03 mm。

③齿坯的夹紧支承面应尽可能接近齿根。

(4) 机床几何精度检查

1）机床的几何精度在各部件组装时分别调整好，并在空转试验前和工作精度试验后各进行一次检查。

2）机床几何精度检查应按 GC30—60（见表 8—22）或机床出厂的精度合格证书逐项进行，如有超差可加以调整，但必须重新再做相关联的空运转试验以及重新进行工作精度检查。

表 8—22　　　　　　　　　立式滚齿机精度检验

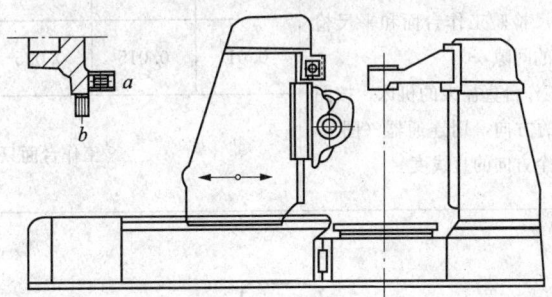

检验 1	检验方法	允差 (mm)	
		最大工件直径（mm）	
		≤2 000	≤5 000
立柱移动时的倾斜	在立柱导轨上端的纵向和横向水平面内，分别靠上水平仪 a 和 b，移动立柱，在立柱全部行程的两端和中间位置上检验，a、b 的误差分别计算。水平仪读数的最大代数差值，就是本项检验的误差	a)	
		$\frac{0.02}{1\ 000}$	$\frac{0.03}{1\ 000}$
		b)	
		$\frac{0.02}{1\ 000}$	$\frac{0.02}{1\ 000}$

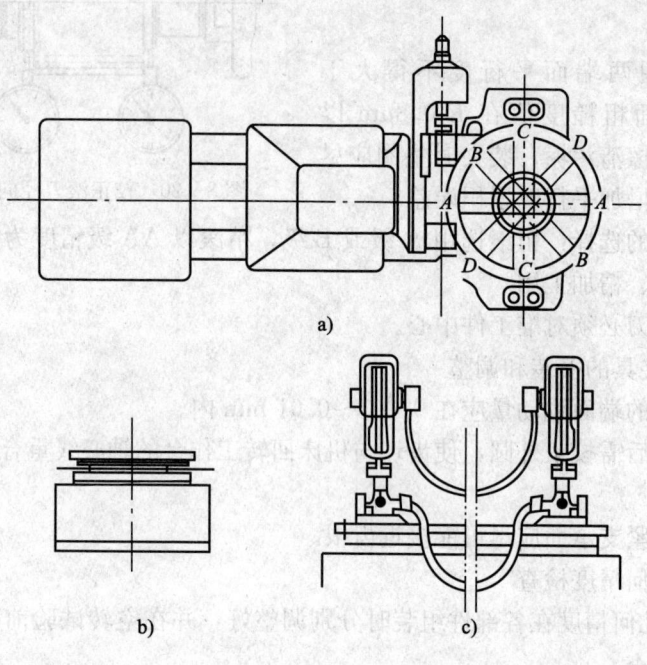

a)
b)
c)

检验 2	检验方法	允差（mm）				
工作台面的平行度	1. 在工作台面上如图 a 规定的方向放两个高度相等的量块，量块上放一根平尺（见图 b）。用量块和塞尺检验工作台面和平尺检验面间的间隙 2. 工作台直径大的机床，按图 a 规定的方向，用连通器（图 c）检验各个方向的直线度	最大工件直径（mm）				
		≤125	≤320	≤800	≤2 000	≤5 000
		0.01	0.015	0.025	0.05	0.10
		工作台面只许凹				

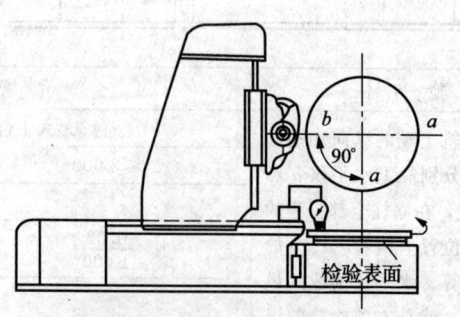

续表

检验3	检 验 方 法	允 差（mm）				
1. 工作台面的端面跳动 2. 工作台检验表面的端面跳动（只适用于大型机床）	1. 将千分表固定在机床上，使测头顶在工作台面上靠近边缘的地方。旋转工作台，在相隔90°或180°的 a 点和 b 点检验 2. 将千分表固定在机床上，使测头顶在工作台检验面上。旋转工作台在相隔180°的 a 点和 b 点检验，a、b 的误差分别计算。千分表读数的最大差值，就是端面跳动的数值	最大工件直径（mm）				
		≤125	≤320	≤800	≤2 000	≤5 000
		1.				
		0.007	0.01	0.015	0.02	0.03
		2.				
		—	—	—	0.02	0.03

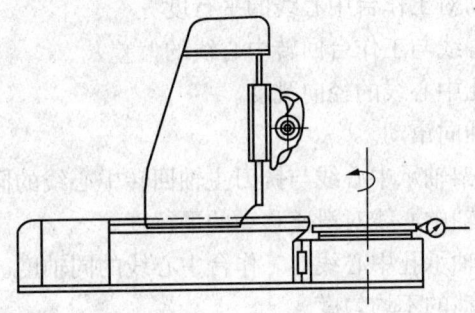

检验4	检 验 方 法	允 差（mm）	
工作台检验面的径向跳动	将千分表固定在机床上，使测头顶在工作台的侧检验面上。旋转工作台检验，千分表读数的最大差值，就是径向跳动数值 注：本项检验仅适用于最大工件直径大于 800 mm 的大型机床	最大工件直径（mm）	
		≤2 000	≤5 000
		0.03	0.04

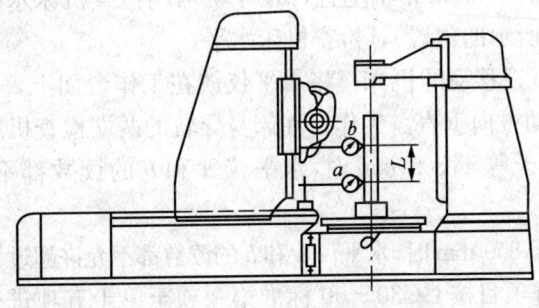

续表

检验5	检验方法	允差（mm）				
工作台锥孔中心线的径向跳动	在工作台锥孔中心紧密地插入一根检验棒（或按工作台中心调整检验棒）。将千分表固定在机床上，使测头顶在检验棒表面上。旋转工作台，分别在靠近工作台面的 a 处和距离 a 处 L 的 b 处检验径向跳动 a、b 的误差分别计算。千分表读数的最大差值，就是径向跳动的数值	最大工件直径（mm）				
		≤125	≤320	≤800	≤2 000	≤5 000
		a)				
		0.008	0.010	0.015	0.02	0.03
		b)				
		0.010	0.012	0.02	0.03	0.04
		长度 L（mm）				
		150	150	300	500	1 000

检验6：刀架垂直移动对工作台中心线的平行度。

检验7：刀架回转中心线与工作台回转中心线的偏差。

检验8：铣刀主轴锥孔中心线的径向跳动。

检验9：铣刀主轴的轴向窜动。

检验10：铣刀刀杆托架轴承中心线与铣刀主轴回转中心线的同轴度。

检验11：切向刀架主轴中心线对滑座移动的平行度。

检验12：后立柱滑架轴承孔中心线对工作台中心线的同轴度。

检验13：刀架垂直移动的不均匀度。

检验14：分度链的精度。

检验6～14因篇幅有限不详细介绍。

①本标准适用于最大工件直径 80～5 000 mm 的立式滚齿机。

②机床如因结构特殊，不能在规定长度上测量误差时，可按能够测量的最大长度折算，折算结果小于 0.001 mm 时，仍按 0.001 mm 计。用分度值为 0.01 mm 的千分表测量，折算结果小于 0.005 mm 时，仍按 0.005 mm 计。

③在检验机床精度前，首先要调整好机床的安装水平。

a. 对于立柱可以移动的机床，在床身导轨上放一个专用检具，检具上放两个水平仪 a 和 b，a 和导轨平行，b 和导轨垂直，在导轨两端检查机床水平。同时将水平仪放在工作台面上（如图所示的位置），检查机床水平。

b. 对于工作台可以移动的机床，将水平仪放在工作台面上，a 和工作台移动方向平行，b 和工作台移动方向垂直。工作台在床身导轨的两端检查机床水平。

最大工件直径小于等于 800 mm 时，水平仪 a 和 b 的读数都不允许超过 0.02 mm/1 000 mm。

最大工件直径大于 800 mm 时，水平仪 a 和 b 的读数都不允许超过 0.03 mm/1 000 mm。

3）几何精度检查项目按 GC30－60 标准第一项至第十五项进行（本机床无切向刀架，其中第十一项不做检验。如无检验分度链的仪器时，以检验第十五项替代）。

(5) 机床工作精度检验。在机床上精切直齿圆柱齿轮，试件应按下列条件选择：
1) 直径不小于最大工件直径的 1/2。
2) 模数为最大加工模数的 0.4～0.6 倍。
3) 材料为铸铁或钢料。
4) 试件加工齿数不应等于分度蜗轮的齿数或其倍数。

检验 15～18 见表 8—23。

表 8—23　　　　　　　　立式滚齿机精度检验（续）

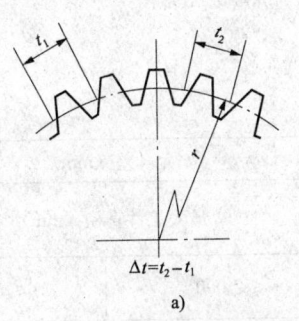
a)

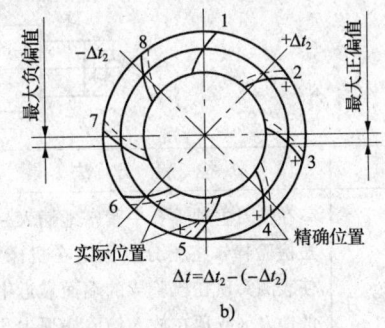
b)

检验 15	检 验 方 法	允　差（mm）				
	a) 齿轮精切后用齿距仪检验同一圆周上任意周节差 b) 用任意一种能直接确定或经计算确定齿距累积误差的仪器检验，圆周上任意两个同名齿形的最大正值和负值偏差的绝对值的和，就是累积误差	最大工件直径（mm）				
		≤125	≤320	≤800	≤2 000	≤5 000
a. 周节差 b. 周节的累积误差		a) 任意周节差				
		50	25	15	12	9
		b) 周节的累积误差				
		200	115	70	45	35

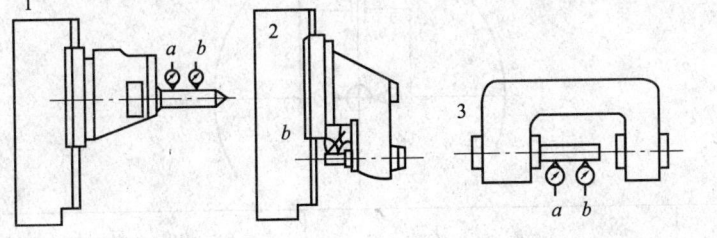

检验 16	检 验 方 法	允　差（mm）	
	在铣刀主轴锥孔中紧密地插入一根检验棒。将千分表固定在机床上，使表测头顶在检验棒的表面上。旋转主轴，分别在靠近主轴端部的 a 处和距离 a 处 150 mm 的 b 处检验径向跳动 a、b 的误差分别计算。千分表读数的最大差值，就是径向跳动的数值	最大工件直径（mm）	
		≤2 000	≤5 000
附加铣头铣刀主轴锥孔中心线的径向跳动		a)	
		0.02	0.03
		b)	
		0.04	0.06

续表

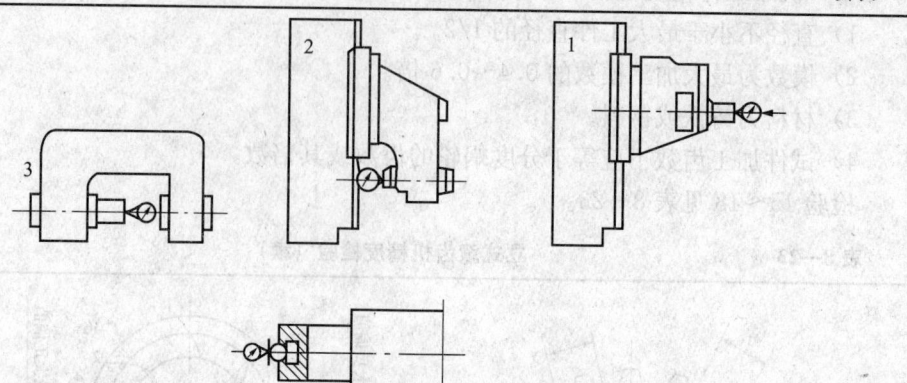

检验17	检 验 方 法	允差（mm）	
附加铣头铣刀主轴的轴向窜动	在铣刀主轴锥孔中紧密地插入一根短检验棒，将千分表固定在机床上，使表测头顶在检验棒的端面靠近中心的地方（或顶在放入检验棒顶尖孔的钢球表面上）旋转主轴检验 千分表读数的最大差值，就是轴向窜动的数值	最大工件直径（mm）	
		≤2 000	≤5 000
		0.015	0.02

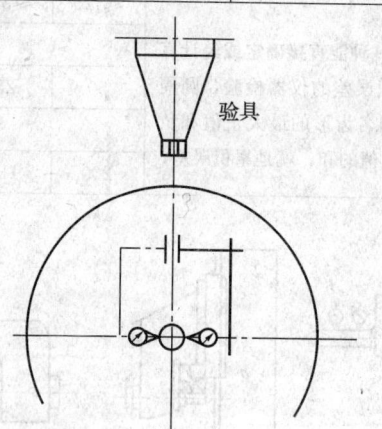

检验18	检 验 方 法	允 差（mm）	
附加铣头的检具上装对刀样板孔的中心线对工作台中心线的不相交度	在工作台锥孔中紧密地插入一根检验棒（或按工作台中心调整检验棒），将角形表杆装在对刀样板孔中，使千分表测头顶在检验棒的表面上。将工作台和角形表杆旋转180°检验 千分表在同一截面上读数的最大差值的一半，就是不相交度的误差	最大工件直径（mm）	
		≤2 000	≤5 000
		0.04	0.06

注：本项检验中适用圆片铣刀铣削内齿轮的附加铣头

第二节　企业技术改造项目验收

→ 能够配合上级机关和有关部门做好投产验收的准备工作
→ 能够按产品投产和技术改造项目的要求，参与设备验收工作

一、企业基本建设项目竣工预验收鉴定书

1. 基本建设项目的依据、建设目标、规模和内容

企业新产品开发和较大项目技术改造的验收报告，主要包括基本建设项目和技术改造项目。基本建设项目（如新建和扩建厂房）指在为新产品投产和技术改造所必须的基本建设。它同时也包括为生产能力和生产工艺等需要而增加的设备、动力等内容。

基本建设项目竣工预验收时，是由上级机关组织的评审机构分项目进行评审，并将评审意见写进《基本建设项目竣工预验收鉴定书》内。预验收合格再进行技术改造项目的验收工作，最后填写验收报告书。

预验收鉴定书要包括企业以文件形式阐述的基本建设项目实施在理论上和技术上的依据，以及建设的目标、规模和内容。它包括新产品开发和技术改造后产品的生产量、总产值、利润预算等。

2. 概算执行情况及工程完成情况

评审组在该项目审查过程中，主要检查项目投资的落实及基本建设各项目执行中投资的执行情况，配套与协作企业基建项目的执行情况。同时对相关的安全、卫生、环保措施及改造情况也要进行审查。

3. 项目工程的评价

项目工程的评价，是对基本建设项目工程的具体审查评定工作，主要包括以下内容：

(1) 基建项目的技术文件、资料和批复文件是否完整。
(2) 项目的依据是否充分，整个项目工程是否符合国家有关标准。
(3) 安全、卫生和环保设施及实施情况是否符合国家标准。
(4) 生产准备项目主要评审生产的技术准备与项目实施、科研设施等。同时要审查生产的物质准备是否齐全（包括各种设备的安装、设计和工艺文件，工艺装备和计量、技术监督等）。
(5) 整个评审工作最后由各项目评审组写出对各项目的评审意见。若通过验收，可进行下一步技术改造工程的验收。若存在问题，应限期整改，通过再次验收后，再进行下一步工作。

二、新产品开发或技术改造验收报告书

1. 企业基本情况介绍

主要介绍企业的产品、生产规模、企业占地和厂房、办公等建筑面积及平面布置、生产设备及辅助设施、企业员工情况等。重点是阐述企业对新产品开发和技术改造的能力。

2. 技术改造的依据和目标

在理论上和技术上，依据上级技改文件精神，阐述企业进行技术改造的可行性。技术改造的目标包括产品目标、产量目标和经济目标。它的内容包括企业、重点参与技术改造单位和一般参与技术改造单位的工作与指标的分配。

3. 技术改造计划执行情况

技改计划的执行情况是评审验收最主要的项目，它主要包括以下几个方面：

（1）资金到位和执行情况。重点审查资金到位后在技术改造项目中的分配与应用情况，每项资金的使用是否准确、合理，都必须进行严格的审查。

（2）重点技术改造单位对改造计划的执行情况。它包括进行技术改造的企业和与之配套的企业单位。所有相关企业单位对技术改造执行的情况，都会直接影响整个技改项目的实现。

（3）工程质量评价。技改项目所有相关单位的工程质量是评定审查的重点，尤其是技改项目的关键单位、关键设备等。工程质量的标准必须按项目要求严格评定。

4. 环保及安全设施改造项目的执行情况

主要审查参与技改项目的单位有关安全、卫生、环保设施及工程的完成情况，其质量是否符合国家标准。

5. 生产准备和经济效益

技改项目的生产准备，包括设计、工艺文件与资料准备，产品试制的技术资料准备（协作配套单位的生产准备也要进行评审），生产组织情况，产品质量检验等。

经济效益审查就是对技改后是否达到预期的经济效益做出评价。这个评价也包括对产品和生产技术的发展前景做出评估。

6. 总结评估

验收审查委员会通过对各项目工作的验收，经过综合、对比后做出对整个技改项目的一个全面、完整的评价。这个评价是技改企业进行新产品生产和以后生产持续发展的重要参考资料。

单元考核要点

行为领域	鉴定范围	鉴定点	重要程度
理论知识鉴定考核要点	精密、大型、复杂设备的运行试验	1. 机床试验的类型	★
		2. 机床试验的条件、项目和内容	★★
		3. 机床几何精度检验	★★
操作技能鉴定考核要点	精密、大型、复杂设备的运行试验	1. T68型卧式镗床的试车检查	★★★
		2. Y38—1型滚齿机的试车检查	★★★
		3. M120W型万能磨床的试车检查	★★★

单元测试题

一、单项选择题（下列每题的选项中，只有 1 个是正确的，请将其代号填在横线空白处）

1. 生产线上对零件普通精度的工序检验都是通过_____完成的。
   A. 自检　　　B. 互检　　　C. 抽检　　　D. 全检
2. 对有恒温要求的机床，检验时室温波动不应超过±_____℃。
   A. 0.1　　　B. 0.2　　　C. 0.5　　　D. 1
3. 对数控机床、自动化机床所进行的可靠性检验必须在规定的条件下，机床应连续运转_____h 空运转自动工作循环而无故障。
   A. 2　　　B. 4　　　C. 6　　　D. 8
4. 对设有原点的数控机床进行原点复归精度测量时，从任意可回归原点的位置开始，向坐标原点回归，要进行_____次。
   A. 3　　　B. 5　　　C. 7　　　D. 9
5. 对外圆磨床的空运转试验，要求砂轮架及头架的轴承温升不得超过_____℃。
   A. 10　　　B. 20　　　C. 30　　　D. 40
6. 对测定切削力的仪器要求能测出所测力的_____%的变化。
   A. 1　　　B. 2　　　C. 3　　　D. 4
7. 卧式镗床空运转试验时，主传动机构需以低速至高速依次运转，每级速度的运转时间不得少于_____min。
   A. 1　　　B. 2　　　C. 5　　　D. 10
8. 万能外圆磨床进行验收空运转试验的时间不少于 1 h，要求砂轮架及头架的轴承温升不得超过_____℃。
   A. 5　　　B. 10　　　C. 20　　　D. 30
9. 万能外圆磨床的空运转试验，要求慢速液动工作台重复定位精度不得超过_____mm。
   A. 0.01　　　B. 0.005　　　C. 0.003　　　D. 0.001
10. 滚齿机空运转试验时，要求工作台进给丝杠的反向空行程量不得超过_____转。
    A. 1/10　　　B. 1/20　　　C. 1/30　　　D. 1/40

二、判断题（下列判断正确的请打"√"，错误的打"×"）

1. 机床的空运转试验都需在最高转速运转足够的时间，使主轴承达到稳定的温度为止。（　　）
2. 卧式镗床几何精度检查只在空运转前进行。（　　）
3. 生产线零件超差有两个主要原因：一是零件定位不准确，二是夹具定位元件磨损。（　　）
4. 传动精度试验只在封闭传动链的传动比要求稳定的机床上进行。（　　）
5. 空运转绝对振动试验的试振点应远离切削位置。（　　）

6. 采用间接试验法对机床进行热变形试验，是在典型切削工艺条件下加工一批典型工件，直接测定机床受热引起的综合变形。（　　）

7. 纯轴向运动是指主轴回转轴线平行于理论回转轴线并沿轴向方向的漂移运动。（　　）

8. 纯轴向运动对于车削外圆没有影响。（　　）

9. 爬行对机床加工只会影响定位精度，对加工表面粗糙度没有影响。（　　）

10. 对磨床进行空运转检验，启动砂轮架电动机时，先要安装传动带，以便观察其运转方向。（　　）

三、简答题

1. 对机床的热变形试验可分为哪几种方法？
2. 什么是实际上的主轴回转精度？
3. 简述机床运动部件爬行对机床加工性能的影响。
4. 什么是数控机床重复定位精度？对其测量时有哪些要求？

四、技能题

第 1 题　销孔锉配四方

(1) 图样。如图 8—21 所示。

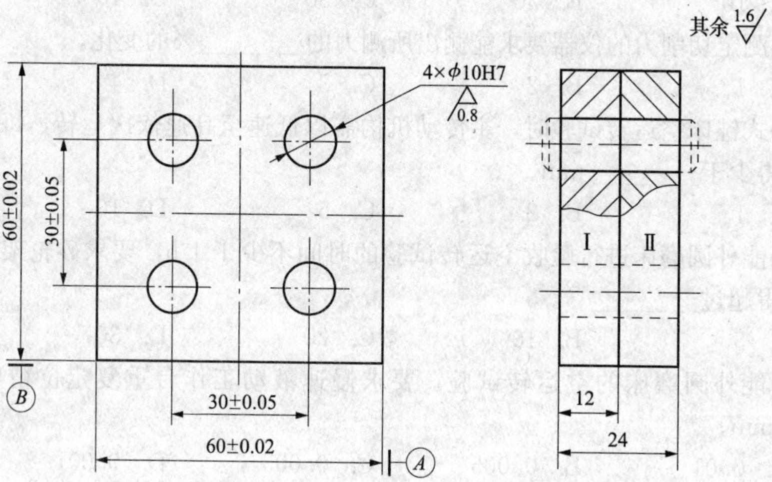

技术要求

1. 未注各锉削加工面的平面度 0.02 mm，与大平面的垂直度 0.02 mm。
2. ϕ10H7 孔口倒角 C0.5，其余锐角倒钝。
3. 检测要求件Ⅰ、件Ⅱ正反四个方向换位，检验销钉均能插入。
4. 正反四个方向换位，外形阶台共检测 32 处，若配合松动以最大误差计算，阶台差≤0.02 mm。若检验销钉不能装配则此项不予检测。
5. 平面度、垂直度及（60±0.02）mm 外形尺寸按单件计量。
6. 考核时间：5 h。

图 8—21　销孔锉配四方

(2)考核要求

1)锉削、锯削、划线。

2)钻孔、铰孔。

(3)准备工作

1)考场准备

①按图样备料。如图8—22所示。

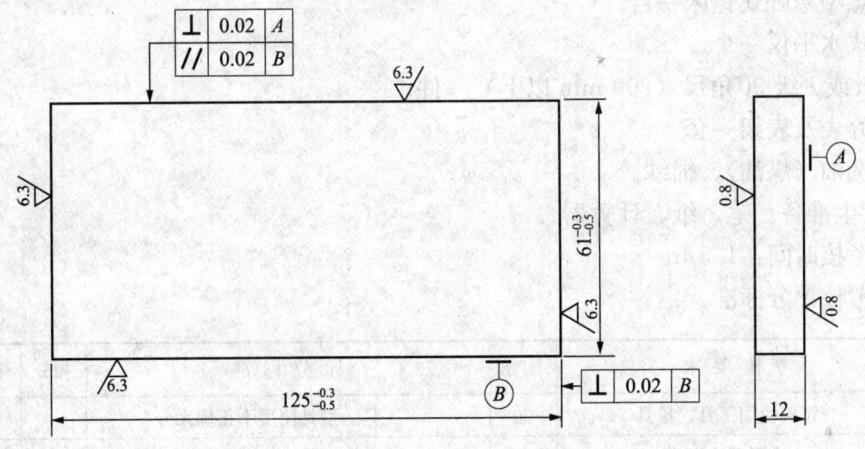

图8—22 备料图

②钳台(带台虎钳)、台钻、机床用平口虎钳、机油等。

2)考生准备。平板(300 mm×300 mm)、锉刀、整形锉、游标卡尺、游标高度尺、千分尺(25～50 mm、50～75 mm)、杠杆表(带表架)、量块(一组)、刀口形直尺、测量销(ϕ8 mm、ϕ10 mm)、钻头(若干)、铰刀(ϕ8 mm、ϕ10 mm)、锤子、样冲、平行垫铁(一对)、V形架或靠铁、毛刷、棉纱、软钳口等。

(4)考核时间:5 h。

(5)考核评分标准

序号	考核要求	配分	评分标准	实测结果	扣分	得分
1	(60±0.02) mm (4处)	4×3	超差无分			
2	▱ 0.02 (8处)	8×0.5	超差无分			
3	⊥ 0.02 B (8处)	8×0.5	超差无分			
4	R_a1.6μm (8处)	8×1	超差无分			
5	ϕ10H7 (8处)	8×2	超差无分			
6	(30±0.05) mm (8处)	8×2	超差无分			
7	R_a0.8μm (8处)	8×1	超差无分			
8	阶台差≤0.02 mm (32处)	32×1	超差无分			
9	安全操作		违反操作规程酌情扣分			

第2题　检测卧式镗床工作台移动在垂直平面内的直线度

(1) 考核要求

1) 锉削、锯削、划线。

2) 钻孔、铰孔。

(2) 准备工作

1) 考场准备

①任意型号卧式镗床一台。

②框式水平仪一个。

③0级或1级90°角尺（200 mm以上）一件。

④百分表及表架一套。

⑤清洗油（煤油）、棉纱。

2) 考生准备。笔、纸、计算器。

(3) 考核时间：1.5 h。

(4) 考核评分标准

序号	考核要求	配分	评分标准	扣分	得分
1	正确使用工具、量具	20	工具、量具使用不正确无分		
2	检测方法正确	30	检测方法不正确无分		
3	检测数据准确	30	检测数据一项不准确扣15分		
4	用画图法画出导轨直线度误差曲线图	20	不能正确画出导轨直线度误差曲线图无分		
3	安全操作		违反操作规程酌情扣分		

单元测试题答案

一、单项选择题

1. A　2. B　3. D　4. C　5. B　6. A　7. B　8. C　9. C　10. D

二、判断题

1. √　2. ×　3. √　4. √　5. ×　6. ×　7. √　8. √　9. ×　10. ×

三、简答题

1. 答：热变形试验可以分为直接试验法和间接试验法。前者指在典型切削工艺条件下加工一批典型工作，直接测定机床受热引起的综合变形，可作为"加工精度"试验项目处理；后者则指在机床运转或模拟状态下，测量机床的几何精度变化，主要测定主轴和定位元件的位移以及热检几何精度的指定项目。

2. 答：主轴回转精度是指主轴的实际回转位置与理论回转位置相接近的程度，但在实际测量中，总是以工件与刀具之间的相对位置变化来测定和分析的，因此，实际上定义的主轴回转精度是主轴回转精度同机床结构振动的总和。

3. 答：(1) 影响加工工件精度。

(2) 影响定位精度。

(3) 影响加工表面的波度和表面粗糙度。

4. 答：重复定位精度是指机床移动部件向同一给定位置重复定位时定位精度的一致性。对于直线坐标，应在全行程两端及中央选择三个测点，每点试验重复 7 次，取最大的误差分散宽度为测试结果。对于回转坐标，任选三个位置，重复试验次数和测试结果选取与直线坐标相同。

四、技能题（略）

第9单元

培训与指导

□ 第一节　指导操作/383
□ 第二节　理论培训/385

操作技能指导是高级技师的一项重要工作，高级技师应全面了解职业技术培训的特点和方法，特别是在课题的选择和编写方面，应对技师和技师以下各层次技工的培训指导有全面认识。同时能根据不同的培训条件，制定切实可行的培训方案，在保证符合国家职业标准的前提下，针对不同场地、不同培训对象有一定的应变能力。

在理论培训方面，重点突出讲义的编写要求、内容依据和编写的方法。

第一节 指导操作

→ 较全面地掌握本职业的操作技能，尤其在高技能方面应有特长
→ 能够对本职业初、中、高级工和技师进行操作技能指导

一、技能指导的特点和方法

1. 技能指导的特点

技能指导同理论培训的最大区别，是技能指导不仅要学员明白与技能相关的理论知识，更主要的是必须学会操作。作为高级技师的技能指导工作，主要应侧重在高级以上的阶段。这个阶段的学员大部分有一定的操作经验，但同时年龄偏大，对自己较熟悉的专业技能进一步提高并不困难，但对陌生的操作技能，接受起来就有些困难。因此，作为高级技师的技能指导工作应突出以下特点：

（1）理论知识为基础的技能指导工作，应做到"理通力行"，在弄懂理论知识的基础上，努力达到技能要求，即应知更要应会。

（2）无现成的理论知识为基础的技能指导，包括在实践中反复验证的操作经验，虽然现有的书籍没有相关的介绍，但在技术的指导中往往是比较宝贵的内容，这类经验上的指导应是高级技师培训工作最有特色的地方。

2. 技能指导的方法

技能指导的方法在技师部分有所介绍。这节仅就以下两种指导方法做简要介绍：

（1）课堂式培训指导。课堂式培训指导是集中培训的一种形式。由于受培训条件限制，以往课堂式技能培训大多集中在基本操作的技能范围。涉及中高级工层次的内容需要具备相应的培训条件，这些条件主要包括以下几方面：

1）技能培训场地。基本操作技能培训场地每个学员不能少于 4 m²。场地基本设备必须包括钳台、钻床、划线平台、刮研平台，这些设备也适用于工具钳工和装配钳工，这三个工种的基本技能大体是一致的。但作为机修钳工，还必须有典型设备的模型或实物。这些条件对中级工以上的技能培训特别重要。

2）课堂式技能培训的方法。课堂式技能培训一般有以下几个步骤：

①讲解。按课题内容讲解操作方法、技能要求（包括工具、量具、仪器的使用）、注意事项（包括安全文明生产要求以及操作中容易出现的问题）。

②示范。即向学员演示操作的要领，边演示边讲解操作各步骤的规范要求。

③辅导。演示后可以选两三个学员实际操作，对操作中出现的问题，通过个别辅导使其他学员受到启发。同时在全体学员进行实际操作时，要做好巡回指导。个别问题可个别辅导，对带有普遍性的问题仍要再进行集中辅导。

技能培训的示范与辅导阶段是最关键的环节。

④课题考核。根据课题技能要求进行实际操作考核,学员必须在规定的时间内完成考核项目。对考核的检验,由辅导人员检测后,还可由学员自己进行自检和互检,进一步认识操作中存在的缺陷。中级工以上的技能课题培训与考核,很多项目是很难具备实际操作条件的。对这种情况除了不断完善条件外,在培训中应尽量发挥挂图、教具和电化教学的作用,努力营造一个身临其境的培训环境。在考核方面,可以通过图样和分析实际工作中的问题,讲述机床修理方法、工艺过程、设备验收等。

(2)现场培训指导。现场培训是在生产现场进行技能培训的形式,包括以下两种类型:

1)岗上培训。即学员不脱离生产岗位,在培训人员的指导下根据生产技能的实际需要所进行的提高性培训。比如对高级工,按国家职业标准,利用本企业符合高级工培训要求的设备进行修理和检验等的培训。这种培训的优点是针对性强,无须准备专门培训的条件,培训后能在生产岗位很快发挥作用。缺点是只适合少数人培训,同时对培训指导人员的要求是必须熟悉企业的设备特点。

2)下厂实习和参观。对不具备技能培训条件的,可联系选择适合的企业,在一定时间内通过企业生产现场实习完成技能培训课题。它的优点和岗上培训差不多,只是学员来自不同企业,针对性较差,同时受企业生产的限制。下厂实习,无论在时间、人数、课题选择和费用上都需与企业进行商量协调。参观培训由于时间很短,只适合技能和有关"四新"技术方面的培训。

(3)模拟培训指导。通过计算机模拟设备的各种故障及排除方法。除基本操作技能必须要有足够的时间打好基础,更多的技能(如设备结构、传动原理、故障原因、修理方法、各种检验等)可通过模拟培训达到很好的学习效果,技能考核也可部分采用模拟的方式进行。这是一种很有发展前景的培训方法。

二、指导课题的选择和编写

1. 一般课题的选择和编写

(1)一般课题的选择。所谓一般课题是指通用性较强的课题。比如基本操作技术课题,通用机床设备的几何精度、传动链精度、工作精度等的检验和修理,典型零部件的修复方法,各种检测仪器的使用等。这类技能属于作为机修人员必须掌握的内容。

(2)一般课题的编写。编写一般课题首先要依据国家职业等级标准的要求,由浅入深,较系统地将课题内容排列起来,一般按修理的工艺顺序编写其技能要求,不必编写原理性、推论性的纯理论内容。技能课题编写也和培训教材的结构一致,即包括作业前准备、作业实施和作业后检验三个步骤的内容。

2. 针对性课题的编写

针对性课题是根据培训对象的实际工作内容所选择的课题。比如机械维修的教材内容大多以机械类设备为主,而机械类设备中又以金属切削机床为主。这是因为这类设备应用比较普遍,复杂程度较高,需要的技能也较全面。但仍有许多设备没有编入教材或教材编写的很简单,却又是培训对象工作所需要的,比如压力加工设备、通用机械、工程机械等。这就是编写针对性课题的依据。有些企业的维修工作内容比较单一，而针对这类培训对象，课题的选择和编写就应有所侧重。可对教材有选择地进行调整和补充。

第二节　理论培训

→ 较全面地掌握本专业的理论知识
→ 能够理论联系实际,讲授初、中、高级工应知的专业理论知识
→ 能够按国家职业标准做好培训讲义的编写工作

一、培训讲义编写的基本要求

1. 讲义内容的主要依据

讲义内容的主要依据是国家职业标准，同时兼顾培养对象的工作实际。就是说不能没有选择、机械地照搬国家职业标准，也不能脱离国家职业标准，任意降低培训等级标准。因此理论讲义内容，即使是同等级的培训讲义，也会因培训对象的不同而不同，但遵循的国家职业等级标准应是一致的。

2. 讲义内容的针对性

职业培训的主体是现实的劳动者，培训的目的是提高劳动者的生产技能水平，使其在自己的岗位上发挥更大作用。因此在理论和技能培训上都不能忽视培训对象所从事生产的环境和特点。针对不同特点所编写的讲义，才具有职业培训的性质。

二、编写讲义的方法

1. 培训内容的选择和资料收集

（1）选择理论培训内容。首先要了解培训对象的工作内容及这些内容在国家职业标准中所对应的标准要求。有些内容的对象不是那么明确，可以认真加以归类，在保证理论内容实用性的同时，又符合等级标准要求。

理论培训的内容必须联系实际，可以有原理性、推论性的内容，但不宜过多，要简明，不能像理论研究那样烦琐。

（2）资料收集。培训内容确定以后，按内容收集相关技术资料。这些资料主要来源于培训对象所在企业和同类先进企业的设备维修技术资料。编写中可参考培训教材和同类教材的相关内容。编写时既要针对培训对象目前维修工作的条件，也要考虑更先进的维修技术知识。尽管这部分理论知识不会立刻有用，但作为知识储备，对学员今后技能提高，对企业维修工作的进步是非常重要的。

2. 培训对象的特点及实际生产需求

（1）培训对象的主要特点

1）培训对象范围广。包括各类职业技术院校、技工学校的学员，企事业单位在职维修人员，社会待业人员，各类职业的个体劳动者，转岗人员等。

2) 培训内容繁杂。职业技能培训的内容有工种区别，同工种有等级内容差异，同等级中又有实际工作对象的差异，其涉及的内容比同等普通教育复杂得多。

3) 培训对象年龄和学历的跨度大。培训人员年龄一般20岁到50岁左右，学历一般为初中到大专。在同等级培训中，年龄相差一二十岁、学历相差一两个层次是很平常的情况，其次还有工作经历的差异，这些特点都给培训工作带来很多困难。在讲义的编写中应兼顾各种培训对象的具体情况，但是不应降低培训标准，要认真研究培训对象的认知能力和学习规律，使基础差的学员能较快地达到培训要求。

4) 培训场地分散。实施职业培训的单位，有些不具备像职业技术学校那样的培训条件，即使职业技术学校也有培训条件不完善的情况，很多方面要借助企业工厂的力量才能较全面地完成培训工作。这就造成培训场地不能集中的分散现象。讲义的编写也应体现这一特点，哪一部分内容在什么场地讲授更容易使学员接受，在什么条件下讲解学员更容易理解，这都是讲义编写过程中应充分考虑的。

（2）培训对象的实际生产需求。职业技术培训的目的是满足生产发展对技能型人才的不断需要。因此，培训对象的实际生产需要是编写讲义最重要的内容。在同一期培训学员中，实际生产和需要是多种多样的。比如，在实际生产中有维修大型机床的，有维修精密机床的，还有维修压力加工设备的。此时编写讲义，应总结出有共性的东西，再分别叙述各类设备的维修特点。一个好的讲义必须具备以下几个基本要求：

1) 符合国家职业标准的要求。
2) 能针对学员与企业的生产条件和设备特点。
3) 能理论联系实际，语言用词规范又通俗易懂。
4) 技术术语、符号等要符合国家最新的规定标准，同时也要有新、旧标准对照的说明。
5) 各等级理论知识与技能要求应层次清楚，上、下等级的衔接要连贯。
6) 讲义应体现本专业长期积累的先进经验。
7) 能充分体现"四新"技术在本专业中的应用。
8) 依据学员生产实际，合理分配讲义内容，使学员通过培训后确实在实际生产中发挥作用。

单元考核要点

行为领域	鉴定范围	鉴定点	重要程度
理论知识鉴定考核要点	1. 操作指导	对初、中、高级工各级机械维修实际操作技能的指导	★★
	2. 理论指导	系统讲授初、中、高级工专业理论知识	★★
操作技能鉴定考核要点	培训指导	完成初、中、高级工实际操作和理论培训的讲义编写工作	★★★

单元测试题

一、**单项选择题**（下列每题的选项中，只有1个是正确的，请将其代号填在横线空白处）

1. 对于培训人数较多、操作课题又具备比较完整理论基础的技能培训，应采用_____培训方法。
   A. 课堂　　　　B. 现场　　　　C. 岗上　　　　D. 模拟

2. 培训标准必须以_____为依据。
   A. 教材　　　　B. 国家职业标准　　　C. 培训对象要求　　　D. 个人经验

3. 讲义编写针对的是_____。
   A. 国家职业标准
   B. 职业培训教程
   C. 培训对象实际需要
   D. 考核内容

4. 操作技能课题的特点是_____强。
   A. 理论性　　　B. 推论性　　　C. 实用性　　　D. 随意性

5. 参观培训能扩大学员眼界，特别适合_____课题的培训。
   A. 基础知识　　B. "四新"技术　　C. 相关知识　　D. 管理知识

二、**判断题**（下列判断正确的请打"√"，错误的打"×"）

1. 示范和辅导是操作技能培训指导的最关键环节。　　　　　　　　　（　　）
2. 培训指导课题内容的选择，首先要遵守考核什么讲什么的应试原则。（　　）
3. 模拟培训是一种有效的技能培训方法，可同时对较多的学员进行指导。（　　）
4. 一般课题就是指通用性较强的课题。　　　　　　　　　　　　　　（　　）
5. 长期积累的操作经验没有系统理论作基础，不能作为讲义编写内容。（　　）

三、**简答题**

1. 简述课堂式技能培训的基本步骤。
2. 什么是一般课题的选择？
3. 简述什么是针对性课题，其编写依据是什么。
4. 讲义应具备哪些基本要求？

四、**技能题**

第1题　编写精密机床大修课题讲义

(1) 考核要求

1) 任选一种精密机床。
2) 内容包括大修前的准备。
3) 大修时零件的拆卸和修理顺序。
4) 主要零部件的修理工艺。
5) 机床几何精度的检测。

6）机床空运转试验。
7）机床工作精度试验。
(2) 准备工作
1）考场准备：桌椅。
2）考生准备：笔、纸（16开）。
(3) 考核时间：4 h。
(4) 考核评分标准

序号	考核要求	配分	评分标准	扣分	得分
1	大修前的准备工作	10	讲义内容全部正确得满分，缺项或错误按比例扣分		
2	大修时零部件的拆卸和修理顺序	20	讲义内容全部正确得满分，缺项或错误按比例扣分		
3	主要零部件的修理工艺	20	讲义内容全部正确得满分，缺项或错误按比例扣分		
4	机床几何精度的检测	20	讲义内容全部正确得满分，缺项或错误按比例扣分		
5	机床空运转试验	15	讲义内容全部正确得满分，缺项或错误按比例扣分		
6	机床工作精度试验	15	讲义内容全部正确得满分，缺项或错误按比例扣分		

第2题 试讲精密机床大修中任一内容

(1) 考核要求
1）授课前的准备工作。
2）讲解内容详尽、清楚。
3）授课语言（普通话）、术语、名词规范。
(2) 准备工作
1）考场准备。教室、粉笔、板擦。
2）考生准备。教案或讲义。
(3) 考核时间：30 min。
(4) 考核评分标准

序号	考核要求	配分	评分标准	扣分	得分
1	授课前准备工作	10	准备工作不充分扣5~10分		
2	讲述内容层次清楚	25	根据讲述内容层次清楚程度酌情打分		
3	讲述能理论联系实际	25	根据讲述理论联系实际的程度酌情打分		
4	讲述内容全面准确，通俗易懂	30	讲述内容不全面，扣5~10分；讲述内容不准确，扣5~10分；根据通俗易懂程度酌情打分		
5	授课采用普通话，使用术语、名词规范，板书工整	10	授课未采用普通话扣3分，授课中术语、名词使用不规范扣4分，板书不工整扣3分		

单元测试题答案

一、单项选择题
1. A 2. C 3. C 4. C 5. B
二、判断题
1. √ 2. × 3. √ 4. √ 5. ×
三、简答题（略）
四、技能题（略）

理论知识考核试卷

（考试时间 90～120 min）

一、单项选择题（下列每题的选项中，只有 1 个是正确的，请将其代号填在横线空白处；每题 2 分，共 20 分）

1. _____ 是以修理周期结构和复杂系统为主要支柱的修理制度。
   A. 事后修理　　　B. 计划预修制　　　C. 预防性修理　　　D. 可靠性修理

2. 大型、精密、复杂设备修前必须预检，预检中要由 _____ 介绍设备当前的技术状态。
   A. 设备维修人员　　　　　　B. 设备维修部门负责人
   C. 操作人员　　　　　　　　D. 操作人员所在部门负责人

3. 精密机床在机床说明书里有时只给出机床安装的平面尺寸，而不给基础深度尺寸，该尺寸应按安装现场的 _____ 而确定。
   A. 准备情况　　　B. 基础材料　　　C. 标准要求　　　D. 土质情况

4. 机床组装重要的固定结合面，紧固后用 _____ mm 塞尺检验不应插入。
   A. 0.04　　　B. 0.05　　　C. 0.06　　　D. 0.08

5. 在传动链中，各运动件的误差都按一定的传动比依次传递，最后集中反映到末端件上，能使末端件的误差被缩小的条件就是总传动比 _____。
   A. 小于1　　　B. 小于、等于1　　　C. 大于　　　D. 大于、等于1

6. 生产线上对零件普通精度的工序检验都是 _____ 完成的。
   A. 自检　　　B. 互检　　　C. 抽检　　　D. 全检

7. 采用统计分析法对机床加工精度检验的试件一般为 _____ 件。
   A. 5～10　　　B. 10～25　　　C. 25～50　　　D. 50～100

8. 综合反映机床测量系统进给系统、伺服系统和构件系统精度的是 _____ 精度检验。
   A. 主轴回转　　　B. 爬行　　　C. 传动　　　D. 定位

9. 对于培训人数较多、操作课题又具备比较完整理论基础的技能培训，应采用 _____ 培训方法。
   A. 课堂　　　B. 现场　　　C. 岗上　　　D. 模拟

10. 培训标准必须以 _____ 为依据。
    A. 教材　　　B. 国家职业标准　　　C. 培训对象要求　　　D. 个人经验

二、判断题（下列判断正确的请打"√"，错误的打"×"；每题 2 分，共 40 分）

1. 劳动保护的任务就是保证安全生产。　　　　　　　　　　　　　　　　（　　）
2. 机床组装缝两边均应放调整垫铁。　　　　　　　　　　　　　　　　　（　　）
3. 机床找平可用紧固地脚螺栓进行调整。　　　　　　　　　　　　　　　（　　）

4. 用平尺和检具移动测量并画运动曲线计算导轨的直线度时，测量间隔应大于平尺或检具的长度。（　）
5. 要求恒温的精密机床，其安装和检验都必须在恒温条件下进行。（　）
6. 在机床精度标准中，规定测量工作台在各方向上的直线度误差后，取其中最大一个直线度误差作为工作台的平面度误差。（　）
7. 反应速度快，能及时处理设备临时故障的修理组织模式是集中模式。（　）
8. 选择装配法是将尺寸链中组成环的公差放大到经济可行的程度，然后选择合适的零件进行装配，以保证规定的装配精度，即封闭环精度。（　）
9. 刷镀工艺最好让零件和镀液在室温下起镀。（　）
10. 贴塑导轨的特点是无须再进行精加工。（　）
11. 机床的空运转试验都需在最高转速运转足够的时间，使主轴承达到稳定的温度为止。（　）
12. 卧式镗床几何精度检查只在空运转前进行。（　）
13. 生产线零件超差有两个主要原因：一是零件定位不准确，二是夹具定位元件磨损。（　）
14. 机床主轴回转运动精度，实际上的定义是主轴回转精度同机床结构振动的总和。（　）
15. 空运转绝对振动试验的试振点应远离切削位置。（　）
16. 爬行对机床加工只会影响定位精度，对加工表面粗糙度没有影响。（　）
17. 示范和辅导是操作技能培训指导的最关键环节。（　）
18. 培训指导课题内容的选择，首先要遵守考核什么讲什么的应试原则。（　）
19. 模拟培训是一种有效的技能培训方法，可同时对较多的学员进行指导。（　）
20. 一般课题就是指通用性较强的课题。（　）

三、简答题（每题5分，共20分）

1. 劳动保护的意义是什么？
2. 装配时怎样用调整法解尺寸链？
3. 什么是实际上的主轴回转精度？
4. 课堂式技能培训的基本步骤有哪些？

四、论述题（每题10分，共20分）

1. 简述安全技术的业务范围包括的内容。
2. 简述提高机床传动链传动精度的方法。

理论知识考核试卷答案

一、单项选择题
1. B 2. C 3. D 4. A 5. A 6. A 7. C 8. D 9. A 10. C

二、判断题
1. × 2. √ 3. × 4. × 5. √ 6. √ 7. × 8. √ 9. × 10. ×
11. √ 12. × 13.   14.   15.   16.   17. √ 18. × 19. √
20. √

三、简答题

1. 答：劳动保护的意义概括地讲，就是保护劳动者在劳动过程中的安全和健康，保护好每一个劳动者，这是保护好高素质生产力的基础。要为劳动者建立安全、卫生、舒适的劳动条件，预防和消除劳动生产过程中的伤亡事故、职业病和职业中毒的发生，保持和提高劳动者持久的劳动能力，不断促进劳动生产率的提高，促进生产劳动与经济建设的和谐发展。

2. 答：调整法解尺寸链时，改变调整环尺寸的方法有两种：可动调整法和固定调整法。

3. 答：主轴回转精度是指主轴的实际回转位置与理论回转位置相接近的程度，但在实际测量中，总是以工件与刀具之间的相对位置变化来测定和分析的，因此，实际上定义的主轴回转精度是主轴回转精度同机床结构振动的总和。

4. 答：(1) 讲解。按课题内容讲解操作方法、技能要求（包括工具、量具、仪器的使用）、注意事项（包括安全文明生产要求以及操作中容易出现的问题）。

(2) 示范。即向学员演示操作的要领，边演示边讲解操作各步骤的规范要求。

(3) 辅导。演示后可以选两三个学员实际操作，对操作中出现的问题，通过个别辅导使其他学员受到启发。同时在全体学员进行实际操作时，要做好巡回指导。个别问题可个别辅导，对带有普遍性的问题仍要再进行集中辅导。

(4) 课题考核。根据课题技能要求进行实际操作考核，学员必须在规定的时间内完成考核项目。对考核的检验，由辅导人员检测后，也可由学员自己进行自检和互检，进一步认识操作中存在的缺陷。

四、论述题

1. 答：安全技术的业务范围包括以下内容：
(1) 机械性伤害的预防。
(2) 电流对人体伤害的预防。
(3) 物理性、化学性伤害的防护和治理。
(4) 静电危害的预防。
(5) 爆炸事故的预防。

(6) 生产过程安全装置的设置和检查。
(7) 对各种受压容器及加工生产和使用易燃、易爆、剧毒物质的安全管理工作。

2. 答：提高机床传动链传动精度的方法以齿轮加工机床的传动链精度为例，影响传动精度的零件有传动轴、轴承、齿轮、蜗轮、蜗杆、齿条（轴）等，尤其以各传动系统的蜗轮、蜗杆的影响最大。在制造和维修工作中提高传动链中主要零件的精度，是提高传动精度最直接的方法，在机床设计上尽量减小传动比和传动链数能最大限度地解决传动链传动精度的问题。常采用以下措施来减小传动链误差：

(1) 尽可能减少传动链中的元件数目，缩短传动链，以减少误差来源。
(2) 提高传动元件特别是末端传动元件的制造精度和安装精度。
(3) 消除齿轮传动间隙。
(4) 采用传动误差校正装置。

操作技能考核试卷（一）

题目　刮研 V 形垫铁

1. 图样

如图 7—77 所示。

2. 准备工作

（1）考场准备

1）按图样备料。铣（刨）成型，（60±0.02）mm 留量 0.2 mm，垂直度 0.02 mm，表面粗糙度值 R_a3.2 μm；90°±1′两 V 形面与 60 mm 两侧对称度 0.02 mm，表面粗糙度值 R_a3.2 μm。

2）刮研平台（带台虎钳）。

3）砂轮机、衬垫木块。

4）台灯、煤油、计算器。

（2）考生准备。平面刮刀、锉刀、油石、显示剂、毛刷、棉纱、软钳口以及平板（300 mm×300 mm）、（200～500 mm）刮研平尺、千分尺（50～75 mm、75～100 mm）、百分表（带表架）、量块（一组）、正弦规（200 mm）、25 mm×25 mm 检验方框、圆柱角尺、万能角尺、测量柱（φ25 mm×120 mm）等。

3. 考核时间：10 h。

4. 考核评分标准

序号	考核要求	配分	评分标准	实测结果	扣分	得分
1	(60±0.02) mm	10×2	超差 0.01 mm 扣 1 分，超差 0.02 mm 以上无分			
2	90°±1′	10×2	超差 1′扣 0.5 分，超差 4′以上无分			
3	90° V 形面与底面平行度	5×2	超差 0.01 mm 扣 1 分			
4	⊥ 0.02 B	5	超差 0.01 mm 扣 1 分，超差 0.02 mm 以上无分			
5	⊥ 0.02 A	5	超差 0.01 mm 扣 1 分，超差 0.02 mm 以上无分			
6	90° V 形面对称度	10×2	超差 0.01 mm 扣 1 分，超差 0.05 mm 以上无分			
7	平面度	1×8	超差 0.01 mm 扣 1 分，超差 0.02 mm 以上无分			
8	研点	1×8	18 点以下至 12 点扣 0.5 分，12 点以下无分			
9	外观、倒角 C1	4	有明显缺陷、倒角过大或不均匀扣 1~4 分			
10	安全操作		违反操作规程酌情扣分			

操作技能考核试卷（二）

题目 检测卧式镗床工作台移动在垂直平面内的直线度

1. 考核要求

(1) 锉削、锯削、划线。

(2) 钻孔、铰孔。

2. 准备工作

(1) 考场准备

1) 任意型号卧式镗床一台。

2) 框式水平仪一个。

3) 0级或1级90°角尺（200 mm 以上）一件。

4) 百分表及表架一套。

5) 清洗油（煤油）、棉纱（若干）。

(2) 考生准备。笔、纸、计算器。

3. 考核时间：1.5 h。

4. 考核评分标准

序号	考核要求	配分	评分标准	扣分	得分
1	正确使用工具、量具	20	工具、量具使用不正确无分		
2	检测方法正确	30	检测方法不正确无分		
3	检测数据准确	30	检测数据一项不准确扣15分		
4	用画图法画出导轨直线度误差曲线图	20	不能正确画出导轨直线度误差曲线图无分		
5	安全操作		违反操作规程酌情扣分		

附录

常用标牌规范英汉对照

A

absolute coordinate 绝对坐标
accessories 附件，辅助设备
accurate to dimension 符合加工尺寸
adjust screw 调整螺钉
alarm 警报
attachment 附件，附加装置
aluminum 铝
ampere 安培
amount of feed 进给量
angle 角，角度
angle square 角尺
anneal 退火
annunciator 报警器
anvil 铁砧，测砧，平台，基准面
angular thread 三角螺纹
apron 滑板箱
arbor 心轴，刀杆
* ALU (arithmetic-logic unit) 运算器
assembly 装配，装置
automation 自动化
axial feed 轴向进给
axis 轴线，中心线
axle （轮）轴

B

back center 尾顶尖
ball screw pair 滚珠丝杠副
baseplate 底板（底座），支承板
basis 基准
belt 带
bench lathe 台式车床
bent tool 弯头车刀
bore 孔，腔
boring cutter 镗刀
bracket 托架，支座

* buffer 缓冲存储器
bushing 钻套，衬套

C

* CAD (computer-aided design) 计算机辅助设计
* calendar 日历
caliber rule 卡尺
* CAM (computer-aided manufacture) 计算机辅助制造
capstan lathe 六角车床
carbide cutting tool 硬质合金刀具
carbon 碳
carriage 滑座，托架
cast iron 铸铁
center lathe 普通车床
centre 顶尖，顶针
chuck 卡盘，夹头，用夹头夹住
circuit 电路
class of accuracy 精度等级
clearance 间隙
* CNC (Computer Numerical Control) 计算机数字控制
CNC lathe 数控车床
* CNC milling machine 数控铣床
* code 代码，密码
* command spots 指令信号点
component 零件，部件
copper 铜，铜的
countersink 钻孔，钻埋头孔
* CPU (central processing unit) 中央处理器
crank 手柄，曲柄
crankshaft 曲轴
criterion 标准，尺度，依据
crossrail 横梁，横导轨
* CRT 显示器

cutting fluid 切削液
cylinder 液压缸
cylindrical grinder 外圆磨床

D

data plate 铭牌
depth 深度
diameter 直径
die handle 圆板牙扳手，圆板牙架
dimension 尺寸，尺度，量纲
displacement 位移，转移
dividing head 分度头
drill head 钻头，（钻床）主轴箱
drill press 钻床
dry run 空运转
dynamic balance 动平衡

E

*edit 编辑
elevating screw 升降丝杠
end elevation 俯视图
end milling cutter 端铣刀
English spanner 活扳手
escape 退刀槽
external thread 外螺纹

F

face mill 平面铣刀
feed rate 进给速度
file 锉（刀）
fixture 夹具，夹紧装置，配件
flute 排屑槽
forbid 禁止
four-jaw chuck 四爪卡盘
fuse-holder 保险盒

G

grinding machine 磨床

H

hard facing 表面硬化，表面淬火
headstock 主轴箱，头架

I

inspection 检查，检验
*instruction 指令

*interface 接口

K

*keyboard 键盘

L

lathe 车床
lathe tool 车刀
lead screw 丝杠

M

machine 机器，机床，机械加工
*machining centre 加工中心
maintenance 维护，保养
mandrel 心轴
mechanism 机械装置，机构
*memory 存储器
*microcomputer 微机
miller 铣床，铣工
modulus 模数，模量
moment 力矩
Morse taper 莫式锥度
mounting 安装，装配
multiple thread 多线螺纹

N

normal rated power 额定功率
nozzle 喷嘴

O

ohm 欧姆
oil seal 油封
oil trough 油槽
one start screw 单线螺纹
one-way clutch 单向离合器
one-way valve 单向阀
output 输出
overheat 过热
overload 过载，使过载

P

panel 板，控制板，操纵板
parameter 参数
*path 路径
pause 终止，暂停
perform 完成，执行

pin 销，钉
pinion 小齿轮
piping 管道
plain bearing 滑动轴承
planer mill 龙门铣床
plunger pump 柱塞泵
*PMC 手动控制
position accuracy 定位精度
procedure 工序，程序
pulley 带轮，滑轮

Q

quench 淬火

R

rack 齿条
radial 半径的，径向的
radial drill 摇臂钻床
rake angle 前角
ratio 比，比率
reaming 扩孔，铰孔
*register 寄存器，记录仪
relief angle 后角
reservoir 油箱，水箱
*reset 清零，复位
*resume 恢复，重新开始
rivet 铆钉，铆接
roughing 粗加工
roughness 表面粗糙度
route sheet 工艺过程卡
runout 径向跳动，偏心

S

saddle 床鞍，滑板
sample 实例，样品
scale 刻度，标度
screw 螺杆，螺钉，螺纹
seal 密封垫
*secondary memory 辅助存储器
*sensor 传感器
*servo 伺服机构，伺服（电动）机

shaper 牛头刨床
*shortcut key 快捷键
side rake angle 副前角
signal 信号
sliding bearing 滑动轴承
socket 座，插座
*software 软件
spindle 主轴，心轴，推杆
spline 花键
steel ruler 钢尺
stock 毛坯，原料，材料
structure 结构，构造
symbol 符号，记号

T

tailstock 尾座，顶尖座
taper-shank 锥柄
title panel 标题栏
tolerance and fit 公差及配合
tool holder 刀杆，刀夹
transmission 转动，传递
T-slot T形槽
turning 车削，车工工作
twist drill 麻花钻

U

upright-drill 立式钻床

V

valve 阀
valve seat 阀座
vernier 游标尺

W

weigh 称（量），重
workpiece 工件
workseat 工件座
worktable 工作台

Z

zero 零，零度，零位

注：*表示该单词在数控机床中使用。